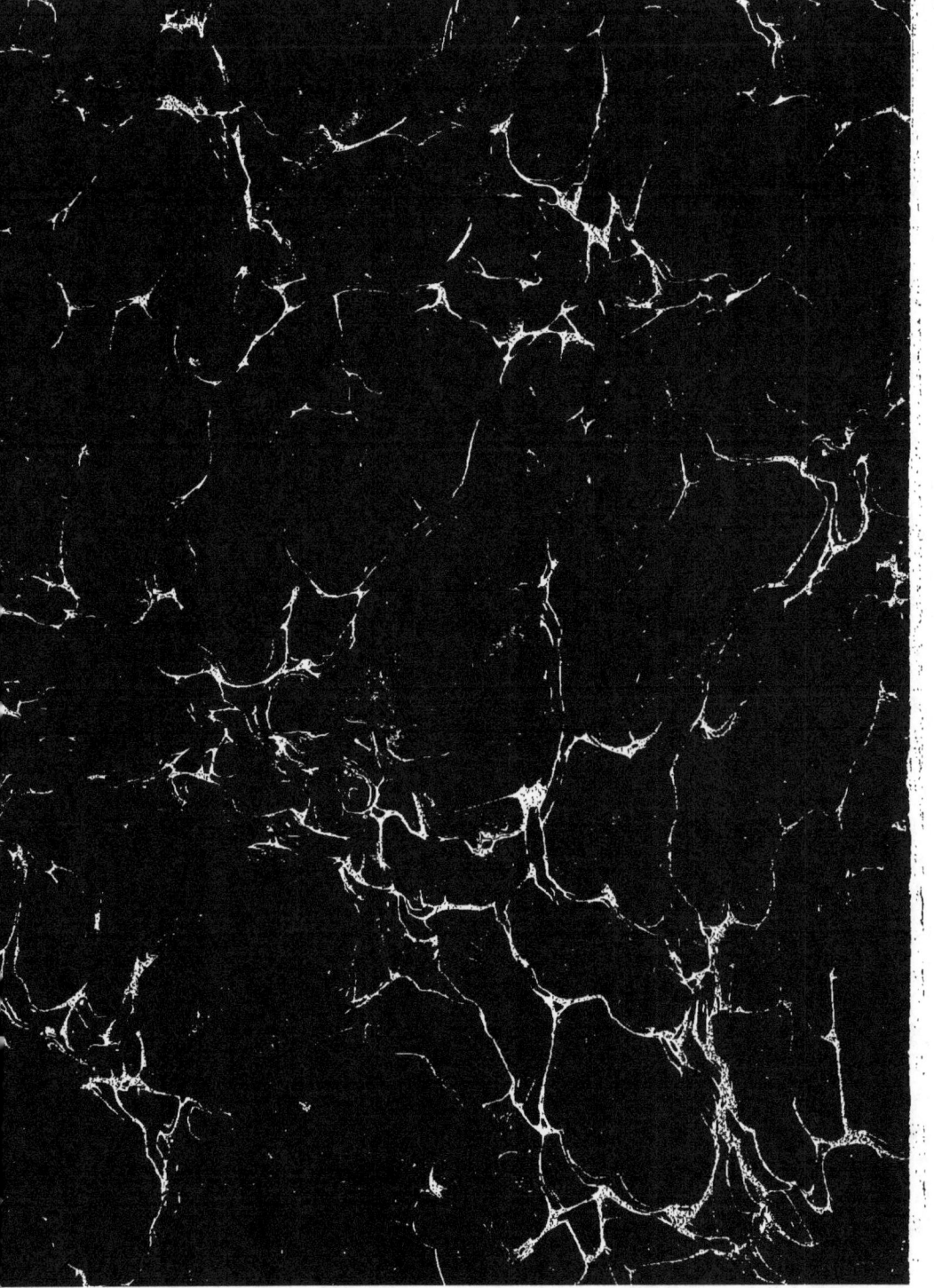

MÉMOIRES

DU

MARÉCHAL DE VILLARS

IMPRIMERIE DAUPELEY-GOUVERNEUR,

A NOGENT-LE-ROTROU.

MÉMOIRES
DU
MARÉCHAL
DE VILLARS

PUBLIÉS D'APRÈS LE MANUSCRIT ORIGINAL

POUR LA SOCIÉTÉ DE L'HISTOIRE DE FRANCE

ET ACCOMPAGNÉS

DE CORRESPONDANCES INÉDITES

PAR M. LE Mis DE VOGÜÉ

MEMBRE DE L'INSTITUT.

TOME Ier

A PARIS
LIBRAIRIE RENOUARD
HENRI LOONES, SUCCESSEUR

LIBRAIRE DE LA SOCIÉTÉ DE L'HISTOIRE DE FRANCE

RUE DE TOURNON, N° 6

M DCCC LXXXIV

EXTRAIT DU RÈGLEMENT.

Art. 14. — Le Conseil désigne les ouvrages à publier, et choisit les personnes les plus capables d'en préparer et d'en suivre la publication.

Il nomme, pour chaque ouvrage à publier, un Commissaire responsable, chargé d'en surveiller l'exécution.

Le nom de l'éditeur sera placé à la tête de chaque volume.

Aucun volume ne pourra paraître sous le nom de la Société sans l'autorisation du Conseil, et s'il n'est accompagné d'une déclaration du Commissaire responsable, portant que le travail lui a paru mériter d'être publié.

Le Commissaire responsable soussigné déclare que l'édition des Mémoires du maréchal de Villars, *préparée par* M. le Mis de Vogüé, *lui a paru digne d'être publiée par la* Société de l'Histoire de France.

Fait à Paris, le 15 juin 1884.

Signé : L. LALANNE.

Certifié,
Le Secrétaire de la Société de l'Histoire de France,

J. DESNOYERS.

NOTICE BIBLIOGRAPHIQUE

Les mémoires que nous publions ne sont pas entièrement inédits, mais c'est la première fois qu'ils sont imprimés dans leur complète intégrité. En 1734, un an après la mort de Villars, il parut à La Haye, chez Pierre Gosse, libraire, un volume in-12 qui est la reproduction assez exacte du manuscrit original jusqu'à la fin de l'année 1700 : arrivée à cette date, la publication fut interrompue, pour une cause restée ignorée, et le manuscrit fut évidemment retiré des mains de l'éditeur. La première édition ne comprend donc qu'un seul volume. Quelque temps après son apparition, le libraire, ayant sans doute renoncé à l'espoir de ravoir le manuscrit authentique, ne voulut pas laisser sa publication incomplète, et s'adressa, pour la terminer, à un homme de lettres que l'on croit être l'abbé de Margon, l'auteur de plusieurs ouvrages apocryphes; celui-ci lui composa de toutes pièces, avec des extraits de gazettes et des souvenirs recueillis de droite et de gauche, un récit commençant avec l'année 1701 et ne finissant qu'à la mort de Villars; ainsi parut en 1736, sous le titre de *Mémoires du duc de Villars*[1], un ouvrage en trois volumes in-12 dont le premier est la réimpression textuelle du volume unique de 1734 et dont les deux autres sont l'œuvre apocryphe, soit de l'abbé de Margon, soit d'un autre.

1. En voici le titre complet : *Mémoires du duc de Villars, pair de France, maréchal général des armées de Sa Majesté très chrétienne*, etc. *Amsterdam, aux dépens de la Compagnie*, 1736. Le tome II porte : *A La Haye, chez Pierre Gosse, libraire*, 1736.

Cette compilation fut réimprimée une première fois à Londres en 1739, chez Jean Nourse, avec quelques corrections et une table, une seconde fois à La Haye en 1758.

En 1784, Anquetil donna, sous le titre *Vie du maréchal duc de Villars, écrite par lui-même*, en quatre volumes in-12, un travail beaucoup plus sérieux, mais qui n'était pas beaucoup plus authentique. Voici comment il raconte, dans sa préface, les circonstances qui l'ont amené à le faire et la méthode qu'il suivit :

« M. le maréchal de Castries et feu M. le marquis de « Vogüé s'intéressant à la gloire de Villars... ont désiré que « sa vie fût refaite et m'ont remis ce qui leur est parvenu à « ce sujet : savoir, cent quarante-deux cahiers de mémoires « composés chacun depuis vingt-quatre jusqu'à trente-deux « pages *in-folio;* deux cent treize feuilles volantes du même « format composoient chacune quatre pages ; et quatorze « volumes de lettres, aussi *in-folio*, dont quelques-uns de « douze cents pages. C'est là-dessus que j'ai travaillé, c'est-« à-dire que j'ai refondu les mémoires, ajouté les liaisons, « fait parler le maréchal lui-même pour donner plus de viva-« cité au style, et inséré les lettres dans le texte. »

Il est résulté de ce travail de remaniement et de refonte une œuvre incontestablement sincère, mais personnelle à Anquetil. Le texte de Villars n'apparaît nulle part dans son intégrité absolue. La partie de l'ouvrage qui se rapproche le plus de l'original est la fin, celle qui porte, dans les deux derniers volumes d'Anquetil, le nom de *Journal de Villars* et commence en 1723; encore offre-t-elle, à chaque page, des modifications et des corrections nombreuses; non seulement l'éditeur a mis à la 1re personne tout ce que Villars avait mis à la 3e, mais il a corrigé le style suivant le goût ou les préjugés de son temps, effaçant les personnalités trop vives, supprimant des noms propres, enlevant enfin à l'ensemble l'intérêt qui s'attache à tout écrit, même incorrect, d'un personnage historique.

Cayx, l'éditeur de Villars dans la collection Petitot (1828), puisa aux deux sources que nous venons de mentionner, sans se dissimuler leurs défauts : il réimprima le premier volume des *Mémoires*, dont il avait reconnu l'authenticité relative, et à partir de 1701 réimprima la compilation d'Anquetil. M. E. Monnais fit de même dans la collection Michaud et Poujoulat (1839).

Plus heureux que ces deux éditeurs, nous avons entre les mains le manuscrit original de Villars et c'est lui que nous reproduisons intégralement : il nous reste à exposer rapidement l'histoire de ce manuscrit et à établir ainsi son authenticité.

Anquetil, après avoir donné, des papiers qui lui furent confiés, la description reproduite ci-dessus, termine la préface de son ouvrage par les lignes suivantes :

« On peut examiner les originaux : ils sont déposés dans
« la Bibliothèque de Sainte-Geneviève de Paris. De l'aveu
« de M. l'évêque de Dijon et de son frère, M. le marquis de
« Vogué, maréchal des camps et armées du Roi, ils appar-
« tenoient à M. le marquis de Vogué leur père, qui les
« tenoit par héritage du feu comte de Vogué, colonel du
« régiment de son nom, fils d'une sœur du maréchal de Vil-
« lars, auquel le dernier duc, fils du maréchal, les avoit
« légués. »

Honoré-Armand de Villars, fils du maréchal, mort sans postérité à la fin d'avril 1770, avait en effet, par testament en date du 8 octobre 1764, partagé son héritage entre Pierre de Vogüé, fils de Charlotte de Villars, et la comtesse de Vezins, née du mariage de Louise de Villars, autre sœur du maréchal, avec le comte Éléonor de Choiseul. Les papiers du maréchal firent partie du lot de Pierre de Vogüé, mais ils ne furent pas remis entre ses mains : à la mort d'Honoré-Armand de Villars, ils n'étaient pas à l'hôtel de Villars, rue de Grenelle ; ils étaient depuis sept semaines chez le maréchal de Castries, auquel ils avaient été prêtés par Limanton, avocat au Parlement, homme d'affaires de Villars. Cela ressort du reçu suivant conservé à la Bibliothèque Sainte-Geneviève (coté SL^f 664) :

> Je reconnais que M. Limanton m'a prêté quatorze volumes reliés de lettres de feu M. le mareschal de Villars, des années 1687, 88, 89, 90, 91, 1700 jusques et y compris 1705, et des années 1709, 1710 et 1711, plus cent cinquante quatre cahiers de ses mémoires manuscrits à l'exception des n°s 19 et suivants jusques et y compris le trente-huit, avec deux cent treize feuilles servant à la suite desdits mémoires.
>
> A Paris, ce 9 mars 1770.
>
> CASTRIES.

Les papiers paraissent être restés assez longtemps chez le maréchal de Castries. Sur ces entrefaites, Pierre de Vogüé était mort (6 juin 1773), et c'est à son héritier, Charles-François Elzéard, marquis de Vogüé, lieutenant général, mon trisaïeul, que le maréchal de Castries eut à les remettre ; il s'entendit d'ailleurs bientôt avec lui en vue d'une publication qui fut confiée à Anquetil. Le savant prieur de Châteaurenard eut terminé son travail au commencement de 1783. Le marquis de Vogüé était mort depuis le 15 septembre précédent. Anquetil s'adressa à un de ses fils, Jacques-Joseph-François de Vogüé, évêque de Dijon, et lui demanda à qui il devait remettre les papiers, tout en indiquant qu'à son sens la meilleure destination à leur donner serait de les déposer à la Bibliothèque Sainte-Geneviève. Il reçut la réponse suivante :

NOTICE BIBLIOGRAPHIQUE. V

A Dijon, le 29 mars 1783.

J'ai reçu, Monsieur, la lettre que vous m'avés fait l'honneur de m'écrire. Les manuscrits sur lesquels vous avés fait la vie de M. le maréchal de Villars ne sauroient être mieux placés que dans un dépôt public tel que la Bibliothèque de Sainte-Geneviève. J'y consens pour ce qui me regarde avec d'autant plus de plaisir que je sais que c'étoit l'intention de mon père de les y faire déposer. Je suis fort aise que vous ayés terminé cet ouvrage, je ne doute pas qu'il ne soit très intéressant et qu'on ne le lira avec la même avidité que les autres ouvrages sortis de votre plume.

J'ai l'honneur d'être très parfaitement, Monsieur, votre très humble et très obéissant serviteur,

† J., évêque de Dijon.

A monsieur Anquetil, prieur de Châteaurenard, par Montargis.

(Orig. aut. cacheté aux armes du Prélat. Bibl. Sainte-Geneviève, SL^f 664, 2.)

Le consentement de l'évêque entraînait celui de son frère et le dépôt des papiers fut régulièrement fait à la Bibliothèque de l'abbaye. Le bibliothécaire en informa l'évêque de Dijon qui lui exprima sa satisfaction par une lettre du 26 juillet 1783 conservée avec la précédente à la Bibliothèque Sainte-Geneviève.

Lorsque sept ans après l'abbaye fut sécularisée, mon arrière-grand-père était en émigration; son frère, l'évêque de Dijon, était mort; madame de Vezins était morte sans enfants, laissant son héritage à l'un de ses cousins, le baron de Choiseul, ancien ambassadeur à Turin. Un des deux gendres de M. de Choiseul, le comte A. de Sérent, excipant de la qualité de cohéritier de Mme de Vezins, réclama les papiers de Villars. Après une assez longue négociation, le directoire du département de Paris, par décision du 31 décembre 1791, admit sa réclamation. En vertu de cette délibération, M. de Grimoard, mandataire du comte A. de Sérent, se fit remettre par MM. Pingré et Viallon, bibliothécaires de Sainte-Geneviève, les dix-sept volumes de manuscrits contre un reçu, daté du 10 janvier 1792, qui se trouve dans le même dossier.

M. de Sérent fut tué à Quiberon ; sa veuve mourut sans enfants en 1845. Les papiers de Villars suivirent la destinée de son héritage : ils passèrent d'abord au neveu de Mme de Sérent, le comte Albéric de Choiseul, mort sans enfants à Paris en 1868 ; puis au neveu de celui-ci, le prince de Chalais, qui, n'ayant pas de descendance directe et sachant l'intérêt que je portais à la publication de ces documents, voulut bien me les remettre. A la mort, trop tôt survenue (1883), de cet homme de bien, ses héritiers ont gracieusement confirmé ses intentions et les papiers de Villars ont été ainsi rendus à la destination que leur avait assignée le fils du maréchal.

Les quatorze volumes de lettres *in-folio* reçus par M. de Castries et signalés par Anquetil sont aujourd'hui réduits à treize : ils portent encore la cote L^f 9 de la Bibliothèque Sainte-Geneviève avec un sous-numérotage de 1 à 14 : le volume manquant est le troisième, correspondant aux années 1692-1700. Ces treize volumes contiennent la copie de lettres écrites ou reçues par Villars, pendant les périodes 1687-1691, 1701-1705, 1709-1711.

Quant aux *Mémoires* proprement dits, ils n'étaient pas reliés lorsque le maréchal de Castries les reçut, et ils se composaient alors d'une série de cent cinquante-quatre cahiers numérotés, dont dix-huit manquaient du n° 19 au n° 38 inclusivement : ils comprenaient en outre deux cent treize feuilles volantes de quatre pages chacune. C'est dans le même état qu'ils furent remis à Anquetil ; mais, pendant leur séjour à l'abbaye de Sainte-Geneviève, ils furent reliés ; les cahiers formèrent deux volumes *in-folio*, les feuilles volantes un troisième volume de même format. Le numéro-

NOTICE BIBLIOGRAPHIQUE.   vij

tage de toutes ces pièces est toujours visible, quoique souvent les chiffres aient été rognés par le relieur ; le premier volume contient les cahiers 1-18, 39-90 ; le second volume, les cahiers 91-153 ; le cahier 154 manque ; le troisième volume contient bien 213 feuilles de quatre pages, plus une ou deux feuilles intercalées ; mais sur deux points il y a solution de continuité ; il n'en est pas moins évident que ces trois volumes renferment les cahiers et les feuilles qui ont été prêtés à M. de Castries et mis à la disposition d'Anquetil.

L'étude de ces trois volumes permet de se rendre un compte exact de la méthode suivie par Villars pour la rédaction de ses *Mémoires*. Il écrivait sur de grandes feuilles volantes, qui avaient une pagination spéciale ; ces feuilles étaient copiées une première fois sur des feuilles de quatre pages par un secrétaire qui laissait en blanc tous les mots qu'il n'avait pas pu déchiffrer : Villars reprenait ces nouvelles feuilles, remplissait les lacunes en tâchant d'être un peu plus lisible, faisait quelques corrections et donnait son travail définitif à un calligraphe qui le recopiait avec grand soin sur des cahiers. Au moment de la mort de Villars, le travail du calligraphe s'arrêtait à la fin de 1724, et le travail de correction des feuilles à la fin de février 1731 ; de cette date jusqu'au 19 octobre 1733, jour où s'arrête le Journal de Villars, les feuilles n'avaient pas été corrigées. Les volumes I et II du manuscrit renferment les copies définitives ; le volume III contient 145 feuilles corrigées et 68 qui ne l'ont pas été ; il renferme en outre, à la feuille 100, une des pages originales de la main de Villars, numérotée par lui 209. Elle est bien reconnaissable, ainsi que les corrections, à cette grande, irrégulière et caractéristique écriture, qui, de l'aveu même de Villars, faisait le désespoir de ses correspondants, et qui impose de grandes fatigues à ses éditeurs.

Le manuscrit porte des surcharges et corrections de deux mains différentes. L'auteur des premières n'a pu être identifié ; ce n'est aucun des membres de la famille de Villars, ni aucun des écrivains connus de l'époque ; c'est l'éditeur anonyme du livre imprimé en 1734 ; les corrections faites de cette main se retrouvent toutes dans ce livre ; il est facile de reconnaître, d'ailleurs, qu'elles ont été faites en vue de l'impression ; elles portent surtout sur la ponctuation, l'orthographe, le style ; chemin faisant, l'éditeur supprime un mot trop vif, une appréciation trop cavalière, un détail trop intime. Ces corrections, nombreuses au commencement du premier volume, diminuent vers la fin, pour disparaître entièrement dans le second volume ; on voit que cette revision a cessé au moment où la publication de 1734 a été interrompue et sans doute pour les mêmes causes. La seconde série de surcharges, généralement faites au crayon, est de la main d'Anquetil ; ce sont moins des corrections que des indications pour le copiste chargé d'un travail préparatoire.

Dans l'édition présente, j'ai scrupuleusement suivi le texte original, sans tenir aucun compte des surcharges ; lorsque celles-ci pouvaient offrir quelque intérêt, je les ai reproduites en note en les désignant par la lettre (X). L'orthographe étant celle d'un copiste et nullement, j'ai pu le constater, celle de Villars, je ne me suis pas cru obligé de la suivre et j'ai adopté l'orthographe actuelle, sauf pour les *oi* et pour les noms propres ; les noms de personnes et de lieux sont donnés conformément au manuscrit ; lorsque le même nom est écrit de plusieurs façons différentes, j'ai choisi parmi ces leçons la meilleure et l'ai reproduite uniformément ; j'ai donné en note l'orthographe moderne quand elle s'écartait trop de celle du manuscrit.

La lacune produite dans le premier volume par la dispa-

NOTICE BIBLIOGRAPHIQUE.

rition de dix-huit cahiers porte heureusement sur la série qui a été imprimée en 1734 ; j'ai donc pu la remplir à l'aide d'un emprunt fait au volume de 1734. Il y a plus, cette partie des *Mémoires* contient le récit fait par Villars de ses négociations diplomatiques. Ce récit, il l'a écrit en ayant sous les yeux ses dépêches de Vienne, dont il avait gardé copie ; le plus souvent il s'est borné à transcrire le texte même de ces documents ; j'ai donc pu, en collationnant le texte imprimé avec les originaux conservés aux Archives du ministère des Affaires étrangères, faire disparaître les petites corrections de détail que l'éditeur de 1734 y avait introduites. Le texte ainsi rétabli va de la ligne 19 de la page 139 du présent volume à la ligne 14 de la page 304.

Il résulte de la comparaison de plusieurs passages que l'on trouvera mentionnés aux pages 1, 240 et 243 du même volume, que, lorsque Villars commença à écrire ses *Mémoires*, il était membre du Conseil de régence, fonction qu'il obtint en 1715, il ne possédait pas la terre de La Nocle qu'il acheta en 1719, et la guerre de Pologne, qui se termina en 1718, n'était pas finie ; l'année 1716 n'était pas achevée lorsqu'il écrivit la page 240. C'est donc vers la fin de 1715, dans le repos qui suivit pour lui la mort de Louis XIV, qu'il se mit au travail. Le récit des années antérieures à cette date a le caractère d'une œuvre historique composée à l'aide de documents et de souvenirs ; au contraire, dans les années qui suivent, Villars a tenu un Journal des événements auxquels il était mêlé. Ce Journal s'arrête le 19 octobre 1733. Six jours après, Villars partait pour sa dernière campagne, celle dont il ne devait pas revenir.

J'ai pensé que, pour donner plus d'intérêt à la publication des *Mémoires*, il fallait y joindre quelques extraits tirés de la correspondance de l'auteur et choisis de manière à compléter, voire même à rectifier certains de ses récits. Cette correspondance est très étendue ; ce qui nous en reste se compose non seulement des treize volumes de copies qui sont entre mes mains, mais d'originaux, en bien plus grand nombre, conservés dans divers dépôts publics, notamment aux Archives du ministère des Affaires étrangères, au Dépôt de la Guerre, à la Bibliothèque nationale, aux Archives nationales, aux Archives du département des Bouches-du-Rhône. En outre, les opérations militaires ou les négociations diplomatiques auxquelles Villars a été mêlé ont donné lieu, à l'étranger, à des correspondances officielles qui le concernent. C'est à Vienne surtout et à Munich que ces documents se rencontrent. Je les ai retrouvés dans les dépôts publics et privés de ces deux capitales : les recherches qui me les ont révélés ont été singulièrement facilitées par l'empressement des conservateurs de ces importantes collections. Je dois spécialement remercier M. le chevalier d'Arneth, le savant directeur des Archives impériales et royales de la Cour et de l'État à Vienne, son obligeant collaborateur M. le docteur Felgel ; à Munich, MM. Rockinger, Des Touches, Riezler, qui m'ont guidé dans les diverses collections commises à leurs soins, et M. le comte Tœrring, qui m'a gracieusement ouvert les précieuses et historiques archives de sa maison. Quant aux conservateurs de nos collections nationales, j'ai trouvé auprès d'eux l'accueil le plus obligeant et le plus utile. Sans qu'il soit besoin de les nommer, je leur adresse l'expression bien sincère de ma reconnaissance.

MÉMOIRES

DU MARÉCHAL DE VILLARS

Louis-Hector duc de Villars, pair et maréchal de France, prince de Martigues, vicomte de Melun, commandeur des ordres du roi, chevalier de la Toison d'or, gouverneur des villes, forts et château de Fribourg et du Brisgau, gouverneur général des Evêchés et pays Messin, gouverneur général de Provence, Marseille, Arles et terres adjacentes, généralissime des armées du roi, son plénipotentiaire et ambassadeur extraordinaire pour les traités de paix à Rastatt, et chef de l'ambassade pour la signature de la paix générale à Baden, ensuite président du conseil de guerre, du conseil de régence[1], est celui dont on donne ici les Mémoires. On y verra de grands événements. Après beaucoup d'actions particulières, après de grandes batailles, le sort de l'État lui fut confié, et peut-être n'y a-t-il pas d'exemple qu'un même général

1. A cette énumération de titres, l'édition de 1734 ajoute : « marquis de la Nocle, comte de la Rochemillay, grand d'Espagne de la première classe, titres obtenus en 1719 et 1723, et maréchal général, grade reçu en 1732. » Cette partie du manuscrit est donc antérieure à 1719 : elle est postérieure à 1715, date de l'entrée de Villars au conseil de régence.

ait eu à ses ordres des armées si nombreuses pendant tant d'années et dans des conjonctures plus difficiles, qu'il ait terminé si heureusement une aussi cruelle guerre, et que ce même général ait conclu et signé la paix avec le général le plus estimé des ennemis.

Il eut pour père Pierre de Villars, baron de Maclas et de Sara, lieutenant général des armées du roi, commandeur de ses ordres, gouverneur de Damvillers et de Besançon, conseiller d'État d'épée et ambassadeur extraordinaire en Espagne, Piémont et Danemark. Il avoit épousé Marie de Bellefonds[1].

La maison de Villars est très ancienne[2], et l'on voit qu'en 1320 elle étoit plus puissante qu'elle ne l'a été depuis. Les titres et contrats de mariage font foi que, du moins depuis cette époque, elle n'a point eu de mésalliance ; on a même des conjectures, qu'avant ce temps, elle a eu des alliances illustres, mais on n'avance que ce qui peut être prouvé.

Dans les derniers siècles, cette maison a produit cinq archevêques de Vienne, des évêques de Mirepoix et d'Agen[3] ; il y a eu des biens médiocres, plusieurs

---

1. Marie Gigault de Bellefonds, tante paternelle du maréchal du même nom : on a d'elle des *Lettres à Madame de Coulanges*, écrites d'Espagne et publiées en dernier lieu par M. de Courtois (1868). Son mariage avec P. de Villars eut lieu à Moulins en février 1651 : elle mourut en 1706.

2. On a pu voir, par la notice qui précède, ce qu'il faut penser de l'ancienneté de la maison de Villars et de ses véritables origines.

3. Pierre de Villars, évêque de Mirepoix (1566-1575), puis archevêque de Vienne (1576-1588). — Pierre de V., neveu du précédent, son successeur sur le siège de Mirepoix (1575), puis sur celui de Vienne (1589-1599). — Jérôme de V., frère du précédent, archevêque de Vienne (1599-1626). — Nicolas de V., cousin germain

services de guerre, mais peu continués ; et celui qui s'attacha le plus à suivre sa fortune, ce fut Pierre de Villars, père du duc. Il avoit une de ces physionomies nobles et élevées qui s'attirent naturellement le respect et qui annoncent la vertu. Personne de son temps ne porta la valeur à un plus haut point. Il reçut à la guerre de grandes blessures, et eut le malheur, alors presque inévitable, de se trouver engagé dans plusieurs combats particuliers, et enfin dans le fameux combat des ducs de Nemours et de Beaufort, il tua le second du duc de Beaufort, et fut obligé de s'éloigner. Cet événement et les troubles que les guerres civiles apportèrent dans le royaume dérangèrent les commencements de sa fortune.

Lorsque le prince de Conti[1] eut le commandement des armées, Pierre, marquis de Villars, servit en qualité de lieutenant général dans celles d'Italie et de Catalogne. Il eut le gouvernement de Damvillers[2], l'une des places de sûreté que l'on avoit données aux princes du sang pendant la guerre civile.

La paix des Pyrénées lui ôta ce gouvernement et le laissoit sans établissement et sans fortune, lorsque au commencement de la guerre de Flandres, Louis XIV,

---

des précédents, évêque d'Agen (1588-1608). — Pierre de V., neveu du précédent, coadjuteur de Jérôme à Vienne, puis son successeur (1626-1663). — Henri de V., neveu du précédent, son coadjuteur (1682), puis son successeur (1663-1693).

1. Armand de Bourbon, frère du grand Condé, né en 1629, mort le 21 février 1666.

2. Le brevet original, signé du prince de Conti le 31 mars 1656, est en ma possession. Le marquis de Villars était alors mestre de camp d'un régiment de cavalerie légère, suivant brevet du 15 septembre 1654, également en ma possession.

voulant avoir auprès de sa personne des officiers expérimentés, prit pour ses aides de camp des lieutenants généraux, et entre autres le marquis de Villars. Son air de héros qui, soutenu de ses actions, lui avoit fait donner le nom d'*Orondate*[1], plut au roi, et de ce moment sa fortune paroissoit devoir prendre une face plus brillante; mais son alliance avec le maréchal de Bellefonds, ennemi déclaré de tous les ministres de son temps, lui attira leur haine, et surtout celle de M. de Louvois.

Le roi, qui connoissoit par lui-même quels services il en pouvoit attendre, lui avoit destiné les mêmes commandements que le maréchal de Schomberg avoit eus en Portugal, et lui avoit donné ordre de s'y rendre. C'étoit une commission qui sembloit lui promettre la dignité de maréchal de France, mais il fut traversé dans ces espérances par M. de Louvois. Le roi lui donna ensuite le gouvernement de Besançon qu'il fut obligé de quitter pour un démêlé qu'il eut avec le marquis de Gadagne[2], gouverneur de Dôle et protégé par M. de Louvois. Le gouvernement de Douai lui avoit été donné et l'inimitié de ce ministre le lui fit perdre encore. Après la paix d'Aix-la-Chapelle, le roi, voulant faire un traité avec l'Espagne, y envoya le marquis de Villars, et lui déclara en partant qu'il lui destinoit à son retour le commandement d'Alsace. Le

---

1. Nom de héros tiré du roman de *Cyrus* de Mlle de Scudéry. Saint-Simon (II, 28) prétend qu'il fut donné à Villars par M. de Choisy dans une circonstance assez scabreuse. Mme de Sévigné l'attribue à sa belle mine.

2. Ch.-Félix de Galéan, officier très distingué, prit Gigeri (1664); créé duc de Gadagne par le pape Clément IX, il commanda les armées de Venise.

marquis de Villars réussit en Espagne, et même il empêcha, malgré les vives sollicitations des Hollandois et de l'empereur, que l'Espagne ne se joignît aux Hollandois pendant les deux premières années de la guerre de 1672 et 1673 ; mais à son retour, il trouva le marquis de Vaubrun[1] établi en Alsace.

Enfin l'obstacle invincible qui se présentoit toujours à lui l'obligea à changer de route, et à suivre celle des ambassades que lui ouvroit l'amitié de M. de Lionne, ministre des affaires étrangères. Il alla ambassadeur extraordinaire en Piémont, en Danemark, et deux fois en Espagne, servit très utilement, et après avoir vendu et consommé les baronies de Maclas et de Sara qu'il avoit héritées de ses pères, il ne recueillit pour tout fruit de ses longs et importants services que d'être commandeur des ordres du roi[2] et conseiller d'État d'épée, sans pouvoir laisser d'autre héritage à Louis-Hector marquis de Villars, son fils, que l'exemple, décourageant pour tout autre, de beaucoup de mérite peu récompensé.

Louis XIV fit un établissement pour l'éducation de la première noblesse de son royaume, sous le nom de pages à la Grande-Écurie. Le duc de Noailles, assez en faveur, y mit un de ses enfants. Louis-Hector de Villars y entra, et avec une figure avantageuse et un air où étoit peinte la juste confiance qui naît de la valeur,

1. Nic. de Bautru, marquis de Vaubrun, tué à Altenheim (2 août 1675). Mme de Sévigné a raconté la touchante douleur de sa veuve.

2. Le brevet est du 20 janvier 1689 ; il mentionne « l'illustre extraction » et les grands services militaires et diplomatiques du marquis de Villars, lieutenant général. — Original en ma possession.

et beaucoup d'esprit et de vivacité qui relevoient encore un extérieur déjà si prévenant par lui-même, il se fit bientôt connoître et distinguer du roi parmi ses camarades.

Un jour, dans sa plus grande jeunesse, entendant son père et sa mère se plaindre de leur mauvaise fortune, il leur dit : « Pour moi, j'en feroi une grande. » Surpris de ce discours, ils lui demandèrent sur quoi il fondoit ses espérances, et comment il s'y prendroit. « C'est déjà, leur dit-il, un avantage pour moi que d'être sorti de vous, et d'ailleurs je suis résolu à chercher tellement les occasions, qu'assurément je périroi ou je parviendroi. » A l'instant même, il leur exposa toutes ses vues, et le fit si bien que le père et la mère crurent dès lors pouvoir se flatter d'une prédiction que garantissoient presque les dispositions naturelles du jeune homme.

1670. Dans un voyage que la cour fit en Flandre, le marquis de Villars, page encore, demanda permission de la quitter et d'aller faire un tour en Hollande. Il devoit auparavant se rendre à Calais et faire le voyage d'Angleterre avec le maréchal de Bellefonds qui y fut envoyé pour calmer l'esprit du roi et celui de la nation, que des bruits de poison sur la mort de Madame, sœur du roi d'Angleterre, avoient fort irrités ; mais il manqua le maréchal. A son retour de Hollande, il sortit de page et accompagna le comte de Saint-Géran[1], son cousin,

---

1. Bernard de la Guiche, comte de Saint-Géran, mari de la célèbre amie et correspondante de Mme de Maintenon, était fils de Claude de Saint-Géran et de Suzanne de Longaunay. Celle-ci

envoyé auprès de l'électeur de Brandebourg pour tâcher de l'engager dans la guerre qu'on méditoit contre la Hollande. Il en fut rappelé par une lettre du maréchal de Bellefonds pour se rendre auprès du duc de Luxembourg qui commandoit les troupes de Cologne et de Munster, et qui préparoit tout pour l'ouverture de la campagne sur les bords du Rhin. Ce duc voulut lui donner une compagnie de cavalerie, mais le maréchal de Bellefonds, qui sentoit d'avance le mérite de son jeune parent, envia aux autres son éducation dans la guerre, et le fit revenir du pays de Cologne.

Le marquis de Villars arriva à Versailles peu de jours avant le départ du roi, et se préparoit à suivre le maréchal de Bellefonds; mais comme il se mettoit en chemin, toutes ses mesures furent rompues par la disgrâce de ce maréchal que M. de Louvois sacrifia à sa réconciliation avec le vicomte de Turenne qui n'aimoit pas non plus le maréchal de Bellefonds, et qui devoit commander sous le roi la principale armée. Voici quel fut le sujet de cette disgrâce.

C'étoit l'usage alors dans toutes les dignités de la guerre de *rouler*, c'est-à-dire de commander alternativement, un jour l'un, et le lendemain l'autre; les maréchaux de France l'observoient même entre eux. Le vicomte de Turenne déclara qu'il ne pouvoit rouler

étoit cousine germaine de Mlle de Bellefonds, mère de Villars : à ce titre elle intervint, ainsi que son mari, au contrat de mariage de Pierre de Villars pour faire une donation aux futurs époux. Suzanne, veuve de Claude de Saint-Géran, confirma cette donation le 4 septembre 1660. Les actes précités sont en ma possession; ils prouvent que la liaison des familles de Saint-Géran et de Villars datait de loin.

avec trois maréchaux de France qu'il avoit vus dans les plus petites charges de la guerre pendant qu'il commandoit des armées. Il parloit des maréchaux de Bellefonds[1], de Créquy[2] et d'Humières[3]. Le roi, qui ne vouloit pas le faire connétable, créa pour lui la charge de maréchal de camp général qui lui donnoit le commandement sur les maréchaux de France. Ceux que nous venons de nommer refusèrent de se soumettre. Ils devoient commander une armée sous le prince de Condé, et ils furent exilés tous trois deux jours avant celui qui étoit marqué pour leur départ. Le marquis de Villars, déjà parti, se trouva donc seul; son père, ambassadeur en Espagne, y étoit alors. Il se vit sans aucun secours étranger, et sans autres ressources pour sa fortune que celles qu'il avoit en lui-même, ressources auxquelles il fut toujours réduit, et que la suite entière de sa vie a fait voir qui lui suffisoient. Il se détermina bientôt à ne point aller dans l'armée où le maréchal de Bellefonds avoit dû servir, et à se tenir le plus près du roi qu'il seroit possible.

Il suivit Sa Majesté qui passoit avec son armée assez près de Mastrict. Brissac, alors lieutenant des gardes du corps, fut détaché avec trois cents chevaux. Le marquis de Villars y alla et poussa un parti des ennemis jusque dans les barrières de Mastrict, où le marquis de Sauvebeuf tomba dangereusement blessé.

---

1. Bernardin Gigault, marquis de Bellefonds, né en 1634, maréchal de France en 1668, mort le 4 décembre 1694.

2. Fr. de Blanchefort, marquis de Créquy, né vers 1624, maréchal de France en 1668, mort en 1687.

3. L. de Crévant, marquis d'Humières, maréchal de France en 1668, mort le 31 août 1694.

1672. Le roi partagea ses troupes pour faire attaquer en même temps quatre places des Hollandois. L'armée du roi s'attacha à Orsoy, celle du prince de Condé à Vezel et celle du vicomte de Turenne à Burich. Orsoy fut pris en deux jours. Il y eut une fausse attaque dont le comte de Saint-Géran fut chargé. Le marquis de Villars alla à celle-là, et comme c'étoit la seconde action qu'il eût encore vue, la fermeté avec laquelle il y essuyoit des coups de mousquet le fit remarquer, et le bruit en parvint jusqu'au roi.

Au siège de Duisbourg, se trouvant à la tête de la tranchée dans le temps que les assiégés vouloient faire une sortie, il se jeta hors du boyau et marcha le premier aux ennemis.

Peu de temps après, Monsieur, frère du roi, fit le siège de Zutphen. L'armée du roi étant alors oisive, elle ne put être plus longtemps le séjour d'un homme aussi avide d'occasions, et que rien d'ailleurs n'y retenoit. Le marquis de Villars la quitta et courut à ce siège où il servit de façon que Monsieur crut ne pouvoir se dispenser de se souvenir de lui dans les lettres qu'il écrivoit à Sa Majesté.

Il se trouva au fameux passage du Rhin, action unique par son audace et presque téméraire. Le détail en est su de tout le monde. Le marquis de Villars s'élança des premiers dans le fleuve.

Ensuite, car le péril l'attiroit toujours, il se rendit auprès du vicomte de Turenne qui faisoit le siège de Crèvecœur.

Nous avons tant de choses à dire dans ces mémoires que nous sommes obligés de passer légèrement sur ces premiers événements de la jeunesse du marquis de Villars.

Le chevalier de la Rochefoucauld qui avoit la charge de cornette des chevaux-légers de Bourgogne, ayant été tué, le marquis de Villars pria le comte de Saint-Géran de la demander pour lui au roi. Ce comte, le seul parent qu'il eût à portée de parler pour lui, refusa de le faire sur ce qu'il savoit, disoit-il, que cette charge étoit destinée à des gens distingués par de longs services et aidés de puissantes protections. Le marquis de Villars qui, malgré ces raisons et les conseils de son parent, se sentoit digne de la demander, la demanda lui-même au roi et l'obtint dans le moment. Le lendemain, la gendarmerie, dans laquelle il venoit d'entrer, fut détachée pour aller joindre sur le Rhin l'armée du vicomte de Turenne. On attaqua plusieurs petits postes sur la Moselle, et il y eut divers partis, un entre autres où Lafitte, un des meilleurs partisans, attaqua trois cents chevaux des troupes de Brandebourg. Le marquis de Villars s'y trouva et y servit sous lui. Il tâchoit tous les jours à mériter de plus en plus les grâces mêmes qu'il avoit reçues.

La campagne finie, il alla voir établir les quartiers d'hiver de la gendarmerie sur la Saare et revint à la cour. En ce temps-là, le roi d'Espagne ayant été à l'extrémité de la petite vérole, le roi envoya le marquis de Villars lui faire compliment sur sa convalescence : cette commission ne pouvoit lui être que très agréable. Son père étoit ambassadeur auprès de ce prince, et fort considéré auprès de la reine mère. Il y alla, fut très bien reçu, et le présent dont l'honora le roi d'Espagne à son départ étoit magnifique.

1673. La crainte de perdre un jour de la campagne qui alloit commencer hâta son retour. Il rejoignit le roi auprès de Bruxelles, et à la tête de son armée qui alla faire le siège de Mastrict. Cette place étoit défendue par le Rhingrave[1], un des meilleurs généraux des Hollandois, avec neuf mille hommes de troupes choisies.

Le roi, par bonté pour la noblesse, qui, sous ses yeux, s'empressoit à s'exposer, défendit aux volontaires d'aller aux attaques sans sa permission, et les distribua pour monter les gardes de tranchée les uns après les autres. Le marquis de Villars, qui n'eût demandé la permission d'y aller qu'à dessein de l'obtenir, voyant bien qu'étant officier dans la gendarmerie on la lui refuseroit, prit le parti d'attendre que les dispositions fussent faites pour attaquer en même temps le chemin couvert et une demi-lune, et la nuit il entra dans la tranchée deux heures avant l'attaque. Il mena avec lui six gendarmes de sa compagnie, volontaires aussi, se plaça avec le premier détachement de grenadiers qui devoit sortir, et au signal, qui fut de six bombes, il marcha à la tête de l'attaque. On lui avoit donné une cuirasse dont la pesanteur, ne lui laissant pas la liberté d'agir, il la jeta en sortant et entra des premiers dans la demi-lune. Il y fut à peine qu'un fourneau joua sous lui et l'enterra à demi. Dès qu'il fut dégagé de la terre qui le couvroit, il marcha à la gorge de la demi-lune pour s'opposer aux ennemis qui vouloient y rentrer. Il perdit la plupart de ses gendarmes, et le feu des ennemis fut si grand que

1. Frédéric Rhingrave, dit *le Grand*, seigneur de Neuvillers, mort le 25 janvier 1673.

tous les officiers y furent tués ou mis hors de combat.
Lui seul avec un nommé Vignory, ancien officier,
mais volontaire dans cette action, demeura en état de
soutenir un très mauvais logement. Il reçut plusieurs
blessures, mais légères, la plupart d'éclats de grenades.

Le roi voyoit l'attaque et envoyoit souvent demander ce qui se passoit dans la demi-lune. On lui rapportoit toujours que Villars tenoit la tête. Enfin, à la
pointe du jour, il quitta la demi-lune, et le roi,
voyant sortir de la tranchée deux ou trois hommes
qui paroissoient des officiers, envoya Lignery, lieutenant de ses gardes, savoir qui c'étoit. Lignery, ayant
reconnu le marquis de Villars, lui apprit qu'on avoit
parlé de lui au roi plusieurs fois pendant la nuit, et
alla dire au roi qu'il étoit là. Le marquis de Rochefort[1],
qui fut depuis maréchal, vint lui ordonner de la part
du roi d'approcher, et lui dit en riant : « Vous allez
être bien grondé. » Dès que Sa Majesté l'aperçut, elle
prit un air un peu sévère, et lui dit : « Mais ne savez-vous pas que j'ai défendu, même aux volontaires,
d'aller aux attaques sans ma permission, à plus forte
raison à des officiers qui ne doivent pas quitter leurs
troupes, et moins encore des troupes de cavalerie. »
— « J'ai cru, lui répondit le marquis de Villars, que
Votre Majesté me pardonneroit de vouloir apprendre
le métier de l'infanterie, surtout quand la cavalerie
n'a rien à faire. » Cette excuse ne pouvoit manquer
son effet, elle réussit, et la réprimande se termina de
la part du roi par des louanges très flatteuses pour le
marquis de Villars que la fortune servit à son gré,

1. H.-L. d'Aloigny, marquis de Rochefort, maréchal de France
en 1675, mourut l'année suivante.

quelques jours après, par une nouvelle occasion de s'exposer qu'elle lui fournit. Il se promenoit aux gardes du camp, lorsque Catinat, capitaine aux gardes et frère de celui qui, depuis, fut maréchal de France, vint le prier de faire marcher une garde de la gendarmerie commandée par un maréchal-des-logis, pour soutenir un poste du régiment des gardes. Celui qui commandoit une garde de la maison du roi ayant refusé de quitter son poste, le marquis de Villars courut à celle de gendarmerie et pria le commandant de lui donner vingt gendarmes, à la tête desquels il se mit et poussa la cavalerie des ennemis jusque dans les barrières de la contrescarpe. L'escarmouche devenoit vive, le roi y arriva et demanda ce que c'étoit. Catinat lui en rendit compte et lui en apprit le détail. « Il semble, dit le roi, en parlant du marquis de Villars, dès que l'on tire en quelque endroit, que ce petit garçon sorte de terre pour s'y trouver. »

Mastrict se rendit après treize jours de tranchée ouverte, et la gendarmerie eut ordre d'aller sur le Rhin fortifier l'armée du vicomte de Turenne et de s'opposer à celle de l'empereur et de l'Empire qui s'assembloit en Bohême sous les ordres du général Montecuculli. L'armée de l'empereur pouvoit avoir pour objet, ou de marcher vers Philisbourg, ou de tomber sur Bonn, et le vicomte de Turenne, dans l'impossibilité où il étoit de défendre l'un et l'autre, n'avoit d'autre parti à prendre que de chercher une action, et pour cela d'aller le plus loin qu'il pourroit au-devant de l'armée de l'empereur. Il s'avança avec celle du roi dans la Franconie.

Le maréchal de Bellefonds, ne pouvant servir par

son crédit le marquis de Villars, voulut du moins l'aider de ses conseils. Il lui écrivit une longue lettre pleine d'instructions sur la guerre, où il lui recommandoit, entre autres choses, d'apprendre le métier de partisan et d'aller souvent volontaire avec ceux qui passoient pour l'entendre le mieux, lui représentant que les officiers généraux qui ne s'en étoient pas instruits, quelque courage qu'ils eussent, se trouvoient souvent fort embarrassés quand ils commandoient des corps détachés dans le voisinage d'une armée ennemie.

Le marquis de Villars comprit si bien l'importance de ce conseil, que ce qu'il n'avoit fait jusque-là que par le seul intérêt de trouver des occasions, il continua à le pratiquer avec une nouvelle ardeur par le motif de s'instruire. Il passoit souvent trois et quatre jours de suite dans les partis avec les plus estimés dans cet art. C'étoient alors les deux frères de Saint-Clars, dont l'un, qui étoit brigadier, fut une fois six jours hors de l'armée, toujours à la portée du canon de celle des ennemis, poussant leurs gardes à tout moment à la faveur d'un grand bois dans lequel il se retiroit, faisant des prisonniers et donnant à toute heure au vicomte de Turenne des nouvelles des mouvements des ennemis. Et certainement rien n'est plus propre à former un véritable homme de guerre qu'un métier qui apprend à attaquer hardiment, à se retirer avec ordre et avec sagesse, et enfin qui accoutume à voir souvent l'ennemi de fort près. Le vicomte de Turenne marcha à la tête du Tober[1] au delà de Wirtsbourg. Montecuculli s'avança, paraissant vouloir com-

1. Le Tauber, petite rivière qui se jette dans le Mein à 30 kil. à l'ouest de Würtzbourg.

battre, et il y eut des escarmouches très vives, une entre autres où le comte de Guiche, lieutenant général de l'armée du roi, fit avancer son aîle et risquoit d'engager la bataille avec un grand désavantage; mais le vicomte de Turenne, qui s'en aperçut, vint à toutes jambes faire retirer les drapeaux des bataillons et n'exposa que les volontaires, parmi lesquels, ou plutôt à la tête desquels on voit bien qu'on doit trouver le marquis de Villars. Il y étoit en effet avec un de ses parents nommé Sebeville[1] qui y reçut une blessure considérable. Le vicomte de Turenne, quoique ennemi du maréchal de Bellefonds, voulut bien remarquer ce qu'il voyoit. Il caressa fort le marquis de Villars et en parla dans ses dépêches au roi comme d'un jeune homme qu'il falloit avancer.

L'armée du roi, qui, comme nous l'avons dit, occupoit les plaines qui sont à la tête du Tober, comptoit sur une bataille, et l'on voyoit déjà les troupes de l'empereur s'approcher, lorsque l'évêque de Wirtsbourg, gagné par les Impériaux, leur facilite le passage du Mein. Ils passent cette rivière, coupent nos convois par les places de l'évêché de Wirtsbourg qui étoient derrière nous et nous obligent à nous retirer et à laisser l'armée impériale marcher en liberté à hauteur de Francfort et de Mayence, et à portée de descendre sur Mayence et sur Bonn, sans qu'il fût possible au vicomte de Turenne de l'empêcher. Il ne lui resta rien de mieux à faire qu'à s'établir dans les

---

1. Bernardin Kadot, marquis de Sebeville, né en 1642, mort maréchal de camp en 1712. — Envoyé extraordinaire à Vienne (1680-81). Brillants états de service. — Exécuteur testamentaire de la marquise de Villars (1706).

terres de l'électeur de Mayence et dans le Bas-Palatinat pour donner des quartiers de rafraîchissement à l'armée du roi et marquer en même temps un juste ressentiment aux princes de l'Empire, qui, malgré les espérances qu'ils nous avoient données d'une neutralité parfaite, s'étoient déclarés contre nous.

L'armée impériale fit le siège de Bonn, prit en peu de jours cette mauvaise place, et s'étendit ensuite le long du Rhin et de la Moselle. Le vicomte de Turenne voulut occuper des postes le long de cette rivière et marcha à Berncastel, petite ville dont le château étoit assez bon. Mais les Impériaux, favorisés par les princes de l'Empire, le prévinrent, et la marche fut inutile. Il n'y eut plus moyen de faire autre chose que de mettre l'armée en quartier d'hiver le long de la Saare et dans la Basse-Alsace, et, pendant ce temps-là, Bonn prise, coupant tout notre commerce avec la Hollande, on fut obligé d'abandonner les grandes conquêtes, à la réserve de Grave.

Le maréchal de Bellefonds qui, aussi bien que ses confrères les maréchaux d'Humières et de Créqui, s'étoit enfin soumis à ce qu'on exigeoit d'eux par rapport au vicomte de Turenne, et qui avoit été remis avec eux dans le service, vouloit conserver Nimègue, et s'opiniâtra dans ce dessein malgré les ordres de la cour. M. de Louvois, qui le haïssoit toujours, ne manqua pas cette occasion de le perdre, et le fit exiler pour la seconde fois en moins de deux ans : c'est ainsi que se passa la campagne de 1673.

1674. Celle de 1674 s'ouvrit par la conquête de la Franche-Comté que le roi fit en personne dans le plus fort de l'hiver, pendant laquelle le vicomte de Turenne réussit à empêcher que le vieux duc de Lorraine ne passât le Rhin, son dessein étant de soutenir la Comté avec un corps de troupes assez considérable, composé des siennes et de celles de l'empereur. Les places de Comté prises, le roi revint à Versailles, et l'on fit une nouvelle disposition pour former les armées et s'opposer aux forces de la plus grande partie de l'Europe. L'Espagne s'étoit déclarée contre nous peu après la prise de Mastrict, presque tout l'Empire en fit autant, et l'Angleterre fut forcée à retirer les troupes qu'elle nous avoit données. On se prépara donc à défendre les frontières de la Flandre et de l'Empire.

Le vicomte de Turenne fut chargé de la guerre du Rhin, mais avec des forces si médiocres qu'il paroissoit bien que l'on comptoit uniquement sur sa grande capacité : en effet, on étoit si convaincu qu'il pouvoit tout, que souvent on le réduisoit presque à ne pouvoir rien, et que réellement il n'auroit rien pu, s'il n'avoit eu en lui-même des ressources encore supérieures à celles qu'on lui connoissoit. La haine du marquis de Louvois pour ce général ne contribuoit pas peu aux médiocres moyens que l'on lui donnoit de soutenir une guerre difficile.

La gendarmerie, qui avoit commencé la campagne en Allemagne, fut envoyée en Flandre. Le marquis de Beringhen, colonel du régiment Dauphin, fut tué au siège de Besançon, et le marquis de Villars eut cette obligation au vicomte de Turenne que ce général, persistant dans sa bonne volonté pour lui, dit hautement qu'il falloit le faire colonel le plus tôt qu'il se pourroit et lui donner ce régiment.

L'armée s'assembla aux environs de Charleroy sous les ordres du prince de Condé, et celle des alliés qui marchoit sous ceux du prince d'Orange[1] fut fortifiée d'une partie considérable des troupes de l'empereur, commandées par le général Souches[2] qui s'étoit acquis de l'estime à la tête des mêmes troupes contre les Turcs. Ce général, d'un âge fort avancé, passoit pour le meilleur homme de guerre qu'il y eût dans l'armée du prince d'Orange, dont les malheurs dans la guerre lui sont venus, en partie, de n'avoir jamais eu dans ce métier d'assez bons maîtres pour cultiver les dispositions que beaucoup d'esprit et une très grande valeur naturelle avoient mises en lui, et lequel, malgré ces avantages, n'a peut-être jamais rien fait qui ait pu lui donner la réputation de général.

Les environs de Mastrict et de Liège furent le rendez-vous de l'armée confédérée, forte de plus de soixante mille hommes. Celle du roi n'en avoit tout au plus que quarante mille; mais c'étoient des François, et le prince de Condé les commandoit.

Ce prince se posta de manière que, voyant arriver l'ennemi, il pouvoit juger de ses desseins et profiter de ses mouvements. Les confédérés s'avançoient lentement, et, pendant leur approche, il y eut divers partis dans plusieurs desquels le marquis de Villars se trouva. Il y en eut un où cent vingt fantassins des ennemis qui s'étoient fortifiés dans un cimetière furent attaqués par Lafitte, lieutenant des gardes du

---

1. Guillaume III de Nassau, né en 1650, stathouder de Hollande en 1672, roi d'Angleterre en 1688, mort en 1702.
2. Français des Cévennes, du nom de Darnoye; il était entré au service de l'empereur, qui le fit comte et feldzeugmeister.

corps. On fit mettre pied à terre aux dragons. Le marquis de Villars, à leur tête, entra dans ce cimetière; tout y fut tué ou pris, et il rejoignit l'armée la veille du jour que celle des ennemis se campa à vue de celle du roi.

Le prince de Condé l'avoit placée dans la plaine de Tresignies, enfermée du petit ruisseau du Picton. Ce poste, excellent par lui-même, nous donnoit le moyen d'attendre tranquillement le parti que prendroient les confédérés, dont l'armée nombreuse, qui ne cherchoit qu'une action, croyant pouvoir faire ses marches sans craindre nos mouvements, en fit une pour s'approcher de nous, qui donna lieu au prince de Condé d'attaquer l'arrière-garde dans le temps qu'elle passoit le petit ruisseau de Senef.

Dès le point du jour[1], ce prince observoit l'ennemi. Il avoit fait marcher la maison du roi, la gendarmerie et quelques bataillons. Dès qu'il vit les derniers escadrons des ennemis un peu séparés du gros de leur armée, il passa le ruisseau du Picton et marcha à eux. Le marquis de Villars étoit volontaire auprès de lui. Au moment qu'on étoit prêt à charger, la plupart des officiers généraux, voyant un grand mouvement dans les ennemis, crurent qu'ils fuyoient. Le marquis de Villars dit tout haut : « Ils ne fuient pas, ils changent seulement d'ordre. » — « Et à quoi le connoissez-vous ? » lui dit le prince de Condé, en se retournant vers lui. « C'est, reprit le marquis de Villars, à ce que dans le même temps que plusieurs escadrons paroissent se retirer, plusieurs autres

---

1. 11 août 1674.

s'avancent dans les intervalles et appuient leur droite au ruisseau dont ils voient que vous prenez la tête, afin que vous les trouviez en bataille. » Le prince de Condé lui dit : « Jeune homme, qui vous en a tant appris? » Et regardant ceux qui étoient auprès de lui : « Ce jeune homme-là voit clair, » leur dit-il. Et dans le moment, il ordonna à Montal[1] d'attaquer le village de Senef avec l'infanterie, pendant qu'avec les gardes du corps il prit la tête du ruisseau et trouva qu'une partie des ennemis le bordoit, et que l'autre se mettoit en bataille pour recevoir les troupes du roi qui prenoient au-dessus de la source. Alors le prince de Condé se mit à la tête des premiers escadrons et tira son épée. Le marquis de Villars, frappé d'un spectacle qui flattoit sa valeur et l'animoit encore davantage, dit tout haut : « Voilà la chose du monde que j'avois le plus désirée, de voir le grand Condé l'épée à la main. » Ce discours parut ne point déplaire au prince de Condé, et l'on marcha aux ennemis.

Le marquis de Villars se mit à la tête de l'escadron de Buscas[2] des gardes du corps. Il reconnut le prince de Vaudemont qui commandoit cette arrière-garde des ennemis, et l'appela. On chargea en même temps, et se jetant dans l'escadron ennemi qui lui étoit

1. Charles de Montsaulnin, comte de Montal, brillant homme de guerre, couvert de blessures, aussi modeste que brave, ne fut jamais maréchal de France, à la grande indignation de Saint-Simon, et mourut à plus de 80 ans, en 1698, lieutenant général, encore en activité de service.

2. Antoine de Montlezun, baron de Buscas, capitaine de cavalerie en 1657, entra aux gardes du corps en 1666 et y fit toute sa carrière, qui fut très brillante. Lieutenant général en 1693, il mourut en 1715.

opposé, le marquis de Villars reçut un coup d'épée, qui s'arrêta au gros os de la cuisse. Cette arrière-garde fut bientôt défaite, et le prince de Condé, voyant bien que l'affaire seroit plus considérable, envoya des ordres pour faire marcher toute l'armée. Montal emporta le village de Senef où l'on prit quatre bataillons qui s'étoient retranchés dans le cimetière, et eut la jambe cassée d'un coup de mousquet. Le prince de Condé reforma les troupes, on se prépara à attaquer la hauteur du Fëy sur laquelle s'étoient placés les ennemis, qui, de leur côté, rappelèrent la tête de leur armée déjà avancée dans les plaines de Mons, et tout s'apprêta pour une affaire générale.

Les dispositions étant faites pour attaquer la hauteur du Fëy, Fourille[1], lieutenant général des armées du roi et général de la cavalerie, se mit à la tête des premiers escadrons des gardes du corps. Le marquis de Villars, après avoir fait mettre un appareil à sa blessure et bander sa cuisse, marcha à côté de Fourille.

Les haies des deux côtés de la hauteur étoient bordées de cinq bataillons qui, sans tirer un coup, laissèrent former les deux premiers escadrons qui étoient obligés de défiler au bas de la hauteur. Mais à peine étoient-ils formés, et à la portée du pistolet des ennemis, qu'il en partit un feu si vif que les escadrons furent renversés. Fourille reçut un coup mortel, et de ces deux escadrons, il n'y eut presque ni homme ni cheval qui ne fût blessé. Celui du marquis de Villars

1. J.-J. Chauméjean, marquis de Fourilles, d'une race militaire. Brillant officier signalé dans toutes les campagnes depuis 1645.

fut percé de plusieurs coups. Mais les ennemis, voyant les préparatifs d'une seconde attaque, se retirèrent avec le gros de leurs troupes dans le village du Fëy ; toute leur armée se plaça à la droite et à la gauche du village, et se mit en bataille derrière. Il y avoit déjà trois heures que le marquis de Villars avoit été blessé, et que par le mouvement et la chaleur de l'action, il n'avoit presque pas senti de douleurs ; mais enfin, elles devinrent si vives qu'il en tomba évanoui. Il ne fit que prendre un verre d'eau-de-vie, et suivit partout le prince de Condé qui avoit eu un cheval tué sous lui dans les premières charges. Le marquis de Rochefort y avoit été blessé.

Jusque-là les troupes du roi avoient remporté un avantage considérable. Le prince de Condé, dont le corps accablé de goutte sembloit n'être animé que par son courage, voulut poursuivre une action heureusement commencée et attaquer le village du Fëy. Pour cela, il fallut s'étendre, et peut-être que, malgré la supériorité du nombre, l'armée confédérée eût été battue, si l'on eût attendu que toute celle du roi fût arrivée. Mais la confiance qu'inspirent de premiers succès, la crainte de laisser à l'ennemi le temps de se reconnoître, peut-être aussi l'impétuosité naturelle du chef, irritée encore par les difficultés, tout cela l'emporta. On se hâta d'attaquer ; mais les attaques, quoique vives en plusieurs endroits, ne réussirent qu'imparfaitement. Les avantages ne furent point décisifs, et l'on combattit jusqu'à l'entrée de la nuit, sans que l'armée du roi pût y gagner beaucoup de terrain. Le marquis de Villars, ne pouvant plus se tenir à cheval, quitta à onze heures de nuit. Peu après, il se fit une grande décharge et l'armée ennemie se retira. Celle du roi, qui avoit perdu beaucoup de monde, en fit autant au point du jour. Il y eut grand nombre d'officiers principaux et subalternes de tués. Le marquis d'Assentar, général de la cavalerie d'Espagne, fut trouvé parmi les morts. Le prince d'Orange, le marquis Monteres, gouverneur des Pays-Bas, et Souches, général de l'empereur, placèrent l'armée confédérée dans les plaines de Mons. Le prince de Condé rentra dans son camp du Picton, les ennemis cherchèrent à former une entreprise et le prince de Condé à la troubler.

Ce prince, dans ses dépêches à la cour, et Fourille, dans une lettre qu'il écrivit au roi en mourant, parlèrent avec distinction du marquis de Villars à qui Sa Majesté donna le régiment de cavalerie de Courcelles, tué dans la dernière action.

Les deux armées furent près de quinze jours sans faire de mouvement; après quoi celle des alliés alla investir Oudenarde, et celle du roi marcha pour faire lever le siège. Le prince de Condé s'approcha de l'ennemi à la portée du canon, et voyant qu'il n'occupoit pas une hauteur très importante, il s'en saisit; le jour d'après, l'armée ennemie leva ses quartiers, et le général Souches ayant placé avantageusement celle de l'empereur, le prince de Condé, qui avoit fait lever un siège, ne voulut pas engager une action.

Ainsi finit la campagne de 1674, pendant laquelle le vicomte de Turenne soutint glorieusement la guerre d'Allemagne, et par une conduite également sage et audacieuse, fit repasser le Rhin à plus de 60,000 hommes qui s'étoient établis en Alsace. Il est certain que l'électeur de Brandebourg, le vieux duc de Lorraine et tous les princes et généraux qui menoient cette grande armée firent des fautes grossières. Le roi n'avoit aucune place en Alsace, et le vicomte de Turenne, qui avoit été obligé de l'abandonner aux ennemis, ne pouvoit y rentrer que par Béfort, alors petit château dénué des fortifications que le roi y a fait ajouter depuis.

Strasbourg étoit aux ennemis, et leur armée qui pouvoit s'établir en deçà du Rhin et y prendre des quartiers d'hiver faisoit perdre au roi Brisach et Philisbourg, si elle eût été conduite avec plus d'intelligence, et si le vicomte de Turenne n'eût bien su tirer avantage contre ses ennemis de toutes leurs fautes.

1675. La prise de Limbourg en Flandre ouvrit la campagne de 1675. Après cette conquête, le roi ramena l'armée et la laissa sous les ordres du prince de Condé dans les plaines d'Ath, où il étoit campé, lorsqu'on apprit par un courrier la mort du vicomte de Turenne, le retour de l'armée du roi en deçà du Rhin après un grand combat, et l'entrée de celle de l'Empereur en Alsace.

Cette dangereuse conjoncture obligea le roi à faire passer le prince de Condé en Allemagne avec un détachement de l'armée de Flandre qui demeura sous les ordres du duc de Luxembourg qu'on fit maréchal de France avec MM. de Navailles, Duras, Rochefort, Schomberg et La Feuillade[1].

1. La promotion est du 30 juillet 1675, elle comprend : 1° Godefroy, comte d'Estrades, né 1607, mort 1686 ; 2° Philippe de Montaut, duc de Navailles, né 1619, mort 1684 ; 3° Fr. Armand,

Le maréchal de Luxembourg ne songeant qu'à éviter une affaire générale, et cependant à empêcher les entreprises de l'ennemi, se tenoit le plus près qu'il étoit possible du prince d'Orange et choisissoit si bien ses postes qu'il couvroit toujours les places du roi sans se commettre. Il y eut divers partis, et le marquis de Villars fut commandé avec 400 chevaux pour aller sur les ennemis, tomber sur leurs fourrageurs, enlever leurs gardes, enfin pour ce qu'il voudroit entreprendre.

Il choisit ses capitaines, et suivi de beaucoup d'officiers volontaires, la nuit, il trouva tête pour tête un parti de cavalerie des ennemis qui fut chargé et renversé d'abord. Quelques-uns furent tués ou pris, et presque tout se sauva à la faveur de l'obscurité. Le marquis de Villars avança vers l'armée ennemie qui étoit campée à l'abbaye de Vaure et couverte par des bois. Il s'approcha à la pointe du jour de leurs gardes qu'il trouva très faciles à enlever. Il se préparoit à les attaquer, lorsqu'il vit qu'un fort gros corps de cavalerie des ennemis marchoit de leur droite et gagnoit du côté du ruisseau de Genap pour s'opposer à sa retraite. Il ne douta point que ce parti, qu'il avoit rencontré et battu la nuit, n'eût donné avis de sa marche; ainsi, au lieu de se retirer à l'armée de

comte de Schomberg, né en Allemagne en 1618, passé au service de France, puis au service de Guillaume d'Orange (1686), tué sous ses ordres à la Boyne (1690); 4° Jacques de Durfort, duc de Duras, né 1625, mort 1704; 5° Fr. d'Aubusson, duc de la Feuillade, mort en 1691; 6° L.-Victor de Rochechouart, duc de Vivonne, né 1636, mort 1688; 7° Fr.-Henri de Montmorency, duc de Luxembourg, né 1628, mort 1695, le célèbre vainqueur de Steinkerque et de Neerwinde.

France, il s'avança diligemment au travers des bois vers le côté de Nivelles. Après avoir fait deux lieues, voyant qu'il n'étoit pas suivi, il s'arrêta, et fâché d'avoir manqué ces gardes, il pensa que les ennemis ayant écarté un parti, la tranquillité seroit plus grande à la tête de leur camp; de sorte que, après avoir fait repaître, il retourna par les mêmes bois, s'approcha des mêmes gardes qu'il avoit aperçues le matin, et les trouva placées à peu près de même, si ce n'est que celles où il y avoit des étendards s'étoient un peu rapprochées du camp. Il disposa ses troupes pour attaquer et se mit seul à la tête de la première, derrière laquelle il plaça trente officiers volontaires ou cavaliers des mieux montés, avec ordre, dès que le premier coup de pistolet seroit tiré, de pousser à la première ligne des ennemis, de prendre des étendards, s'il étoit possible, enfin de prendre ou tuer ce qu'ils trouveroient en suivant la ligne environ deux cents pas, et de s'en retourner au grand galop à la tête du bois d'où l'on débusquoit. Pour lui, marchant le premier, il alla droit à la vedette des ennemis qui lui cria « qui vive ? » Il répondit « vive Espagne » et que c'étoit un parti de Hollande qui revenoit de la guerre. Il avança facilement, ne mit le pistolet à la main qu'à deux pas de la vedette, et enleva sans peine les gardes de cavalerie. Les volontaires exécutèrent fort bien leurs ordres et tuèrent ou prirent des capitaines de cavalerie qui se promenoient le long du camp. Cette expédition faite, le marquis de Villars rentra dans le bois, et comme il vit toute l'aile gauche des ennemis monter à cheval, il regagna en diligence le ruisseau de Genap, le passa, et ensuite forma ses troupes. La tête de la cavalerie des ennemis parut incontinent après sur le bord du ruisseau; mais le marquis de Villars jugeant bien qu'étant obligés de suivre à la file, ils n'oseroient passer devant lui ce ruisseau qui n'étoit éloigné de l'armée de France que de trois quarts de lieue, il demeura en bataille et puis se retira tranquillement avec les prisonniers.

Lorsque de retour à l'armée, il alla rendre compte de son parti au maréchal de Luxembourg, les dépêches de ce général étoient déjà faites, mais il voulut écrire de sa main cette aventure au roi qui eut la bonté de la donner à lire, à son lever, au père du marquis de Villars.

Pendant le reste de cette campagne, on ne fit en Flandre que se tenir sur la défensive. Il ne fut question que de quelques partis, dont le plus remarquable fut celui du marquis de Villars que nous venons de détailler.

En Allemagne, la mort du vicomte de Turenne[1] donna la supériorité aux ennemis. Nous avons dit que notre armée fut obligée de repasser le Rhin après un combat assez sanglant[2], où le marquis de Vaubrun, l'un de nos lieutenants généraux, fut tué. Les difficultés qui survinrent pour le commandement entre le comte de Lorge et lui firent alors cesser l'usage établi parmi les officiers généraux, de *rouler* entre eux sans égard à l'ancienneté. Le roi décida que le plus ancien commanderoit toujours, ce qui est certainement plus conforme au bien du service.

---

1. A Salzbach, le 27 juillet.
2. A Altenheim, le 2 août.

Montecuculli, ayant Strasbourg pour lui, passa le Rhin, et le maréchal de Duras, à qui le commandement de l'armée fut donné après la mort du vicomte de Turenne, se retrancha entre Schlestatt et Chastenois, poste très bon et dans lequel Montecuculli n'osa l'attaquer.

Dans le même temps, une armée commandée par les ducs de Zell et quelques généraux de l'empereur forma le siège de Trèves, grande ville mal fortifiée, qui ne pouvoit faire une longue résistance. Vignory y commandoit, mais il se tua la nuit par une chute.

Le maréchal de Créquy avoit composé une armée de 11 à 12,000 hommes. Un désir de gloire le détermina à chercher les moyens de secourir cette place, quoiqu'avec des forces très inférieures à celles des ennemis. Il s'approcha de la Saare sans cependant avoir pris la résolution de passer cette rivière, et seulement pour être à portée de profiter, ou d'une mauvaise disposition des ennemis, ou des fautes qu'ils pourroient faire en s'approchant de lui. Mais ils la passèrent eux-mêmes si promptement que ce maréchal n'eut que le temps de se mettre en bataille; il fut attaqué et battu, en partie par la faute des officiers généraux qui n'exécutèrent pas ses ordres avec autant de diligence qu'il convenoit. Les ennemis y perdirent assez de gens[1].

Dans son malheur, il prit le parti le plus glorieux, il savoit que le gouverneur de Trèves étoit mort; il se jeta dans la place, releva le courage de la garnison

---

1. Ce combat eut lieu près de Consarbrück, le 11 août 1675.

et soutint le siège pendant plusieurs jours avec beaucoup de fermeté. Il se flattoit même que, soit par l'opiniâtreté et la vigueur de sa défense, soit à la faveur des pertes que les ennemis avoient faites dans la bataille ou dans plusieurs attaques que son courage leur avoit rendues très sanglantes, il viendroit à bout de la sauver ; mais la garnison persuadée qu'il vouloit la sacrifier à son désespoir, et excitée par les discours séditieux d'un capitaine nommé Beaujourdan, livra la brèche et le général aux ennemis, et tout fut fait prisonnier. Ce capitaine paya de sa tête sa perfide lâcheté ; il fut exécuté six semaines après. Ainsi cette campagne fut malheureuse sur la Moselle, aussi bien qu'en Allemagne par la prise de Haguenau et par le blocus de Philisbourg, mais plus fatale encore par la mort du maréchal de Turenne, dont le génie supérieur, la fermeté et les rares talents pour la guerre avoient non seulement soutenu nos frontières, mais poussé la guerre bien avant dans l'Empire, et avec une armée médiocre et dépourvue de tout, un peu par la mauvaise volonté de M. de Louvois, son ennemi déclaré, lequel n'avoit point pardonné à ce général la manière dont il en avoit été traité l'hiver qui précéda sa mort.

Nous reprendrons ce trait d'histoire en rappelant ce qui se passa à la cour l'hiver de 1674 à 1675. Nous avons vu que M. de Turenne avoit marché à Montecuculli dans la plaine de Franconie, après avoir mandé plusieurs fois à la cour qu'il ne pouvoit, en même temps, couvrir le haut et le bas Rhin. Les projets qu'il envoya à la cour étoient beaux et solides, mais au lieu de les suivre, il en reçut des ordres peu convenables et au service du roi et au mérite d'un tel général. Le ministre déclaré contre lui lui suscitoit des ennemis dans l'armée. Un des premiers lieutenants généraux osa lui reprocher tout haut des fautes dont ce grand homme n'étoit point capable. M. de Turenne lui répondit avec plus de sagesse qu'un autre n'en auroit peut-être eu en sa place : « Ecrivez à la cour, Monsieur ; vos raisons, quoique mauvaises, ne laisseront pas d'être écoutées. » Le maréchal de Turenne revenu à Versailles convint, à ce que l'on prétend, avec le prince de Condé, de perdre un ministre de la guerre qui ne les ménageoit guères tous deux. On crut que M. le Prince avoit promis de seconder Turenne, mais que l'évêque d'Autun, dévoué à Louvois et à son père, Le Tellier, regagna M. le Prince sur lequel il avoit grand crédit, lui faisant voir que M. de Turenne[1]..... par deux ministres habiles et fort accrédités, il seroit seul le maître de la guerre, et que ces deux hommes lui devant leur conservation lui seroient éternellement dévoués.

Il est certain que M. de Turenne suivit sa résolution et son juste ressentiment, et fit voir au roi à son retour les fautes de M. de Louvois, le peu de solidité des ordres qu'il en avoit reçus ; que M. de Louvois avoit beaucoup d'esprit, excellent pour les détails, mais que la connoissance et l'expérience nécessaire pour gouverner la guerre de campagne lui manquoient entièrement, et où auroit-il pu l'apprendre? Le roi écouta avec son discernement ordinaire les solides raisons de M. de Turenne, et s'il avoit été secondé

---

1. Il y a ici un blanc dans le manuscrit.

par M. le Prince, Louvois étoit perdu. Mais ce dernier ne le poussant pas avec la même ardeur, certaines fautes ne parurent pas capitales, et le roi lui-même étoit bien aise de ne les pas trouver telles. Louvois eut seulement ordre d'aller demander pardon à M. de Turenne. Ce général le reçut avec la hauteur convenable à sa dignité et au sujet qu'il avoit de s'en plaindre, et lui reprocha sa conduite par rapport à celle de la guerre ; que pour son amitié, quand il auroit fait autant de choses pour la mériter qu'il en avoit fait pour la perdre, il verroit ce qu'il auroit à faire. C'est ainsi que se passa cette scène de cour. Louvois continua dans son crédit et dans son dessein de nuire à M. de Turenne, qu'il suivit si soigneusement que la campagne, qui nous coûta ce grand homme, pouvoit nous attirer d'autres malheurs, si le grand âge de Montecuculli et sa prudence outrée ne l'avoient porté à se contenter de médiocres avantages après la mort de M. de Turenne.

1676. La campagne de 1676 commença par le siège de Condé que le roi fit en personne, et le marquis de Villars continua de servir à sa manière, c'est-à-dire, quoique colonel de cavalerie, de chercher aux sièges les actions de l'infanterie. Le roi même lui tint sur cela des discours très obligeants. Sa Majesté fit faire ensuite le siège de Bouchain par Monsieur, et elle se plaça avec l'armée d'observation pour assurer cette entreprise.

Le prince d'Orange, s'étant avancé au secours de Condé, passa l'Escaut à Valenciennes et parut vouloir attaquer l'armée du roi qui fut mise en bataille derrière la cense d'Urtebise. Sa Majesté donna au marquis de Villars le commandement d'une réserve de cavalerie entre les deux lignes d'infanterie. On proposa d'attaquer le prince d'Orange, et le roi le vouloit, mais il déféra à l'avis du maréchal de Schomberg, qui, à l'instigation des ministres et de quelques courtisans, répondit lorsqu'on le consulta : « que quand on faisoit un siège, la gloire étoit uniquement d'assurer l'entreprise, » et par ce conseil, d'une prudence adroite, sauva le prince d'Orange dont l'armée mal placée et trop resserrée pour faire ses mouvements étoit perdue sans ressource, si elle eût été attaquée. Bouchain fut pris. Le prince d'Orange mena son armée sous Mons et projeta le siège de Mastrict, et le roi s'en retournant à Versailles ordonna les dispositions pour le siège d'Aire, que son armée investit sous les ordres du maréchal d'Humières, le maréchal de Schomberg commandant l'armée d'observation. A l'armée du siège où M. de Louvois voulut être présent, ce ministre vint en Flandre, et c'étoit proprement en lui qu'étoit toute l'autorité, puisque, interprète des volontés et des ordres du roi, il régloit les marches et les dispositions des armées, écrivant souvent aux généraux : « L'intention du roi est que son armée, commandée par un tel, fasse tel mouvement. » L'artillerie étant plus à ses ordres qu'à ceux du grand maître fut servie avec une grande vivacité. Le marquis de Villars eut le commandement d'une brigade de onze escadrons à l'armée du siège qui finit bien plus tôt qu'on ne l'avoit espéré par la grande vivacité avec laquelle l'artillerie fut servie par Du Metz[1] qui la commandoit. La fortune même

---

1. Officier d'artillerie de grand mérite, blessé à Sénef, maréchal

favorisa les assiégeants, et une bombe étant tombée dans un magasin de poudre, l'effet en fut si violent qu'un bastion fut entièrement ouvert et que le gouverneur capitula.

Cependant l'entreprise du prince d'Orange sur Mastrict tiroit fort en longueur par le peu de succès de ses attaques. Cette lenteur nous engagea insensiblement, non à secourir cette place, mais du moins à nous en approcher, en rassemblant cependant toutes les forces qui pouvoient donner de la terreur aux ennemis. L'ordre qu'avoit reçu le maréchal d'Humières, après la prise d'Aire, de s'emparer du fort de Watte, qui pouvoit très aisément se défendre dix ou douze jours, étoit une marque bien visible du peu d'ardeur que l'on avoit pour conserver Mastrict, tout considérable qu'il est; mais la raison de cette indifférence étoit la nécessité plus pressante où l'on se trouvoit de secourir Philisbourg, place d'une bien plus grande importance pour nous, et dont la perte non seulement nous otoit les moyens de soutenir aucun des états ou des princes de l'Empire qui étoient dans les intérêts de la France et donnoit lieu à l'empereur de les réunir aux siens, mais nous privoit du secours de l'électeur de Bavière qui, s'étant maintenu neutre, avoit sur pied 12 à 15,000 hommes que la France payoit.

Après des efforts inutiles du maréchal de Rochefort pour jeter des secours dans cette place qui avoit été bloquée dès l'hiver, le maréchal de Luxembourg avec une puissante armée eut des ordres précis de tout

de camp en 1689, puis lieutenant général, gouverneur de Gravelines, tué à Fleurus (1705).

tenter pour la secourir; dans ce dessein général, il s'en approcha, mais il trouva impossible d'y réussir, et le roi, ne voulant pas perdre encore Mastrict que Calvau[1] défendait toujours avec beaucoup de courage, ordonna enfin au maréchal de marcher à l'armée du prince d'Orange qui avoit déjà perdu beaucoup de monde dans plusieurs assauts à des bastions détachés, nouvelle manière de fortification inventée par Vauban, et très bonne pour de grandes places qui peuvent contenir une nombreuse garnison. Dans le dernier des assauts qu'eut à soutenir le bastion nommé Dauphin, ouvrage bien revêtu, placé derrière un chemin couvert, et dont la prise coûta si cher au prince d'Orange, le Rhingrave avoit été blessé à mort.

L'armée du roi étoit campée à Bonif, et le comte de Montal, ancien lieutenant général, fut détaché avec 4,000 chevaux pour aller reconnoître les mouvements des ennemis à l'approche de cette armée. Le marquis de Villeroy, qui fut depuis maréchal de France, y alla comme maréchal de camp, et le marquis de Villars eut le commandement de 1,000 chevaux. Quoique accablé d'un violent rhume, il ne vouloit pas perdre une occasion de se distinguer; mais, sentant bien qu'il avoit besoin d'un peu de repos qui le mît en état de pouvoir soutenir les fatigues qu'il prévoyoit, il quitta pour quelques heures ce détachement qui n'étoit encore éloigné de l'armée que d'une lieue, et le rejoi-

---

1. « Calvo commandant à Mastricht en l'absence du maréchal d'Estrades, y fait des prodiges de valeur » (*Gazette de France*, 10 sept. 1676). Il s'était déjà distingué en Espagne et à Sénef : nommé lieutenant général le 12 sept. 1676 : cordon bleu en 1688; meurt à l'armée de Flandre le 29 mai 1690.

gnit à deux lieues de l'armée ; car il ne regarda pas comme une faute de passer par dessus une simple formalité du service pour l'intérêt du service même.

A peine découvroit-on les tentes des ennemis qu'on vit venir un trompette du prince d'Orange qui demandoit un passeport pour le Rhingrave mortellement blessé, ce qui fit juger que l'intention de ce prince n'étoit pas de nous attendre, car il n'eût pas eu besoin de passeport, s'il n'eût pas songé à marcher. On envoya au maréchal de Schomberg pour le presser de faire avancer l'armée, et l'on s'approcha toujours dans les plaines le long de la grande chaussée. L'ardeur du marquis de Villars et le désir de connoître des premiers les dispositions des ennemis pour découvrir s'il y auroit quelque chose à entreprendre le portèrent à s'avancer de hauteur en hauteur avec huit ou dix officiers fort bien montés, et, voyant parmi eux un mouvement qui avoit tout l'air d'une retraite, il revint trouver le comte de Montal qui envoya encore au maréchal de Schomberg pour presser la marche ; mais ce général qui, sans doute, avoit ses raisons, et peut-être même des ordres précis de ne donner qu'un simple secours sans action, n'arriva que sur le soir à vue des ennemis, lorsqu'on ne pouvoit plus douter de leur retraite. Le jour d'après, de grand matin, comme on étoit assez près de leur arrière-garde pour engager une action, le comte d'Auvergne[1], colonel général de la cavalerie, pressa le maréchal de l'entreprendre. Le marquis de Villars, s'approchant de divers escadrons des ennemis, eut son chapeau percé d'un

1. Fréd.-Maurice de la Tour, neveu de Turenne, lieutenant général en 1677, mort le 23 novembre 1707, à 65 ans.

coup de pistolet, et, voyant du désordre dans leurs dispositions, il alla au maréchal de Schomberg et lui représenta avec respect, mais pourtant par de bonnes raisons, qu'il y auroit de l'avantage à les attaquer. Ce général, qui n'avoit pas ce dessein, ne put s'empêcher, malgré l'amitié qu'il avoit d'ailleurs pour lui, de lui répondre avec une certaine aigreur qu'excitent assez naturellement les bonnes raisons quand on ne veut pas s'y rendre. Le marquis de Villars, n'ayant pu obtenir qu'on attaquât l'arrière-garde, auroit du moins bien souhaité qu'on fût tombé sur les dernières troupes des ennemis, et s'en étant approché, il eut un cheval tué sous lui. Il revint auprès du maréchal de Schomberg qui l'appela, et lui dit avec amitié : « Quand une place comme Mastrict est secourue sans bataille, le général doit être content, et, pour satisfaire un jeune colonel avide de gloire, il faut lui donner un parti de 150 chevaux. Faites-les commander, prenez les officiers que vous voudrez, et, en suivant l'armée ennemie pendant trois ou quatre jours, vous verrez ce qu'elle deviendra et ce que vous pourrez faire sans vous commettre. » Le marquis de Villars suivit son ordre, et le lendemain, sur le soir, ayant trouvé à une demi-lieue de l'armée ennemie des escortes médiocres qui couvroient des fourrageurs, il les attaqua et ramena près de 150 prisonniers à l'armée du maréchal de Schomberg qu'il trouva en marche.

Il rendit compte de sa commission au maréchal qui, oubliant la vivacité avec laquelle le marquis avoit osé le presser d'attaquer les ennemis, lui dit : « Nous aurions été brouillés ensemble, si je ne vous avois pas donné un détachement pour suivre vos amis que vous ne sauriez perdre de vue. »

Le marquis de Villars avoit passé cinq ou six nuits sans dormir. Accablé de sommeil et de lassitude, il se coucha sur le revers d'un fossé et ordonna à ses gens de l'éveiller quand l'arrière-garde passeroit. Pendant son sommeil, il y eut un grand orage, en sorte que le fossé sur le revers duquel il étoit couché fut rempli d'eau, et ses gens aussi endormis que lui ne l'éveillèrent qu'après qu'il eut été dans l'eau trois quarts d'heure; il monta à cheval saisi de froid, et, dès la nuit, il fut attaqué d'une dyssenterie si violente qu'on le porta très dangereusement malade à Charleroy; mais sa jeunesse et la bonté de son tempérament le sauvèrent. A peine sa santé étoit-elle rétablie que son régiment eut ordre d'aller joindre le maréchal de Créquy. Ce général rassembloit une armée sur la Saare pour faire lever le siège de Deux-Ponts, petite ville mal fortifiée et attaquée par le duc de Zell, dont les troupes se retirèrent à l'arrivée de celles du roi. Ainsi finit en Flandre la campagne glorieuse pour la France, par la prise de Condé, Bouchain, Aire, et par le secours de Mastrict. Elle ne fut pas, à beaucoup près, si heureuse en Allemagne. Le régiment du marquis de Villars fut envoyé en garnison à Calais.

La campagne de 1677 fut remarquable entre les autres par l'importance des conquêtes. Le roi prit des mesures pour attaquer les trois plus grandes et plus considérables places des Pays-Bas, Valenciennes, Cambray et Saint-Omer, dont la prise d'une seule pouvoit illustrer une campagne.

Dès la fin de février, toutes les troupes se mirent en mouvement. M. de Louvois, qui possédoit éminemment l'esprit d'ordre, de prévoyance et de détail, fit si bien que les subsistances, les vivres, les fourrages et toutes les commodités nécessaires se trouvèrent en abondance. Le roi commença par Valenciennes et en même temps commanda au maréchal de Luxembourg de faire investir Saint-Omer. Le régiment du marquis de Villars partit de Calais le 26 février et occupa l'abbaye de Watte[1]. On resserra cette place dont la garnison étoit médiocre. Le vieux prince de Robecq[2] de la maison de Montmorency en étoit gouverneur.

La fortune servit le roi dans le siège de Valenciennes qu'on attaquoit certainement par l'endroit le plus fort ; mais les difficultés du chemin dans une saison fort rude avoient obligé à se servir de la chaussée de Valenciennes à Saint-Amand, par conséquent à faire les dépôts du siège du côté de Saint-Amand et à commencer l'attaque par l'ouvrage couronné.

L'Escaut faisoit le fossé de la place, et les ennemis, par leurs écluses, pouvoient en faire un torrent ; mais, dès que l'ouvrage couronné eut été attaqué et emporté, le désordre se mit dans toutes les troupes qui le défendoient, et l'ardeur de celles du roi les porta à suivre celles des ennemis avec tant de vitesse qu'elles entrèrent pêle-mêle avec eux dans le pâté, et de là, par une poterne qui se trouva ouverte, nos premiers grenadiers parurent sur le bastion. La terreur des

1. Watten, sur l'Aa, à 30 kil. de Calais et 10 de Saint-Omer.
2. Eugène de Montmorency, prince de Robecque, mort en janvier 1683.

ennemis fut si grande que 1,200 chevaux qui étoient en bataille dans les places de la ville n'osèrent jamais monter sur les remparts pour en chasser des gens qui n'alloient qu'un à un, et par un petit degré fort étroit. On contint les troupes sur les remparts, leur petit nombre fit leur sagesse dans les commencements, la ville ne fut pas pillée et tout fut fait prisonnier de guerre. Après un aussi heureux événement, le roi envoya Monsieur avec le maréchal d'Humières et une augmentation de troupes assez considérable pour faire le siège de Saint-Omer. On resserra les quartiers qui, jusque-là, n'avoient été disposés par le maréchal de Luxembourg que pour empêcher qu'on ne jetât des troupes dans la place.

On fit deux attaques, l'une qu'on croyoit d'abord n'être qu'une fausse attaque par le Fort-des-Vaches, pays bas et très marécageux, et l'autre par les terres les plus élevées.

Dès le premier jour, les ennemis firent une sortie sur l'attaque du Fort-des-Vaches. Le marquis de Villars, auquel il sembloit que, par une destinée particulière, aucune occasion ne dût échapper, avoit son quartier de ces côtés-là et se promenoit à pied du côté de l'attaque. Dès qu'il vit les ennemis, il y courut avec presque tous les officiers qui se trouvèrent auprès de lui et les rechassa dans le chemin couvert. Le marquis de Languetot, qui étoit capitaine dans son régiment, y fut blessé.

Cependant, le prince d'Orange se disposoit à secourir Saint-Omer et rassembloit toutes ses forces derrière Ypres.

Il marcha avec son armée et campa au-dessous de

Mont-Cassel. Monsieur ne balança pas à lever ses quartiers; il laissa au marquis de la Trousse[1] le commandement de la tranchée et marcha à l'armée du prince d'Orange qui avoit devant elle le petit ruisseau de l'abbaye de Piennes[2]. Les ennemis le passèrent en divers endroits et il y eut dans le centre un assez rude combat d'infanterie où le régiment des gardes du roi perdit beaucoup de monde. Alors le maréchal d'Humières poussa la gauche des ennemis, et dans le même temps le maréchal de Luxembourg attaqua l'abbaye de Piennes. Il avoit donné au marquis de Villars une réserve de cinq escadrons qui avoient la gauche de tout et qui par conséquent débordoient la droite des ennemis.

Le marquis de Villars fit réparer un pont sur le ruisseau de Piennes et commençoit à le passer, pour prendre en flanc la droite des ennemis occupée des troupes qu'elle avoit devant elle, lorsque Chamlay[3] vint, de la part de Monsieur, lui donner ordre de marcher au centre où les troupes avoient perdu quelque terrain. « S'il est arrivé quelque désordre dans le centre, lui dit le marquis de Villars, j'arriveroi trop tard pour le réparer, mais je vois la droite des ennemis ébranlée, et je crois qu'il vaut mieux achever de mettre le

---

1. Ph.-Aug. le Hardy, créé marquis de la Trousse en 1651, se distingua dans toutes les campagnes; maréchal de camp en 1675, lieutenant général en 1677, cordon bleu en 1688, mort en 1690.

2. 11 avril 1677.

3. Jules-Louis Bolé, marquis de Chamlay, né en 1650, mort en 1719, maréchal des logis aux camps et armées du roi. Voyez la notice que M. de Boislisle a consacrée à cet officier d'un rare mérite et d'une grande modestie, dans le *Cabinet historique*, janvier 1877.

désordre dans cette aile, si la bataille est en danger où vous dites, nous allons infailliblement la gagner de ce côté-ci ; ainsi je marche. » Chamlay voyant que le marquis de Villars suivoit toujours son premier dessein, alla parler à M. de Soubise qui commandoit la gauche de la cavalerie et qui vint empêcher le marquis de Villars de passer. Voyant bien cependant qu'il avoit raison, il lui dit : « Que si c'étoit un autre aide de camp que Chamlay, il se dispenseroit de suivre l'ordre qu'il apportoit, mais que celui-là étoit l'homme de confiance du roi. » Le marquis de Villars obéit, et quelque temps après, le maréchal de Luxembourg, ayant emporté l'abbaye de Piennes et voyant la droite des ennemis se retirer sans perte, dit au marquis de Villars : « Je voudrois que le cheval de Chamlay eût eu les jambes cassées quand il vous a porté ce maudit ordre. » Il est certain que l'armée ennemie pouvoit être entièrement défaite, mais elle perdit seulement le champ de bataille et son canon et fut en état six semaines après de tenir la campagne. Cependant cette victoire assura le siège de Saint-Omer. Le marquis de Villars s'étant trouvé à la tranchée, dans le temps que la chamade battit, fut envoyé dans la place pour régler la capitulation. Le prince de Robecq convint de tout et demandoit avec empressement deux pièces de canon ; on ne voulut pas les mettre dans les articles, mais Monsieur les accorda, à la prière du marquis de Villars.

Cambray fut pris après une assez foible résistance. Ainsi, avant la fin de mai, Valenciennes, Saint-Omer et Cambray furent soumis à la puissance du roi. Après quelques semaines de rafraîchissement, nécessaires à des troupes qui avoient passé presque tout l'hiver en campagne, le régiment du marquis de Villars fut envoyé sur la Meuse, où étoit le maréchal de Schomberg avec un médiocre corps destiné à fortifier l'armée de Flandre ou celle d'Allemagne, suivant les mouvements des ennemis.

Le duc de Lorraine[1], qui commandoit les armées de l'empereur et de l'Empire, vint d'abord sur la Meuse avec des forces très considérables et y attira le maréchal de Créquy avec toutes les siennes. Il cherchoit une action, et ce maréchal ne l'évitoit qu'en prenant les postes les plus avantageux, et se tenant toujours du même côté de la Meuse que les ennemis. Enfin les armées se trouvèrent en présence près de l'abbaye de Châtillon. La droite et la gauche du maréchal de Créquy étoient bien couvertes, mais il avoit si peu de fond, pour ses deux lignes serrées par les bois, que les ennemis auroient assurément trouvé quelque avantage pour combattre.

Pendant qu'il se mettoit en bataille, il chargea le marquis de Villars d'observer l'armée ennemie qui s'approchoit et le pria ensuite de se tenir auprès de lui; une ancienne blessure, qui s'étoit ouverte, ne lui permettant d'être à cheval qu'avec beaucoup de peine et de douleur. Les armées furent deux jours en présence, et ensuite celle de l'empereur alla passer la Moselle près de Thionville et marcha sous Metz, sans d'autre exploit que la prise du château de Sarrebourg. Le maréchal de Créquy la côtoyant toujours, les deux

1. Charles IV, né en 1643, chassé de ses états par Louis XIV, général au service de l'empereur Léopold, son beau-frère, mort en 1690.

armées rentrèrent en Alsace ; celle de l'empereur par le bas du pays et celle du roi par le côté de Saverne.

Il arriva alors au marquis de Villars un petit désagrément qui, pourtant, servit dans la suite à le persuader tout à fait de sa bonne fortune, et qui le guérit pour toujours de demander, ni même, à ce qu'il a dit depuis, de désirer d'être plutôt dans un corps ou dans une armée, que dans une autre. Il se trouvoit dans la brigade de la Valette[1] avec qui il n'étoit pas bien, et il pria instamment le maréchal de Créquy de l'en ôter. Ce maréchal, quoiqu'il lui marquât beaucoup d'amitié et même de confiance, ne fit pourtant point ce qu'il désiroit, et cela fut heureux pour le marquis de Villars, car d'être demeuré dans cette brigade lui valut d'avoir la meilleure part à quatre actions considérables qui se passèrent dans le reste de cette campagne.

Le maréchal de Créquy, persistant dans le dessein de disputer le terrain de l'armée impériale qui étoit près de Strasbourg, vint camper à Marle[2]. Sa droite touchoit cette petite ville et sa gauche le château de Kokersberg. La brigade de la Valette ne campoit pas dans la ligne, elle servoit de réserve et fut placée au pied du château de Kokersberg.

Le duc de Lorraine marcha à Gugueneïn[3] avec l'ar-

---

1. L.-Félix de Nogaret, marquis de la Valette, brigadier le 25 février 1677, maréchal de camp en 1688, lieutenant général en 1693, mort en 1695.
2. Petite ville d'Alsace à 13 kil. ouest de Strasbourg, auj. Marlenheim ; Kochersberg était à une lieue plus au nord, sur la route de Strasbourg à Saverne.
3. Gugenheim, village à 4 kil. environ au nord de Kochersberg.

mée impériale et fit avancer le général Schutte avec 2,000 chevaux sur les gardes de cavalerie de l'armée du roi, à la tête desquelles se trouvèrent le comte de Schomberg, maréchal de camp du jour, et le marquis de Villars; 200 chevaux de piquet les soutenoient, et, étant trop avancés, on jugea à propos de les rapprocher du château de Kokersberg. Les ennemis firent pousser par 500 chevaux de leurs troupes ce petit corps de cavalerie qui s'étoit mis en bataille. Le comte de Schomberg et le marquis de Villars voyant ces 500 chevaux un peu éloignés des 2,000 qui les avoient détachés marchèrent à la charge, les renversèrent et puis se rapprochèrent du château de Kokersberg[1].

Le maréchal de Créquy, ayant vu le commencement de l'action, avoit fait monter à cheval la brigade de la Valette et la maison du roi, et, trouvant que les ennemis n'étoient pas soutenus de leur armée, il ordonna qu'on marchât à eux. Le comte de Schomberg et le marquis de Villars, à la tête, chargèrent une seconde fois avec le même succès les premiers corps qui les avoient suivis et s'étoient encore trop éloignés de leur gros. Le marquis de Villars eut deux chevaux tués sous lui. Dès le commencement de l'action, on l'avoit pressé de prendre une cuirasse, mais il dit tout haut, en présence de ses officiers et des cavaliers, qu'il ne tenoit pas sa vie plus précieuse que celle de ces braves gens, à la tête desquels il combattoit.

Après cette seconde charge, la brigade de la Valette étant arrivée, elle fut mise en bataille sur la même ligne que les gardes et les 200 chevaux qui les soute-

1. 7 octobre 1677.

noient et qui étoient affoiblis par les deux charges qu'ils avoient faites. Le marquis de Villars se mit à la tête de son régiment avec près de quarante officiers volontaires de l'armée qui, dès le commencement de l'action, avoient combattu avec lui. Cette brigade, composée de sept escadrons et de près de 300 chevaux qui restoient de toutes les gardes et du détachement, étoit en bataille devant les ennemis qui s'étoient encore rapprochés à la portée du mousqueton, mais bien en ligne, et présentant un front d'environ douze escadrons. Alors l'armée impériale tout entière se mit en marche pour soutenir les 2,000 chevaux, et engagea une affaire générale. Mais le maréchal de Créquy, ne voulant pas en venir là dans le poste où il étoit, donna ordre aux neuf escadrons de nos troupes qui étoient devant les ennemis de se retirer au travers des intervalles de la maison du roi qui se formoit derrière cette première ligne.

Une pareille retraite étoit fort dangereuse, car on étoit si près des ennemis qu'on ne pouvoit faire le caracolle d'un escadron, sans approcher à cinquante pas de leur ligne. Le marquis de Villars en courut bien le péril, et disoit aux volontaires qui étoient avec lui hors de l'escadron qu'ils pouvoient s'attendre qu'au moindre mouvement qu'ils feroient pour se retirer, ils seroient chargés aussitôt. Il les pria de demeurer derrière ces deux escadrons, et, par quelques coups de pistolet, d'éloigner les ennemis autant qu'il seroit possible. Son intention fut très bien exécutée, et cela donna lieu à un très beau mouvement de cavalerie qu'il fit le moment d'après.

Dès que notre ligne commença à tourner, celle des

ennemis tout entière s'ébranla et la suivit ; mais comme il y avoit quarante volontaires qui faisoient incessamment feu sur ceux des officiers des ennemis qui s'approchoient trop, les escadrons, qui naturellement auroient dû tomber sur ceux du marquis de Villars, les pressèrent moins et lui permirent de se retirer plus lentement que le reste de nos troupes qui marchoient dans les intervalles de la maison du roi. Alors, voyant qu'en prenant en flanc cette ligne des ennemis, il pouvoit charger avec avantage, au lieu de rentrer dans l'intervalle, il fit marcher la gauche de ses deux escadrons, renversa sans peine la ligne des ennemis et la mena battant jusques à la tête de leur armée, en sorte qu'avec la tête de ses officiers, il se trouva près du canon des ennemis dont la colonne marchoit au milieu de toutes les autres, suivant l'ordre d'une armée qui veut se mettre en bataille. Il fut tenté d'emmener trois ou quatre petites pièces de canon et proposa la chose à ceux qui l'avoient suivi ; elle n'étoit pas impossible, mais venant à regarder derrière lui, il se vit avec ses deux seuls escadrons qui se reformoient et connut bien qu'il seroit encore trop heureux de se retirer, ce que même il n'auroit pu faire sans être vivement poussé, si par bonheur il ne se fût trouvé sur les colonnes d'infanterie et de canon des ennemis, et par conséquent un peu éloigné de celles de leur cavalerie. Il se retira donc sans accident, si ce n'est que le canon des ennemis s'arrêta et tira sur lui. Le nôtre, même par une méprise honorable pour le marquis de Villars, en fit autant. Car comment s'imaginer que deux escadrons qu'on voyoit sortir du centre des ennemis ne fussent pas de leurs troupes ?

Il essuya sept ou huit volées de canon, mais il n'y eut que quelques chevaux de son régiment de tués, et, à son retour, le maréchal de Créquy vit un cavalier du régiment qui, ayant reçu un coup d'épée en travers du corps, se retiroit mourant. Il demandoit son colonel, et l'ayant trouvé : « Êtes-vous content de nous, mon colonel? lui dit-il, je ne voulois que la consolation de vous voir avant que de mourir[1]. »

On a cru que des gens de guerre ne seroient pas ennuyés du récit d'une action particulière et d'un mouvement de cavalerie assez singulier pour mériter d'être rapporté avec quelque détail. Il seroit utile d'avoir pour ainsi dire devant soi un grand nombre de pareilles manœuvres toutes prêtes. Ce sont autant de bons partis déjà tout pris ou des modèles de parti à prendre.

Pendant que les armées de France et de l'Empire se disputoient ainsi le terrain aux environs de Strasbourg, le prince de Saxe-Eisenach, qui commandoit un corps sur le Haut-Rhin, avoit fait faire un pont près du village d'Huningue et s'étoit emparé d'une redoute qui étoit plutôt une borne de nos terres et de celles de Bâle qu'une fortification que l'on eût dessein de soutenir. Cependant le baron de Montclar[2], lieutenant général des armées du roi, fut détaché avec un petit corps pour s'opposer au prince de Saxe qui, ne

---

1. Villars fit faire un tableau de ce combat de Kochersberg par Martin père, et le mit dans la salle de billard du château de Vaux, avec neuf autres tableaux de batailles du même peintre.

2. Joseph de Pons de Guimera, entré au service en 1653, lieutenant général en 1677, cordon bleu en 1688, mort en 1690 à 65 ans.

pouvant s'y établir, repassa le Rhin, et le duc de Lorraine s'étant éloigné, l'armée du roi alla passer le Rhin à Brisach, à peu près dans le même temps que le prince de Saxe-Eisenach s'approchoit du fort de Kell, sous lequel il se plaça avec ses troupes.

Le maréchal de Créquy résolut de l'attaquer ; on fit une marche forcée, la brigade de la Valette ayant la tête de la marche, et, à l'entrée de la nuit, on arriva sur le bord de la Kintche[1]. Le marquis de Villars fut détaché avec 300 chevaux pour la passer le premier et voir ce que l'on pourroit entreprendre. Après l'avoir passée et s'être mis en bataille avec le peu de troupes qu'il avoit, il s'approcha des ennemis, trouva une barrière gardée par de l'infanterie qui fit feu et suivit une espèce de digue bordée d'un fossé qui alloit de la Kintche au Rhin. La nuit étoit fort noire, et au bruit que faisoient les ennemis, il jugea qu'ils étoient en bataille derrière cette digue. Il crut qu'en attendant qu'il eût assez de troupes pour les attaquer, il ne pouvoit mieux faire que de les obliger à s'étendre, en les inquiétant de plusieurs côtés. Pour cela, il envoya six ou sept détachements de sept ou huit maîtres chacun, avec ordre de tirer en divers endroits, de faire un grand bruit le long de la digue, et il retourna à cette barrière qu'il trouva abandonnée. En même temps, il y fit entrer un lieutenant de cavalerie très hardi avec vingt maîtres. Ce lieutenant trouva la cavalerie des ennemis en bataille [et s'approcha] le plus près d'elle qu'il lui fut possible. Il envoya une seconde

---

1. Kintzig, rivière du duché de Bade qui se jette dans le Rhin en face de Strasbourg.

fois son lieutenant qui, à l'heure même, lui rapporta que les ennemis s'ébranloient pour se retirer, et que quelques escadrons avoient déjà commencé à tourner. Le marquis de Villars ayant plus de quinze trompettes, tant de son détachement que des trompettes qui avoient suivi les volontaires qui étoient avec lui, il les partagea, fit sonner la charge à tous, et avec ses quatre troupes se jeta sur les ennemis dont le corps étoit de plus de 2,000 chevaux ; ils tirèrent en tournant et tout fut renversé. On les pressoit vivement, lorsque les gardes du maréchal de Créquy, faisant un escadron qui marchoit à la tête de l'armée, chargèrent par derrière la troupe du marquis de Villars, qu'ils ne reconnoissoient pas, et tuèrent son maréchal-des-logis et quelques cavaliers du dernier rang. Le marquis de Villars, qui pouvoit se croire enveloppé des ennemis par le grand nombre qu'ils étoient et le peu de gens qu'il avoit, retourna sur ceux qui le pressoient par derrière ; plusieurs des gardes du maréchal de Créquy furent tués, et l'on ne se reconnut qu'au feu des armes et au mot de ralliement qui étoit *Villars*. Cet accident empêcha qu'on ne suivît les ennemis aussi vivement qu'on l'eût fait, dont cependant la plupart se jetèrent dans le Rhin, et abandonnèrent tous leurs équipages.

Le maréchal de Créquy voyant le duc de Lorraine éloigné et le prince de Saxe-Eisenach retiré sous Strasbourg, fit toutes les dispositions nécessaires pour persuader qu'il alloit repasser le Rhin et prendre des quartiers d'hiver. On envoya les ordres pour les routes de l'armée, et le mois de novembre étant même avancé, le duc de Lorraine ne pouvoit guère s'attendre que le marquis de Créquy songeât à faire le siège de Fribourg. Cette ville n'étoit fortifiée que d'une double enceinte d'assez bonnes murailles, avec de vieilles tours, et d'un château sur la coupe d'une montagne assez bon, mais fort petit.

Pour ôter les fourrages aux ennemis, qu'on jugeoit bien qui viendroient au secours de Fribourg dès qu'ils seroient informés du dessein qu'on avoit de l'attaquer, le maréchal de Créquy fit brûler tout le pays qui est entre les montagnes et le Rhin, en remontant vers Brisach. Mais le marquis de Villars, qui avoit l'arrière-garde de l'armée avec 300 chevaux et qui naturellement humain eut toujours en horreur tout ce qui n'est que cruauté, sauva, malgré les ordres du général, une partie des petites villes où l'on mettoit le feu en passant.

On prit des quartiers autour de Fribourg, et la brigade de La Valette fut logée dans la vallée de Kinderstal[1].

Le duc de Lorraine n'eut pas plutôt appris que le maréchal de Créquy, au lieu de repasser le Rhin, formoit le siège de Fribourg, qu'il rassembla ses forces pour marcher au secours et envoya d'abord par la gorge du Walkirk[2] un corps de cavalerie de dragons et de 1,000 hommes de pied choisis pour se jeter par les montagnes dans la place.

On avoit ordonné un fourrage dans la vallée de Walkirk. Le marquis de Villars, qui commandoit 300 chevaux d'escorte, ayant été averti de la marche

1. Günthersthal. L'abbaye du même nom est dans la vallée à 5 kil. sud de Fribourg.
2. Waldkirch, à 13 kil. N.-E. de Fribourg.

du secours, s'avança dans la vallée, et les ennemis voyant qu'on leur avoit coupé le chemin ne songèrent qu'à se retirer. Le marquis de Villars connut bientôt à leurs mouvements qu'ils étoient plus occupés du soin d'assurer leur retraite que de celui d'attaquer. Il pressa le général Genlis[1], qui commandoit ce fourrage, de lui donner des troupes et de les laisser agir, et aussitôt il attaqua et renversa les premières troupes des ennemis, aussi bien que 300 dragons des leurs, qui avoient mis pied à terre pour faire ferme à un passage étroit. Mais à peine les eut-il forcés, qu'il se trouva sans troupes, le général Genlis ne voulant rien engager. Ainsi ce corps des ennemis, qui pouvoit être entièrement défait, ne perdit que 200 cavaliers ou dragons. Le maréchal de Créquy vint en diligence, et, ayant appris qu'on n'avoit pas suivi le dessein, ni secondé les premiers succès du marquis de Villars, il en fut très fâché et le marqua très vivement à ceux qui s'y étoient opposés.

Le siège de Fribourg avançoit. On donna l'assaut à la première enveloppe de murailles, et le marquis de Villars y monta à la tête des grenadiers. Dès le lendemain, le gouverneur capitula pour la ville et pour le château qui, certainement, n'auroient pas été pris dans une saison aussi avancée[2].

Le duc de Lorraine avoit envoyé des ordres de tous côtés pour jeter du secours dans Fribourg. Les gouverneurs de Constance, Reinfelt[3] et des villes

1. René de Brulart, marquis de Genlis, fit toutes les campagnes depuis 1641; lieutenant général en 1677, il mourut en 1696 à 79 ans.
2. 14 novembre 1677.
3. Écrit aussi Rhinfeld, aujourd'hui Rheinfelden.

forestières avoient rassemblé toutes leurs garnisons et 3 ou 4,000 *schenapans ;* c'est ainsi qu'on nommoit les paysans des montagnes, gens assez aguerris. Tout ce corps marchoit par le haut des montagnes et n'avoit aucun avis de la capitulation du gouverneur de Fribourg, de sorte qu'il attaqua l'abbaye de Kinderstal, quartier de la brigade de La Valette, dans le même temps qu'on voyoit sortir de Fribourg la garnison.

Le marquis de Villars étoit auprès du maréchal de Créquy, et, entendant vers son quartier un grand bruit de mousqueterie, il s'y rendit à toutes jambes et trouva l'abbaye investie et vivement attaquée par les ennemis qui en avoient barré les avenues. Un capitaine de son régiment défendoit une brèche avec vingt cavaliers à pied, tout étoit en désordre, plusieurs même se tenoient cachés et ne songeoient plus à se défendre. A son arrivée, tout reprit courage, et comme il vit qu'on ne pouvoit sauver cette brigade qu'en forçant les ennemis, il se mit à la tête de cinquante maîtres et passa au travers de tout le feu de l'infanterie ennemie qui, voyant arriver du secours du côté des autres quartiers, ne songea qu'à se retirer. C'est ainsi que d'être demeuré dans la brigade de La Valette valut au marquis de Villars d'avoir eu la première part au combat de Kokersberg, à la défaite du prince de Saxe-Eisenach et aux deux affaires de Walkirk et de Kinderstal.

A l'égard des autres actions qu'il vit comme volontaire dans le cours de cette campagne, ce ne fut qu'en les cherchant avec ardeur et avec une véritable envie de les trouver qu'il y parvint ; et ce n'est en effet que par là qu'on peut parvenir à en voir plus qu'un autre. Il y a tel officier qui, à la rigueur, a fait son devoir et qui en plusieurs années de service ne s'est pas trouvé à une seule action.

Le marquis de Villars revint passer l'hiver à la cour. Le roi avoit quelque bonté pour lui ; mais une passion violente, qui pourtant ne déroba jamais un seul de ses jours aux occupations de la guerre, en enlevoit un très grand nombre aux soins de sa fortune.

L'inimitié de M. de Louvois pour lui se déclaroit en tout. Le régiment de Villars n'avoit jamais que de mauvais quartiers. Ainsi il ne pouvoit guère briller par la magnificence ; mais, en récompense, l'intrépide valeur du chef et de ceux dont il étoit composé répandoit sur lui une autre dose d'éclat que la magnificence ne donne ni ne supplée point, et qui même se passe fièrement de tout celui que la magnificence donne. Cependant le marquis de Villars, peu attentif à faire sa cour, et brouillé avec le ministre de la guerre, essuya encore le sensible dégoût de voir de ses cadets faits brigadiers, et lui de ne point avancer. A la campagne précédente, il avoit déjà vu passer devant lui le marquis du Bordage[1], neveu du vicomte de Turenne, mais il sembloit que cette dernière campagne, si heureuse pour lui en actions, devoit le garantir d'un semblable malheur. Il prit la liberté d'en marquer sa vive douleur au roi, et de le presser dans des termes respectueux, mais assez forts ; Sa Majesté y répondit deux fois avec bonté, et même avec des éloges de ses

1. René de Montbourcher, marquis du Bordage, brigadier de cavalerie le 25 février 1677, maréchal de camp 1688, tué au siège de Philipsbourg le 18 octobre de la même année.

actions, mais à la troisième, ce fut avec quelque aigreur, et le marquis de Villars se retira. Réduit à la nécessité de se faire un mérite, qui forçât la fortune en sa faveur, et d'être pour ainsi dire lui-même sa créature, son cœur lui suggéra le seul parti que la raison elle-même lui laissoit à prendre, de servir, de surmonter les obstacles ou de périr.

Pendant la campagne de 1678, son régiment fut destiné à l'armée du maréchal de Créquy où il se rendit dans la fin de mai.

Il joignit l'armée campée dans la plaine de Neubourg[1]. Celle du duc de Lorraine s'en approcha, et le prince Louis de Bade[2] vint à la tête de 1,000 chevaux pour attaquer nos gardes. Dans ces temps-là, les grandes gardes du camp étoient d'escadrons à étendards, et l'on appeloit gardes ordinaires des détachements de cinquante maîtres que l'on distribuoit dans le front de l'armée. Depuis on a supprimé les gardes d'escadrons, et l'on ne s'est servi que de gardes ordinaires. Le marquis de Villars, qui avoit la grande garde de la gauche de l'armée, voyant un corps considérable de cavalerie des ennemis marcher à nos gardes de la droite qui étoient placées dans des lieux couverts d'arbres, au lieu que le côté qu'il gardoit étoit une plaine d'une grande étendue, laissa à la gauche, pour laquelle il n'y avoit rien à craindre, deux petites gardes de dix maîtres et marcha au grand

1. Neuenburg dans le grand-duché de Bade, sur le Rhin à hauteur de Mulhouse.
2. Louis Guillaume de Bade, né en 1655, mort en 1707; vainqueur des Turcs à Salankemen en 1691 : battu par Villars à Friedlingen.

trot avec son escadron, et trois gardes ordinaires au secours de 300 chevaux commandés par Olier, colonel de cavalerie, que le prince Louis de Bade pressoit extrêmement. Il arriva assez à temps sur le bord du petit ruisseau de Neubourg, qui couvroit la tête du camp, pour sauver ces 300 chevaux qui se retiroient au galop. Olier fut tué, mais le marquis de Villars rallia le reste de ce détachement et arrêta le prince de Bade.

Dans le même temps que le marquis de Villars avoit quitté son poste pour s'opposer aux ennemis, l'escadron des gardes du corps, qui étoit à la droite, avoit pris un parti fort différent. Il se retiroit à mesure que les ennemis approchoient. Le maréchal de Créquy arriva dans le moment; le marquis de Villars, qui savoit que plusieurs officiers généraux l'avoient blâmé sur ce que les gardes du camp, disoient-ils, n'étoient destinées qu'à avertir et point du tout à combattre, et qu'elles ne devoient jamais quitter leur poste, dit au maréchal, en présence de ceux qui l'avoient désapprouvé : « Je suis jeune, et il me reste encore beaucoup à apprendre ; c'est pourquoi je prends la liberté de demander à mon général, si, étant de garde dans un pays fort découvert et par conséquent fort en sûreté, j'ai bien ou mal fait de laisser à ce poste deux petites gardes seulement, et d'avoir marché à un ennemi qui poussoit nos troupes et vouloit entrer dans le camp. » La réponse du maréchal de Créqui fut dure pour ces officiers généraux. Il ne les connoissoit point, mais il ne ménagea pas les termes, et dit nettement : « Qu'il n'y avoit que des poltrons et des pédants qui pussent ne pas approuver la conduite du marquis de Villars ; qu'il l'en remercioit et le prioit d'aller se reposer quelques heures, et ensuite de se mettre à la tête d'un parti de 500 chevaux qu'il lui destinoit. »

Le marquis de Villars marcha avec ce parti sur l'armée ennemie, poussa des gardes et ramena quelques prisonniers. Le maréchal de Créquy, informé que les ennemis avoient un corps sous Reinfelt, petite place sur le Rhin, à trois lieues au-dessus de Basle, marcha la nuit et surprit ces troupes dont la plus grande partie se retira par le pont de Reinfelt. Le marquis de Tessé[1], colonel de dragons, les suivit avec beaucoup de vivacité à la tête de son régiment et y fut blessé, et les poussa jusque sur le pont. Nos dragons en tuèrent un très grand nombre, mais le marquis de Ranes[2], lieutenant général des armées du roi et colonel général des dragons, y fut tué.

Le maréchal de Créquy ayant, par cette action, jeté la plus grande partie de l'armée impériale vers Reinfelt, crut que, par une marche forcée, il pourroit arriver sur Offembourg, petite ville sur la Kinche, à hauteur de Strasbourg, avant que le duc de Lorraine pût y faire entrer du secours, et qu'en peu de jours il s'en rendroit maître, d'autant plus qu'elle étoit mal fortifiée et n'avoit qu'une foible garnison. Il fit vingt-

---

1. Phil.-Emm. de Froulay, marquis de Tessé, maréchal de camp en 1691, lieutenant général en 1696, souvent blessé, mort à Crémone en 1701.
2. Nicolas d'Argouges, marquis de Ranes, gouverneur d'Alençon, maréchal de camp en 1675, lieutenant général en 1677, tué le 7 juillet 1678 au combat de Seckingen, le lendemain de l'attaque du pont de Rhinfeld, où il se signala.

sept lieues en quatre jours avec cavalerie, infanterie et canon, les gros bagages suivant plus lentement.

Le duc de Lorraine, voyant Reinfelt en sûreté, pénétra les desseins du maréchal de Créquy, et dans le même temps que l'armée de France s'ébranloit pour marcher sur Offembourg, celle de l'empereur se mit en mouvement pour sauver cette place, en sorte que les deux têtes d'armées se trouvèrent, comme à un rendez-vous marqué, au pied du château d'Artembourg[1], sur la Kinche, à la sortie des montagnes. Le marquis étoit à la tête des premières troupes ; on attaqua la tête de celles de l'empereur dont les cinq ou six premiers escadrons furent renversés. Le marquis de Villars prit le colonel Renfin lorrain, et l'on poussa les ennemis jusque sous les murailles de la petite ville de Gegembach[2] qu'ils occupoient. Leur diligence sauva Offembourg. Mais le maréchal de Créquy songea à attaquer le fort de Kell, alors très mauvaise petite fortification de terre qui couvroit la tête du pont de Strasbourg.

On ouvrit une tranchée pour se placer de manière qu'on pût le lendemain donner un assaut à ce mauvais ouvrage, sans partir de trop loin. Dix compagnies de grenadiers et 300 dragons soutenus de quatre bataillons furent commandés, et l'on y marcha en plein jour. Le marquis de Villars, s'étant trouvé dans ce moment-là à la tranchée, se mit à la tête du premier détachement. Il avoit un habit en broderie d'or, et le maréchal de Créquy le voyant le premier sur la brèche,

1. Ortenberg, à 3 kil. d'Offenburg.
2. Gengenbach sur la Kintzig, à 10 kil. d'Offenburg.

défendue pendant quelques instants à coup de pique, prédit son élévation infaillible à ceux qui étoient auprès de lui, et lui cria : « Jeune homme, si Dieu te laisse vivre, tu auras ma place plutôt que personne. »

Le fort de Kell emporté[1], le maréchal de Créquy en fit raser les fortifications et brûler les habitations, et repassa le Rhin pour descendre vers Landau. Le duc de Lorraine alla passer ce fleuve au-dessus de Philisbourg, au village de Limersein[2].

Il n'y eut plus d'actions considérables dans le reste de cette campagne, si ce n'est pour le marquis de Villars qui les cherchoit avec trop d'ardeur pour n'en pas faire naître. Le marquis de Villars ayant donc suivi le marquis de Boufflers[3] à un fourrage dont il étoit chargé, gagna avec lui la tête des escortes après qu'on eut assis les fourrageurs, et en trouva un très grand nombre qui avoient percé dans une vallée où ils n'étoient couverts que par 100 dragons séparés en deux troupes. A peine avoit-on reconnu le péril que 400 chevaux des ennemis débusquèrent sur les 100 dragons. Le marquis de Boufflers courut aux fourrageurs pour rassembler ceux qui avoient des armes, et le marquis de Villars, à la tête de quelques dragons de la reine, fit ferme à un défilé fort étroit. Comme il voulut arrêter un dragon qui fuyoit, il saisit la bride du cheval qui se cabra, l'homme et le cheval furent tués, et le marquis de Villars, derrière ce

---

1. 27 juillet.

2. Leimersheim, à 14 kil. de Philipsbourg.

3. Louis-François, marquis puis duc de Boufflers en 1695, maréchal de France en 1693, mort le 22 août 1711 à soixante-sept ans.

cheval tué, fit ferme dans le chemin. Cinq ou six officiers volontaires, entre autres un capitaine du régiment Colonel-Général de la cavalerie, nommé Virmon, s'arrêtèrent auprès de lui, et le peu de moments qu'ils donnèrent au marquis de Boufflers pour rassembler des troupes suffit pour empêcher l'ennemi de dissiper nos fourrageurs et de nous en prendre un fort grand nombre. Cette action du marquis de Villars lui attira du grand prince de Condé, juge né de la valeur, une lettre pleine de louanges.

Ainsi finit la campagne de 1678. Toute l'Europe, lassée de la guerre, souhaitoit ardemment la paix. Les traités interrompus à Cologne et renoués à Nimègue avançoient. Celui d'Espagne, d'Angleterre, de la Hollande et de l'empereur étoit conclu; mais l'électeur de Brandebourg ne pouvoit se résoudre à rendre beaucoup de pays et de places prises sur la Suède. Cependant, comme le roi sacrifioit une partie de ses conquêtes en Flandre à l'intérêt du roi de Suède, son allié, les alliés de l'électeur de Brandebourg l'abandonnèrent. Le maréchal de Créquy, à la tête de l'armée du roi, passa le Vezer, défit quelques troupes de l'électeur, et ce prince se soumit aux conditions du traité de Nimègue.

Dans le même temps, le maréchal d'Humières marcha pour prendre Hombourg, petite place au delà de la Saare, qui appartenoit au vieux duc de Lorraine, et que l'électeur de Mayence gardoit depuis plusieurs années. Le marquis de Villars étoit de cette armée. Le gouverneur de la place la rendit après quelques volées de canon, et, dans le milieu de l'année 1679, la paix fut établie dans toute l'Europe. Le marquis de

Villars, malgré ses services, se trouva sans aucun avancement, mais une grande passion dont il étoit rempli ne lui laissoit pas de sensibilité pour les rigueurs de la fortune. Une autre affaire de dames lui attira quelques disgrâces de la cour dont il eut ordre de s'éloigner pour quelque temps.

Le mariage de la princesse Marie-Louise d'Orléans, fille aînée de Monsieur, se fit[1] avec le roi d'Espagne auprès de qui le marquis de Villars[2] étoit ambassadeur, et l'année d'après[3], celui de la princesse de Bavière se fit avec monsieur le Dauphin.

Quelques années de paix furent bien longues pour le marquis de Villars; enfin la guerre recommença, en 1683, par la prise de Courtray[4] et [le bombardement] de Luxembourg, et finit par la prise de cette dernière place[5]. Mais ce peu de guerre pensa être fatal au marquis de Villars. Il fut détaché avec le comte de Montal, qui, avec un corps de cavalerie, s'approcha de Charleroy. Le marquis de Villars, voyant ceux de la ville braquer quelques pièces de canon sur douze ou quinze officiers qui étoient auprès de lui, leur dit, en leur en montrant une, celle-là nous approchera fort. Et dans le même temps, comme il voulut donner son manteau à un valet de chambre, le mouvement qu'il fit lui sauva le coup, dont le valet de chambre fut emporté.

1. 18 novembre 1679.
2. Le père du maréchal.
3. 7 mars 1680.
4. 6 novembre 1683.
5. 4 juin 1684.

La guerre commençant alors entre l'empereur et le Turc, le marquis de Villars ne put se refuser cette occasion de sortir d'un repos, qui n'en étoit pas un pour lui. Il chercha avec empressement toutes sortes de voies pour aller servir dans les armées de l'empereur, mais il n'osoit en demander la permission que le roi avoit refusée aux princes de Conti[1]; une sage prévoyance ayant fait craindre à Sa Majesté que, si elle la leur accordoit, une très nombreuse noblesse n'allât se sacrifier dans ces guerres étrangères.

Il falloit donc trouver un moyen de sortir du royaume avec l'agrément du roi ; pour cela, le marquis de Villars demanda plusieurs commissions dans les cours étrangères. Enfin, celle d'aller faire un compliment de condoléance à l'empereur sur la mort de l'impératrice sa mère[2], lui fut donnée. Il étoit entièrement brouillé avec M. le marquis de Louvois, et vivement touché de toutes les injustices que ce ministre lui avoit faites. Cependant il alla prendre congé de lui, et les seules paroles qu'il en tira furent des assurances de ne pas s'opposer aux grâces que le roi voudroit lui faire. Un discours si sec obligea le marquis de Villars à lui répondre : « Avec de tels engagements, je puis m'attendre à la continuation de vos sentiments, » et il sortit de la chambre sans le saluer.

La réputation du marquis de Villars l'avoit devancé à la cour de l'empereur. Plusieurs généraux l'avoient

1. Ce refus ne fut pas absolu, et les deux princes de Conti partirent en 1685 avec le jeune comte de Turenne et d'autres seigneurs; ils se distinguèrent à Gran et à la prise de Neuhausel (août 1685); ils tombèrent en disgrâce à cause de leurs correspondances trop libres.
2. Marie-Anne, sœur de la reine Anne d'Autriche.

entendu nommer dans les actions qui s'étoient passées pendant les dernières guerres, et on voulut bien être mécontent pour lui en ce pays-là du peu de récompenses qu'il avoit eues en France. Il fut reçu très agréablement dans cette cour. Le comte de Stratmann[1], ministre, et qui avoit le plus de part à la confiance de l'empereur, lui marquoit beaucoup d'amitié, et essaya même de le retenir sur l'espoir qu'on lui rendroit là plus de justice.

Les premières lettres[2] que le marquis de Villars écrivit de Vienne au roi sur la cour de l'empereur, sur les intrigues qui divisoient les ministres et les généraux, surtout le duc de Lorraine et le prince Hermann de Bade[3], attirèrent l'attention de Sa Majesté. Elle ne connoissoit le marquis de Villars que par le courage. Elle vit qu'elle ne l'avoit pas connu tout entier, que l'esprit et le talent de la négociation lui appartenoient encore, et elle sentit dès lors que, quoique né pour la guerre, il pouvoit être utile pendant la paix.

L'électeur de Bavière[4] vint à Vienne, et marqua

---

1. Originaire de Prusse, il servit d'abord l'électeur de Brandebourg, puis l'électeur palatin; l'empereur Léopold se l'attacha ensuite; il fut ambassadeur au congrès de Nimègue, négocia le mariage de l'empereur avec la palatine Éléonore de Neubourg, devint chancelier de l'Empire après la mort de Hocher, fut créé comte, et justifia sa haute faveur par un travail infatigable.

2. La première lettre écrite de Vienne au roi par Villars est du 7 mars 1687.

3. Né en 1628, fils cadet du margrave Guillaume, général au service de l'empire; président du conseil de guerre, mort pendant la diète de Ratisbonne en 1691.

4. Maximilien-Emmanuel, né en 1662, gendre de l'empereur Léopold, mort en 1726.

beaucoup de bontés au marquis de Villars. Il l'admit même dans sa confiance, et le roi, qui vouloit regagner un prince absolument dévoué au service de l'empereur, malgré les anciennes liaisons de son père[1] avec la France, et l'alliance de sa sœur la Dauphine, ordonna au marquis de Villars de suivre l'électeur à Munich, sans affectation cependant, ni qu'il y parût d'autre dessein que celui de faire sa cour à un prince qui lui avoit fait beaucoup d'amitiés.

Nous allons voir commencer une négociation, qui fut assez vive, et qui engagea le marquis de Villars à voir les guerres de Hongrie, ce qu'il avoit toujours très ardemment désiré.

L'électeur étoit amoureux depuis longtemps de la comtesse de Kaunits, femme de beaucoup d'esprit. Son mari, homme très habile, et qui fut depuis un des premiers ministres de l'empereur, souffroit volontiers une galanterie qui contribuoit à l'accroissement de sa fortune, et par les biens qu'il recevoit de l'électeur, et par la considération que lui donnoit, auprès de l'empereur, le sacrifice entier que l'électeur faisoit de ses troupes et de son argent à la cour de Vienne. Sa passion pour la comtesse de Kaunits le portoit à faire tout ce qu'elle désiroit, de plus il voulut faire toutes les campagnes de Hongrie. Ainsi, en très peu d'années, il avoit consommé tous les trésors qu'avoit amassés l'électeur, son père. Le marquis de Villars connut bientôt que, pour le retirer de la dépendance

---

1. Ferdinand-Marie (1651-1679) avait conclu avec Louis XIV, par l'intermédiaire du duc de Vitry, le 14 janvier 1673, un traité qui l'obligeait à fournir un contingent de 9,000 hommes, moyennant 100,000 florins comptant et 16,000 rixdalers par mois.

de l'empereur, il falloit commencer par l'affranchir de celle de la comtesse de Kaunits.

Cette première passion étoit sur ses fins, aussi bien que la beauté de la dame, mais le mari et la femme s'étoient emparés de la cour de l'électeur, et tout leur étoit dévoué.

Le marquis de Villars commença par inspirer à l'électeur l'envie d'attirer à Munich une jeune comtesse de Welen, dame de l'impératrice, avec laquelle l'électeur étoit entré en commerce avant son dernier voyage à Vienne. Cette jeune personne arriva en grand secret ; on lui avoit préparé un petit appartement caché dans le palais[1], mais elle avoit si peu d'esprit que le marquis de Villars connut bientôt qu'elle lui seroit inutile, si ce n'est qu'elle avoit servi à tirer l'électeur de ses premières chaînes.

Une jeune italienne, nommée Canossa, prit sa place. Cette fille étoit parfaitement belle, et même beaucoup plus qu'elle n'avoit besoin de l'être avec tout son esprit, et, ayant étudié en galanterie à Venise, elle continua ses leçons très habilement à Munich. Tout le reste de l'hiver se passa en plaisirs. L'électeur étoit fort tenté d'aller à Venise passer encore un carnaval, mais le marquis de Villars vint à bout de le retenir en lui représentant qu'il y avoit plus de dignité et même de plaisirs à demeurer dans sa cour qu'à courir le monde, et qu'il n'y avoit que des raisons de gloire qui dussent arracher un grand prince de ses états. Enfin on partit pour la Hongrie.

1. La correspondance de Villars montre que ce voyage n'eut lieu que l'année suivante.

Lorsque le marquis de Villars vit que l'électeur, dégoûté de sa première maîtresse, commençoit à sentir la tyrannie des ministres à Vienne, il lui conseilla fort de dissimuler, surtout devant repasser par Vienne, et commander conjointement avec le duc de Lorraine les armées de l'empereur. Il lui dit seulement qu'il pouvoit songer à paroître un peu plus lié avec le duc de Lorraine, et plus occupé de sa dignité et du désir de sortir de la tutelle où, jusque-là, il avoit été très sûrement retenu.

Le marquis de Villars manda au roi, qu'assuré comme il l'étoit que toutes ses lettres seroient ouvertes, il n'écriroit plus de Vienne, ni de l'armée, que ce qui voudroit bien qui fût connu des ministres de l'empereur, et que du reste il serviroit dans l'armée impériale comme s'il étoit né Autrichien[1].

Il remplit en effet les devoirs du plus fidèle serviteur de l'empereur, et fut assez heureux pour rendre d'importants services dont nous verrons dans la suite que l'empereur le fit remercier hautement par le comte de Stratmann, alors son premier ministre.

L'électeur partit pour la campagne avec un équipage des plus magnifiques. Il y avoit plus de cent cinquante grands bateaux que l'on trouva prêts à Alten-Elting, dévotion fameuse en Bavière. On arriva en quatre jours à Vienne, où l'électeur fit peu de séjour. Il étoit exprès parti fort tard de Munich.

La campagne étoit déjà ouverte en Hongrie. Le duc

1. Pendant tout le temps de la campagne, la correspondance de Villars était adressée à un M. *D'Armissan, lieutenant de roi du château Trompette, à Bordeaux.* Voir à l'appendice les extraits que nous en donnons.

de Lorraine, dont le véritable dessein étoit de marcher à Esseck, comme à la plus importante conquête que l'on pût faire, et parce qu'il est d'ailleurs très difficile à une armée considérable de faire la guerre loin du Danube, qui apporte toutes les provisions et les munitions de guerre et de bouche, essaya de partager les forces des Turcs, en les inquiétant pour la droite et pour la gauche du Danube, et prit d'abord sa route vers Segedin, avec une partie de l'armée, comme s'il eût voulu entrer en Transylvanie ou attaquer le Grand Varasdin.

Mais les Turcs ne prirent pas le change; ils demeurèrent retranchés sous Esseck, dont le poste leur parut assez bon pour leur faire négliger de s'opposer au passage de la Drave, si difficile par lui-même, que dans l'endroit où passa l'armée de l'empereur, il fallut faire vingt-cinq ponts sur des bateaux. Il y avoit plusieurs bras de cette rivière plus larges que la Marne.

Lorsque l'armée fut passée, il fut question de marcher à celle des Turcs. On laissa sur la gauche le château de Valpô, gardé par 4 à 500 Turcs, et l'on traversa trois ou quatre lieues de bois pour arriver à Esseck. La marche se fit avec toutes les précautions nécessaires, l'infanterie mêlée avec la cavalerie, c'est-à-dire une tête de 1,000 chevaux qui poussoient environ 2,000 spahis, qui se retiroient trois cents pas devant eux, et ramenoient souvent les coureurs de l'armée impériale jusque dans les premiers escadrons, à la tête desquels étoit le duc de Lorraine[1]. Le marquis

---

1. Un second récit de cette bataille est relié avec les correspondances de Villars : il diffère peu de celui des « mémoires ». On y lit, à cet endroit : « nos Hongrois les poussoient et étoient repous-

de Villars, pour ne rien perdre ni de l'action ni des ordres des généraux, se tenoit aussi près de lui que la discrétion le pouvoit permettre à un volontaire. Ce prince marchoit seul. Après lui suivoit Caprara, le comte Taaffe et deux autres des premiers généraux, les autres étant distribués dans les divisions ; car le duc de Lorraine avoit pour maxime de tenir toujours auprès de lui trois ou quatre des principaux généraux qui n'avoient pas de poste dans l'armée, mais qui, dans des conjonctures importantes, alloient porter et faire exécuter ses ordres plus décisivement que n'auroient pu faire des aides de camp ; ce que le marquis de Villars a pratiqué depuis dans les grandes armées qu'il a commandées.

La marche étoit lente ; selon que les bois se trouvoient plus clairs ou plus fourrés, on étendoit cinq ou six bataillons, autant d'escadrons, et on ne perdoit pas l'occasion de se former autant que le terrain le pouvoit permettre.

Enfin, après une marche d'une journée entière et d'une partie de la nuit, on sortit des bois au point du jour et on découvrit l'armée des Turcs retranchée sur la crête d'une hauteur, ayant sa droite à la Drave, sa gauche au Danube et la ville d'Esseck derrière elle et dans son centre.

Tout le front de la ligne paroissoit bordé de drapeaux et d'étendards, et plus de 150 pièces de canon étoient disposées dans les intervalles des troupes ; 2,000 spahis ou environ se montroient hors des

sés, et de temps en temps rapportoient quelques têtes qu'ils jetoient, suivant l'usage, aux pieds de Mʳ de Lorraine, lequel marchoit seul à la tête de tout. »

retranchements, une partie se détachoit de temps en temps pour escarmoucher avec ceux des Impériaux qui s'éloignoient de quelques pas de leur ligne, ce que les généraux empêchoient avec beaucoup de soin.

Le duc de Lorraine s'étendoit avec de grandes précautions et formoit sa ligne peu à peu; l'infanterie, couverte de ses chevaux de frise, gagnant terrain et s'étendant le long des bois, quelques escadrons marchant au milieu des bataillons, parmi lesquels étoient mêlées des brigades d'artillerie, pendant que celle des ennemis tiroit continuellement. Enfin, une journée entière, depuis trois heures du matin jusqu'à dix heures du soir, fut employée à se mettre en bataille. On rectifia pendant la nuit tout ce qui pouvoit être défectueux, et il étoit neuf heures du matin avant que l'armée fût en état de marcher aux ennemis.

L'ordre de bataille bien disposé, les généraux s'approchèrent jusques à la portée du mousquet des retranchements pour les reconnoître. On y fit rentrer à coups de canon tout ce qu'il y avoit de Turcs au dehors, et, après avoir été examinés pendant six ou sept heures, ils furent trouvés inattaquables. Sur-le-champ, la résolution fut prise de se retirer dans le même ordre et avec les mêmes précautions que l'on avoit marché. Comme la droite avoit eu l'avant-garde, la gauche fit la retraite, et le prince Louis de Bade, qui la commandoit sous l'électeur de Bavière, la régla avec beaucoup d'ordre et disposa pour cela vingt bataillons. D'abord, ils étoient sur deux lignes, ensuite la seconde, partagée en deux, fit une manière de bataillon carré dont les deux branches touchoient les bois et fermoient le milieu dans lequel on mit six escadrons des plus anciens régiments. Ainsi, à mesure que les deux branches s'enfonçoient dans les bois, la première ligne s'en approchoit en bataille et le front de cette ligne se retrécissoit insensiblement, de sorte que tout rentra sans que les flancs fussent découverts.

Les Turcs, contents de la retraite, ne songèrent point à la troubler ; on ne songea point non plus à attaquer le château de Valpô qu'on avoit laissé investi pendant la marche à Esseck, et l'armée de l'empereur repassa la Drave avec la même facilité qu'elle l'avoit passée, sans que les Turcs fissent aucun mouvement vers la tête des ponts, soit pour l'en empêcher, soit pour attaquer l'arrière-garde, ce qui leur étoit également aisé.

Le marquis de Villars, fort attentif à s'instruire des détails d'une guerre si différente des nôtres, étoit perpétuellement occupé de tout ce qui y avoit rapport, tantôt interrogeant les principaux prisonniers des Turcs, tantôt ceux de l'armée de l'empereur qui avoient été esclaves parmi eux, entre autres le chevalier Sentini, qui avoit servi trois ans un vizir[1]. Rien de tout ce qui concerne la guerre ne pouvoit lui être indifférent, et il y a des mémoires de lui très instructifs sur tous les ordres et les différences de troupes des orientaux.

L'armée de l'empereur, ayant repassé la Drave, croyoit la campagne perdue, et elle l'étoit effectivement, si l'ignorance et la témérité des Turcs ne les eussent portés à des mouvements dépourvus de toute

1. D'après une lettre du 2 juin 1688, c'est à cette époque seulement que le chevalier Santini, échangé contre des prisonniers turcs, put quitter Belgrade et revenir à Münich.

raison politique, car la paix se traitoit en secret; et le sultan, aussi bien que l'empereur, pressé par tous les avantages que la France avoit pris depuis le commencement de la guerre des Turcs, la désiroient également. Le roi s'étoit emparé de Strasbourg, le duc de Mantoue nous avoit vendu Cazal par un traité commencé en Flandre et continué sur les lieux (ainsi que nous le voyons par les lettres du marquis de Louvois, par celles de l'abbé Morel), ensuite rompu, et puis renoué. On avoit assiégé et pris Luxembourg, la plus importante place des Espagnols pour assurer le commerce de l'empire avec la Flandre; et les Espagnols, hors d'état de se défendre, avoient consenti à tout ce qu'on avoit exigé d'eux. Le roi faisoit fortifier Mont-Royal, Trarbach, Landau, Longwy, Sarrelouis et toutes les places qui nous ouvroient les terres de l'empire, qui sont en deçà du Rhin. Ainsi, l'empire menacé, l'Italie ébranlée par la perte de Cazal, et tous les États voisins de la France intimidés par sa puissance, ne permettoient plus à l'empereur de différer sa paix avec le Turc, et le duc de Lorraine même, pour excuser les difficultés qu'il avoit apportées à la bataille que l'on gagna quelques jours après, n'hésita pas à dire ensuite au marquis de Villars, qui avoit insisté plus qu'un autre à la faire donner, que, quand une paix aussi importante étoit prête à se conclure, on ne donnoit pas une bataille pour divertir les volontaires. Les sentiments de ce volontaire pouvoient être comptés pour quelque chose, par le crédit qu'on lui connoissoit sur l'esprit de l'électeur de Bavière.

L'armée impériale demeura quelques jours campée

auprès de Baraniavar, et pendant ce temps un vizir, qui avoit été pris la campagne précédente, et qui étoit au général Dunewald, fut retiré par les Turcs, moyennant 40,000 écus, et pour environ 10,000 francs de fourrures et de pierreries.

Les Turcs envoyèrent un aga et 12 ou 15 spahis pour apporter l'argent, et, pendant que l'on le comptoit, le marquis de Villars, qui montoit un cheval d'Espagne fort adroit, caracoloit avec cet aga très bien monté et fort adroit aussi. La fin de leur manège finit par des honnêtetés, et, cet aga voyant des pistolets fort beaux qu'avoit le marquis de Villars, ils lui furent offerts, ce que le général Dunewald n'approuva pas.

Cependant l'armée turque avoit passé la Drave, sur le pont d'Esseck, ouvrage très magnifique, qui, sur une infinité de pilotis, traversoit la Drave et tous les bras et marais qui l'environnent, depuis Esseck jusqu'à la terre ferme, du côté de Baraniavar. Il étoit si large qu'un bataillon pouvoit y marcher de front, et les Turcs s'en servoient pour mener leurs armées vers Bude, Albe-Royale[1] et toutes les places qu'ils avoient en avant.

L'armée impériale avoit été obligée d'envoyer, le long de la haute Drave, pour en défendre le passage, tout ce qu'on appelle les nationaux, qui sont les *houssards*, *cravattes* et autres troupes légères dont les Impériaux ne faisoient pas grand cas, mais dont l'éloignement donnoit un tel air de supériorité à celles des Turcs, que leur cavalerie insultoit tous les jours

---

1. Stuhlweissenburg.

l'armée de l'empereur, prenant un très grand nombre de fourrageurs, et tenant leurs gardes de cavalerie à trois cents pas du front de bandière de cette armée, et la légèreté de leurs chevaux donnoit à leurs gens, assez hardis d'ailleurs, un si grand avantage sur les cuirassiers de l'empereur, qu'ils n'osoient se montrer.

La sagesse de nos troupes et l'insolence des Turcs attirèrent enfin la bataille, et le grand vizir, qui s'étoit étendu dans des terrains couverts en deçà de la Drave, se contentant de nous resserrer et de nous prendre un grand nombre de fourrageurs, fut enfin forcé, par l'esprit téméraire et mutin de ses troupes, à se mettre en plaine devant nous.

L'armée ottomane étoit formée en deçà d'Esseck, dans des bois et des prairies qui s'étendent depuis la tête du pont d'Esseck jusqu'à une demi-lieue du pied de la montagne d'Ersans. On ne découvroit de leur armée que quelques têtes de cavalerie, qui se montroient souvent dans les plaines qui vont à la Drave, vers Siclos et Cinq-Églises, et jamais sans prendre un grand nombre de fourrageurs. L'armée impériale avoit sa gauche appuyée au petit ruisseau, du côté de Baraniavar, et sa droite s'étendoit vers Siclos. Le duc de Lorraine, n'ayant pu attaquer l'armée ottomane, n'avoit plus d'autre objet que de tomber sur Erla, petite forteresse au delà du Danube, entre Segedin et Neaüsel[1].

Avant que de s'éloigner, il vouloit tirer de Siclos et de Cinq-Églises les garnisons qu'on y avoit établies,

1. La forme adoptée aujourd'hui pour tous ces noms géographiques est Eszek, Siklos, Fünfkirchen, Erlau, Szegedin, Neuhaüsel et le mont Harsau.

et ensuite les raser, et c'étoit pour cela que, le 11ᵉ d'août, l'armée impériale s'avança dans la plaine de Siclos, lorsque les Turcs, qui devoient être plus que contents d'avoir rendu vains, pendant cette campagne, tous les projets et les efforts de leurs ennemis, forcèrent le grand vizir à sortir des bois qu'il avoit occupés en deçà de la Drave, toujours couvert, et se contentant de prendre beaucoup de fourrageurs et de resserrer l'armée des Allemands ; et non seulement, ils le forcèrent à se mettre en plaine devant l'armée impériale, mais même à l'attaquer dans sa marche.

A peine l'aile gauche de cette armée, appuyée à un petit ruisseau, s'en éloignoit-elle pour suivre la droite, qu'on vit sortir de toutes les trouées des bois de grands corps de spahis. Le duc de Lorraine étoit à la tête de la droite, et l'électeur de Bavière, avec le prince Louis de Bade, commandoit l'aile gauche.

L'électeur de Bavière dit au marquis de Villars de monter le plus diligemment qu'il pourroit, sur la montagne d'Ersans, pour découvrir les mouvements des Turcs. Mais il n'étoit pas à la moitié qu'il vit tous ces divers corps de spahis s'étendre dans la plaine, soutenir de gros bataillons de janissaires, et ayant leur artillerie disposée dans les intervalles, enfin tous les apprêts d'une bataille certaine. La droite des Turcs s'avançoit même pour envelopper la gauche des Impériaux. Le marquis de Villars revint à toutes jambes, et dit au général de Piccolomini, qu'il rencontra, et qui commandoit la seconde ligne de cavalerie, de faire au plus tôt une potence de sa ligne à la montagne, pour se barrer de ce côté-là, et, après cet avis, dont Piccolomini profita sur-le-champ, il poussa à l'électeur et au prince de Bade, et leur annonça qu'ils n'avoient que le temps de former leurs bataillons et leurs escadrons, et qu'ils alloient être attaqués. Tout ce qui étoit en colonne se mit en bataille, l'infanterie plaça ses chevaux de frise, et le prince de Bade, suivi du marquis de Villars, courut à la seconde ligne de cavalerie. Ils trouvèrent cette potence formée, et faisant tête aux Turcs qui avoient déjà passé le petit ruisseau où l'aile gauche de l'armée impériale étoit appuyée d'abord, et qui, avec un corps de 7 à 8,000 spahis, vouloient prendre le derrière de l'armée entre la seconde ligne et la montagne. Le prince de Bade fit entrer tous les officiers dans les escadrons, se mit à la tête de cette ligne, et hors de la ligne de quatre ou cinq pas, et voulut que le marquis de Villars demeurât seul à côté de lui.

A peine les Turcs firent-ils quelque léger mouvement, comme pour s'approcher des escadrons impériaux, ils s'arrêtèrent. Un bataillon de janissaires se mit à la gauche de leur cavalerie, sur le bord d'un rideau, tira quelques coups de mousquet, et, ce grand corps, qui n'avoit qu'une simple ligne de cavalerie à enfoncer pour prendre le derrière de l'armée impériale, ne fit pas un pas en avant.

Leur incertitude détermina le prince de Bade à faire avancer quelques pas, et, dans le moment, comme s'ils n'eussent attendu pour se retirer que ce premier mouvement, on vit les spahis et les janissaires se replier. On avançoit à mesure qu'ils s'éloignoient, et, insensiblement, la gauche des Impériaux se remit à ce même ruisseau, où elle étoit appuyée le matin, et l'armée, après avoir chassé tout ce qui avoit gagné ses derrières et la débordoit, se forma en bataille, sur une ligne droite, devant l'armée des Turcs.

Nous avons cru devoir rapporter ces mouvements, parce qu'ils ne se pratiquent pas dans nos guerres, et qu'on n'est pas accoutumé à voir 8 ou 10,000 chevaux, partis ensemble comme des fourrageurs et prendre le derrière d'une armée, mouvement qui, exécuté vivement et avec vigueur, pourroit parfaitement réussir. Sa singularité seule seroit presque un avantage. Revenons à la suite de la bataille. Toute l'armée de l'empereur marcha en avant, et celle des Turcs ne fit autre chose que se retirer.

Il étoit difficile que le désordre ne se mît bientôt dans cette retraite ; aussi vit-on, tout d'un coup, les spahis, sans être chargés, s'ébranler et abandonner tous les janissaires. Il est vrai qu'il y eut dans la ligne quelques corps qui les pressèrent vivement ; mais celui à la tête duquel marchoient le prince de Bade, les princes Eugène[1] et de Commercy[2], le marquis de Villars, le marquis de Créquy[3] et les autres volontaires, ne s'ébranla que quand on vit fuir la cavalerie turque, et, en un moment, ils se trouvèrent au milieu de ce prodigieux corps de janissaires, *qui fuyoit sans terreur*, et s'ils eussent eu parmi eux quelque général, il leur eût été très aisé de tenir ferme dans les

---

1. Eugène de Savoie, fils du comte de Soissons et d'Olympe Mancini, le célèbre ennemi de la France, né à Paris en 1663, mort à Vienne en 1736.

2. Charles de Lorraine-Harcourt, fils du marquis de Lislebonne, entré au service de l'empereur, tué à Luzzara en 1702 à quarante et un ans.

3. Fr. Joseph, fils aîné du maréchal de Créquy, très brillant officier, tué à Luzzara en 1702 à quarante ans.

bois. Il est vraisemblable que le grand vizir n'avoit pas un dessein formé de combattre, car il avoit commencé, à la tête des bois, quelques retranchements qui n'étoient qu'en ligne droite ; encore parut-il qu'ils jetoient la terre devant eux, comme quand on ouvre une tranchée, et que le fossé étoit de leur côté. La cavalerie impériale franchit sans peine ces retranchements, et tua presque tous les janissaires, dont les derniers se défendoient avec beaucoup de valeur. Le marquis de Villars eut son buffle coupé de deux coups de sabre ; le prince de Commercy fut blessé d'un coup de lance, que les Turcs appellent *copie*[1], le comte de Sinzendorf y fut tué, Ligneville blessé[2], aussi bien que l'écuyer du marquis de Villars. Il y eut peu d'officiers de tués, et cette victoire, la plus complète que les Impériaux aient remportée de toutes ces guerres, leur coûta à peine 4 à 500 hommes.

Le général Dunewald eut ordre de marcher en diligence, du côté de Darda, pour couper entre le pont d'Esseck et le gros de l'armée des Turcs, mais il se perdit dans les bois.

Les marquis de Villars et de Créquy, et le prince de Courlande[3], à la tête de huit ou dix escadrons seule-

---

1. Mon savant confrère M. Schefer, interrogé au sujet de l'étymologie de ce mot, n'a trouvé de rapprochement qu'avec le mot turc *copsa* « crochet », qui pouvait s'appliquer à une lance à crochet. La lettre autographe de Villars reproduite à l'appendice porte aussi *copie*.

2. Charles de Ligniville ou Lignéville, de la maison illustre appartenant aux « quatre grands chevaux de Lorraine », était major de cavalerie au service de l'Empire, du régiment de Bassompierre : il mourut de sa blessure, ainsi que cela résulte de la lettre écrite au roi par Villars le 15 août. Voy. à l'appendice.

3. Frédéric-Casimir, né en 1650, mort en 1698.

ment, suivirent assez vivement toute cette cavalerie turque, qui s'éloignoit avec autant de vitesse que le terrain étroit le lui pouvoit permettre. Mais ils ne les suivirent pourtant que d'aussi près qu'il le falloit pour empêcher des troupes épouvantées de regarder derrière elles et de démêler le peu de gens devant qui elles fuyoient. Ils entrèrent les premiers dans les tentes du grand vizir. Le marquis de Villars et le marquis de Créquy, ayant passé la nuit sur le champ de bataille, et revenant au point du jour aux équipages chercher de quoi manger, rencontrèrent le duc de Mantoue[1] à pied, qui les reconnut, et vint leur demander des nouvelles.

Le butin fut immense, par la quantité d'or et d'argent qui resta, par la magnificence des armes et celle des tentes, et peut-être ne sera-t-on pas fâché de trouver ici une description de celles du grand vizir; la voici copiée d'après une lettre du marquis de Villars :

Il dit que, devant la grande avenue de ces tentes, étoit une espèce d'allée de cinquante pas de longueur, formée des deux côtés par deux rangs de coffres assez beaux, et en une quantité prodigieuse, posés les uns sur les autres avec beaucoup d'ordre. Les prisonniers lui dirent que c'étoit là le trésor de l'armée. Outre l'argent, il y avoit dans ces coffres les robes de distinction qui se donnent après quelque action remarquable, soit aux janissaires, soit aux autres que

1. Charles IV de Gonzague, dernier duc de Mantoue, né en 1658, dépossédé par l'empereur en 1708, et mort la même année. Une lettre autographe de Villars, que nous publions à l'appendice, insiste sur cette rencontre dans des termes très plaisants et assez malveillants pour le duc.

l'on juge les avoir méritées. Tout le gros des tentes du grand vizir étoit entouré de deux enceintes de murailles. Dans la première, faite d'une toile rouge d'environ huit pieds de haut, et séparée par des colonnes vertes de même toile, étoient un grand nombre de tentes fort belles pour les principaux officiers du grand vizir.

Une autre enceinte de murailles de toile verte, de même hauteur que la première, et séparée par des colonnes de toile rouge, enfermoit les tentes destinées pour la personne du grand vizir. D'abord, on voyoit la grande tente d'audience du grand vizir, qui présentoit un frontispice, tel que celui d'une église, soutenu par huit gros piliers brisés par le milieu, et les brisures étoient de bronze doré. Ces huit piliers soutenoient une avance de tente par laquelle on arrivoit à la grande tente d'audience soutenue par un seul mât, gros comme celui d'un médiocre navire. A l'entrée de la tente s'offroient comme deux troncs d'arbres, avec cinq ou six branches, sur lesquelles étoient perchés les oiseaux de chasse du grand vizir. Elle étoit séparée en deux par deux grands rideaux de brocard d'or et cramoisi, relevés par les côtés. Une estrade, d'environ trois toises en carré et d'un demi-pied de haut, couverte d'un drap de couleur de feu, étoit appuyée au grand mât, auprès duquel, sur cette estrade, étoit un carreau de brocard d'or et cramoisi, accompagné de deux autres semblables, posés à quatre pieds de distance de celui-là. Enfin, la tente, dans laquelle couchoit le grand vizir, étoit soutenue par des piliers de trois en trois pieds de distance, enfermés dans des murailles de la tente, dont le dessus avoit la forme d'un parasol; ainsi, il n'y avoit point de mât dans le milieu. Cette tente et celle des audiences, toutes brodées en dedans d'une broderie très fine : le haut étoit d'étoffes d'or et d'argent, découpées et brodées, de manière que, de l'endroit le plus élevé, il sortoit un éclat qui s'affoiblissoit à mesure que la broderie descendoit, parce qu'elle n'étoit que de soie[1].

Presque toutes les tentes des Turcs ont ce que nous appelons des *marquises*, c'est-à-dire une double tente, pour garantir de la pluie et de la chaleur. Tout avoit été tendu le matin même, ce qui marque le prodigieux nombre d'esclaves qui servent à leurs équipages. Le marquis de Villars rapporte encore, dans la même lettre, que rien n'étoit dérangé dans leur camp, et qu'à cette occasion, le duc de Lorraine lui avoit dit qu'il avoit remarqué dans les guerres contre les Turcs, qu'après le gain d'une bataille, on trouvoit toujours leur camp tout tendu, ce qui n'arrive pas dans les guerres entre les chrétiens, et aussi, qu'au lieu que, dans nos batailles, on discerne souvent les généraux qui sont suivis d'un plus grand nombre de gens, qui vont à la tête des troupes et paroissent donner des ordres, chez les Turcs, personne ne se montre hors de leurs lignes, et qu'il est impossible d'y démêler un officier général, ce qui marque, ainsi que toute leur

1. On a conservé pendant longtemps, à l'arsenal de Vienne, des tentes turques provenant du butin fait soit lors de la levée du siège de Vienne, soit pendant la campagne de Hongrie ; elles ont été malheureusement dispersées dans ces dernières années ; quelques fragments recueillis à l'Académie des beaux-arts par M. le professeur Eisenmenger répondent parfaitement à la description de Villars.

conduite, une parfaite ignorance dans l'art de la guerre.

Le prince de Savoie[1] fut envoyé à l'empereur lui porter cette grande nouvelle et recevoir ses ordres pour des projets tout différents de ceux que l'on avoit formés d'abord. Avant la bataille, on ne songeoit qu'à retirer les garnisons de Siclos et de Cinq-Églises, à raser ces petites villes et tous les postes que l'on avoit le long de la Drave, et l'on laissoit aux Turcs la liberté de ravitailler Canise et Siget, places très importantes[2].

Mais le gain de la bataille donna bien d'autres vues. L'électeur de Bavière, conformément à celles du prince de Bade, qui désiroit la séparation des armées, en avoit de très opposées à celles du duc de Lorraine. Il vouloit aller, avec une armée séparée, faire le siège d'Erla. Pour le duc de Lorraine, il avoit des desseins plus grands et même plus convenables. Il ne doutoit pas, qu'après de tels succès, on dût marcher en Transylvanie faire prendre Esseck, et qu'ensuite Erla, aussi bien que Canise et Siget, ne tombassent d'elles-mêmes.

Le prince de Bade, ennemi déclaré du duc de Lorraine, entroit dans les sentiments du prince Hermann de Bade, son oncle, président du conseil de guerre, que le parti du duc de Lorraine accusoit d'avoir fait manquer le premier siège de Bude.

L'empereur se remettoit de tout au duc de Lorraine, et il étoit bien aisé de juger, qu'après le gain

---

1. Le prince Eugène.
2. Kanisza et Sziget.

d'une bataille, dont on donnoit toute la gloire à l'électeur, il le prieroit d'aller se reposer le reste de la campagne à l'ombre de ses lauriers, et de laisser à la conduite du duc de Lorraine le peu qui restoit à faire; car c'est ainsi que l'empereur s'expliquoit dans les lettres qu'il écrivoit à l'électeur. Il marquoit même que le prince de Bade commanderoit un corps d'armée vers la Drave. Comme le marquis de Villars paroissoit avoir assez de pouvoir sur l'esprit de l'électeur, le duc de Lorraine voulut l'engager à combattre ce désir d'aller faire le siège d'Erla. Le prince de Bade lui confia aussi ses chagrins contre le duc de Lorraine, qui ne voulut le ménager en rien, et qui, muni d'ordres secrets, refusa de donner à ce prince aucun commandement séparé, et chargea même le général Dunewald, qui n'étoit pas feld-maréchal, du commandement qui paroissoit destiné au prince de Bade, revêtu de cette dignité. L'électeur pressa vivement, sur ce sujet, mais inutilement, le duc de Lorraine, et partit assez content de retourner à Vienne et dans ses états jouir de sa gloire au milieu des plaisirs, et plus touché du désir de faire parler de lui que soigneux d'acquérir un savoir bien profond dans la guerre.

Le prince de Bade quitta l'armée, sans vouloir prendre congé du duc de Lorraine, et ramena dans sa calèche de poste les marquis de Villars et de Créquy. Le duc de Lorraine, seul maître de l'armée, alla soumettre la Transylvanie, et fit prendre Esseck par le général Dunewald.

Si l'on rassemble les lettres[1] du marquis de Villars,

---

1. La correspondance de Villars complète en effet, d'une manière

on y trouvera des mémoires sur la guerre des Turcs et sur les divers caractères des officiers généraux de l'empereur qui méritent de l'attention.

Le marquis de Villars arriva à Vienne[1] avec le prince de Bade, et à la première audience qu'il eut de l'empereur, ce prince voulut bien lui dire que ses généraux l'avoient informé de son ardeur, de son rôle et des services qu'il lui avoit rendus.

Le comte de Stratmann, proprement premier ministre de l'empereur par la grande confiance que ce prince avoit en lui, quoiqu'il n'en eût pas le titre, étoit un homme de beaucoup d'esprit. Elevé dans la cour de l'électeur Palatin, ci-devant duc de Neubourg, père de l'impératrice Éléonore, cette princesse, dont le crédit étoit fort grand, l'avoit établi auprès de l'empereur. Le marquis de Villars l'avoit connu à Berlin dans le voyage qu'il y fit, étant encore fort jeune, et nous avons parlé des tentatives inutiles de ce ministre pour l'attacher, et pour ainsi dire le gagner, à l'empereur son maître. Au retour de la campagne de Hongrie, à un dîner chez lui, comme on buvoit les santés des généraux et des ministres de l'empereur, il en porta une fort haut au marquis de Villars, en ces termes : « A la santé des braves généraux et des bons ministres de l'empereur, et de M. le marquis de Villars qui, n'étant ni l'un ni l'autre, n'a pas laissé de le servir très utilement et du bras et de la tête, cette dernière campagne ; l'empereur le sait et

---

intéressante, le récit de cette campagne; voy. les extraits que nous en donnons à l'appendice, ainsi que le mémoire de Villars sur les généraux de l'Empire.

1. Au commencement de septembre 1687.

vous en tient compte, et m'a commandé d'en rendre un témoignage public. » Attention glorieuse pour le marquis de Villars et plus encore pour le prince.

L'électeur partit bientôt de Vienne, et il assura le marquis de Villars que, dans l'intention où il étoit de prendre avec le roi des engagements solides, il avoit abrégé son séjour pour éviter les vives sollicitations que l'empereur lui faisoit de renouveler les siens avec lui. Le marquis de Villars reçut à Vienne des ordres pour suivre l'électeur et prendre auprès de ce prince la qualité d'envoyé extraordinaire de la cour de France[1]. L'envoyé de l'empereur étoit le comte de Thun, frère de l'archevêque de Salzbourg, un des plus puissants princes de l'Empire.

L'électeur continua à traiter le marquis de Villars avec beaucoup de distinction, et à lui donner tous les agréments possibles. Il le mettoit de toutes ses parties et de tous les soupers particuliers avec les dames. Ce prince aime les plaisirs, il est galant, homme de musique, de chasse, adroit à tous les exercices, et ce n'étoit tous les jours que carrousels, opéras, comédies de dames de sa cour, comédies italiennes, courses de traîneaux pendant l'hiver[2]. L'électeur s'attacha à une des filles d'honneur de l'électrice, nommée Mlle de

---

1. Quoique Villars fît les fonctions d'envoyé, il n'en avait pas le titre officiel; Louis XIV et Croissy lui recommandent toujours de ne rien faire ou dire qui pût faire croire qu'il eût une mission de la cour de France.
2. L'électeur s'ennuyait beaucoup à Münich et cherchait à se distraire par des plaisirs renouvelés et par des déplacements fréquents à Schleissheim, Kaiserfeld, Altenberg, Leonsberg, Landshut, résidences princières où il chassait le cerf, le sanglier et le *castor*.

Sinzendorff, d'une beauté et d'un esprit médiocres, mais retenue par assez de vertu pour ne pas accorder les dernières faveurs ; ce qui piqua l'électeur et le rendit plus amoureux. Cet engagement n'excluoit pas quelques commerces passagers et plus vifs, quoique moins touchants, avec les camerera ou femmes de chambre de la cour. Le marquis de Villars, et par son goût et pour l'intérêt même du service du roi, se maintenoit dans la plus étroite liaison qu'il lui étoit possible avec l'électeur, et savoit mettre à profit pour le succès des négociations jusqu'à ses plaisirs. Il étoit donc de tout et menoit une vie fort agréable.

La cour de Vienne, informée de ses progrès et du peu de crédit qu'avoit en comparaison de lui le comte de Thun, envoya à Munich le comte de Kaunitz, homme très habile, et qui depuis a été un des premiers ministres de l'empereur. Comme il avoit été, autrefois, dans la plus grande familiarité avec l'électeur, il fut de tous les soupers. Il y en eut un où ce prince, animé par quelques lettres qu'il avoit reçues de son ministre à Rome, s'emporta un peu contre le pape, qui, au lieu de lui accorder quelque grâce légère qu'il lui demandoit, avoit chargé son ministre de lui parler sur ses galanteries qui mettoient l'électrice au désespoir, et sur les dépenses excessives qu'il faisoit pour ses plaisirs, enfin de lui faire de sa part une espèce de réprimande. Sur cela, l'électeur dit : « De quoi se mêle le saint-père, il offre des chapeaux de cardinal aux enfants du duc de Lorraine, et il s'avise de me faire des reproches sur ma conduite, pendant que, de ma personne et de mon bien, je sers l'Église et l'Empire contre les Turcs. » Le comte de Kaunitz répliqua que, s'il le désiroit, le saint-père offriroit de même un chapeau pour son frère, mais que, devant être électeur de Cologne, il seroit au-dessus de cette dignité. Le marquis de Villars, qui n'étoit pas fâché de piquer un peu l'électeur contre le comte de Kaunitz, prit la parole et dit : « Que c'étoit faire tort à l'électeur de penser qu'il ne pût désirer cette dignité que pour le prince Clément, et n'eût pas des amis et des serviteurs auxquels il seroit bien aise de la procurer, que l'empereur venoit d'en faire honorer le chevalier de Wallsteïn, son capitaine des gardes, et que, puisque le pape l'offroit au duc de Lorraine, il étoit bien juste qu'il en usât de même avec l'électeur, et lui laissât le choix du sujet. » Le comte de Kaunitz, pour ne pas adresser la parole à l'électeur qui s'échauffoit, et dont les reparties commençoient à s'aigrir, dit au marquis de Villars : « A qui voulez-vous donc, Monsieur, que son Altesse électorale donne ce chapeau ? » — « A moi, dit le marquis de Villars, qui le servirois très bien dans le sacré collège. » La vivacité s'augmentoit de la part de l'électeur. Le comte de Kaunitz se tourna vers le marquis de Villars, et lui dit en riant : « Voilà, Monsieur, où votre ambition d'être cardinal mène les choses. » Le marquis de Villars lui répondit en souriant aussi : « Commencez par me faire cardinal, et tout cela s'accommodera. »

Cependant, il suivoit toujours le dessein qu'il avoit d'abréger le séjour du comte de Kaunitz auprès de l'électeur, et il y réussit si bien, qu'au bout de quinze jours, ce ministre fut obligé de retourner à Vienne, où il rapporta qu'il y avoit beaucoup d'apparence, que l'électeur vouloit reprendre les anciennes liaisons de sa maison avec la France, et que le marquis de Villars y travailloit vivement.

Il y avoit encore deux autres négociations dont le marquis de Villars étoit chargé. L'une étoit le mariage de la princesse de Bavière[1] avec le grand prince de Toscane[2], mariage traversé par les offres du roi de Hongrie[3], qui étoit un parti tellement au-dessus de l'autre, qu'il n'étoit pas aisé d'obtenir la préférence en faveur de son concurrent. Le marquis de Villars en vint pourtant à bout, comme on le verra dans la suite.

La seconde négociation regardoit les desseins du cardinal de Furstemberg[4] sur l'électorat de Cologne, et il s'agissoit d'y faire consentir l'électeur de Bavière, qui vouloit l'électorat pour son frère le prince Clément. Le roi n'avoit pas encore de traité fait avec l'électeur, et il étoit engagé au cardinal de Furstemberg, qui vouloit être élu coadjuteur, mais qui n'étoit pas encore assuré des voix, dont il lui falloit les deux tiers, attendu qu'il ne pouvoit être élu que par postulation[5].

1. Yolande Béatrix, sœur de l'électeur Maximilien.
2. Ferdinand de Médicis, fils aîné du grand-duc Cosme III et d'une fille de Gaston d'Orléans, né en 1663, mort sans postérité en 1713, avant son père.
3. L'archiduc Joseph, fils de l'empereur Léopold, couronné roi de Hongrie le 9 décembre 1687, en même temps que les États de Hongrie étaient obligés de déclarer la couronne héréditaire dans la maison d'Autriche. Il succéda à son père sous le nom de Joseph Ier.
4. Guillaume Egon de la maison princière de Fürstenberg, né en 1629, évêque de Metz, puis de Strasbourg, cardinal en 1682. Après l'échec de sa candidature à l'électorat de Cologne, il se retira à Saint-Germain-des-Prés où il mourut en 1704.
5. L'élection à des fonctions épiscopales d'un cardinal prêtre ou

Le marquis de Villars employoit auprès de l'électeur toutes les meilleures raisons dont il pût s'aviser, mais les meilleures étoient faibles. Au fond, il s'agissoit principalement de faire entendre au cardinal de Furstemberg, dans un temps où il n'avoit lieu de regarder l'électeur que comme ennemi de la France, que Sa Majesté ne pouvoit pas l'abandonner. Le cardinal, s'étant donc assuré du chapitre, fut élu coadjuteur canoniquement.

Peu de mois après, l'électeur de Cologne mourut, la coadjutorerie du cardinal de Furstemberg le faisoit électeur sans difficulté; mais le pape[1], peu favorable alors à ce que le roi désiroit, refusa un bref à ce cardinal, qui crut pouvoir se soumettre sans crainte à une nouvelle élection, malgré les avis du marquis de Villars, qui étoit bien averti que plusieurs des chanoines, qui lui avoient donné leur voix pour le faire coadjuteur, étant mécontents de la comtesse de Furstemberg, qui ne leur avoit pas tenu les paroles qu'elle leur avoit données, manqueroient absolument au cardinal, s'il vouloit procéder à une autre élection. En effet, plusieurs de ceux sur lesquels il comptoit le plus l'abandonnèrent, et le prince Clément fut élu[2].

Cependant, ce qui regardoit la réunion de l'électeur et du roi avançoit toujours. L'électeur écrivit au roi

diacre est soumise par le droit canon à la forme dite *postulatio*, par laquelle le pape est prié d'affranchir le candidat des liens qui l'attachaient à une fonction spéciale ou d'une subordination déterminée.

1. Innocent XI, en lutte avec Louis XIV depuis l'affaire dite des *Franchises* ou des immunités diplomatiques à Rome.

2. L'élection n'eut lieu qu'à la fin de juillet 1688. Villars anticipe ici sur les faits.

plusieurs lettres de sa main, lui promettant de se lier avec lui par un traité[1] et, à la diète de Ratisbonne, il fit toutes les démarches que Sa Majesté pouvoit désirer.

Le marquis de Villars remit dans la confidence secrète de l'électeur le chancelier Schmit que les ministres de la maison d'Autriche avoient chassé. Ce prince alloit souvent la nuit travailler avec lui. Ce n'étoit que la nuit que le marquis de Villars voyoit ce ministre, et toutes les mesures se prenoient assez conformément aux intentions du roi.

La cour de Vienne envoya à Munich la vieille comtesse de Paar, femme de beaucoup d'esprit, très intrigante, et qui avoit été fort avant dans la confidence de l'électeur. Elle savoit la galanterie que ce prince avoit eue, mais qui ne dura pas longtemps, avec Mlle de Welen, qui étoit encore cachée dans le palais, d'où elle sortit aussi secrètement qu'elle y étoit entrée. Cette comtesse la maria avec un gentilhomme de Bohême, moyennant cent mille écus, argent comptant, que l'électeur donna, et qui furent partagés également entre la vieille, la maîtresse et le mari, et il ne fut plus question que de Mlle de Sinzendorff et de quelques-unes de ces *camerera* dont nous avons parlé, pour lesquelles on n'avoit pas une grande considération[2].

---

1. Il ne ressort pas de la correspondance de Villars et de la cour que les choses fussent aussi avancées, mais l'électeur écrivit à son envoyé auprès de la diète de ne se prêter à aucune démarche hostile à la France.

2. Il résulte pourtant de la correspondance que Mlle de Welen seconda activement les efforts de l'Autriche, et que le désir de la retrouver contribua à attirer l'électeur à Vienne. Quant à Mlle de Sinzendorff, l'alliée de Villars, elle ne paraît pas avoir réussi à

1688. L'hiver se passa. La paix avec le Turc ne se conclut point, et la cour de Vienne recommença ses menées pour engager l'électeur à retourner en Hongrie. Mais il le refusa hautement, disant qu'il avoit déjà fait assez de campagnes pour ne pouvoir plus y aller avec honneur, s'il ne commandoit l'armée en chef, « et même », ajoutoit-il, par le conseil du marquis de Villars qui n'y mettoit pas, sans dessein, une condition presque impossible, « sans que le duc de Lorraine fût à l'armée. » Or, il n'étoit pas vraisemblable que l'empereur se privât des services d'un général aussi respectable, après tant de grands succès, et d'ailleurs son beau-frère.

Le prince Hermann de Bade et le prince Louis, son neveu, appuyoient la demande de l'électeur, mais leur cabale à la cour de Vienne étoit détruite par celle du duc de Lorraine, et, dès l'hiver, pour éloigner le prince Hermann, on l'envoya à la diète de Ratisbonne en qualité de principal commissaire de l'empereur. Caraffa, qui commandoit en Transylvanie et dans la Haute-Hongrie, lui suscita des dénonciateurs, qui n'alloient pas moins qu'à rendre sa fidélité suspecte.

Cependant la cour de Vienne, qui craignoit avec raison les mesures que l'électeur pourroit prendre avec le marquis de Villars, n'oublioit rien pour le retenir par des avantages considérables. Elle lui offroit, conjointement avec le roi d'Espagne, la Flandre en souveraineté comme dot de l'électrice sa sœur, héritière présomptive de la monarchie d'Espagne, et s'enga-

prendre sur l'électeur l'influence que Villars se flattait de lui assurer.

geoit à l'en mettre actuellement en possession. Le marquis de Villars, informé de ces offres par l'électeur lui-même[1], tâcha de les lui faire regarder comme funestes, et de lui faire entendre que, puisque toute la monarchie d'Espagne ne pouvoit soutenir la Flandre contre les moindres forces du roi, toutes les siennes l'entreprendroient en vain, et qu'il seroit obligé de laisser ses provinces à la merci de l'empereur, qui, après l'avoir ruiné dans les guerres de Hongrie, ne demandoit pas mieux que de le voir s'abîmer pour des États qui sont bien éloignés de pouvoir se défendre d'eux-mêmes.

A cela, l'électeur répondoit : « Mais le roi ne m'assure rien de présent et de réel. — Mais, lui répliquoit le marquis de Villars, jusqu'à présent, vous n'avez

---

1. Il ne résulte pas de la correspondance conservée aux archives des Affaires étrangères que l'électeur ait été aussi explicite sur l'offre de la Flandre espagnole. Villars écrit le 15 janvier 1688 que l'électeur lui a laissé entendre qu'il pourrait obtenir immédiatement, s'il le vouloit, des États qui seraient de nature à être échangés avec le roi de France contre Naples et la Sicile, lors de la succession éventuelle du roi d'Espagne : Villars croit comprendre qu'il s'agit des Pays-Bas ; mais l'électeur, interrogé à ce sujet, élude toute réponse catégorique ; un peu plus tard, des allusions de même nature rencontrent une égale réserve ; il est donc difficile de savoir si l'électeur avait réellement reçu l'offre sérieuse des Pays-Bas ou s'il la supposait pour stimuler les propositions de Louis XIV[1]. Le roi, par dépêche du 25 janvier, réfute l'intérêt qu'aurait l'électeur à écouter ces offres et renouvelle ses propres propositions. Il résulte de ces correspondances qu'en 1688, aussi bien à Vienne qu'à Versailles, l'idée d'un démembrement possible de la monarchie espagnole, à la mort du roi Charles II, était parfaitement acceptée.

1. Depuis l'impression de cette note, j'ai trouvé aux Archives Impériales de Vienne des documents prouvant que l'offre n'avait pas été faite à l'Électeur. — Voy. l'Appendice.

demandé au roi que de vous soutenir dans vos légitimes prétentions sur Augsbourg, Ratisbonne, Nuremberg et autres États en Souabe ; il vous l'a promis dès que vous trouveriez vous-même le temps propre à faire valoir vos droits. A l'égard des États de la monarchie d'Espagne, le roi n'est pas à présent le maître de vous mettre en possession d'aucun. »

Cependant le marquis de Villars écrivit à Sa Majesté, qui lui donna ordre de déclarer à l'électeur, qu'en cas de mort du roi d'Espagne, elle et monseigneur le Dauphin s'engageoient à lui céder les royaumes de Naples et de Sicile. Il demanda encore des éclaircissements ; si ce seroit sans retour, au cas qu'il n'eût pas d'enfants de l'électrice, ce qui paroissoit fort à craindre, tant par la mauvaise conformation de cette princesse, qu'à cause du peu de commerce qu'il avoit avec elle. Le roi y consentit, et par là les engagements de l'électeur augmentèrent encore[1].

Le mariage de la princesse de Bavière avec le fils aîné du grand duc étoit traversé, comme nous l'avons dit, par l'offre du roi de Hongrie, le plus grand parti de l'Europe. Mais le marquis de Villars, fort lié d'inclination avec une très belle personne, qui avoit le plus de part à la confiance de la princesse de Bavière, engagea cette princesse à déclarer qu'elle ne vouloit pas de lui.

1. Par des instructions en date du 3 décembre 1687, Louis XIV autorisa Villars à offrir à l'électeur, non seulement la cession éventuelle de Naples et de la Sicile, mais des subsides en hommes et en argent, et ses bons offices pour faire passer la couronne impériale de la maison d'Autriche dans la sienne, ainsi que pour agrandir ses États héréditaires.

Le grand duc avoit envoyé l'auditeur Finetty, un de ses premiers ministres, et le père Benfaty[1], son intime confident, pour traiter ce mariage, et, surtout, il leur étoit prescrit de se conduire par les conseils du marquis de Villars. Le moine avoit de l'esprit, mais il étoit glorieux et impudent, et sur quelques contestations qu'il eut avec l'auditeur, qui étoit le représentant, il disoit qu'à son retour à Florence, il le feroit envoyer aux galères. Enfin, toutes les conditions de ce mariage furent remplies. Le marquis de Corsini, un des premiers de Florence et parent du grand duc, fut nommé ambassadeur extraordinaire pour venir épouser. On fit la cérémonie et la princesse partit[2].

Le refus que l'électeur avoit fait du roi de Hongrie pour la princesse de Bavière marquoit en lui un dessein formé de se détacher de la maison d'Autriche. En vain l'excusa-t-il sur la répugnance qu'il avoit trouvée

1. L'orthographe de ces deux noms est empruntée à la correspondance de Villars; dans le manuscrit, le premier est écrit Sinetty, et le second Benfay: dans la correspondance ce religieux est aussi désigné sous le nom de P. Maëstro.

2. La négociation de ce mariage fut très laborieuse : les ministres de Bavière et surtout le vice-chancelier Leydel étaient acquis à la cause de l'Autriche, les envoyés de Toscane eux-mêmes ne paraissaient pas insensibles aux offres de Kaunitz, de sorte que les discussions sur les articles du contrat menaçaient de s'éterniser : Villars déjoua ces intrigues en s'adressant directement soit à l'électeur, soit au grand-duc et en obtenant d'eux des solutions qu'ils imposaient à leurs mandataires à chaque difficulté qu'ils soulevaient. Aussi fut-il reconnu que le mariage ne se serait jamais conclu sans son intervention. La conclusion est du 25 mai, mais le marquis Corsini n'arriva à Munich que le 18 novembre; le mariage par procuration fut célébré le 21 et la princesse partit pour Florence le 25. — Voyez à l'appendice les extraits de la correspondance relative à cette négociation.

dans l'esprit de la princesse sa sœur, faible obstacle pour les mariages, surtout des souverains, et qui ne fut regardé par la cour de Vienne que comme un prétexte. Elle ne douta plus qu'elle ne fût sur le point de perdre tout à fait l'électeur, et elle fit les derniers efforts pour tirer ce prince de Munich. Le comte de Kaunitz y avoit déjà fait cinq voyages, soit pour proposer à l'électeur des avantages de la part de l'empereur et du roi d'Espagne, soit pour empêcher le mariage de la princesse avec le fils aîné du grand duc, soit pour les diverses élections qui se faisoient à Cologne, soit pour engager l'électeur à faire la campagne de Hongrie. Le marquis de Villars avoit été assez heureux pour rompre toutes les mesures du comte de Kaunitz et pour traverser tous ses desseins. Mais enfin, l'empereur se crut obligé d'y envoyer le comte de Stratmann.

Le lendemain de son arrivée à Munich, il vint dîner chez le marquis de Villars, et lui dit : « Il n'est plus question de vous offrir l'amitié ni les grâces de l'empereur, aussi, n'ai-je plus qu'à vous assurer de son estime. Mon attachement vous est connu, mais il ne m'empêchera pas de vous déclarer que, quoique l'empereur se soit très bien trouvé de vos services en Hongrie, s'il en est le maître, et si j'y puis réussir, nous ne vous y verrons pas cette campagne, si l'électeur veut bien la faire. »

Le marquis de Villars avoit cru y mettre un obstacle invincible par les conditions qu'il avoit obligé l'électeur d'exiger, mais la cour de Vienne accorda tout, et les armées furent assemblées sous les ordres de l'électeur de Bavière avec tout l'appareil nécessaire pour faire le siège de Belgrade. Sur cela, l'électeur dit au marquis de Villars : « Non seulement c'est me déshonorer que de refuser un tel emploi, mais quasi déclarer la guerre à l'empereur, et vous savez que je ne suis pas encore en état de rompre avec lui ; il me faut plus de temps, mais j'écris au roi[1] que mes sentiments sont toujours les mêmes. »

Ce fut à peu près en ce temps-là que M. de Louvois, las apparemment de haïr le marquis de Villars, qui n'avoit contre soi que d'être d'une famille qu'il n'aimoit pas, ou peut-être, car on peut le présumer d'un grand homme, ce ministre amené à force d'estime jusqu'à des sentiments d'amitié, écrivit au marquis de Villars une lettre assez polie, à quoi le marquis de Villars répondit avec une froideur respectueuse. M. de Louvois lui en écrivit une seconde pour le prier de lui apprendre ce que c'étoit que les chevaux de frise, dont l'infanterie impériale se servoit, au lieu de piques qu'elle avoit abandonnées. Il vint enfin jusqu'à une quatrième lettre, qui contenoit en trois lignes : « Je ne sais pourquoi nous avons été mal ensemble, je désire que cela finisse. Mettez-moi à quelque épreuve, et je vous ferai connoître que je suis votre serviteur. » Le marquis de Villars lui répondit qu'il étoit également surpris et touché de sa dernière lettre, et d'autant plus persuadé que ses bontés étoient sincères,

---

1. La lettre existe en original aux archives des Affaires étrangères ; elle est du 5 juillet 1688 et entièrement autographe ; l'électeur explique au roi les motifs qui l'obligent à accepter le commandement de l'armée et à éloigner Villars ; il promet de répondre aux offres du roi, à son retour de Hongrie, et l'assure de sa fidélité à ses intérêts, mais sans prendre aucun engagement.

que c'étoit pour la première fois qu'il lui permettoit de s'en flatter ; qu'il commençoit donc par leur donner lieu d'agir en sa faveur ; que le moyen de lui faire regagner dans l'état de la guerre des rangs qu'il osoit dire avoir mérités par ses services, étoit de lui faire obtenir du roi la charge de commissaire général de la cavalerie, qui pouvoit le remettre devant bien des gens qui n'auroient pas dû passer devant lui ; mais que pour faire voir à M. de Louvois qu'il vouloit lui en avoir toute l'obligation, sa seule démarche pour y parvenir seroit ce qu'il avoit l'honneur de lui en dire.

Ce ministre, pour savoir si le marquis de Villars n'en avoit rien mandé à sa famille, sonda sur cela le père du marquis de Villars et le maréchal de Bellefonds ; il les trouva également peu instruits, et, dès lors, il prit des mesures pour lui faire avoir cette charge, comme nous le verrons dans la suite. Retournons à ce qui se passoit en Bavière.

Le comte de Stratmann pressoit extrêmement l'électeur de faire la campagne de Hongrie, et le marquis de Villars ne crut pas s'y devoir opposer. Il le lui conseilla même, pourvu, lui dit-il, qu'il la fît enfin avec dignité, ajoutant que le roi ne lui feroit jamais donner de conseils qui ne fussent conformes à sa gloire, et que d'ailleurs Sa Majesté ne doutoit point que l'électeur ne connût assez ses véritables intérêts pour désirer sincèrement de s'attacher à elle.

Divers bruits s'étant répandus de la mauvaise santé du duc de Lorraine, l'électeur envoya exprès pour en être exactement informé. Le marquis de Villars lui disoit qu'il ne devoit nullement se fier à ces bruits ; qu'on publieroit le duc de Lorraine à l'extrémité jusqu'à ce que l'électeur fût à l'armée ; qu'alors ce prince s'y rendroit en poste, et que l'électeur s'y trouveroit au même état qu'à toutes les campagnes précédentes, c'est-à-dire avec une apparence de commandement, et subalterne en effet. Mais le comte de Stratmann, pour ôter tout prétexte de défiance à l'électeur, lui déclara qu'en quelque état que fût la santé du duc de Lorraine, et lui permît-elle de faire la campagne, il ne mettroit pas le pied à l'armée, et que lui seroit l'unique général.

Il ne fut plus possible à l'électeur de ne pas accepter un aussi grand et important emploi. La gloire de faire le siège de Belgrade, et de terminer la guerre par une si brillante conquête, étoit trop flatteuse pour la refuser. Il consentit donc à partir ; mais, le lendemain, dans une seconde audience que prit le comte de Stratmann, après avoir fait valoir à l'électeur la confiance avec laquelle l'empereur se remettoit à lui du soin de son propre salut et de celui de l'Empire, il lui représenta qu'il n'étoit pas possible que l'empereur consentît à voir auprès de ce prince un ministre de France, que l'éloignement que marquoit l'électeur pour un beau-père qui l'avoit toujours aimé si tendrement, ne lui pouvoit être inspiré que par les ennemis déclarés de la maison d'Autriche ; qu'enfin il pouvoit sentir l'impossibilité de garder dans les armées impériales le marquis de Villars, dont le crédit auprès de lui le rendoit très redoutable aux intérêts de l'empereur, qui le feroit prier de ne pas mettre le pied dans ses États. « C'est pourtant à ce même marquis de Villars, répliqua l'électeur, que l'on doit en partie, non seulement d'avoir porté à donner cette bataille, dont le succès a été si important et si glorieux, mais encore dans l'action même d'avoir conseillé des mouvements de troupes qui se sont trouvés très utiles. » — « J'en conviens, reprit le comte de Stratmann, et moi-même j'ai eu ordre, à son retour à Vienne, de lui en marquer la reconnoissance de l'empereur ; mais depuis, tout a bien changé[1]. »

Enfin, l'électeur partit. Le marquis de Villars le suivit jusqu'à Passau, où ce prince lui dit d'attendre ; qu'il feroit toutes les tentatives possibles auprès de l'empereur pour le faire venir, et que, si elles étoient inutiles, il lui enverroit un courrier. Elles ne pouvoient guère réussir ; le courrier arriva, et le marquis de Villars profita de la permission que le roi lui avoit donnée de revenir en France pour le temps que dureroit la campagne de Hongrie, s'il ne lui étoit pas possible de la faire. Il passa par Ratisbonne, où il vit le prince Hermann de Bade, proprement disgracié, mais revêtu du titre de principal commissaire de l'empereur à la diète. Il trouva ce prince rebuté par tous les dégoûts qu'il recevoit continuellement de la cour de Vienne, résolu à quitter tout service, et il mourut peu de temps après.

1. Villars paraît s'être fait des illusions, jusqu'au dernier jour, sur les véritables dispositions de l'électeur. Maximilien, avide de gloire militaire, n'avait rien à refuser à l'empereur qui lui offrait le commandement de l'armée impériale, et la perspective de brillants succès en Hongrie. Je crois devoir reproduire, à l'appendice, les dépêches où Villars expose au roi, avec plus de détails, les incidents qui précèdent : après les avoir lues il est difficile de se méprendre sur les intentions véritables de l'électeur. Il était acquis à la maison d'Autriche et devait la servir jusqu'à ce que la guerre de la succession d'Espagne eût de nouveau confondu ses intérêts avec ceux de la France.

Le marquis de Villars arriva à la cour. Le roi le reçut avec beaucoup de bonté, et lui fit l'honneur de lui dire qu'il l'avoit toujours connu pour un très brave homme, mais qu'il ne l'avoit pas cru si grand négociateur.

Mme de Maintenon[1] lui fit aussi un accueil très obligeant, et, le jour même de son arrivée, elle le mena à une comédie que l'on représentoit à Saint-Cyr devant le roi, et où très peu de gens furent admis.

C'étoit alors une faveur très particulière que d'être nommé pour les voyages de Marly. Le roi, dans les commencements, y menoit fort peu de monde, et le marquis de Villars n'avoit pas encore osé demander d'en être. Il étoit établi que tous ceux qui pouvoient espérer d'être nommés le demandassent, même tous les grands officiers de la maison du roi. Bontemps, premier valet de chambre et homme de confiance de Sa Majesté, vint trouver le marquis de Villars dans la galerie de Versailles, et lui dit : « Vous avez demandé d'aller à Marly? » Le marquis de Villars lui répondit qu'il étoit bien éloigné d'oser prendre cette liberté. « Et moi, je vous soutiens que vous l'avez demandé, » lui répliqua Bontemps. « Puisque vous m'en assurez,

---

1. C'est la première fois qu'il est question de Mme de Maintenon dans les Mémoires, et pourtant les relations de Villars avec Françoise d'Aubigné dataient de loin : son père était l'ami de Mme Scarron, d'une amitié que les biographes modernes ont victorieusement défendue contre les insinuations malveillantes de Saint-Simon. Arrivée au pouvoir, Mme de Maintenon ne cessa de protéger Villars et de lui donner de bons conseils : on en verra la preuve dans la suite de ces Mémoires et dans les quelques lettres qui nous sont restées de la volumineuse correspondance de Mme de Maintenon avec Villars.

reprit le marquis de Villars, qui connut bien, au ton dont parloit Bontemps, que c'étoit une grâce que le roi vouloit lui faire, j'ai demandé. » Aussitôt Bontemps rentra dans le cabinet du roi, et le moment d'après parut la liste où le marquis de Villars étoit nommé.

Depuis que M. de Louvois avoit pris pour lui des dispositions favorables, ce ministre avoit toujours conduit en secret tout ce qui regardoit l'acquisition de la charge de commissaire général de la cavalerie. On donna au régiment de cavalerie, qu'avoit le marquis de Villars, le nom d'Anjou, au moyen de quoi le marquis de Blanchefort l'acheta 90,000 livres. La charge de commissaire général de la cavalerie fut taxée à 50,000 écus, et le marquis de Villars y fut établi [1].

Peu de jours après, deux grandes nouvelles agitèrent toute la cour. L'une étoit le dessein du prince d'Orange sur l'Angleterre, mené avec beaucoup d'adresse et de secret, mais cependant pénétré par quelques-uns des ministres du roi dans les cours étrangères. Barillon [2], ambassadeur en Angleterre, y fut trompé aussi bien que le roi Jacques lui-même ; mais ce pauvre prince le fut en tout. Le comte

1. La charge de commissaire général de la cavalerie fut achetée (2 septembre 1688) au marquis de Montrevel, alors maréchal de camp, depuis maréchal de France : Villars la revendit le 3 juillet 1703 au comte de Verrue, avec le régiment Commissaire général et la cornette de la compagnie colonelle, pour 210,000 livres. — Le marquis de Blanchefort-Créquy, qui acheta de Villars le régiment d'Anjou 30,000 écus, fut fait brigadier en 1693 et mourut trois ans après. Voy. *Lettre de Sévigné à Bussy*, du 25 août 1688.

2. Paul de Barillon, marquis de Branges, d'une famille de robe établie à Paris depuis François Ier : il fut successivement conseiller au Parlement, intendant, plénipotentiaire à Cologne et ambassadeur en Angleterre en 1677 ; il mourut en 1691.

d'Avaux[1], ambassadeur à la Haye, eut de meilleurs avis.

L'autre nouvelle étoit celle de l'ambassade turque pour conclure la paix avec l'empereur. Elle arriva à Belgrade le jour d'après que ce fameux rempart des Turcs contre les chrétiens eût été emporté d'assaut[2]. Maurocordato, un des plus habiles ministres que pût employer la cour ottomane, étoit chef de l'ambassade. On le fit rentrer par la brèche encore toute couverte de corps de janissaires qui l'avoient vaillamment défendue, car les Turcs, très ignorants en ce qui regarde la science de la guerre, ne défendoient leurs places que par leur seule valeur. Ils ne faisoient aucun cas des chemins couverts ni de tout ce qu'a fourni à nos ingénieurs un art qui, en revanche, parmi nous, semble avoir voulu se charger presque seul de la défense des places, jusque-là même, que le courage a paru quelquefois s'en abattre, et quelques-uns de nos gouverneurs n'ont pas eu honte de tâcher d'établir que le chemin couvert pris, il n'y avoit qu'à se rendre prisonniers de guerre. Les Turcs, dans ces premières guerres, ne comptoient que sur le rempart, et le défendoient le sabre à la main et à coups de pierre jusques à la dernière extrémité, accablant les assaillants de sacs de poudre et de grenades. C'est ainsi qu'ils soutinrent plusieurs assauts aux deux

---

1. Jean-Ant. de Mesmes, comte d'Avaux, né en 1640 d'une famille de parlementaires et de diplomates : petit-neveu du négociateur de la paix de Münster, il fut ambassadeur à Venise, à Nimègue pour la négociation de la paix, en Suède et en Hollande. Il mourut en 1709.

2. 6 septembre 1688.

sièges de Bude, firent lever le premier, et auroient peut-être eu le même bonheur au second, si le Vizir, qui y commandoit, n'eût été tué sur la brèche[1].

La cour étoit donc fort incertaine du parti qu'il y avoit à prendre, ou de soutenir le roi Jacques prêt à être attaqué, ou d'empêcher la paix des Turcs qu'on voyoit sur le point d'être conclue, et qui, le moment d'après, nous attiroit sur les bras toutes les forces de l'empereur et de l'Empire.

M. de Louvois, à son retour de Forges, où il avoit été quelques jours pour prendre des eaux, décida pour le dernier parti. En effet, rien n'étoit plus important pour nous que de nous ménager une aussi puissante diversion que celle du Turc. Et d'ailleurs, quelle apparence qu'une aussi grande révolution pût arriver en Angleterre, sans beaucoup de troubles et de divisions? ce qui nous convenoit bien mieux qu'une forme de gouvernement paisible, sous l'autorité du roi Jacques; d'autant plus que nous avions déjà vu cette même Angleterre, tranquille et réunie sous l'autorité du roi Charles second qui nous étoit fort attaché, forcer ce prince à nous déclarer la guerre. Le siège de Philisbourg fut donc résolu, et l'on fit tous les préparatifs de la plus rude guerre dans l'Empire. On envoya des corvettes et des bâtiments légers à Constantinople informer la Porte de notre résolution; on mit tout en usage pour la faire savoir à Maurocordato; enfin, on réussit au point que la paix bien avancée se rompit, et la guerre des Turcs a encore

---

[1]. L'assaut manqué est sans doute celui de 1684 : Bude fut prise d'assaut le 2 septembre 1686 après un siège de deux mois et demi : l'électeur de Bavière s'y distingua beaucoup.

duré onze ans[1] depuis, plus que celle que nous avons soutenue contre l'Empire.

Le général Montclar, qui commandoit en Alsace, eut ordre d'entrer dans l'Empire et de pousser des partis tout le plus avant qu'il pourroit. Le roi confia au marquis de Villars le dessein qu'il avoit de faire attaquer Philisbourg par monseigneur le Dauphin, et d'occuper toutes les places du Haut-Rhin depuis Bâle jusques à Mayence, et en même temps Sa Majesté lui ordonna de se rendre à Munich.

Comme il ne le pouvoit plus par la route ordinaire, il fut obligé de prendre celle d'Italie et de se déguiser en sortant de France. Il traversa l'Italie et l'Allemagne avec de très grandes difficultés, et fut arrêté, trois heures la nuit, à Inspruck où le duc de Lorraine étoit alors, bien résolu à s'en aller seul, si ses gens étoient retenus. Il sortit de la maison de la poste, menant son cheval par la bride, pendant qu'un valet allemand, qui passoit pour le maître, disputoit pour avoir la liberté de sortir. Enfin, à deux heures après minuit, ses gens le rejoignirent à la dernière maison du faubourg, où il leur avoit dit qu'il les attendroit. Et après avoir fait tout le chemin depuis Borgoforte sur le Pô jusqu'au premier village de Bavière, sans s'arrêter que pour manger, il se rendit à Munich[2].

Le marquis de Villars s'attendoit bien à trouver de grands changements dans l'esprit et dans la cour de l'électeur. Ce prince avoit été cinq mois, soit à la tête des armées de l'empereur et de l'Empire, soit à

---

1. Jusqu'au traité de Carlowitz conclu en 1699.
2. Il y arriva vers le 15 octobre 1688.

Vienne. Il avoit été préféré au duc de Lorraine, général respectable et consommé, et devoit la conquête de Belgrade au choix qu'avoit fait de lui l'empereur, qui, par là, devenoit la cause de sa gloire sans la partager; voilà bien des motifs de reconnoissance et de réunion. De plus, le prince Clément, son frère, avoit été élu électeur de Cologne, malgré toutes les brigues de Furstemberg, quoique maître de Bonn et protégé du roi.

Mais, d'un autre côté, les armées du roi étoient au milieu de l'Empire, et les troupes de l'électeur étoient en Hongrie au milieu de celles de l'empereur. Les électeurs de Saxe et de Brandebourg, les ducs d'Hanovre et de Wirtemberg venoient de faire un traité pour prendre des quartiers en Franconie et en Souabe, et enfermer les Etats de l'électeur. Ainsi, ce prince se voyoit forcé à prendre un parti, sans avoir eu le temps de se préparer à aucun. Agité de toutes les craintes que sa situation lui devoit causer, il disoit au marquis de Villars : « J'ai les mêmes sentiments dont j'ai assuré le roi à votre départ, mais quel moyen de les suivre? Le roi m'offense directement dans la personne de mon frère, reconnu électeur par le pape, l'empereur et l'Empire. Il attaque tous les États de l'Empire; je suis électeur. »

Le marquis de Villars lui répondoit : « Le roi fait la guerre, il est vrai, mais c'est uniquement pour assurer la paix, puisque, à cette condition, il offre de rendre tout ce qu'il aura pris ; après quoi Sa Majesté laisse l'empereur en pleine liberté de continuer une guerre qui peut le rendre maître de tous les États du Turc en Europe. Soyez le médiateur de cette paix ;

sauvez l'Empire et ajoutez à la gloire que vous venez d'acquérir contre l'empire ottoman celle d'avoir pacifié l'Europe. »

Cependant l'électeur balançoit encore. Ses États enclavés dans ceux des princes unis contre la France ne lui permettoient pas de rien hasarder, lorsqu'il apprit la prise de Philisbourg[1], et que notre armée s'avançoit vers le Danube. Alors une autre crainte le saisit; il dit même au marquis de Villars : « Si j'avois mes troupes et que nous puissions les joindre aux vôtres, peut-être ferions-nous peur à ceux qui nous en font. » Sur cela, le marquis de Villars pressa le roi de faire marcher les siennes vers Ulm, et entretint toujours en attendant l'incertitude de l'électeur qu'il empêcha le plus longtemps qu'il put de se déclarer. Il fit même plus, car, sur le bruit qui s'étoit répandu à Munich que l'armée du roi s'approchoit d'Ulm, l'électeur ébranlé, ayant dit au marquis de Villars : « Si mes troupes n'étoient pas en Hongrie où l'empereur me les retient encore, nous occuperions la Souabe et nous empêcherions bien celles de Saxe, de Brandebourg et des Cercles de nous donner la loi. »

Le marquis de Villars, qui connut bien que ce sentiment venoit de la crainte que donnoit à l'électeur l'armée du roi, comme avoit déjà fait celle de l'empereur, dépêcha un courrier à Sa Majesté pour déterminer la marche des troupes vers Ulm. Mais le parti étoit déjà pris de s'emparer du Rhin, et Monseigneur s'étoit rendu maître de Manheim, Frankendal, Worms, Spire, Mayence et de toutes les petites places qui sont

1. 29 septembre : les places suivantes furent prises en novembre.

en deçà de ce fleuve. Ainsi, l'électeur en repos de ce côté, se lia avec l'empereur, et les troupes bavaroises revinrent vers Donavert, précisément dans le temps que le marquis de Feuquières[1], avec un parti de 7 à 800 chevaux, faisoit trembler toute la Franconie et envoyoit des détachements jusques aux portes de Nuremberg.

L'électeur, pressé par le comte de Kaunitz, donna ordre à ses troupes de tâcher de couper celles du marquis de Feuquières; et croyant étonner le marquis de Villars et lui donner de l'inquiétude, il le lui dit quelques heures après, alléguant les plaintes et les murmures de tous les peuples, de voir 7 à 800 chevaux mettre à contribution tout l'Empire, pendant que 3,000 bavarois les regardoient faire sans s'y opposer. Le marquis de Villars, sans donner nulle marque d'émotion, répondit, en souriant, à l'électeur : « Les Impériaux ne se mettent pas fort en peine de votre cavalerie. Ils ne demandent qu'à vous faire déclarer. » — « Mais, dit l'électeur, je ne suis pas non plus en peine du péril que 800 chevaux peuvent faire courir à ma cavalerie. » — « Mais ces Messieurs, répliqua hardiment le marquis de Villars, ne vous ont-ils rien dit de 3,000 chevaux des troupes du roi et d'un détachement de grenadiers qui sont trois lieues derrière? et croyez-vous nos généraux assez malhabiles pour pousser en avant 800 chevaux sans les faire soutenir

---

1. Antoine de Pas, marquis de Feuquières, fils et petit-fils de lieutenants généraux, fut fait lieutenant général en 1693; l'expédition aventureuse dont il est ici question dura trente-cinq jours pendant lesquels il courut jusqu'à Dillingen sur le Danube. Il mourut en 1711 à 63 ans. Ses mémoires ont été publiés.

par quatre fois autant de troupes? » — « Voilà bien ce que j'ai représenté au comte de Kaunitz, » dit aussitôt l'électeur. — « Le comte de Kaunitz, reprit le marquis de Villars, se soucie fort peu de vos 3,000 chevaux; il ne veut que vous embarquer. » Ce discours du marquis de Villars, qu'il avoit fait au hasard, et sans avoir de nouvelles que le marquis de Feuquières fût soutenu, comme en effet il ne l'étoit pas, produisit ce qu'il en avoit attendu. Le contre-ordre fut envoyé aux troupes bavaroises, ce qui sauva celles du roi et retarda la déclaration de l'électeur que les Impériaux pressoient vivement.

Le marquis de Villars avertit Feuquières et le baron de Montclar, qui commandoient les troupes du roi dans le Wirtemberg, de prendre mieux leurs précautions, et qu'il ne répondoit plus de retenir les Bavarois; qu'il l'avoit fait une fois par adresse, mais qu'il ne se flattoit pas de réussir de même une seconde.

Cependant l'électeur, quoique engagé avec l'empereur, avoit peine à rompre tout à fait avec le roi, et le prince Louis de Bade fut obligé de revenir lui-même à Munich; mais il ne laissa pas de lui avouer qu'il n'y étoit venu que pour l'en faire sortir. Le jour de son arrivée, il y eut une fête à Schleissheim et une course de traîneaux. Le marquis de Villars avoit coutume d'être de toutes ces parties, mais il ne fut point invité à celle-là, et, au retour, il trouva l'électeur un peu embarrassé. Le lendemain, l'un de ses principaux ministres[1] vint trouver le marquis de Villars, et lui dit: que les François mettoient l'Empire à feu et à

---

1. Le vice-chancelier comte Leydel (dép. du 5 janvier 1689).

sang; il n'étoit plus permis à un électeur de ne s'y pas opposer, ni même de garder à sa cour un ministre de France; que l'électeur le prioit de se retirer, et même dans trois jours. « Vous venez plutôt, lui répliqua le marquis de Villars, de la part du prince de Bade et des ministres de l'empereur, auxquels vous avez toujours été dévoué, que de celle de votre maître. J'aurai l'honneur de le voir, et j'ai peine à croire qu'il vous avoue de votre commission. » Jusque-là, les ministres de Bavière, par l'amitié que leur maître avoit pour le marquis de Villars, lui marquoient une grande considération, et celui-ci même trembloit en lui parlant. Il retourna promptement vers l'électeur, le marquis de Villars y vint en même temps, et fit si bien qu'il arriva le premier.

L'électeur, étonné de le voir, et craignant une conversation assez embarrassante, passa sur-le-champ dans un cabinet, mais le marquis de Villars l'y suivit, en ferma la porte sur lui et demeura seul avec l'électeur.

Ce prince ne savoit presque où se mettre, car il y a une sorte de timidité, qui n'a rien à démêler avec le courage, et contre laquelle toute la valeur possible se trouve en défaut. Le marquis de Villars le remarqua, et lui dit : « Hé bien ! Monseigneur, vous voilà donc entièrement subjugué par les Impériaux et lié plus que jamais par des chaînes que vous m'avez fait l'honneur de me dire fort souvent être bien pesantes? L'électeur votre père vous avoit laissé 15 ou 16 millions d'argent comptant; vous les avez consumés et vous en devez presque autant, mais l'empereur va vous donner moyen d'acquitter vos dettes. Il est inutile de vous retracer tous les avantages que Votre Altesse électorale avoit si bien reconnus elle-même, et qui l'avoient portée à donner au roi, et par ses lettres à Sa Majesté, et par celles à Mme la Dauphine, des paroles bien positives de ne se détacher jamais de ses intérêts. Je ne vous ai pas demandé de vous déclarer contre l'empereur, mais cette neutralité, qui avoit été si utile à la maison de Bavière, comment ne la gardez-vous pas du moins jusqu'à ce que vous ayez parfaitement reconnu qu'elle vous seroit onéreuse [1]? »

[L'électeur fit beaucoup d'honnêtetés au marquis de Villars et ajouta que « l'Empire étoit déclaré. » Le marquis de Villars répondit qu'il ne l'étoit point et qu'il ne pouvoit imaginer que l'électeur eût fait réflexion sur la conduite qu'il tenoit : que pour lui, il en étoit touché comme la chose le méritoit, qu'il supplioit Son Altesse de faire une réprimande à son chancelier, et qu'il espéroit qu'il le désavoueroit d'une conduite aussi extraordinaire que celle qu'il avoit eue avec lui.

L'électeur avoit bien écouté le marquis de Villars, ne répondant rien, sortit de son cabinet, et, monté sur le siège d'un cocher, alla courre les rues avec ses courtisans derrière le carrosse.]

Le marquis de Villars partit de Munich en traîneau sur la neige, et joignit à huit lieues de là le comte

---

1. Il est évident qu'il doit y avoir ici une lacune dans le manuscrit : le copiste aura sauté tout un passage. L'éditeur de 1734 a cru pouvoir ajouter quelques lignes de sa composition. La correspondance de Villars permet de rétablir un texte plus authentique. Tout le paragraphe entre crochets est textuellement emprunté à une dépêche du 5 janvier 1689. Voy. à l'appendice.

de Luzignan, qui revenoit de Vienne, où il avoit été envoyé du roi auprès de l'empereur. Il avoit un garde de l'empereur, outre tous les passeports nécessaires. Le marquis de Villars, avec les mêmes passeports, avoit un trompette de l'électeur. Un très grand nombre de personnes les suivoient, et en comptant leurs domestiques, ils avoient avec eux plus de trois cents personnes.

Les troupes que le roi avoit envoyées dans la Souabe se retiroient aussi alors. Plusieurs partis avoient tiré des contributions militaires et brûlé des villages bien avant dans les terres de l'Empire, et la fureur étoit dans les esprits de tous les peuples, au travers desquels il falloit passer. Le marquis de Villars fut d'avis d'éviter les grandes villes où personne ne peut répondre d'une populace en furie, et même assez autorisée à des violences par les désordres que les François y avoient commis et que le bruit public grossissoit encore. Il crut qu'il valoit mieux ne loger que dans des villages où ils seroient toujours les plus forts, et où on ne pouvoit leur faire d'insulte, à moins qu'on n'envoyât des troupes ou qu'on n'ameutât les peuples; mais les passeports, le garde et le trompette que lui et le comte de Luzignan avoient de l'empereur et de l'électeur, ne lui permettoient pas d'appréhender que les commandants des ennemis osassent violer envers eux le droit des gens. Ils marchèrent ainsi jusques à Bregens, où ils arrivèrent à deux heures de l'après-midi. Le marquis de Villars vouloit absolument passer le Rhin le même jour et gagner la Suisse. Ils étoient même avertis qu'un officier du duc de Wirtemberg, qui les avoit joints en poste, étoit allé parler au commandant de Bregens, et tout les engageoit à se mettre au plus tôt en sûreté. D'ailleurs, rien ne les en empêchoit. Le gouverneur de Bregens ne pouvoit faire sortir de son château que 20 hommes. Il n'y avoit pas dans ce village 15 habitants qui eussent des armes, et le comte de Luzignan et le marquis de Villars avoient plus de 300 hommes; mais le comte de Luzignan s'obstina tellement à rester, que le marquis de Villars, après une assez forte opposition de sa part, y consentit.

Sur les quatre heures du soir, le marquis de Villars, regardant par les fenêtres, vit venir des villages voisins des gens armés, entendit battre dans la campagne de méchants tambours de paysans, et en moins de deux heures six ou sept cents paysans armés s'étoient rassemblés dans le village de Bregens. Alors le commandant du château, qui se vit le plus fort, envoya demander les passeports pour les examiner. Ils étoient très bons, et le soir il chercha querelle : ses officiers dirent qu'il vouloit contrôler toute la troupe et savoir les noms de tous ceux qui se retiroient.

On étoit à table lorsque des soldats armés entrèrent d'un air insolent dans le lieu où l'on mangeoit. Le marquis de Villars dit alors en riant au comte de Luzignan : « Nous commençons à voir la dignité des ambassadeurs un peu attaquée, Dieu nous garde de pis. » Au point du jour, comme on préparoit les chevaux pour partir, ces soldats les firent rentrer dans l'écurie. Le marquis de Villars, se voyant arrêté, envoya, avec son secrétaire, le marquis de Chassonville, jeune françois qui avoit été page de l'électeur de Bavière, au commandant de Bregens, lui représenter que c'étoit marquer un mépris visible aux ambassadeurs que d'arrêter un ministre qui se retiroit de la cour avec un trompette et de bons passeports de ce prince. En même temps, il ordonna de ne pas épargner l'argent au secrétaire du commandant et à ses domestiques, moyennant quoi ceux qu'il avoit envoyés rapportèrent à neuf heures du matin un ordre du commandant de laisser partir le marquis de Villars avec toute sa suite. Mais le comte de Luzignan et tous ses gens furent arrêtés, et il fut retenu huit mois prisonnier dans un château en Tyrol.

Le marquis de Villars, échappé pour ainsi dire des prisons de l'empereur et dans un commencement de guerre, quelle circonstance pour lui! se trouvoit trop heureux. Il passa dans le moment sur les terres des Suisses, arriva à Saint-Gall sur les cinq heures du soir, et se préparoit à réparer par une bonne nuit toutes les mauvaises qu'il avoit passées depuis son départ de Munich lorsque les magistrats arrivèrent pour le complimenter. La harangue reçue sembloit lui répondre de son sommeil, mais ces messieurs s'assirent et lièrent conversation. Quelque temps après on vint lui dire qu'il venoit de tous côtés des provisions pour le plus magnifique repas. Il eut beau leur représenter sa lassitude extrême, l'accablement où le mettoit un très grand besoin de dormir et les supplier de le dispenser du repas qu'ils faisoient préparer; tout fut inutile; sa prière ne fut pas seulement écoutée, et le plus grand repas qu'on puisse imaginer fut servi à minuit. On y voyoit une quantité prodigieuse de faisans, de chapons de Milan aux becs dorés, toutes les confitures de Gênes; ces messieurs étoient en train de ne rien épargner. Une multitude innombrable de peuple entra, et les magistrats distribuèrent à leurs parents et amis tout ce qui étoit sur la table. Enfin, à trois heures après minuit ils se retirèrent, et le marquis de Villars n'entendit plus parler que de l'hôte, qui lui présenta une grande feuille et lui fit payer excessivement cher le repas que les magistrats venoient de donner à leurs familles et à leurs amis.

Il partit de Saint-Gall fort peu content de sa nuit, et traversa la Suisse à grands frais, car tout manque dans ce pays-là. De plus, la licence des peuples y est sans bornes, et souvent on est accosté de paysans qui viennent demander pour boire d'un air à ne laisser guère aux gens le mérite de leur libéralité. Le marquis de Villars, qui vouloit aller coucher à Huningue, chez le marquis de Puysieux, fit toute la diligence possible, et malgré cela ne put arriver aux portes de Basle que précisément dans l'instant qu'on les fermoit.

Le marquis de Villars avoit envoyé devant pour trouver les portes de Basle ouvertes, mais ou la malhabileté de celui qui étoit chargé de cette commission, ou l'esprit difficile des Suisses pensa coûter la vie au marquis de Villars. La nuit étoit noire, il faisoit un temps horrible; c'étoit le 10° de janvier. Ses gens s'impatientant de ce que l'on n'ouvroit pas les portes se prirent de paroles avec les sentinelles suisses qui étoient sur le rempart. Le marquis de Villars, voulant s'avancer pour les faire taire, se trouva tout d'un coup en l'air et tomba dans le fossé de la place revêtu et fort profond. La chute fut très dangereuse. Il voulut répondre à ceux de ses gens qui crioient; il lui fut impossible de proférer une parole. Ils le crurent mort, et lui-même craignit d'avoir l'estomac crevé. Une demi-heure après il parla et répondit à ceux qui n'espéroient plus qu'il fût encore en vie.

Heureusement pour lui il avoit changé de bottes à la dînée, et au lieu de celles de Hongrie qu'il portoit ordinairement, le grand froid l'avoit obligé à prendre de grosses bottes de chasse avec plusieurs paires de bas. Il avoit, outre cela, une robe fourrée et un manteau par dessus. Comme il tomba droit sur ses pieds, ses bottes l'empêchèrent de se rompre les jambes. Il voulut se relever dans le fossé, mais il sentit de si violentes douleurs qu'il retomba. Enfin, on prit la corde avec laquelle on fait passer les lettres, et deux hommes s'étant laissés couler dans le fossé l'attachèrent par-dessous les bras pour le tirer du fossé. Mais en le tirant, la corde où l'on n'avoit fait qu'un nœud coulant l'étouffoit si bien qu'il crioit que l'on le laissât retomber, lorsque ceux qui étoient au haut du fossé se baissant le prirent par un bras et achevèrent de le retirer. On le mit à couvert dans une guérite, et à force d'eau-de-vie on l'empêchoit de s'évanouir de douleur; et après avoir été six heures dans cet état sans pouvoir faire ouvrir les portes, on l'étendit sur deux ais et on le porta dans un cabaret nommé le Sauvage dans la ville.

Les médecins et chirurgiens s'y trouvèrent en grand nombre. On l'étendit sur une table pour voir s'il n'avoit rien de rompu. Les meurtrissures étoient fort grandes, mais il ne se trouva pas de fractures. On le porta dans un bateau à Huningue, chez le marquis de Puysieux, gouverneur, où la fièvre le retint huit jours, et étant encore très faible, on le mit sur deux vedelins joints ensemble pour descendre le Rhin à Strasbourg. Il fut obligé de s'y reposer trois ou quatre jours, et s'en alla en poste à Metz, où le marquis de Boufflers, qui commandoit sur ces frontières, le retint encore. Il fut obligé d'y faire quelques remèdes, ayant toujours des ressentiments de fièvre. Enfin il se rendit auprès du roi, qui lui fit l'honneur de lui dire qu'il avoit trop bonne opinion de l'étoile du marquis de Villars pour croire qu'il eût pu périr d'une chute dans les fossés de Basle. Il fut destiné à commander la cavalerie dans l'armée de Flandre, dont le maréchal d'Humières[1] étoit nommé général, le maréchal de Luxembourg n'étant pas encore bien revenu des mauvaises impressions qui étoient demeurées dans l'esprit du roi par l'affaire qui l'avoit fait mettre à la Bastille. Ce général, dont le caractère et l'esprit ont brillé à la tête des armées, et qui a gagné plusieurs batailles, avoit été arrêté par des cabales de cour, mis à la Bastille, gardé très étroitement et interrogé comme criminel sur plusieurs faits.

Ce qui y avoit donné le premier lieu étoit un écrit signé de lui, par lequel il donnoit pouvoir à des misérables qui promettoient de faire voir le diable, de faire des conjurations en son nom. On a dit que cette signature avoit été escamotée au maréchal de Luxembourg et, à la vérité, on a peine à comprendre qu'un homme à la tête des armées, peut s'amuser à de vaines superstitions, plus capables de surprendre des

---

1. Louis de Crevant, marquis puis duc d'Humières, maréchal de France en 1668, mort en 1694.

esprits faibles de femmes. Mais cependant l'on ne peut nier que le maréchal de Luxembourg n'eût donné quelque lieu à lui croire ces faiblesses. Il étoit ennemi déclaré du marquis de Louvois, lequel l'avoit mêlé dans les affaires qui firent sortir la comtesse de Soissons du royaume, aussi bien que la duchesse de Bouillon, la marquise d'Alluye et plusieurs autres. On vouloit les amuser de poison et de sortilèges. Une femme, nommée la Voisin, fameuse par plusieurs sortilèges, fut arrêtée. M. de Luxembourg et toutes ces dames avoient été chez elle. L'on prétend même que le duc de Nevers avoit fait voir quelques années auparavant à sa sœur le comte de Soissons mourant. Enfin on créa une chambre de justice, et sur ces bruits de poison l'on ne pouvoit qu'approuver la plus grande sévérité, pour ne laisser pas établir en France des crimes qui n'y étoient guère connus. L'on fit arrêter à Liège cette cruelle Brainvilliers, qui avoit fait périr une partie de sa famille ; enfin, quelques vérités et beaucoup de mensonges enveloppèrent plusieurs innocents avec un très petit nombre de coupables.

Après cette digression sur les raisons qui avoient éloigné le maréchal de Luxembourg (sans difficulté le plus capable du commandement des armées), nous dirons que celle de Flandre fut destinée au maréchal d'Humières, homme certainement d'un grand courage, de beaucoup d'esprit dans la conversation, d'un commerce agréable, mais qui avoit été plus occupé du métier de courtisan que des soins d'apprendre la guerre. Aussi n'étoit-il pas de la force des premiers généraux, et quelques fautes qu'il fit pendant la campagne furent beaucoup relevées par ses ennemis. Sous les ordres du général Waldeck [l'armée ennemie] s'assembla derrière Mons, et les divers mouvements regardoient plutôt les subsistances qu'aucun dessein d'actions; cependant les ennemis passèrent la Sambre, et le maréchal d'Humières s'approcha d'eux, ce qui donna occasion à l'affaire de Valcour. Nous reprendrons la suite de cette campagne après avoir dit un mot des caractères des généraux de ce temps-là.

Nous avons parlé des raisons qui avoient éloigné le maréchal de Luxembourg du commandement des armées : le maréchal de Schomberg, estimé capable de les commander, étoit sorti du royaume par les raisons de la religion réformée, dont le roi ne vouloit plus souffrir aucun exercice dans ses États. D'ailleurs, à la destruction de leurs temples, à la révocation de l'édit de Nantes, on avoit joint des persécutions qui firent sortir un très grand nombre de familles, plaie qui saignera longtemps dans l'État pour l'avoir affoibli d'une infinité de sujets, parmi lesquels plusieurs étoient recommandables par leur fidélité, leurs richesses et leur industrie qu'ils ont portées dans les pays étrangers au très grand préjudice de la France[1].

Le maréchal de Schomberg alla d'abord en Portugal, ensuite en Brandebourg, de là il se donna au service du roi Guillaume et fut tué au passage de la Boyne en Irlande. Le maréchal de Luxembourg, brouillé à la

---

1. Il est intéressant de trouver cette appréciation sévère et éclairée des désastreux effets de la révocation de l'édit de Nantes sous la plume d'un contemporain, appartenant à la clientèle de Mme de Maintenon. Villars avait un esprit ouvert et tolérant, qui répugnait aux moyens violents; c'est par ces qualités qu'il mit fin aux longues luttes religieuses du Languedoc.

cour, mais surtout avec le marquis de Louvois, qui avoit le plus contribué à sa disgrâce, ne fut pas employé.

L'armée de Flandre fut destinée au maréchal d'Humières, celle d'Allemagne au maréchal de Duras. Le maréchal de Bellefonds, plus capable, mais de tout temps ennemi de Louvois, voyant les principales armées destinées, alla trouver ce ministre et lui déclara qu'il désiroit de ne pas servir. Il fut écouté avec plaisir; on envoya le maréchal de Noailles en Roussillon, et le maréchal de Lorges, sans grande nécessité et sans troupes, en Guyenne.

Pour dire donc quelque chose des divers caractères de ces généraux : le maréchal de Luxembourg, sans contredit le plus capable et distingué par un grand nombre d'actions très heureuses, avec beaucoup d'esprit et de courage, n'avoit pas toute l'application indispensablement nécessaire à la conduite d'affaires aussi importantes que celle de mener des armées. Il avoit le coup d'œil excellent dans une action, jugeoit parfaitement des mouvements d'un ennemi et ordonnoit avec justesse, précision et promptitude ce que devoient faire ses troupes. Ces qualités, excellentes en lui, ont brillé dans plusieurs actions, mais comme les projets de guerre l'occupoient médiocrement, on prétendoit que l'utilité que l'on pouvoit retirer d'un grand succès ne lui donnoit pas une assez vive attention. Ces grandes qualités et ces défauts ont paru dans presque toutes les occasions où il a commandé.

Le maréchal de Schomberg s'étoit fort distingué dans les guerres de Portugal; nous ne l'avons vu dans celles de France que dans un âge fort avancé; ainsi il peut être que les années avoient ajouté à une lenteur qui lui paroissoit naturelle. Il étoit homme de bon sens, ferme, opiniâtre dans ses résolutions, sévère dans le commandement, sa prudence parut outrée dans les conseils qu'il donna de ne pas attaquer le prince d'Orange près de Valenciennes, et dans son inaction lorsque le prince d'Orange se retiroit devant lui abandonnant le siège de Mastrict [1].

Le maréchal de Bellefonds a si peu servi que l'on ne peut parler de ses talents pour la guerre. Il avoit été distingué dans les emplois de lieutenant général. On ne pouvoit lui disputer beaucoup d'esprit; il avoit du courage, parloit fort bien de guerre, mais présumant de la faveur et des bontés de son maître, il méprisa les ministres, qui le perdirent de concert, et il leur en donna plusieurs occasions dont ils profitèrent avidement.

Le marquis de Villars n'a jamais vu servir ni commander le maréchal de Duras. Lui et le maréchal de Lorges [2], son frère, étoient neveux de M. de Turenne, lequel avoit toujours été fort occupé des avantages de sa famille. Il n'oublia rien pour leur procurer tous ceux qu'ils pouvoient espérer, et ses deux frères furent revêtus de toutes les plus grandes charges, honneurs et dignités, sans avoir rendu des services qui parussent exiger de si grandes récompenses. Le maréchal de Lorges, étant subalterne, avoit grande réputation de courage. Après la mort de M. de Turenne

1. Voyez ci-dessus, pp. 35-36.
2. Guy de Durfort-Duras, comte puis duc de Lorges, maréchal de France en 1676, cordon bleu en 1688, beau-père de Saint-Simon. Mort le 22 octobre 1702 à 72 ans.

il se trouva commandant de l'armée avec le marquis de Vaubrun, homme très hardi, de l'esprit et peu de talents pour la guerre. Il étoit l'homme du ministre dans une armée fort dévouée au maréchal qui en étoit ennemi déclaré. Ainsi Vaubrun étoit haï et le maréchal de Lorges aimé, et l'on donna au dernier tout l'honneur du combat d'Altenheim. Le marquis de Vaubrun avoit reçu, quelques jours auparavant, une fort grande blessure qui ne l'empêcha pas de se trouver dans l'action et d'y demeurer jusques à ce qu'il fût tué.

L'armée du roi ayant repassé le Rhin, tout parloit pour le comte de Lorges. La cour, qui ne vouloit pas le faire maréchal de France, envoya le maréchal de Duras, qui étoit en Franche-Comté, prendre le commandement de l'armée, et le comte de Lorges ne fut élevé à la dignité de maréchal de France que l'hiver [suivant]. Mais à peine fut-il à la tête des armées que les mérites qu'il avoit acquis subalterne furent étouffés par le poids du commandement en chef, véritablement au-dessus de son génie. Tous ces nouveaux généraux avoient eu le malheur de succéder aux deux plus grands hommes de leur siècle, le grand Condé et le vicomte de Turenne, et ceux qui les avoient vus servir y trouvoient une si grande différence que l'esprit se soumettoit avec peine à la considération qu'exigeoient leurs commandements et leurs dignités. On doit cependant distinguer le maréchal de Luxembourg, dont les grandes qualités ne pouvoient être obscurcies par le peu d'application que l'on vouloit lui croire, l'abandon à ses favoris et une espèce de légèreté peu convenable à un grand homme.

Ce peu que nous disons des généraux, qui ont commandé dans la guerre qui commença en 1688 et ne finit qu'en 1697, suffit pour les faire connoître. Et certainement la France devoit retirer de plus grands avantages, surtout en Allemagne, par l'heureuse disposition de ses frontières, ayant cinq ponts sur le Rhin, autant de places qui nous ouvroient l'Empire uniquement couvert d'une très mauvaise armée souvent mal commandée, la guerre des Turcs occupant les meilleures troupes et les plus capables généraux de l'empereur.

Revenons à la campagne de 1689 et à ce qui regarde le marquis de Villars dont on prétend écrire principalement la vie et les mémoires.

Le maréchal d'Humières n'avoit aucun dessein que de couvrir la frontière, et il parut que ceux de la cour étoient uniquement de laisser consommer nos ennemis par les efforts qu'ils faisoient pour le siège de Mayence. Pendant ce temps-là le maréchal de Duras acheva un ouvrage que l'on pouvoit dire très opposé à la gloire de la nation et même à celle d'un très bon et très grand roi.

L'on avoit persuadé au roi, dont certainement la bonté n'a jamais été assez connue, que le salut de l'État consistoit à mettre des déserts entre notre frontière et les armées de nos ennemis. Pour cela, contre nos propres intérêts et même contre les raisons de guerre, on avoit brûlé les grandes villes de Trèves, Worms, Spire, Heidelberg, une infinité d'autres moins considérables, les plus riches et les meilleurs pays du monde. On avoit poussé cette vue pernicieuse jusques à défendre de semer à quatre lieues en deçà et au delà du cours de la Meuse.

On n'a jamais pu imaginer par quelle fatalité ces horribles conseils ont pu être donnés. Le marquis de Louvois, homme de beaucoup d'esprit, ne s'y opposa pas et les persuada au roi, malgré sa bonté, laquelle, je le répète, étoit au plus haut point. Les ordres furent donnés, suivis et exécutés avec une rigueur qui sera toujours reprochée à la plus valeureuse nation de l'univers.

Le maréchal de Duras étoit occupé à tout brûler et rebrûler, car on détruisoit même les caves ; on ne pardonnoit à aucune église. La justice et la piété du roi en firent depuis rebâtir quelques-unes, mais le mal étoit irréparable.

La campagne se passa donc en Allemagne à voir prendre Mayence, et en Flandre à de très médiocres mouvements. Le marquis de Villars, peiné de commander une si brillante cavalerie sans action, proposa plusieurs partis ; ils n'étoient pas du goût du maréchal d'Humières. On chercha même à le brouiller avec ce général, et sa bonne volonté fut inutile. Les ennemis firent un fourrage hasardé; il alloit en attaquer les escortes lorsque le chevalier de Tilladet[1], lieutenant général de jour[2], l'en empêcha d'autorité. Dans un

---

1. J.-B. de Cassagnet, marquis de Tilladet, chevalier des ordres, gouverneur d'Arras, envoyé extraordinaire en Angleterre (1683), blessé à Steinkerke, meurt de ses blessures à Mons, le 20 août 1692.

2. Les lieutenants généraux attachés à un corps d'armée n'avaient pas de commandement déterminé : ils *roulaient* entr'eux et chacun avait son *jour*, suivant un ordre réglé d'après le tableau d'an-

autre que faisoient nos troupes, un parti se jeta sur nos fourrageurs. Le marquis de Villars l'attaqua et le prit, et un coup de fusil blessa le jeune prince de Rohan qui le suivoit, jeune homme d'une très grande valeur qui mourut quelque temps après de sa blessure. Enfin, les ennemis étant venus camper près de Valcour, petite ville dont les murailles étoient bonnes, un peu éloignée de la tête de leur camp, le maréchal d'Humières crut pouvoir leur emporter ce poste et le fit attaquer sans l'avoir bien reconnu[1]. Nous y perdîmes le chevalier Colbert[2], brigadier, et colonel de Champagne, trois capitaines aux gardes; le marquis de Saint-Gelais y fut tué d'un coup de canon; cette mauvaise aventure fit tort au maréchal d'Humières.

Quelques jours après, on crut pouvoir canonner le camp des ennemis; on en montra le dessein et, à la pointe du jour, notre canon placé, on trouva que celui des ennemis l'étoit beaucoup plus avantageusement, que la partie de leur camp qui étoit exposée la veille avoit été retirée la nuit, et ils nous firent une salve de 30 pièces de canon avant que la nôtre eût commencé à tirer. Cette campagne ne fut pas bien glorieuse. Le duc du Maine n'en rendit pas un compte avantageux au roi, et l'armée fut destinée pour la campagne suivante au maréchal de Luxembourg.

Le marquis de Villars fut occupé l'hiver à visiter

cienneté établi par Louvois. Saint-Simon (XII, 55) critique avec raison cette méthode.

1. 27 août.

2. Antoine-Martin Colbert, fils du ministre, bailli de l'ordre de Malte, colonel du régiment de Champagne : brave, mais de mœurs assez légères. — Bussy, *Correspondance*, I, 211; V, 46.

la cavalerie, et avec une grande confiance du roi et des ministres. Les inspecteurs eurent ordre de le suivre chacun dans l'étendue de son inspection. Le marquis de Villars étoit chargé de changer les majors qu'il trouveroit n'être pas propres à ces emplois, de proposer des capitaines en leur place, d'examiner dans tous les corps les méchants officiers et d'en purger la cavalerie.

Le roi le fit maréchal de camp à la fin de 1689, et il fut destiné à servir dans l'armée que devoit commander le marquis de Boufflers avec le comte de Tallard[1] et les marquis d'Harcourt[2] et de Tessé[3], aussi maréchaux de camp.

Cette campagne se passa sans événement, et le corps d'armée du marquis de Boufflers, destiné à tenir le milieu des frontières entre les armées d'Allemagne, sous les ordres de monseigneur le Dauphin, et celle de Flandre, commandée par le maréchal de Luxembourg, ne vit aucune action. Cette inutilité affligeoit le marquis de Villars au point qu'il voulut partir pour aller volontaire pendant quelques jours et dans un temps où il paroissoit par les mouvements des armées d'Allemagne que l'on y verroit une bataille. Le marquis de Boufflers l'en empêcha, lui représentant à

1. Camille d'Hostun, comte de Tallard, puis duc d'Hostun en 1714. Ambassadeur en Angleterre en 1698, maréchal de France en 1703, mort en 1728 à 76 ans.
2. Henri, marquis puis duc d'Harcourt, ambassadeur en Espagne en 1698, maréchal de France en 1703, cordon bleu en 1705, mort en 1718.
3. Henri de Froulay, comte de Tessé, maréchal de France en 1703, ambassadeur à Rome en 1708, en Espagne en 1713, mort en 1725 à 74 ans.

quelles réprimandes il s'exposoit du côté de la cour s'il s'avisoit de quitter le poste où il étoit, sans permission, pour aller dans une autre armée. Enfin, soit chagrin, soit un effet naturel, il tomba malade dans les Ardennes, et si dangereusement que l'on désespéroit de sa vie. Le marquis de Boufflers même, étant obligé à quitter le camp d'Obersdorff dans le temps que le marquis de Villars étoit à la dernière extrémité, laissa deux régiments de dragons pour le garder. L'émétique et la bonté de son tempérament le sauvèrent, et on le porta à Arlon, de là à Sedan où il reçut des ordres de la cour pour aller commander en Flandre, pendant l'hiver, sous les ordres du marquis de Boufflers. Le bruit de l'extrémité où il étoit porta le marquis de la Valette[1] à demander son commandement, et il l'obtint. Sa santé cependant lui permettant de servir, le marquis de la Valette fut renvoyé sur la frontière de Picardie.

1690. Dans le commencement de l'année 1690, la cour envoya des ordres au marquis de Boufflers de marcher avec un corps d'armée derrière Bruxelles, la laissant sur la gauche, et le marquis de Villars eut ordre avec 7 ou 8,000 hommes de passer la Dendre et de marcher droit à Bruxelles. Le marquis de Villars rassembla toutes ses troupes avec un grand secret sous Tournay, et partit par un temps fort rude, ayant même une assez grosse fièvre, dont il ne parla point, de peur que les gens attachés d'amitié à lui ne s'opposassent à sa résolution de ne pas confier ce com-

---

1. Louis Félix de Nogaret, marquis de La Vallette, fut fait lieutenant général en 1693, et mourut l'année suivante.

mandement à un autre. Bien qu'il y eût véritablement du péril pour lui à faire cette course-là, par un temps très fâcheux, avec la fièvre, il alla camper à Grammont. Cette fièvre causée par un rhume violent cessa avec le rhume, qui fut dissipé par beaucoup d'eau-de-vie brûlée et trois heures de sommeil.

Le marquis de Villars eut avis que le comte de Varsassine avoit rassemblé 2,500 chevaux à deux lieues de Grammont; il marcha à lui et le joignit à trois lieues de Bruxelles. Le marquis de Varsassine se mit en bataille derrière un ruisseau, et le marquis de Villars ayant ordonné aux sieurs de Vandeuil[1], maréchal de camp, et Dachy[2], brigadier, de faire sonder le passage pendant qu'il remontoit le ruisseau pour prendre le derrière des ennemis, son ordre fut mal exécuté, et Varsassine voyant qu'il alloit être coupé par le marquis de Villars laissa trois troupes sur le bord du ruisseau et se retira sans que ceux qui avoient ordre de le serrer de près fissent un pas pour le suivre. Ainsi ce corps, qui pouvoit être défait, ne perdit que les trois troupes qu'il avoit sacrifiées pour sa retraite. Quelques jours après, la gelée étant très forte, on résolut d'aller passer les canaux au-dessus de Gand et d'entrer dans le pays de Vaas. On marcha avec 18 ou 20,000 hommes par deux endroits. Le marquis de Villars, avec les troupes qui partoient de

1. Fr. de Clérembault, marquis de Vandeuil, fut lieutenant général en 1702, lieutenant des gardes du Corps, et mourut en 1712.

2. Fr.-Ph. de Carvoisin, marquis d'Achy : brillant mestre de camp de cavalerie, ne dépassa pas le grade de brigadier. Il se retira en 1703 à 68 ans, et mourut en 1718.

Tournay, Valenciennes, Douay et Lille, laissa la Lys sur sa gauche, qu'il alla passer à Deinse, et le marquis de Boufflers avec toutes les troupes qui venoient de Dunkerque, Ypres et autres places, alla droit sur le canal de Gand à Bruges. Les glaces étant fortes, on passa le canal, et le marquis de Villars entra dans le pays de Vaas. Cette marche valut au roi 4 millions de contributions, et l'on ne perdit personne. Les troupes rentrèrent dans leurs garnisons et il ne fut question que de les laisser reposer jusqu'à l'entrée de la campagne.

Le roi prit toutes les mesures et avec grand secret pour faire le siège de Mons. Cette place étoit très forte, très importante et défendue par une garnison nombreuse. Le prince de Grimberg en étoit gouverneur, et Fagel, lieutenant général, y commandoit les troupes hollandoises. Le maréchal de Boufflers et le marquis de Villars furent seuls chargés de l'investiture[1] et du secret. Il falloit cacher ce dessein aux ennemis et leur donner de l'inquiétude pour tant de places différentes qu'il leur fut difficile de démêler le véritable objet.

1691. Les troupes commençoient à s'ébranler dès le 1ᵉʳ avril sur la Meuse, dans le Hainault, la Flandre et du côté de la mer; et les ennemis incertains laissèrent dans toutes les places menacées les garnisons ordinaires. Le marquis de Villars fut chargé d'investir Mons du côté le plus dangereux, qui étoit celui de Bruxelles et d'Ath, le seul par lequel il fût possible à l'ennemi d'y jeter du secours. Il partit de Condé laissant la rivière d'Haisne sur la droite. Le marquis de

---

1. Villars se sert souvent de ce mot pour désigner *l'investissement*.

Créquy commandoit sous ses ordres les troupes qui devoient former cette investiture. Il se perdit, de manière qu'à l'entrée de la nuit le marquis de Villars ne trouva que cinq escadrons et n'eut pas d'autre parti à prendre que de se mettre avec ce peu de troupes à 150 pas de la porte de Mons à Bruxelles, pour empêcher, du moins autant qu'il seroit en son pouvoir, qu'il n'entrât personne, la nuit, dans Mons. A la pointe du jour, le marquis de Créquy arriva avec les troupes, et le marquis de Villars occupa le village de Nimy, l'abbaye de Saint...[1] et toutes les principales avenues de la place, fit couper et barrer tous les chemins et commencer à tracer la ligne de contrevallation. Les pionniers arrivèrent le troisième jour. Avant cela, il parut des partis considérables de cavalerie, des détachements de grenadiers des ennemis, mais aucun n'osa tenter de forcer les avenues occupées, et avant le quatrième jour les postes étoient pris et retranchés de manière qu'il falloit une armée entière pour en approcher.

Le prince d'Orange se rendit en diligence à Bruxelles où il donna rendez-vous à toutes les forces de la ligue. Le roi arriva au siège, et toutes les dispositions étant bien faites par les soins du marquis de Louvois, très capable de n'en oublier aucun, soit pour former une armée nombreuse, soit pour assurer toutes les subsistances et tous les convois de vivres et de munitions de guerre, l'on ouvrit la tranchée le neuvième

---

1. En blanc dans le manuscrit. Il s'agit de l'abbaye de Saint-Denis ou de l'abbaye ruinée d'Espinlieu, situées l'une en amont, l'autre en aval de Nimy.

jour de l'investiture. Le prince d'Orange s'approcha avec une armée considérable, et le roi raisonnant avec plusieurs officiers généraux et le marquis de Louvois sur le parti que pourroit prendre le prince d'Orange, le sentiment de plusieurs fut que le prince d'Orange tenteroit une action générale. Le marquis de Villars dit : « Je crois qu'il ne fera rien. » Le roi lui demanda pourquoi. Villars répondit : « Parce qu'il vaut mieux ne rien faire que de faire mal, et que les mesures de Votre Majesté sont si bien prises, les postes si bien occupés et retranchés, le nombre de troupes si supérieur à celui des ennemis, qu'il n'y a qu'à désirer que le prince d'Orange veuille les attaquer. »

Le marquis de Louvois fut bien aise de voir avancer et soutenir cette opinion, car le courtisan vouloit porter le roi à penser que ce ministre avoit hasardé sa gloire et sa personne, et la vérité étoit que jamais entreprise n'avoit été formée avec plus de raison et de moyens d'en rendre le succès infaillible. La défense des ennemis fut très molle : une seule attaque ne réussit point. L'ouvrage à corne fut attaqué et pris; mais soit que les matériaux pour s'y retrancher n'eussent pas été assez promptement apportés, ou par quelque négligence du régiment des gardes duquel on se plaignit, les ennemis y rentrèrent : mais il fut repris, quelques heures après, très facilement, et le marquis de Villars y étant entré des premiers trouva Constant, capitaine du régiment des vaisseaux, encore en vie, avec une blessure très dangereuse; les ennemis l'avoient laissé comme mort. Cette action fut la seule de tout le siège de Mons. Il [en] coûta peu au roi, qui retourna à Versailles et eut la bonté de marquer au marquis de Villars beaucoup de satisfaction de ses services.

Les troupes furent renvoyées dans les garnisons et en quartiers de fourrage dans toutes les places de Flandre, de la Meuse, Picardie, Champagne, et les Evêchés, et assez de proche en proche pour rassembler l'armée et entrer en campagne dès que les mouvements des ennemis y obligeroient.

Ils renvoyèrent leurs troupes aussi dans des quartiers assez éloignés, et l'on résolut de bombarder la ville de Liège et d'y tirer des boulets rouges. Le marquis de Boufflers fut chargé de cette expédition, et le marquis de Villars destiné à servir dans cette armée, laquelle fut placée sur les hauteurs, du côté de la Chartreuse. L'on tira quantité de boulets rouges qui firent un médiocre effet. Le fort de Chenay, éloigné de la ville de près d'une demi-lieue, étant gardé par 500 hommes, le marquis de Villars, qui se promenoit aux gardes les plus avancées, remarqua quelque mouvement dans les troupes qui étoient dans ce fort, et ayant jugé que cette garnison vouloit l'abandonner et sortoit avec précipitation, il prit les premiers piquets de cavalerie et d'infanterie qui se trouvèrent à la tête du camp, et ayant couru très diligemment sur leur route, les 500 hommes furent tous pris ou tués; c'est ce qu'il y eut de plus considérable dans cette expédition.

L'on ordonna de brûler les faubourgs en se retirant. Cependant le marquis de Villars étant chargé de l'arrière-garde suivit son humanité naturelle, les sauva et empêcha la destruction à la réserve de quatorze ou quinze maisons que l'on ne put garantir. Le marquis de Boufflers eut ordre de ramener son armée près de Dinant, ce qu'il fit en quatre jours de marche. L'on repassa assez près de Huy, qui étoit occupé par des ennemis, et comme l'armée entroit dans son camp marqué, il arriva quelques avis au marquis de Boufflers, que les ennemis que l'on prétendoit forts de l'autre côté de la Meuse vouloient la passer à Huy et l'attaquer dans la marche, ce qui étoit presque impossible, à cause du long chemin que le prince d'Orange, que l'on disoit près de Louvain, auroit eu à faire; outre qu'une armée ne passe pas une rivière comme la Meuse, sur un seul pont, en si peu de temps. Cependant sur cet avis le marquis de Boufflers voulut empêcher les troupes d'entrer dans le camp et les faire marcher.

La réputation du marquis de Boufflers étoit bien établie sur sa valeur; il étoit attaqué sur l'inquiétude, et l'on voit assez souvent des hommes d'une intrépidité personnelle être timides quand ils sont chargés du généralat.

Le marquis de Villars représenta au marquis de Boufflers que cette marche forcée et sans nécessité ne seroit pas approuvée; il se rendit à ses raisons. Il fut résolu que l'armée camperoit, et il garantit son ami d'une précipitation qui auroit été blâmée.

L'on ordonna que l'on se mettroit en marche avant le jour; on fit une journée plus grande et, ayant des partis sur Huy, on régla les mouvements sur des avis certains, sans montrer une crainte inutile; le marquis de Boufflers fut obligé au marquis de Villars de son bon conseil.

On arriva à Dinant où l'armée se reposa pendant

trois à quatre jours. La campagne précédente, le marquis de Calvo, ancien lieutenant général, avoit commandé la seconde armée de Flandre, laquelle auparavant étoit sous les ordres du maréchal d'Humières. Le roi la donna au marquis de Villars. Il reçut les ordres et les instructions pour la commander au camp, près Dinant. Il avoit le commandement de toutes les troupes qui étoient dans les places depuis Tournay jusques à la mer, et outre cela 15 bataillons et 30 escadrons avec un équipage d'artillerie. Il étoit chargé de la défense des lignes qui couvroient tout le pays depuis l'Escaut jusqu'à Dunkerque. En général, il étoit aux ordres du maréchal de Luxembourg, mais dans de certains cas il avoit ceux du roi pour agir indépendamment.

Il se rendit à Tournay et rassembla sa petite armée entre Cambray et le Pont-d'Espiers[1].

On trouvera dans les dépêches du marquis de Villars celle qu'il écrivoit au maréchal de Luxembourg pour lui expliquer, par plusieurs bonnes raisons de guerre, que pour défendre des lignes, si l'on peut prendre un bon poste en avant, qui oblige l'ennemi qui songe à attaquer des lignes à déterminer son attaque sur la droite ou la gauche, c'est l'unique moyen de pouvoir se flatter de les défendre ; puisque

1. Pont que Villars avait fait jeter sur l'Escaut à 10 kil. environ au nord de Tournai, près du confluent de ce fleuve avec la petite rivière d'Épiers. Il sortait fréquemment des lignes dont la défense lui était confiée, pour faire des reconnaissances vers Oudenarde, Ninove, Mons, etc..., et entretenait, au sujet de ces mouvements, avec Louvois, Barbezieux, Boufflers et Luxembourg une active correspondance dont j'ai la copie. — Voy. à l'appendice les extraits que j'en donne.

le désavantage, en tenant une grande étendue du pays, est de ne savoir jamais quelle peut être la véritable attaque; l'ennemi, par donner des inquiétudes en divers lieux, obligeant celui qui défend à s'étendre et par conséquent à être foible partout. La lettre éclaircit cette matière, et la disposition du marquis de Villars empêcha le marquis de Castanaga, qui marchoit à lui avec des forces supérieures, de rien entreprendre.

Le marquis de Villars retira même de grands avantages de sa disposition, car son pays étant couvert, et par conséquent ne payant aucune contribution, il obligea celui des ennemis de lui fournir toutes ses subsistances, et le marquis de Castanaga avoit la douleur de voir tous les jours les chariots des terres d'Espagne traverser son camp pour apporter des foins et des avoines dans celui du marquis de Villars.

L'armée du roi, commandée par M. de Luxembourg, ne fit qu'observer celle du prince d'Orange.

Vers les premiers jours de septembre, le maréchal de Luxembourg crut pouvoir aller prendre des quartiers de fourrages du côté de Ninove, et plaça son armée dans un pays très abondant.

Pour y assurer sa subsistance et ses convois, il manda au marquis de Villars de se placer avec la plus grande partie de ses troupes du côté de Renay, afin que tout ce qui venoit de Tournay pût passer en sûreté à l'armée de M. de Luxembourg. Les ennemis jetèrent 2,500 chevaux dans Oudenarde, et, un jour qu'il passoit un convoi de près de 4,000 charrettes, le marquis de Villars se posta le mieux qu'il fut possible pour le couvrir, mais la file étoit si longue et tenoit une si grande étendue de pays qu'il étoit bien difficile de mettre tout en sûreté.

Les ennemis sortirent d'Oudenarde, attaquèrent le convoi en deux endroits, détélèrent quelques caissons, mais le marquis de Villars y accourut avec une telle diligence que les ennemis furent repoussés partout et le convoi passa heureusement.

Le maréchal de Luxembourg manda au marquis de Villars de se rendre auprès de lui pour prendre les mesures les plus justes pour assurer ses subsistances.

L'armée du maréchal de Luxembourg étoit, comme l'on dit, bien campée; grains, fourrages en abondance, toutes les troupes baraquées, le général placé pour faire la meilleure chère du monde, les poulardes de Campigne, veaux de Gand, petites huîtres d'Angleterre. L'on parle de ces bagatelles parce que les ennemis du maréchal de Luxembourg vouloient quelquefois dire qu'elles ne laissoient pas d'influer sur ses résolutions.

Le marquis de Villars le trouvant très content de sa situation prit la liberté de lui dire : « Mais le prince d'Orange ne pourroit-il venir camper près d'Ath et de Ligne et, par conséquent, vous faire sortir dans le moment de ce camp délicieux? » Le maréchal de Luxembourg soutenoit ce parti impossible par bien des raisons quand Tracy, qui étoit à la guerre avec 300 chevaux, manda qu'il croyoit voir paroître la tête des colonnes de l'armée des ennemis. L'on voulut se flatter que c'étoit un fourrage; cependant sur une seconde nouvelle de Tracy, qui fortifioit les premières, l'on monta à cheval, et des premières hauteurs on découvrit que réellement l'armée ennemie marchoit du côté d'Ath, et avant deux heures après midi on la vit s'étendre le long du petit ruisseau de Ligne. Le marquis de Villars s'en retourna très diligemment à son camp, qu'il tint fort alerte toute la nuit, et à la pointe du jour il se rapprocha de l'Escault. Le maréchal de Luxembourg fut obligé à faire la même chose et à quitter un camp où l'on n'avoit été occupé pendant cinq ou six jours qu'à se mettre dans une abondance générale, et l'on fut obligé de mener l'armée du roi sous Tournay.

Le maréchal de Luxembourg fut piqué de s'être trompé dans ses mesures, et ce petit chagrin donna lieu à une très grande action qui se passa deux jours après.

Le maréchal de Luxembourg fut informé que le prince d'Orange avoit laissé l'armée sous les ordres du comte de Waldeck et qu'elle devoit marcher le 20e de septembre pour aller camper dans la plaine de Cambron[1]. Il crut pouvoir attaquer l'arrière-garde et envoya ordre au marquis de Villars de marcher dans l'instant avec 4 bataillons, et les régiments de Mérinville[2] et dragons de Tessé pour le joindre sous Tournay. Le marquis de Villars le trouva dans l'abbaye de…[3], passant la nuit sur la paille et faisant monter à cheval soixante escadrons. Il conta au marquis de Villars qu'il avoit autrefois battu une arrière-garde

1. A 8 kil. environ au sud-ouest d'Ath.
2. Régiment de dragons levé en 1688 par Gaspard des Monstiers, comte de Mérinville, qui depuis fut brigadier de cavalerie (1693) et se retira avec ce grade dans son gouvernement de Narbonne.
3. Le mot est en blanc non seulement dans le manuscrit, mais dans la dépêche du 21 sept. à Barbezieux.

que tout le monde l'assuroit qu'il ne joindroit jamais, mais que, sachant bien que les ennemis ne prenoient pas toujours toutes les précautions, et qu'en faisant la diligence possible l'on joignoit ceux qui se croyoient hors de toute portée, il chargea le marquis de Villars de prendre la tête de tout avec les six escadrons et les quatre bataillons, [ajoutant] qu'il trouveroit, sur le chemin de Leuze, Marcilly[1], enseigne des gardes du Corps, avec quatre cents chevaux ; qu'il se servît de lui pour tenir les ennemis le plus près qu'il pourroit et qu'il lui mandât, dès qu'il les découvriroit, tout ce qu'il remarqueroit de leurs dispositions.

Le marquis de Villars chargea le brigadier Boisselot[2] de mener les quatre bataillons aussi diligemment que l'infanterie le peut faire, et il s'avança avec six escadrons sur le chemin que tenoit Marcilly. A huit heures du matin, il aperçut Marcilly à une lieue de lui et chargea le marquis d'Aubijoux[3], brigadier, de suivre avec les six escadrons, et de sa personne il poussa à toutes jambes à Marcilly, qu'il trouva en bataille avec ses huit escadrons, observant la marche de l'armée ennemie, dont la plus grande partie avoit

1. « Je compte tant sur Marcilly, lieutenant colonel de Courlin, » écrivait le maréchal de Luxembourg à Louvois, le 5 mai 1690, « que je serai fort aise qu'il ne nous quitte pas. »
2. Alex. de Rainier de Droué de Boisselot servit avec distinction depuis 1667 : major général de l'armée d'Irlande (1689), il se rendit célèbre par « l'admirable défense de Limerick » (*Saint-Simon*, I, 100. II, 144), se retira comme maréchal de camp et mourut dans ses terres en 1698.
3. Sans doute le frère du marquis de Toiras qui avait pris le nom d'Aubijoux de sa mère, la dernière d'Amboise de la branche d'Aubijoux.

déjà passé le ruisseau de Leuze. Il dit à Marcilly le dessein de M. de Luxembourg, et que pour cela il falloit tâcher d'amuser les ennemis. Marcilly en étoit à une demi-lieue, et, ne sachant rien du dessein du maréchal de Luxembourg, se tenoit à portée de les observer sans se commettre.

Le marquis de Villars le fit avancer et ordonna aux six escadrons qu'il menoit de suivre à une distance de mille pas.

Il mena les 400 chevaux de Marcilly à cinq cents pas des ennemis, lesquels, voyant un si petit corps de cavalerie s'approcher, s'arrêtèrent. Le marquis de Villars les voyant arrêtés dédoubla ses petits escadrons et fit paroître huit troupes. Sur cela, les ennemis, croyant que ce qui alloit les approcher étoit partie d'un corps de 2,000 chevaux que M. de Besons[1] commandoit du côté de Saint-Guislain, vouloient l'attaquer avec avantage et s'étendoient.

Le marquis de Villars envoya ordre au marquis de Toiras[2], qui commandoit ces six escadrons, d'approcher et de les mettre sur une ligne. Les ennemis continuoient à se former et, dans ce temps-là, M. de Luxembourg arriva à toutes jambes et joignit le marquis de Villars qui lui dit : « Vous vouliez une arrière-garde à combattre ; je vous ai préparé celle-ci. Il y a

1. Jacq. Bazin, marquis de Bezons, alors brigadier, depuis maréchal de France (1709), cordon bleu (1724), ami de Saint-Simon, et comme lui attaché au duc d'Orléans, fut son auxiliaire dans l'affaire de la rupture de Mme d'Argenton avec le prince, affaire dont le récit remplit presque un volume des *Mémoires*. Il mourut en 1733 à 87 ans.

2. Fr. Jacques de Saint-Bonnet, marquis de Toiras, petit-neveu du maréchal de ce nom, fut tué dans la suite du combat.

trois quarts d'heure que je l'arrête, et vous pouvez à présent choisir ce qui vous conviendra le mieux. » M. de Luxembourg répondit : « Je suis venu pour combattre. » Le marquis de Villars lui dit : « Pendant que votre première ligne se forme, je vais un peu reconnoître la droite des ennemis. » Doger[1] parla le premier et lui dit : « Les ennemis grossissent : voulez-vous attaquer? Que ce soit dans le moment. » Villars parla de même, et M. de Luxembourg dit seulement : « Attaquons, attaquons, » et envoya Doger à la droite. Le marquis de Villars retourna à toutes jambes à la gauche. En passant devant les chevau-légers de la garde, il dit à Vatteville[2] qui étoit à leur tête : « Je suis débordé par trois ou quatre escadrons des ennemis, ne pourriez-vous pas vous étendre? » On étoit déjà si près des ennemis qu'il n'y avoit plus qu'à attaquer ce qui étoit devant soi. Le marquis de Villars dit aux escadrons de Mérinville en peu de paroles : « Mes amis, vous les avez bien battus l'année dernière, vous les battrez bien encore. » Tous les cavaliers répondirent avec fierté : « Nous les battrons. » Le marquis de Villars se mit à la tête du premier escadron, le marquis de Toiras à la tête du second, et le comte de Mérinville au troisième. L'on marcha aux ennemis et la charge fut peut-être la plus violente que l'on ait vue de la guerre. Il est rare que des escadrons soient aussi longtemps mêlés sans se faire plier. Il fallut

---

1. Guy Doger, Dauger ou d'Auger, lieutenant général depuis 1688 : fut tué dans ce même combat.
2. Louis-Edm. Dufossé de la Motte, comte de Vatteville, commandait une compagnie de Fiennes; il devint brigadier de dragons en 1704, et se retira maréchal de camp en 1718.

presque tuer le premier rang à coups d'épée et le second pour les renverser. Cette ligne fut emportée, et celle qui la soutenoit se renversa d'elle-même; mais les trois escadrons de Mérinville, qui ne faisoient tout au plus que 360 maîtres, en eurent 190 hors de combat, et de 32 officiers 26, le marquis de Toiras tué de plusieurs coups. Le marquis de Villars avoit pour toutes armes défensives un double buffle et son mouchoir dans son chapeau, ce qui lui sauva la vie, car son buffle ou son chapeau et ses habits reçurent dix-sept coups sans blessures. Son cheval le tira de cette charge et tomba après.

Pour revenir à l'affaire générale, les escadrons de la maison du roi, renversant aussi ce qui étoit devant eux, souffrirent beaucoup. Doger, lieutenant général, fut tué, ainsi que Neuchelles[1], qui commandoit la maison du roi, la Troche[2], le marquis de Rotelin[3] et une infinité de bas officiers; le marquis d'Alègre[4] blessé et un grand nombre d'autres.

1. Léon Le Cirier, marquis de Neufchelles, était gouverneur de Sainte-Menehould; son fils eut la survivance, devint enseigne des Gardes du Corps, et se distingua à Malplaquet.
2. Fr. Martin de Savonnières, marquis de la Troche, né en 1666, était maréchal de camp et lieutenant des chevau-légers de M. le Dauphin. Il s'était fort distingué au passage du Rhin (1672) : il était fils d'un conseiller au parlement de Rennes et de Marie Godde de Varennes, grande amie de madame de Sévigné qui parle souvent d'elle dans ses lettres, de son activité, de son dévouement pour son fils et l'appelait *Trochanire*.
3. H. d'Orléans, marquis de Rothelin, commandait la gendarmerie, et reçut trente-deux blessures, dont quatre mortelles. Son dernier fils, né six semaines auparavant de la fille du maréchal de Navailles, fut l'abbé de Rothelin, de l'Académie française, célèbre collectionneur de médailles et de livres.
4. Yves d'Alègre devint maréchal de France en 1724, cordon

Le marquis de Villars, ramenant son aile, la fit rentrer dans les intervalles d'une seconde ligne qui arrivoit au grand galop, car on avoit attaqué deux lignes des ennemis avec une seule. Les premiers escadrons que Villars trouva furent ceux de Quadt. Le colonel vouloit charger, en arrivant, ceux des ennemis qui étoient auprès de lui. Le marquis de Villars le fit attendre. Ceux du Maine, de Rohan, de Praslin et plusieurs autres arrivèrent, et l'on forma une ligne qui, alors, débordoit celle des ennemis, aussi soutinrent-ils très foiblement la charge, et on les poussa jusques au ruisseau. On revint sur ses pas, et le maréchal de Luxembourg, qui se vit sur l'armée des ennemis, laquelle revenoit très diligemment et à trois grandes lieues de la sienne avec 70 escadrons seulement, n'eut d'autre parti à prendre que de se retirer. Tel fut le combat de Leuze, fort glorieux pour l'armée du roi, puisque dix-huit escadrons en battirent près de cinquante[1] des ennemis. La perte y fut pourtant assez égale et la gloire fut la seule utilité qu'en retira le vainqueur[2].

On arriva à Tournay sur les six heures du soir, et le maréchal de Luxembourg avec les principaux officiers alla descendre à la Comédie. Jamais général n'a été d'une humeur si agréable : il aimoit la bonne chère, le jeu et tous les plaisirs, mais il souffroit que

---

bleu en 1728, et mourut la même année à 80 ans; il était beau-père de Barbezieux et du maréchal de Maillebois.

1. Ici cesse la première partie du manuscrit : ce qui suit jusqu'à la fin de l'année 1700 est emprunté à l'édition de 1734.

2. Villars fit faire, par Martin père, un tableau du combat de Leuze, et le mit dans le billard du château de Vaux.

ses favoris prissent sur lui un empire despotique, et l'abus qu'ils en faisoient lui attiroit souvent des ennemis, quoiqu'il fût d'un caractère officieux et bienfaisant. L'on n'a pas parlé de M. le duc de Chartres[1], qui étoit volontaire dans cette action et que sa valeur naturelle faisoit beaucoup souffrir de n'être pas dans le plus grand péril ; mais il ne fut pas maître alors de s'abandonner à toute son ardeur, et il se distingua avec beaucoup de gloire les campagnes suivantes à Steinkerque, à Nerwinde, et dans les autres occasions où son courage a pu paroître. Le marquis de Villars lui eut l'obligation d'avoir beaucoup parlé de lui sur ce qui s'étoit passé à Leuze ; et en effet ce fut lui qui avec adresse arrêta l'arrière-garde des ennemis, et qui mena toujours l'aile gauche à la charge avec grand avantage sur la droite des ennemis, qui la débordoit de quatre ou cinq escadrons. De son côté, M. de Luxembourg donna de grandes louanges à cette conduite : mais comme le marquis de Villars n'étoit pas bien avec les favoris de ce général, qui avoient beaucoup de part aux relations, celles du maréchal de Luxembourg n'avoient pas expliqué qu'il lui devoit l'occasion du combat, et la principale part au bon succès.

L'armée fut placée pour prendre des fourrages jusqu'au 20 d'octobre, temps ordinaire des séparations quand on n'est pas retenu par quelque projet.

Les armes du roi ne furent pas si heureuses en Irlande, où Jacques II avoit encore un parti considérable et des places importantes, entre autres celle de

1. Philippe d'Orléans, fils de Monsieur, depuis régent.

Limerick. Le roi, qui appuyoit les efforts de ce prince pour rentrer dans ses États, lui accorda douze vaisseaux de guerre et 3,000 soldats, avec toutes les provisions nécessaires tant à ces troupes qu'à celles d'Irlande. Le débarquement se fit à Limerick, sous la conduite du chevalier de Nesmond : cependant le prince d'Orange résolut d'en faire le siège. La tranchée fut ouverte le 5 de septembre. Après une vigoureuse défense, les assiégés demandèrent le 3 d'octobre une cessation d'armes qui leur fut accordée pour trois jours, afin de conférer de la capitulation, dont les articles ne furent arrêtés que le 13 et 14; et le 14, la ville, défendue par Boisselot, fut livrée aux Anglois.

Le comte de Châteaurenaud[1] ramena sur les vaisseaux de France tous les François, avec les 15,000 Irlandois de la garnison de Limerick, conformément à la capitulation, dont les articles sont si singuliers qu'il n'y en a peut-être point d'exemple dans l'histoire. Ils paroissent moins des conditions accordées par le vainqueur à une ville qui se rend, que celles qu'elle se prescrit à elle-même, et qu'elle force l'ennemi d'accepter.

Le marquis de Villars, qui depuis quelques années étoit éloigné de la cour, demanda la permission d'y aller passer quinze jours. Le roi le reçut avec bonté et lui donna de grandes marques de la satisfaction qu'il avoit de ses services.

Un de ses premiers soins fut de s'assurer l'amitié du marquis de Barbezieux, qui, quoique très jeune,

1. Fr.-Louis de Rousselet, comte de Châteaurenaud, vice-amiral du Levant, maréchal de France en 1703, mort en 1716, à 82 ans.

étoit seul ministre de la guerre, et par conséquent pouvoit beaucoup servir ou nuire. Le marquis de Villars se trouva d'abord dans une intelligence parfaite avec lui; mais peu de mois après, par l'inspiration de deux ou trois de ses favoris, jaloux du marquis de Villars, cette amitié se changea en une haine si violente, qu'il s'en fallut peu que ce jeune ministre ne le perdît.

Durant le peu de séjour que le marquis de Villars fit à la cour, il apprit la mort de l'abbé de Villars[1], son frère, qui sortoit de l'agence générale du clergé. Il mourut à Florence : jeune homme d'un mérite distingué dans sa profession, et qui par ses parents y eût bientôt mérité les premières places. L'amitié étoit très vive entre ces deux frères, et cette perte n'a jamais cessé d'être sensible au marquis de Villars.

Il retourna en Flandre, d'où le marquis de Boufflers partit peu de jours après, et lui laissa en son absence le commandement général de la frontière, que le marquis de Villars alla visiter. Il reçut à Tournay le prince royal de Danemarck[2], qui fut roi dans la suite : il voyageoit en ce temps-là, et le marquis de Villars le traita magnifiquement.

Le marquis de Villars s'établit à Ypres, où le marquis de Boufflers à son retour de la cour vint le joindre, et y reçut un courrier dont les lettres lui causèrent de vives inquiétudes. On le chargeoit de surprendre Ostende : c'étoit un projet formé par quelques ingénieurs, et remis au maréchal de Luxembourg, qui

1. Félix de Villars, abbé de Moustiers en Argonne, agent général du clergé en 1688, † oct. 1691.
2. Frédéric IV, roi de 1699 à 1730.

ne fut pas fâché de donner une commission très hasardeuse au marquis de Boufflers, qu'il n'aimoit pas. Il le jetoit par là dans la fâcheuse incertitude ou de refuser une commission que le roi lui donnoit, ou de faire une entreprise du succès le plus douteux et le plus difficile. Dans cet embarras, il consulta le marquis de Villars. On examina tous les plans et projets de ce dessein, et on n'oublia aucun des expédients qui pouvoient le rendre praticable. Il y avoit deux bras de mer à passer, et il falloit que l'heure des basses marées se trouvât cadrer d'abord avec l'obscurité de la nuit, indispensablement nécessaire pour arriver sans être aperçu, et encore avec l'heure à laquelle on devoit traverser une dune fort étroite qui arrivoit au pied du bastion sur lequel il falloit grimper, et que les donneurs d'avis soutenoient très mal gardé. Ce double obstacle s'opposoit trop à la réussite de l'entreprise, et elle fut estimée impossible par la longueur du chemin et par la difficulté des passages. Le marquis de Boufflers en fit voir bien nettement toutes les raisons, et le roi les approuva.

Les contributions avoient été bien établies l'hiver précédent : ainsi il n'y eut qu'à se reposer celui-ci. Le maréchal de Luxembourg, qui, après la mort du marquis de Louvois son ennemi, reprit crédit auprès du roi, composa l'armée de Flandre pour les officiers généraux. Il avoit tenté, la campagne précédente, d'ôter au marquis de Villars le commandement qu'il avoit en Flandre; mais le roi n'avoit point voulu agréer ce changement. Le maréchal chercha donc une autre voie pour réussir, et saisit le prétexte du commandement de la cavalerie de l'armée d'Allemagne.

Le comte d'Auvergne, colonel général de la cavalerie, ayant demandé à venir commander celle de Flandre, — étant d'ailleurs ami du maréchal de Luxembourg, réuni avec tous ceux qui étoient ennemis du marquis de Louvois, — dès le mois d'avril le marquis de Villars eut ordre de se disposer à aller servir en Allemagne. Il passa trois semaines à Paris ou à la cour, puis il se rendit au camp de Flonheim près de Mayence, où le maréchal de Lorges avoit assemblé son armée.

Cette même année mourut le marquis de Louvois, dont nous avons remis à parler ici. Depuis assez longtemps il étoit très mal avec Mme de Maintenon, qui avoit la confiance du roi. M. de Louvois étoit très mauvais courtisan, et combattoit souvent sans ménagement les sentiments et les protections qu'accordoit Mme de Maintenon; en sorte qu'il s'apercevoit dans son travail avec le roi, qui se faisoit toujours dans la chambre de Mme de Maintenon, de beaucoup d'aigreur de la part de Sa Majesté : ce qui lui étoit d'autant plus insupportable qu'il croyoit rendre de grands services.

Un jour le roi lui parla si durement que Louvois se leva avec précipitation et jeta quelques papiers en disant : « L'on ne sauroit vous servir. » Le roi se leva aussi et s'approcha de la cheminée où d'ordinaire il mettoit son chapeau et sa canne. Mme de Maintenon, qui crut qu'en s'approchant de sa canne il pourroit s'en servir, courut à lui. Cette précaution n'étoit pas nécessaire auprès d'un prince dont la modération et la sagesse étoient bien connues. Louvois sortit, résolu à se retirer. Mme de Maintenon lui écrivit le matin et lui manda de revenir le soir à la même heure qu'il avoit accoutumé de travailler, de ne faire au roi ni plaintes ni excuses, et en un mot de ne rien laisser paroître dans sa conduite qui pût rappeler ce qui s'étoit passé. Cependant Louvois étoit outré de la plus vive douleur. Il prenoit des eaux de Forges, et étant allé travailler à trois heures après midi chez le roi, il se trouva mal, revint dans le moment chez lui, s'assit en arrivant, dit : « Je me trouve mal, » et mourut[1]. Fagon, qui fut depuis premier médecin du roi, voulut croire que Louvois avoit été empoisonné : cependant cette opinion ne fut point établie. Le roi laissa le jeune Barbezieux[2], qui n'avoit que dix-sept à dix-huit ans, ministre de la guerre ; M. de Torcy[3], qui n'étoit guère plus âgé, l'étoit en même temps des affaires étrangères, ce qui fit dire au prince d'Orange qu'il étoit étonné que le roi eût de si vieilles amies et de si jeunes ministres. On ne dit rien ici du caractère ni des talents de M. de Louvois, parce que dans le cours de ces Mémoires on en a beaucoup parlé.

1692. Dans les premiers jours de la campagne suivante en Allemagne, il arriva une aventure de déser-

---

1. 16 juillet 1691.
2. L.-M.-Fr. Letellier, marquis de Barbezieux, cinquième enfant de Louvois, né en 1668, avait alors 23 ans et non 18 comme le dit Villars : à 18 ans, il avait reçu du roi la survivance du portefeuille de son père. Il mourut en 1701, épuisé, comme Seignelay, par une vie de plaisir et de travail.
3. J.-B. Colbert, marquis de Torcy, fils du marquis de Croissy, frère du grand Colbert, était ministre et secrétaire d'État aux Affaires étrangères, en survivance, depuis 1689 ; il fut titulaire en 1696, et conserva ces fonctions jusqu'à la mort de Louis XIV. Il mourut en 1718.

teurs assez particulière. Un brigadier du régiment de Souternon déserta et avertit les ennemis qu'un convoi assez considérable partoit d'Alzey pour venir à l'armée. Sur l'avis du déserteur, les ennemis firent sortir 1,000 chevaux de Mayence pour attaquer le convoi. Dans le même temps un houssard des ennemis déserta et nous avertit de leur dessein sur notre convoi. On fit aussitôt un détachement pour en assurer la marche : la tête de notre détachement rencontra celle des ennemis et renversa la première troupe où se trouva le brigadier de Souternon. Il fut pris avec un petit nombre de cavaliers ennemis et fut roué vif le lendemain. Ainsi cette double désertion avoit exposé et sauvé notre convoi.

Quelques jours après, sur les avis qu'une partie considérable de l'armée ennemie qui étoit de l'autre côté du Rhin l'avoit passé à Mayence, le maréchal de Lorges, qui avoit grande confiance en Mélac[1], maréchal de camp, l'envoya avec 500 chevaux pour s'informer exactement si l'ennemi avoit passé à Mayence, comme on le disoit. Rien n'étoit plus aisé à savoir, puisqu'un corps d'armée, infanterie, cavalerie et canon, ne peut se cacher après avoir passé le Rhin. Cependant Mélac s'en étant rapporté à un bailli du pays qui le trompa, revint assurer le maréchal de Lorges que la nouvelle étoit fausse. Un quart d'heure après on sut non seulement qu'elle étoit véritable, mais qu'un corps d'armée marchoit à Worms en grande

---

1. Ezéchiel de Mélac, entré au service en 1664, lieutenant général et gouverneur de Landau, en 1693, défendit brillamment cette ville en 1702, et ne la rendit qu'après 84 jours de tranchée ouverte. Il y rentra en 1703 et y mourut l'année suivante.

diligence. Mélac fut honteux, et sa fureur s'exhala par ces horribles serments dont il avoit coutume d'effrayer les gens du commun.

Le caractère de cet officier général mérite, par sa singularité, qu'on s'y arrête un moment. Il avoit de l'esprit, de la valeur, et avoit très bien fait le métier de partisan jusqu'à la dignité de colonel : mais ces qualités étoient obscurcies par d'extrêmes défauts, entre autres il avoit celui de vouloir passer pour un athée, et il soutenoit qu'il n'y avoit point de diable, parce qu'il avoit, disoit-il, fait toutes choses au monde pour avoir commerce avec lui sans y avoir pu réussir. Le maréchal de Duras l'avoit principalement employé dans ces horribles incendies qui durèrent pendant deux ans; il avoit exécuté ces cruelles commissions avec la plus inflexible rigueur : tous les paysans allemands le croyoient sorcier, et son nom étoit devenu l'effroi des peuples. Satisfait de cette mauvaise réputation, il avoit un peu négligé sur les fins celle d'être terrible aux troupes ennemies. Sa fantaisie étoit de vouloir intimider nos intendants, de paroître toujours furieux et de coucher avec deux grands loups pour se mieux donner l'air de férocité. Enfin c'étoit un caractère bizarre, duquel ordinairement le maître et le général ne tirent pas grande utilité.

Le faux avis qu'il nous donna sur la marche des ennemis les sauva; car ce corps d'armée, de 8 à 10,000 hommes, prêta le flanc par une marche de dix lieues à l'armée du roi entière, qui, pouvant aller aux ennemis par les plus belles plaines, étoit en état d'accabler ces troupes, et de les faire périr dans leur marche. Il étoit même facile de les défaire après qu'elles furent arrivées à Worms, où leur objet étoit d'assurer une tête de pont, lequel ne fut achevé que le jour d'après ; et par conséquent ils furent un jour sans communiquer avec le gros de leur armée, qui marchoit de l'autre côté du Rhin à même hauteur. Leur objet étoit de nous tirer du Bas-Palatinat et de nous faire rapprocher de Philisbourg et de Landau.

Nous avions un poste avancé à Worms dans une église ruinée, où Lescossois, lieutenant colonel de Normandie, commandoit avec 300 hommes. Les ennemis l'attaquèrent : Lescossois se défendit courageusement, tua 5 à 600 hommes des ennemis, mais à la fin le poste fut emporté.

L'armée du roi partit de Flonheim et marcha au travers des plaines. Si elle eût cherché les ennemis, elle pouvoit les attaquer avec grand avantage, car leur pont n'étoit pas fait, ni par conséquent leur jonction avec le gros de leur armée, qui étoit de l'autre côté du Rhin. Mais nous ne voulions pas d'action ; et le jour d'après, sans la vivacité et l'application du marquis de Villars, 3,000 chevaux commandés par le comte de Lippe n'auroient pas payé si cher la faute qu'il fit d'approcher assez inconsidérément de l'armée du roi. Le comte de Lippe, croyant apparemment qu'elle s'étoit éloignée, passa avant le jour le ruisseau de Pfedersheim, qui nous séparoit des ennemis ; et le marquis de Villars allant aux gardes de cavalerie les trouva à trois cents pas de ce corps des ennemis. Nos dragons avoient monté à cheval sans ordre, et nos gardes étoient soutenues de trois escadrons de cavalerie. Ainsi le marquis de Villars trouva quinze escadrons tout prêts, dans le temps même que les ennemis ayant reconnu que l'armée du roi étoit dans son camp, et par conséquent qu'ils avoient fait une faute capitale de passer le ruisseau, ne songeoient qu'à le repasser diligemment.

Le marquis de Villars profita de l'occasion, et, sans perdre un moment, il ordonna aux deux escadrons de dragons de s'étendre sur la gauche et de sortir d'un fond qui les couvroit, pour faire croire aux ennemis qu'il venoit des troupes de plusieurs endroits, et que l'armée du roi s'ébranloit. Il marcha aux ennemis avec le reste, les prit à moitié passés, en tua un fort grand nombre et fit plus de 300 prisonniers, parmi lesquels étoient deux colonels.

Deux jours après, le maréchal de Lorges alla se promener sur les hauteurs de Pfedersheim, suivi de la plupart des officiers généraux. Il savoit que l'on avoit murmuré assez dans l'armée de ce qu'il n'avoit pas attaqué les ennemis : il voulut faire voir que cela n'étoit pas facile, et on se contenta de lui répondre avec le respect dû à un général. Mais presque dans le même temps les ennemis surprirent un de nos courriers ; ils virent nos lettres et renvoyèrent au maréchal de Lorges celle de l'intendant Lafont, qui expliquoit assez naturellement ce que presque toute l'armée avoit pensé sur la possibilité de défaire ce corps d'ennemis, qui repassa le Rhin et qui peu de jours après le passa encore à Spire avec le reste de l'armée.

Celle du roi fut jointe par un corps assez considérable de nos Irlandois, que le marquis d'Huxelles[1]

1. Nicolas du Blé, marquis d'Huxelles, né en 1652, était alors lieutenant général depuis 1688 ; il devint maréchal de France

ramena de Brisach, et il y eut des escarmouches autour des ruines de Spire, que les ennemis occupoient : mais comme je l'ai déjà dit nous ne cherchions pas d'action. L'armée impériale, commandée par le landgrave de Hesse et le marquis de Bareith[1], auxquels elle avoit peu de confiance et dont tous les généraux, surtout quelques autres princes de l'Empire, étoient assez mécontents, ne vouloit pas non plus combattre, et tout se passoit en mouvements, sans aucun objet principal : les seuls houssards approchoient l'armée du roi, inquiétant nos gardes et nos fourrages. Le marquis de Villars, ayant servi dans les armées de l'empereur, connoissoit mieux qu'un autre l'esprit de guerre particulier à ces sortes de troupes, qui est de n'attaquer presque jamais celles qui se tiennent ensemble, mais de pousser ce qui se débande. Cette connoissance lui fut utile dans la conjoncture présente. Un jour ayant trouvé nos fourrageurs pressés par les houssards, il fit avancer deux troupes de gendarmerie au milieu d'eux. Charron, sous-lieutenant des Écossois, accourut lui dire qu'il alloit perdre leurs gendarmes. « Monsieur, lui répon-
« dit le marquis de Villars, quand je ne sais que faire
« le matin, je suis bien aise de m'amuser en faisant
« tuer douze ou quinze gendarmes. Apprenez, conti-
« nua-t-il, comment il faut se conduire avec les hous-
« sards. » En même temps il se mit à la tête de ces

(1703). Plénipotentiaire à Gertruydenberg et à Utrecht, et gouverneur d'Alsace, il mourut le 10 août 1730.

1. Christian Ernest de Brandebourg, margrave de Bayreuth, né en 1644, mort en 1712, l'un des meilleurs généraux de l'Empire.

deux troupes de gendarmerie, leur fit mettre le mousquet haut, et leur dit : « Que personne ne tire, excepté « ceux que je marquerai moi-même. » Ensuite il donna ordre à quelques-uns de ceux qui étoient des plus sûrs de leur coup d'ajuster autant qu'ils pouvoient, avec un feu médiocre, ceux des houssards qui les approcheroient le plus. Par ce moyen il écarta les plus empressés des houssards ; après quoi il envoya une des deux troupes de gendarmerie se placer deux cents pas derrière lui, et se retira lui-même avec la première, faisant toujours tirer quelques coups, mais sans que personne sortît des rangs. Ainsi il regagna le gros de l'escorte, sauva les fourrageurs et donna une leçon à la cavalerie sur la conduite nécessaire devant un ennemi qu'on sait aussi éloigné d'attaquer des troupes ensemble, que dangereux et prompt à suivre ce qui se sépare devant lui.

L'armée du roi passa le Rhin peu de jours après, celle des ennemis étant séparée par quartiers derrière Pforzheim. Le seul duc de Wirtemberg se tint avec 3,000 chevaux deux lieues en deçà de cette petite ville, se croyant assez bien posté pour soutenir ou du moins pour avoir le temps de se retirer. Le premier lui étoit impossible, le second dépendoit de lui, puisque nous marchâmes en plein jour l'armée entière. Le marquis de Villars, persuadé que les ennemis n'attendroient pas, demanda pour les amuser 2,000 chevaux au maréchal de Lorges. On les lui refusa, pour ne point user de surprise avec un ennemi plein de franchise, ou pour mieux dire d'imbécillité dans la guerre. Celle de M. l'administrateur fut poussée au plus haut point, puisqu'il ne songea à se retirer que quand l'armée du roi, qui avoit marché très gravement sur six colonnes, fut sur le bord du ruisseau qui le séparoit de nous. Alors sa retraite fut précipitée : le marquis de Villars, les comtes de Tallard et de Coigny se mirent à la tête des premières troupes ; on passa le ruisseau en divers endroits, et cette action ne fut pas un combat, mais une chasse de lévriers. Plus de cinq cents des ennemis restèrent sur la place ; on en prit un plus grand nombre ; le duc de Wirtemberg tomba entre les mains du marquis de Villars, qui au retour des armées de Hongrie avoit passé chez lui deux ans auparavant, et le connoissoit fort. Ce fut une consolation pour ce prince de se voir d'abord en sûreté entre les mains de personnes de connoissance.

Il demeura sept à huit jours dans l'armée du roi, après quoi on reçut ordre de l'envoyer à la cour. Durant ce court intervalle, il entretenoit le marquis de Villars de toutes les fautes qu'avoient faites les généraux des ennemis. Entre autres circonstances, il lui raconta que leur armée ayant passé le Rhin à Spire, il y eut un grand débat entre le landgrave de Hesse et le marquis de Bareith. Tous deux ayant le premier commandement sur l'aile droite et l'aile gauche, l'un et l'autre se disputoient d'avoir la droite. Pour les accommoder, on trouva enfin l'expédient de dire deux corps, sans jamais proférer ni le mot de *droite* ni le mot de *gauche*. Le duc de Wirtemberg assura le marquis de Villars qu'étant allé complimenter les deux généraux sur ce bel expédient qui finissoit la querelle, il leur avoit dit : « Messieurs, vous avez fait deux « corps ; ne pourriez-vous pas trouver une tête? »

Après la défaite du duc de Wirtemberg, l'armée

des ennemis s'approcha du Bas-Necker et nous laissa la liberté de pousser les contributions aussi loin que l'on voulut. On envoya des partis fort avant dans le pays, et comme ils rejoignoient l'armée, on apprit que le landgrave de Hesse avoit investi Ebersbourg. Le maréchal de Lorges marcha au secours et le marquis de Villars lui demanda 2,000 chevaux pour approcher diligemment d'un ennemi qui, selon toute apparence, lèveroit le siège à l'arrivée de l'armée du roi, et qui, n'étant point troublé ni arrêté dans ses mouvements par l'approche d'une tête d'armée, auroit assez de loisir pour se retirer tranquillement. Le maréchal refusa la proposition, et l'on marcha avec toute l'armée, la cavalerie ayant l'avant-garde et marchant sur deux colonnes.

Dans cette marche de la cavalerie il arriva une chose assez surprenante et assez singulière pour être racontée. La nuit étoit fort obscure : après avoir passé le ruisseau de Pfedersheim on trouvoit une plaine de plus de quatre lieues, et les colonnes étoient de près de 50 escadrons chacune, marchant à même hauteur. Il arriva que celle de la droite se trouva tout entière sur la gauche, et celle de la gauche sur la droite, sans qu'aucun escadron se fût coupé; en sorte que la colonne de la droite entendant la marche d'un fort gros corps où il ne devoit y avoir rien, crut que les ennemis avoient passé à Mayence et nous approchoient. On reconnut bientôt que tout étoit ami, mais on ne pouvoit imaginer un mouvement si extraordinaire, ni comment 50 escadrons avoient passé de la droite à la gauche sans le remarquer eux-mêmes. Il arriva sans doute qu'une des colonnes fit halte, et que l'autre, prenant à droite imperceptiblement, se trouva déplacée.

A la pointe du jour nous apprîmes que le siège d'Ebersbourg étoit levé, et que le landgrave de Hesse se retiroit avec précipitation et en désordre vers Bingen où étoit son pont sur le Rhin.

La campagne finit par ce dernier mouvement; et le marquis de Villars, destiné à aller commander en Flandre, passa par la cour. Durant les trois semaines qu'il y demeura, le roi eut la bonté de lui marquer combien il étoit satisfait de ses services.

1693. L'année 1693 commença par le siège de Furnes, que le marquis de Boufflers entreprit dans les premiers jours de l'année, et par un temps très fâcheux. Le marquis de Villars fut chargé d'observer les mouvements des ennemis, pour couvrir les pays du roi qui n'étoient pas soumis aux contributions, et pour assurer en même temps l'entreprise de Furnes. Pour cela il marcha vers Courtray, se tenant entre l'Escaut et la Lys, jusqu'à ce qu'il vît le parti que les ennemis prendroient sur les nouvelles de l'investiture de Furnes.

M. l'électeur de Bavière parut d'abord, par quelques mouvements des garnisons de Bruxelles, de Namur et de Gand, vouloir marcher à Courtray; ce qui obligea le marquis de Villars à se tenir près de cette place. Mais, sur la résolution que prit l'électeur de marcher à Nieuport pour tenter le secours de Furnes, le marquis de Villars s'avança très diligemment vers Dunkerque. Dans la marche, on lui confirma que l'électeur de Bavière rassembloit toutes ses forces sur Nieuport.

Le marquis de Villars se hâta d'arriver avec la tête de ses troupes à Dunkerque, et alla de sa personne à Furnes, dont il trouva les avenues si bien fermées aux ennemis, qu'il ne douta pas du succès prompt et assuré de l'entreprise. Aussi la place se rendit-elle le 7 de janvier. Le temps étoit horrible, et la garnison hollandoise avoit même peine à traverser le camp, tout étant inondé, les tranchées pleines d'eau ; ce qui devoit rendre les ennemis un peu honteux de leur mauvaise défense.

Pendant toute cette expédition, le roi avoit donné au marquis de Villars le commandement général de toutes les troupes que l'on pourroit tirer de la Meuse et de toutes les places de Flandre, pour s'en servir, suivant les besoins, pour assurer ses lignes, Courtray et les frontières, et pour en fortifier aussi l'armée du marquis de Boufflers, aux ordres duquel il étoit.

Les ennemis ayant abandonné Dixmude, le marquis de Villars le fit occuper d'abord par 500 hommes, et ensuite il y mit un assez grand nombre de troupes pour être en état de le soutenir. Après le siège de Furnes, le marquis de Boufflers eut ordre de se rendre à la cour, et le commandement de Flandre fut continué en son absence au marquis de Villars.

Il apprit alors que Sa Majesté l'avoit fait lieutenant général[1], et peu de jours après qu'il étoit destiné à servir en cette qualité dans l'armée d'Allemagne, et y commander la cavalerie.

Le roi fit dans le même temps une promotion de sept maréchaux de France, qui étoient MM. de Choi-

---

1. La promotion est du 30 mars 1693.

seul[1], de Joyeuse[2], de Villeroy[3], de Tourville[4], de Noailles[5], de Boufflers[6] et de Catinat[7], tous gens de mérite, mais dont aucun n'avoit gagné de bataille, ni même commandé à aucune grande action, si ce n'est MM. de Tourville et de Catinat. L'un étoit vice-amiral et estimé un des meilleurs hommes de mer qu'il y eût en son temps, l'autre avoit gagné la bataille de Staffarde : homme simple, modeste, se renfermant dans une humilité qui avoit contribué de beaucoup à son élévation. Il refusa même, étant maréchal de France, d'être chevalier de l'ordre, avec bien moins de raisons que n'en auroient eu plusieurs qui pourtant n'en avoient pas fait difficulté dans la dernière promotion.

Les maréchaux de Joyeuse et de Choiseul, gens de naissance illustre et d'un grand courage, avoient passé

1. Claude de Choiseul-Francières, comte de Choiseul, né en 1632, mort en 1711. Entré au service en 1649, il le quitta après la paix de Ryswick, en 1697.

2. J. Armand de Joyeuse Grandpré, marquis de Joyeuse, né en 1631, mort en 1710, se distingua par sa bravoure, particulièrement à Nerwinde, où il fut blessé, et quitta le service en 1697, sans avoir commandé en chef.

3. Fr. de Neufville, marquis, puis duc de Villeroy, se distingua en sous-ordre, mais fut malheureux comme commandant en chef. Il quitta le service après la défaite de Ramillies (1706), et mourut en 1730, âgé de 84 ans.

4. L.-Fr., chevalier, puis duc de Boufflers, né en 1644, mort en 1711, le vaillant défenseur de Lille, en 1708, et le brillant commandant de la retraite de Malplaquet.

5. Anne-Hilarion de Costentin, comte de Tourville, né en 1642, mort en 1701.

6. Anne-Jules, duc de Noailles, né en 1650, mort en 1708, premier maréchal de ce nom.

7. Nicolas de Catinat, sieur de Saint-Gratien, né en 1637, mort en 1712, le célèbre et modeste vainqueur de Staffarde et de la Marsaille; il refusa le cordon bleu en 1705.

jusqu'à l'âge de 65 à 66 ans dans les emplois de subalterne, où il est difficile, quand on y reste si longtemps, d'acquérir l'élévation, le génie de commandement et le courage d'esprit si nécessaires pour tenir le timon avec dignité et avec succès : il arrive même très souvent que ceux qu'on a vus briller dans les secondes places se trouvent accablés du poids de la décision à laquelle celui qui commande est obligé, et quelquefois contre les conseils de la plupart des gens qui l'environnent.

Le maréchal de Villeroy étoit né avec du courage, avec un air de hauteur qui imposoit, et avec les talents d'un homme de cour; mais il a eu peu de fortune dans la guerre, dont le chevalier de Lorraine son allié l'avoit fort pressé de se retirer. Le roi avoit un grand goût pour lui, et d'autant plus fort qu'il avoit été élevé auprès de Sa Majesté comme fils de son gouverneur. Cette amitié, conçue dès la première jeunesse, étoit devenue comme naturelle; peut-être même auroit-elle effacé l'inclination du roi pour M. le duc de La Rochefoucauld, si la grande assiduité de celui-ci et les galanteries de l'autre, qui ne lui permettoient pas la même exactitude, n'avoient donné au duc de La Rochefoucauld un air de supériorité dans la faveur.

Le maréchal de Boufflers étoit homme d'un très grand courage et d'une application infinie. Son zèle pour le service, son attachement pour les généraux sous lesquels il avoit servi, et son mérite reconnu dans un grand nombre d'occasions particulières, lui avoient attiré leur estime. Il ne se fioit pas à ses lumières et vouloit surmonter, par un travail de corps et d'esprit au-dessus de l'homme, ce qu'il croyoit que la vivacité et un génie supérieur pouvoient donner de préférence sur lui à ses confrères.

Le maréchal de Noailles, élevé par son père à une extrême assiduité auprès du roi, avoit cependant voulu servir et arriver au commandement des armées : mais ses infirmités le lui firent quitter d'assez bonne heure et ne lui permirent pas de continuer les fonctions de la dignité qu'il avoit obtenue.

Pour revenir au marquis de Villars, dès qu'il se vit destiné à servir dans l'armée d'Allemagne, il quitta la Flandre, et alla passer trois semaines à la cour. Il eut ordre de se rendre sur le Rhin dans le 15 de mai.

La campagne fut ouverte par le siège d'Heidelberg, dont il n'y eut que le château qui put faire quelque résistance; elle fut même assez légère : le gouverneur, commandeur de l'ordre Teutonique, se rendit le septième jour. En punition de s'être défendu si mal, il fut mis au conseil de guerre par les ennemis et condamné à être dégradé des armes : espèce d'infamie plus affreuse que la mort même à un homme d'honneur. Nos troupes pillèrent et brûlèrent la ville d'Heidelberg, malgré tout ce que les officiers purent faire pour la conserver : mais, il le faut avouer, la licence étoit extrême dans cette armée. Le marquis de Villars parla à tous les régiments de cavalerie, et leur déclara que, s'ils n'étoient plus sages à l'avenir, les punitions seroient rigoureuses.

L'armée passa le Necker, et avoit ordre de chercher les ennemis. On s'avança jusqu'à Zwingenberg : et 2,000 chevaux des ennemis qui étoient en bataille derrière le ruisseau qui porte ce nom, et paroissoient une arrière-garde ou un gros parti pour reconnoître notre armée, pouvoient être fort maltraités : il n'y avoit qu'à saisir le moment de l'arrivée de la tête de l'armée du roi ; car dès qu'ils eurent reconnu le péril, leur retraite fut prompte.

Dans ce temps-là, le roi envoya Monseigneur avec un détachement considérable de l'armée de Flandre, pour venir commander l'armée d'Allemagne, et pour la mettre en état, par une si grande augmentation de forces, de pousser celles de l'empereur, et de donner des lois à l'Empire. On pouvoit espérer ces avantages de l'armée du roi, supérieure en nombre et en valeur à celle du prince de Bade ; mais il eût fallu l'attaquer immédiatement après la jonction, et ne pas perdre huit à dix jours que ce général employa très utilement à fortifier son camp près de Heilbronn, et qui même donnèrent à quelques troupes, qui étoient fort éloignées, le loisir et la liberté de joindre.

Enfin à la pointe du jour l'armée du roi marcha à celle des ennemis et se plaça de tous côtés à la portée du mousquet de leurs lignes, cependant dans des fonds où elle souffroit peu du canon. Nous trouvâmes que leur droite étoit au village de Sontheim, près de Heilbronn, le centre à Theilheim, et leur gauche retournant vers Heilbronn ; de manière qu'ils étoient campés presque en rond. Leurs retranchements, qu'ils n'avoient commencés que depuis trois jours, étoient en fort bon état. Ils avoient ajouté à la bonté naturelle de leur poste tout l'art possible, et manié leur terrain en gens de guerre ; en sorte que personne ne crut praticable de les forcer, et l'armée rentra dans son camp sur les huit heures du soir.

On apprit par diverses personnes que le plus grand nombre de leurs troupes ne les avoit joints que depuis quatre jours, et qu'ils n'avoient commencé à se retrancher que deux jours seulement avant l'arrivée de l'armée du roi : preuve infaillible qu'ils n'auroient pas attendu, si l'on avoit marché à eux aussitôt qu'on le pouvoit.

Le maréchal de Lorges, craignant qu'on ne lui imputât cinq ou six jours que l'on avoit perdus, et qui, employés à une marche plus vive, n'auroient pas permis au prince de Bade de nous attendre, proposa plusieurs expédients pour resserrer les ennemis, et pour leur ôter les communications. Ces desseins, assez difficiles par eux-mêmes, étonnèrent la cour de Monseigneur : le maréchal de Choiseul fut le premier à dire tout haut qu'ils n'étoient pas praticables; le marquis d'Huxelles fut du même sentiment; les autres lieutenants généraux ne furent pas consultés, et l'avis de presque tout ce qui approchoit Monseigneur fut une décision où le désir d'un prompt retour à Versailles eut la principale part. Le marquis de Boufflers indécis ne voulut pas s'opposer à ce torrent, et l'on ne fut plus occupé que du soin de regagner le Rhin.

Cependant on apprit la nouvelle de la bataille de Nerwinde[1], et que l'armée du prince d'Orange avoit été forcée dans ses retranchements par celle du roi, qui pourtant n'étoit pas destinée à de si grands desseins que celle d'Allemagne, fortifiée de l'élite des troupes de Flandre, et qui devoit être animée par la présence de Monseigneur. Une action si glorieuse aux troupes

1. Gagnée le 29 juillet par le maréchal de Luxembourg.

de Sa Majesté et au général étoit bien propre à nous donner quelques regrets sur notre inaction ; mais on étoit déterminé à ne rien faire, et de tels regrets ne la changèrent point.

On vit, sous l'autorité de monseigneur le dauphin, et sous les yeux de trois maréchaux de France, le plus grand désordre et le plus licencieux libertinage qui ait jamais été. Toute l'armée étoit en maraude, brûlant les villages et les petites villes : un nombre considérable de soldats restoient enterrés dans les ruines de l'incendie, et les autres dans des caves remplies de vin. Les punitions étoient cependant fréquentes, et il arriva quelquefois de faire pendre jusqu'à vingt soldats dans un jour. Mais lorsque le général n'établit pas une sévère discipline dès les premiers jours, les plus grands exemples deviennent inutiles dans la suite.

La gendarmerie suivit Monseigneur et eut ordre de marcher en toute diligence en Italie pour fortifier l'armée du maréchal de Catinat, qu'elle joignit deux jours avant la bataille de la Marsaille[1].

Cependant l'armée du roi se plaça dans les environs de Brisach, en attendant les ordres pour la séparation. Le marquis de Villars demanda une permission d'aller pour quinze jours en Dauphiné remercier un de ses parents qui lui avoit fait une donation de tout son bien. Cette permission demandée au ministre de la guerre, en exposant que c'étoit afin de se rendre plus tôt au commandement qu'il plairoit à Sa Majesté de destiner au marquis de Villars pendant l'hiver, mar-

---

1. Gagnée le 4 octobre 1693 par Catinat sur le duc de Savoie.

quoit en lui une espérance, un désir, une certitude même d'être employé durant l'hiver, comme les années précédentes.

Le marquis de Barbezieux haïssoit le marquis de Villars, et vouloit servir le comte de Montrevel[1], fort ami d'une maison où ce ministre de la guerre étoit fort amoureux. Il forma donc le dessein de perdre le marquis de Villars; et, pour cela, s'adressant à son père à Fontainebleau, où étoit la cour, deux jours avant que le roi fît les destinations pour l'hiver, il lui dit : « Comment peut faire votre fils? On le promène tous les ans de Flandre en Allemagne avec tout son équipage : a-t-il de quoi le nourrir dans les cabarets? Il n'a point de gouvernement; il lui est impossible de servir de cette manière-là. » Le père du marquis de Villars ne fit que convenir de ce discours, que M. de Barbezieux rapporta sur-le-champ très malicieusement au roi, comme si dans le fond le marquis de Villars eût refusé de servir, à moins qu'on ne lui donnât un gouvernement. L'on ne gagnoit pas le roi par de telles manières; le commandement de Flandre fut ôté au marquis de Villars et donné au comte de Montrevel. La liste des généraux employés pendant l'hiver parut le jour d'après. Le père du marquis de Villars, qui n'y vit point le nom de son fils, reconnut aussitôt la perfidie du ministre, et alla parler au roi, qui lui répondit très sèchement qu'il avoit plus d'officiers généraux qu'il n'en pouvoit employer.

Heureusement pour le marquis de Villars, son père

1. Nic.-Aug. de la Baume, comte de Montrevel, était alors lieutenant général; il fut fait maréchal de France en 1703 et mourut en 1716, à 70 ans.

reçut une lettre de lui le jour même, par laquelle il lui mandoit qu'espérant bien que le roi lui feroit l'honneur de l'employer comme les hivers précédents, il avoit demandé un congé au marquis de Barbezieux pour prendre le temps des quartiers de fourrage et pouvoir se rendre en Flandre où il comptoit servir dans les premiers jours de novembre. Le père du marquis de Villars pria Niel, premier valet de chambre du roi, de faire en sorte que Sa Majesté jetât les yeux sur cette lettre : en même temps il lui rapporta le discours que lui avoit tenu le marquis de Barbezieux, la réponse qu'il lui avoit faite, et dont ce ministre s'étoit servi comme si le père de Villars l'avoit tenue de son fils même. Le sieur Niel, très homme d'honneur, et qui vit clairement le manège du marquis de Barbezieux, suivit les sentiments de vertu qui lui étoient naturels, et fit lire la lettre du marquis de Villars à Sa Majesté. Le roi la vit avec satisfaction, et dès le jour d'après déclara au marquis de Barbezieux qu'il donnoit le gouvernement de Fribourg et du Brisgau au marquis de Villars. Il est aisé de s'imaginer combien le ministre fut surpris de voir tomber une grâce considérable sur un homme qu'il se réjouissoit d'avoir perdu. Le jour suivant, le roi dit encore à Barbezieux : « Je ne veux pas que Villars soit inutile : « envoyez-lui un courrier en Dauphiné, où je sais qu'il « est, et mandez-lui qu'il se rende dans mon armée « d'Italie. »

Il faut raconter de suite tout ce qui se passa sur le sujet du marquis de Villars. Jamais le ministre ne put consentir à lui mander, même par le courrier qu'il lui dépêchoit pour le faire passer en Italie, que le roi lui avoit donné un gouvernement. Ainsi le marquis de Villars n'en apprenoit point la nouvelle par le ministre de la guerre, organe naturel des volontés du roi, il doutoit encore de ce que son père lui avoit mandé, et n'osoit remercier Sa Majesté. Cependant toute la cour lui faisant des complimens, il adressa à son père une lettre pour le roi, mais il n'en reçut jamais un mot par le marquis de Barbezieux.

La campagne finit en Italie plus tôt que le roi ne l'avoit espéré; et pensant toujours avec bonté à Villars, qu'il ne vouloit pas laisser inutile pendant l'hiver, il ordonna à Barbezieux de lui mander d'aller visiter toute la cavalerie depuis la Savoie jusqu'en Flandre, suivant par la Comté, par l'Alsace et par la Lorraine.

Barbezieux ne lui envoya pas cet ordre : ainsi le marquis de Villars revint à la cour, où son père, informé des ordres qu'il devoit avoir reçus, ne s'attendoit pas de le voir arriver. « Que venez-vous faire ici, « lui dit-il? Le roi vous a destiné pour aller voir la « cavalerie. » Le marquis de Villars lui répondit tout naturellement que, n'ayant ouï parler de rien, il revenoit avec plaisir passer l'hiver à Paris. Son père reconnut à ce discours une suite de la malignité du ministre, qui, après avoir gardé le silence sur le gouvernement accordé à son fils, lui avoit encore caché l'ordre de visiter la cavalerie. Il conseilla donc au marquis de Villars de commencer par s'en expliquer au roi. Il lui parla en effet, et dit à Sa Majesté que, quelque impatience qu'il eût de venir la remercier lui-même des grâces dont elle l'avoit comblé, surtout des deux ordres différens pour ne le pas laisser inutile à son service, bonheur qu'il préféroit à tout, l'impatience auroit cédé à son devoir en suivant les ordres de voir la cavalerie, s'il les avoit reçus. Le roi lui répondit avec bonté qu'un petit voyage ne dérangeroit rien. « Non, Sire, lui répondit Villars, je n'ai point reçu « l'ordre; il m'arrivera, et je ne l'ouvrirai qu'en pré- « sence de témoins. » Le jour d'après, Villars étant dans la salle des gardes du corps avec le vieux duc d'Aumont et M. de Vauban, un de ses gens apporta une lettre de M. de Barbezieux. Dans le moment il prit ces messieurs à témoin, les pria de bien examiner si la lettre avoit été ouverte, ils en trouvèrent les cachets bien entiers; ensuite il l'ouvrit devant eux, et y trouva l'ordre du roi pour aller voir la cavalerie pendant l'hiver. Villars entra dans le cabinet du roi, prit la liberté de lui montrer la lettre et lui dire en présence de qui il l'avoit ouverte. Le roi lui dit : « Mais croyez-vous que ces gens-là (en parlant du « marquis de Barbezieux) puissent perdre un homme « que je connois comme vous? — Sire, répondit Vil- « lars, ces gens-là avoient bien avancé ce dessein, « puisqu'ils m'avoient ôté du service ; et je prendrai « la liberté de dire à Votre Majesté qu'un lieutenant « général de ses armées, quelque zèle et quelque « ardeur qu'il ait pour son service, n'ayant l'honneur « de lui parler qu'une ou deux fois par an, est en « grand péril quand ce ministre qui vous parle tous « les jours a entrepris de le perdre. »

Il est temps de revenir à ce qui se passa durant le peu de jours que le marquis de Villars fut en Italie. Nous avons voulu conter de suite l'aventure de cour, qui n'a pas été la seule de cette nature que Villars ait eue à essuyer pendant sa vie.

Après l'heureux succès de la bataille de la Marsaille, le roi vouloit le siège de Coni, et que son armée hivernât au delà des monts. Le maréchal de Catinat trouvoit ce projet impossible, et envoya Larrey[1], lieutenant général, à la cour, pour en faire connoître les obstacles. Le roi persista néanmoins, et fit partir Chamlay[2], homme de confiance, pour examiner lui-même si toutes les difficultés qu'apportoit le maréchal de Catinat étoient bien fondées. Chamlay pensa comme le maréchal, et le marquis de Villars trouva en arrivant la résolution prise de repasser les monts. Cependant, pour sa propre satisfaction, et pour occuper utilement son loisir, il alla se promener dans le pays, et voir les villes de Fossano, Savigliano, Raconigi, Saluces et autres lieux. Le pays étoit plein de fourrage et de grains ; l'armée des ennemis étoit dissipée ; on avoit ravitaillé Pignerol d'un côté, grosse place d'armes au delà des monts, très propre à soutenir des têtes avancées de quartiers d'hiver, Suse d'une autre part, et toute la vallée. Le sentiment du marquis de Villars étoit de pousser des contributions bien avant dans les

1. Louis de Lenet, marquis de Larrey ou Larré, lieutenant général, était l'un des huit directeurs généraux, nommés aux armées, d'après le système inauguré par Louvois, et qui fut si violemment attaqué par Saint-Simon. Il mourut peu après (1698), à l'âge de 50 ans. A propos de cette création, Saint-Simon raconte que Villars, dont la charge de commissaire général de la cavalerie se trouvait amoindrie, adressa des représentations au roi et se fit moquer de lui.

2. Chamlay, dont Saint-Simon (I, 102. XII, 36) a fait le portrait, « était de tout temps l'homme de confiance du roi pour les « affaires de la guerre ; » aussi modeste que capable, il refusa le ministère de la guerre après la mort de Louvois ; le roi lui donna la grand-croix de Saint-Louis.

pays ouverts; mais le général pensoit autrement. Le parti étoit déjà pris, et les représentations de Villars, qui n'auroient pu qu'aigrir très inutilement le général, furent très modérées.

Il y eut de grands désordres commis encore par les troupes : plusieurs petites villes furent brûlées. Celle de Revel, dans laquelle il y avoit une abbaye de cinquante filles des meilleures maisons du Piémont, essuya toutes les horreurs du libertinage et de l'insolence du soldat. Après ces honteuses expéditions, et après avoir ruiné un pays dont on pouvoit faire un meilleur usage, l'armée repassa les monts, et le marquis de Villars revint à la cour.

En repassant par Vienne, il trouva son oncle l'archevêque[1] assez mal : cependant les médecins l'ayant assuré que la maladie étoit sans péril, il continua sa route. Ce bon oncle aimoit uniquement Villars; mais dans les derniers momens, pressé de faire son testament, on ne put tirer de lui que ces paroles : « Je « donne tout à mon neveu. » Villars n'étoit pas le seul : ainsi la succession lui échappa tout entière, et il étoit dit qu'il se devroit sa fortune à lui seul.

Le séjour du marquis de Villars à la cour ne fut que de quinze jours, et il lui fallut éprouver de la part du marquis de Barbezieux de nouvelles marques d'aversion. Sur le prétexte que le roi avoit destiné trop de provinces au marquis de Villars pour y pouvoir visiter durant l'hiver la cavalerie qui y étoit répandue, il proposa le comte de Marsin[2] pour parta-

1. Henri de Villars, frère d'*Orondate*, le dernier des cinq archevêques de Vienne du nom de Villars.
2. Ferdinand, comte de Marsin ou Marchin, fils du premier

ger l'ouvrage. Le ministre ne pouvoit donner à Villars que de certains petits désagréments pareils à celui-là; car, ayant un gros gouvernement, des pensions et une charge considérable à la guerre, les esprits les plus indisposés contre lui ne pouvoient guère lui nuire qu'en diminuant le mérite de ses services.

Cette année finit par le bombardement de Saint-Malo[1]. L'Angleterre se disposoit depuis longtemps à cette expédition, et les préparatifs en étoient terribles. Le seul nom de *machine infernale*, qu'on donna à un bâtiment qui devoit tout embraser, fit concevoir une idée affreuse de cet armement : mais le succès ne répondit pas à l'espérance des ennemis; et tout ce grand appareil, qui coûta des sommes prodigieuses à l'Angleterre, ne causa presque aucun dommage à la France.

1694. La campagne de 1694 s'ouvrit les premiers jours de juin. L'armée passa le Rhin à Philisbourg, et M. le maréchal de Lorges dit que les intentions du roi étoient que l'on poussât celle des ennemis. Il est vrai qu'elle étoit commandée par un grand général, qui étoit le prince de Bade; mais elle étoit fort inférieure en nombre et en qualité à l'armée du roi. Cependant le prince de Bade nous attendit près Wisloch[2], dans un poste qu'il crut assez bon pour ne pas craindre d'y être forcé.

maréchal de ce nom, fut nommé maréchal de France en 1703, et remplaça Villars dans le commandement de l'armée d'Allemagne, fut battu avec Tallard à Hochstædt (1704) et tué à la bataille de Turin, le 7 septembre 1706.

1. Le 30 novembre 1693.
2. Wiesloch, petite ville du Palatinat, à 10 kilomètres au sud de Heidelberg, entre cette ville et Philipsbourg.

M. le maréchal de Lorges marcha le 25 de juin, dès la pointe du jour, à Saint-Leen et Roth. Le marquis de Villars étoit lieutenant général de jour, et s'avança aux gardes que postoit Saint-Fremont[1], maréchal de camp. Les houssards des ennemis poussèrent vivement la plus avancée; mais, soutenue par trois autres, et par les régimens de cavalerie du Châtelet[2] et du Bordage, on rechassa les ennemis à leur tour. Cependant nos cavaliers s'étant débandés malgré les ordres, revinrent avec quelque confusion; les escadrons du Châtelet et du Bordage se placèrent dans une petite plaine, et les ennemis repassèrent le ruisseau de Wisloch. Le maréchal de Lorges étant arrivé dans ce temps-là, voulut que l'on essayât de passer ce ruisseau. Le marquis de Villars, MM. de Saint-Fremont et Barbesière[3] marchèrent à la tête des troupes. On trouva le ruisseau assez difficile; et les ennemis faisant un fort gros feu, le marquis de Villars vit bien qu'il falloit forcer le passage dans le moment, ou se retirer.

Le prince de Bade étoit lui-même à la tête de ses troupes; et quoiqu'il n'eût pas résolu d'engager une bataille, son armée étant bien postée à un quart de

---

1. J.-Fr. Ravend, marquis de Saint-Frémond, officier distingué, vainqueur des Autrichiens à Stradella (1704), mort lieutenant général et gouverneur de Maubeuge en 1722.

2. Le marquis du Châtelet commandait la brigade de Mérinville en son absence (*Saint-Simon*, I, 185). Il devint gouverneur de Vincennes. Saint-Simon (I, 351. VIII, 106) a dit beaucoup de bien de lui et de sa femme, fille du maréchal de Bellefonds.

3. Ch.-L. de Chémerault, marquis de Barbesières, était alors brigadier; il fut nommé lieutenant général en 1696, fait prisonnier en Tyrol en 1703; il fit sa dernière campagne en Italie en 1704, et mourut en 1709. Saint-Simon (III, 400. IV, 5, 102) a raconté sa captivité et parlé de lui avec éloges.

lieue de là, il étoit pourtant fort aise de nous arrêter.

Le marquis de Villars ordonna à un des escadrons de Mérinville, commandé par La Valette, dont il connoissoit la valeur, de forcer le passage du pont, et à quelques dragons de tâcher de passer le ruisseau plus bas. Lui-même, à la tête d'un autre escadron de Mérinville, suivi de Saint-Fremont et du marquis d'Avernes[1], qui commandoit les dragons de l'armée, il se jeta dans le ruisseau, assez fâcheux par sa hauteur et par des fonds marécageux : il enfonça les ennemis, dont on tua un fort grand nombre, et les poussa jusque près de leur camp. Le marquis d'Avernes fut tué dans le ruisseau même ; Mercy, général des ennemis, fut pris et se trouva sous les pieds du cheval du marquis de Villars. Il étoit légèrement blessé.

Cette action ne laissa pas d'être glorieuse aux troupes du roi, celles des ennemis étant animées par la présence du prince Louis de Bade. D'ailleurs c'étoit le commencement de la campagne, et il est avantageux de bien débuter.

Cependant, après ce petit succès, on résolut de repasser le Rhin, sans aucun objet principal ; et une des plus belles armées du roi ne fit, le reste de la campagne, que consommer des fourrages, au lieu que, se tenant au delà du Rhin, elle y étoit plus glorieusement, et poussant au moins des contributions au delà

---

1. « C'était, dit Saint-Simon, un Sicilien de condition, que le « malheur plus que le choix avait jeté dans la révolte de son « pays et que M. de la Feuillade ramena lorsqu'il retira les troupes « françaises de Sicile ; il fut regretté pour son mérite et sa « valeur. » Saint-Simon assistait à ce combat de Wiesloch et le décrit (I, 184) ; son récit concorde avec celui de Villars.

des Montagnes Noires. On pouvoit même tenter de faire prendre Villingen, qui nous eût donné la tête du Danube.

Le marquis de Villars, très occupé de l'intérêt du roi et de la gloire de ses armes, plus vif peut-être qu'un autre sur l'inutilité, ne craignoit point de représenter que celle où il voyoit les troupes étoit très préjudiciable. Ses remontrances ne plurent pas, et une opposition de sentimens lui suscitoit souvent des ennemis. Enfin la campagne entière se passa, comme on l'a dit, à consommer des fourrages, et les dernières semaines furent même extrêmement dures pour la cavalerie, par les longs séjours que l'on faisoit d'ordinaire dans les mêmes camps.

Notre tranquillité fut troublée, les derniers jours de septembre, par des avis qui nous furent donnés que le prince Louis de Bade avoit passé le Rhin à Hagenbach[1], et qu'il s'étoit saisi de cette petite ville. L'inquiétude ne fut pas légère, et il n'y eut pas d'autre parti à prendre que de marcher avec la plus grande diligence pour arrêter les progrès des ennemis, et les empêcher de s'étendre dans le plat pays. Ils n'en avoient pourtant pas l'intention, et le prince Louis, nous voyant occupés à rien, voulut s'amuser un peu plus que rien : c'est ainsi que je nomme un passage dont il pouvoit faire un meilleur usage. A la vérité ses forces n'étoient pas assez considérables pour tenir la Lutter[2] devant nous, et nous fermer l'Alsace : c'eût été un trop grand objet. Mais du moins, après avoir passé

1. Petite place sur le Rhin, un peu au-dessous de Lauterbourg et du confluent de la Lauter.
2. La Lauter.

le Rhin, il pouvoit détacher 3 ou 4,000 chevaux, qui pouvoient remonter toute l'Alsace, mettre tout à contribution, enlever une grande quantité de baillis et de gens considérables; après cela s'en retourner par Rhinfeld[1]. Les louables cantons n'auroient pas murmuré de voir passer ce corps une lieue et demie sur leurs terres : nous les avons accoutumés, et nous et les Impériaux, à de plus grandes libertés.

On arriva à Hagenbach précisément dans le temps que l'arrière-garde des ennemis repassoit les derniers ponts, et on leur prit quelques cavaliers et un assez grand nombre de maraudeurs qui n'avoient pu rejoindre. Dans cette occasion on vit une chose assez ordinaire sur les crues du Rhin, mais cependant assez surprenante : c'est qu'il baissa de six pieds en quatre heures de temps.

Cette petite aventure terminée, il ne restoit plus qu'à séparer l'armée. On étendit quelques bataillons le long du Rhin : le maréchal de Joyeuse marcha vers la Moselle avec la plupart de la cavalerie, le comte de Tallard sur la Sarre. Le marquis de Villars, en attendant la dernière séparation de l'armée et le congé que l'on donne aux généraux, alla voir son gouvernement de Fribourg, où il examina par lui-même si les avis qu'on avoit eus pendant la campagne, qu'un partisan des ennemis, nommé Pessemann, avoit eu intention de surprendre le château, pouvoient donner quelque juste

---

1. La ville de Rheinfelden, située sur la rive gauche du Rhin, appartenait à l'Empire, mais elle était séparée de l'Alsace par le territoire du petit canton de Bâle, placé à cheval sur le fleuve et qui fut souvent emprunté par les belligérants. Voir plus loin le récit de la bataille de Friedlingen.

inquiétude. Ce voyage lui donna occasion d'aller visiter les entrées des Montagnes Noires : il ne les trouva pas d'un accès si difficile que l'on le publioit, et dès ce temps-là il prit des connoissances qui lui furent utiles dans la suite.

Les ordres pour la dernière séparation étant arrivés, le marquis de Villars alla passer l'hiver à la cour. Le roi, qui connoissoit son zèle, et qui avoit quelque bonne opinion de ses vues, voulut lui faire l'honneur de l'entretenir dans son cabinet. La première fois il lui ordonna de faire quelques mémoires sur les projets de guerre que l'on pouvoit former, et dans la seconde audience le marquis de Villars lui présenta ceux qu'il avoit faits. Le roi eut la bonté de l'assurer qu'il les voyoit avec plaisir, qu'il en comprenoit les conséquences et l'utilité. Mais, comme celui qui pensoit n'étoit pas à portée d'être chargé de l'exécution, qu'il y avoit trois maréchaux de France destinés au commandement de l'armée d'Allemagne, et que d'ailleurs le ministre de la guerre étoit ennemi déclaré du marquis de Villars, ses idées ne furent point suivies. Elles lui furent cependant très utiles ; elles avoient frappé le roi et le confirmoient dans le dessein de l'élever ; ce qui arriva quelques années après, et lorsque le roi, voyant les affaires de la guerre dans le plus grand désordre en Flandre et en Allemagne, voulut donner le commandement de l'armée d'Allemagne au marquis de Villars, bien qu'il y eût un maréchal de France à la tête et six lieutenants généraux plus anciens que lui.

[1695.] Cet hiver n'eut donc rien de particulier pour le marquis de Villars que ces deux audiences particulières du roi. Mais on lui fit alors plusieurs propositions de mariage : sa famille désiroit avec passion qu'il y donnât les mains, et cette raison balançoit l'éloignement qu'il avoit pour cet engagement. Il s'y trouva des difficultés qu'il chercha foiblement à surmonter, et il partit pour la campagne de 1695, qu'il fit en Allemagne.

Elle s'ouvrit à l'ordinaire par le passage du Rhin, et l'on alla camper entre Heidelberg et Philisbourg. Le maréchal de Lorges tomba dangereusement malade : il fut porté à Landau, et le commandement demeura au maréchal de Joyeuse.

L'on s'étendit d'abord, occupant divers postes vers Seinsheim et sur la route que les ennemis pouvoient prendre pour s'approcher de nous. Cependant on ne fut pas bien informé de leurs premiers mouvements ; et le maréchal de Joyeuse, ayant eu avis sur le midi que le prince de Bade marchoit à nous, dit au marquis de Villars de prendre sur-le-champ deux mille chevaux et d'aller retirer sept à huit cents hommes de pied que nous avions répandus dans plusieurs petites villes, châteaux ou églises, toutes à deux heures de l'armée, et sur le chemin des ennemis.

Le marquis de Villars trouva la tête de leur armée conduite par le prince de Bade. Il fit retirer les postes d'infanterie ; mais, comme pour assurer leur retraite il avoit fallu s'avancer avec les deux mille chevaux, elle étoit difficile, les houssards des ennemis commençant à pousser nos dernières troupes, le marquis de Villars fit ferme avec deux troupes de gendarmerie à la tête d'un défilé, et arrêta sans peine les premiers houssards : en même temps il ordonna au marquis de

Marivaux[1] de s'éloigner de ce défilé, qui étoit un petit ruisseau aisé à passer, et d'aller au grand trot se mettre en bataille à l'extrémité d'une plaine qui avoit près d'une demi-lieue d'étendue ; en sorte que les ennemis, après avoir passé ce petit ruisseau, découvrirent un corps de cavalerie considérable qui les obligeoit à traverser cette plaine avec ordre pour s'en approcher.

Après cette disposition, les houssards serrant nos deux troupes, le marquis de Villars ordonna à celles-ci de pousser deux cents pas les houssards et de revenir à toutes jambes. Le marquis de Villars les attendit avec une troisième troupe, les reçut et traversa la plaine tranquillement. A peine étoit-il dans le milieu que les ennemis passèrent en foule le premier ruisseau, et l'on vit bientôt une première ligne se former. Mais comme elle voyoit un gros corps dans l'extrémité de la plaine, la première ligne voulut en attendre une seconde. Le marquis de Villars fit repasser diligemment le ruisseau qui étoit derrière lui à sa seconde ligne, et sans que l'ennemi pût s'en apercevoir. Ce ruisseau étoit plus aisé à soutenir que le premier ; et la première ligne, à la réserve de trois troupes, repassa aussi, pendant que le prince de Bade se mettoit en bataille dans la plaine. En même temps Villars ordonna que tout ce qu'il y avoit de tambours de dragons battissent la marche de l'infanterie, et que par un grand bruit on fît tout ce qui pouvoit persuader aux ennemis

---

1. N. de l'Isle, marquis de Marivault ou Marivaux, brigadier depuis 1693, mourut en 1709 lieutenant général et fort âgé. Il était de la famille de l'Isle-Adam, servit avec distinction et avait beaucoup d'esprit, Saint-Simon lui-même le reconnaît.

que la tête de l'armée de France arrivoit pour le soutenir.

Le prince de Bade traversa la plaine le plus diligemment qu'il lui fut possible et s'étendit le long du ruisseau, qui lui parut défendu par tout ce corps de deux mille chevaux. Les escarmouches furent très vives : cependant il n'en coûta que dix hommes au marquis de Villars pour faire une assez longue retraite devant une armée ennemie, conduite par un général vif et entreprenant. La nuit arriva et le maréchal de Joyeuse vint au devant de Villars qu'il croyoit perdu.

Le jour d'après, le prince de Bade s'approcha de l'armée du roi, paroissant vouloir combattre. S'il l'avoit bien désiré, il n'étoit pas impossible d'engager une action : notre gauche étoit soumise au canon et l'on pouvoit ou la déposter, ou l'incommoder fort. On se retrancha au plus tôt avec quelques épaulements pour la cavalerie : la canonnade fut médiocre ; on demeura assez longtemps en présence, après quoi, faisant divers retranchements pour assurer notre retraite, elle se fit sans être troublée. L'armée du roi repassa le Rhin et alla se placer dans le camp favori des généraux près d'Alsey[1], où l'abondance et la tranquillité régnoient également. Le maréchal de Lorges étoit toujours considérablement malade à Landau ; ses forces furent même longtemps à revenir, et il prit la résolution de ne plus retourner à la guerre. Le reste de la campagne se passa sans aucune apparence d'action.

Le maréchal de Joyeuse envoya le marquis de Villars plus bas que Mayence avec un gros corps de

---

1. Petite place à une dizaine de lieues au nord de Landau.

cavalerie, pour obliger tous ces pays à payer plus promptement les contributions en grains et en argent. Comme il se retiroit à la vue de Mayence, le général Palfy s'avança avec un gros corps de houssards, qui attirèrent d'assez vives escarmouches. On poussa les houssards jusque dans les contre-escarpes : il y en eut une trentaine de tués ou de pris et le général Palfy[1] lui-même fut blessé. Cette petite aventure finit la campagne et le marquis de Villars retourna passer l'hiver à la cour, où sa famille le pressa encore de se marier : il y eut même sur cela des propositions assez avancées ; mais son peu de penchant pour le mariage étoit toujours un obstacle à la conclusion.

Il fut destiné à servir dans l'armée d'Italie, où l'on rassembla des forces bien plus considérables que les campagnes précédentes, pour déterminer le duc de Savoie à un traité particulier et le disculper auprès de ses alliés s'il cédoit à la force, ou pour faire des conquêtes si le traité ne se concluoit pas.

[1696.] La campagne s'ouvrit dès les premiers jours de juin. L'armée du roi se plaça sur le Sangon[2] ; et, dans le commencement, les ennemis, qui s'avançoient souvent avec des corps de cavalerie et de dragons, tentoient d'enlever nos gardes ou de tomber sur nos fourrageurs. Tous leurs partis réussirent mal et ces petites tentatives leur coûtèrent toujours du monde, sans nul succès.

Cependant diverses incommodités du comte de

1. Voir à l'appendice le portrait que Villars fait de ce général de cavalerie.
2. Le Sangone, affluent du Pô.

Tessé, qui l'empêchèrent de paroître pendant quatre ou cinq jours, commencèrent à faire penser qu'elles pourroient bien n'être pas réelles et qu'il ne passoit pas le jour et la nuit dans son lit : on vint même jusqu'à ne plus douter dans l'armée qu'il n'eût des conférences secrètes avec quelques ministres de Son Altesse royale. Tout cela nous mena jusqu'au 10 de juillet, temps auquel une suspension d'armes avec M. le duc de Savoie nous assura le traité conclu, ou du moins fort avancé.

La suspension d'armes n'avoit été accordée par le roi que pour vingt jours : cependant Son Altesse royale, qui demandoit sans cesse de nouveaux délais, la poussa jusqu'au premier de septembre.

L'empereur, inquiet sur cette négociation, envoya à Turin le comte de Mansfeld[1], l'un de ses premiers ministres, pour dissuader le duc de s'allier avec la France. L'abbé Grimani[2], qui fut depuis cardinal, y étoit aussi chargé de la confiance de l'empereur.

Dans le même temps, le prince Eugène étoit à Turin, et le marquis de Léganès[3], gouverneur du Milanais, y

1. Henri-François, comte de Mansfeld, né en 1641, mort le 11 juin 1715, fut ambassadeur en France et en Espagne, créé grand d'Espagne en 1688 pour le mariage de Charles II avec Marie de Neubourg et prince du Saint-Empire en 1696.

2. Vincent Grimani, d'une grande famille vénitienne, fut l'un des agents les plus actifs et les plus passionnés de l'empereur. Nommé cardinal en 1697 à sa recommandation et son envoyé à Rome, il y combattit la politique française, souleva Naples en 1702 contre Philippe V, fut plus tard vice-roi de Naples et y mourut le 10 septembre 1710 à quatre-vingt-dix-huit ans.

3. Le marquis de Léganès avait été gouverneur des Pays-Bas, fut grand-maître de l'artillerie, conseiller d'État, gouverneur héréditaire du palais de Buenretiro; il resta toujours favorable à l'Au-

faisoit de fréquents voyages. Tous ces généraux et ministres avoient grand intérêt, s'ils n'empêchoient pas le traité, d'en retarder la conclusion et de nous faire perdre notre campagne. Son Altesse royale étoit bien fortement déterminée à conclure, car elle trouvoit de trop grands avantages dans tout ce qui lui étoit offert pour ne le pas accepter; mais elle avoit peine à rompre ouvertement avec ses anciens alliés, et surtout à quitter la tête de l'armée impériale pour se mettre d'un moment à l'autre à la tête de celle de France, ainsi que son traité l'y obligeoit. De son côté le roi achetoit cette paix trop cher pour laisser une continuation de guerre en Italie, et il falloit que l'empereur et l'Espagne signassent la neutralité, ou attaquer le Milanais. Tout se préparoit pour cela et nous avions abondamment ce qui étoit nécessaire pour y réussir.

L'armée du roi, composée de soixante-deux bataillons et de quatre-vingts escadrons, s'ébranla le 28 août, et prit sa marche sur Turin, pour passer la Doria près de cette ville. Nous fûmes joints par dix bataillons et dix-sept escadrons des troupes de M. de Savoie. La plupart des généraux allèrent saluer Leurs Altesses royales; le marquis de Villars reçut de grandes marques d'estime de M. le duc de Savoie, qui eut la bonté de lui parler comme informé de ses services. Le marquis de Villars observoit ce prince avec une grande attention; et dès les premières conversations, publiques ou particulières, il reconnut en lui un discernement

---

triche : impliqué dans une conspiration en 1705, il fut, à l'instigation de M⁰ des Ursins, arrêté, transporté en France, enfermé à Vincennes et mourut à Paris en 1711.

profond et une grande justesse dans les idées, quelque lenteur dans la parole, mais jointe à une extrême précision ; et il étoit difficile de ne pas démêler d'abord que c'étoit un génie supérieur.

Les troupes de l'empereur et les Espagnols, bien foibles en comparaison de celles du roi, parurent vouloir prendre quelques postes près de Casal ; mais nous savions que ni l'art ni la nature ne pouvoient leur en donner d'assez avantageux pour tenir devant des forces si supérieures.

L'armée passa la Doria-Baltea, très difficile par sa rapidité et par la quantité de rochers qui embarrassent le passage et le rendent très difficile pour les chevaux : il y avoit même des endroits où il falloit nager, si peu qu'on s'écartât du gué. Le marquis de Villars, chargé du passage de la cavalerie, fit mettre au-dessous de l'endroit où l'on traversoit une ligne de cavalerie dans les lieux où les chevaux pouvoient se tenir, afin de sauver par ce moyen ceux qui tomboient en passant et qui étoient emportés par le courant de l'eau. Malgré ces précautions, nous perdîmes dix ou douze cavaliers et un maréchal des logis que le courant entraîna et que les cavaliers placés au-dessous ne purent sauver.

La marche de l'armée fut lente, et Son Altesse royale obtint encore que l'on n'entreroit en action que le 15, jour où elle étoit engagée de venir se mettre à la tête de l'armée du roi.

Notre guerre ne pouvoit regarder que le siège de Valence, par la nécessité indispensable où nous étions de nous servir du Pô pour le transport de toutes nos munitions. Cette rivière, étant même assez basse dans cette saison, ne permettoit que la demi-charge aux bateaux.

M. le duc de Savoie ne joignit l'armée que le 17, et on lui rendit les mêmes honneurs qu'on auroit fait au roi.

Nous investîmes Valence le 20. Le comte de Tessé demeura de l'autre côté du Pô ; M. de Larré et M. le Grand Prieur[1] furent dans le quartier de Son Altesse royale, lequel commençoit au Pô, au-dessus de Valence, et s'étendoit jusqu'à celui du maréchal de Catinat, qui finissoit à une ravine où étoit à peu près le centre de la ligne. Le quartier du marquis de Villars occupoit les montagnes qui regardent Alexandrie ; ensuite M. le marquis de Vins[2] tenoit la plaine depuis le pied des montagnes jusques au Pô, au-dessous de la place, dont les dehors paroissoient en bon état. La garnison qui la défendoit étoit composée de deux bataillons de Lorraine, de deux de Wurtemberg (troupes de l'empereur), de deux de Steinau (troupes de Bavière), et de six bataillons des troupes de l'État de Milan. On jouissoit d'un temps très favorable : le canon et les munitions, quoique le Pô fût très bas, arrivèrent aussi diligemment que l'on pouvoit le désirer. Cependant, M. de Mansfeld et M. le marquis de Léganès envoyoient souvent des courriers et faisoient savoir qu'ils étoient

1. Philippe de Vendôme, frère du maréchal, né en 1653, mort en 1727 : lieutenant général depuis 1693, grand-prieur de la langue de France, de l'ordre de Malte.

2. Jean de Garde d'Agoult, chevalier, puis marquis de Vins, né en 1642, mort en 1732 ; servit avec distinction depuis 1667, fut lieutenant général en 1693 et quitta l'armée en 1716. Sa famille, originaire de Provence, était fort liée avec celle de Mme de Sévigné.

prêts à accepter la neutralité ; mais il étoit vraisemblable qu'ils ne parloient ainsi que pour nous amuser, puisqu'ils ne finissoient pas.

Ces négociations continuoient toujours ; et, outre les courriers du marquis de Léganès et du comte de Mansfeld, les voyages du marquis de Saint-Thomas à Pavie marquoient également et le désir de Son Altesse royale de finir sans action, et la crainte où étoient les ennemis de nous en voir commencer une.

Cependant on ouvrit la tranchée la nuit du 24. M. le duc de Savoie, comptant de voir finir bientôt l'opiniâtreté des ennemis, ne laissoit pas de s'exposer, et vouloit faire voir aux François, souvent sans nécessité, que les coups de mousquet ne l'embarrassoient pas : il marchoit à découvert sur le revers de la tranchée, et faisoit enfin ce que l'on pardonneroit à peine à un volontaire qui fait sa première campagne.

La ville de Valence nous parut une assez bonne place, tout se réduisant presque à une attaque. Le gouverneur étoit ce même Colmenero[1] dont on a tant parlé depuis, et qui a changé souvent de maître, demeurant toujours gouverneur du château de Milan.

Le siège avançoit : le marquis de Villars commandoit la tranchée le 30 de septembre. Les ennemis firent une sortie considérable. Il marcha à eux avec la tête de la tranchée ; le marquis du Châtelet, colonel de cavalerie, les poussa avec son escadron jusque dans le chemin couvert ; Besbre, son lieute-

---

1. D. Francisco Colmenero, grand-maître de l'artillerie en Milanais, confident du prince de Vaudemont, gouverna d'abord Milan pour Philippe V, puis pour le prince Eugène (1707) après avoir rendu Alexandrie à l'Empereur. Voy. Saint-Simon, V, 229.

nant-colonel, y reçut une blessure très dangereuse.

Durant ce siège, la garnison d'Alexandrie, qui étoit très forte en cavalerie, cherchoit tous les jours nos fourrageurs; et leurs partis de cavalerie, soutenus d'infanterie, très aisée à poster dans un pays de ravines et fort coupé, réussissoient assez souvent. Ils en défirent un de 300 chevaux, commandés par le chevalier de La Feronnays[1], très brave homme qui fut pris en faisant tous les efforts imaginables pour retenir les cavaliers ébranlés. Deux capitaines de cavalerie furent tués dans la même rencontre.

Quelques jours après, le sieur de Mauroy[2], faisant la charge de maréchal des logis de la cavalerie, fut battu. Une seconde fois il marcha avec 300 chevaux et 300 hommes de pied, pour couvrir un fourrage du côté d'Alexandrie. 1,000 chevaux des ennemis sortirent de cette place et poussèrent encore M. de Mauroy. Le hasard fit que le marquis de Villars, se promenant aux gardes de la cavalerie, aperçut ce désordre : aussitôt il fit avancer deux gardes de cavalerie sur deux petites hauteurs dont les ennemis ne pouvoient découvrir les derrières. Ces deux troupes arrêtèrent leurs premières (?) et les cavaliers poussés, mêlés d'un grand nombre de fourrageurs, reconnoissant le marquis de Villars, firent un grand cri. D'eux-mêmes ils tournèrent tête aux ennemis; et ceux-ci, ne doutant pas que ces cavaliers n'eussent aperçu un

1. Pierre Ferron, colonel du régiment de son nom, brigadier de cavalerie.
2. Denys-Simon de Mauroy, né en 1652, mort en 1742. Il fit le service de maréchal général des logis jusqu'en 1714. Lieutenant général en 1718, il vendit sa charge en 1729 et ne servit plus.

corps considérable dans les vallons qui étoient derrière ces deux petites troupes, commencèrent à se replier. Le marquis de Villars, profitant de ce mouvement, fit marcher ces deux troupes deux cents pas en avant, et en fit former derrière lui des fourrageurs qui s'étoient rassemblés, et les ennemis repassèrent promptement un ruisseau. Dans ce moment la tête des régiments de dragons de Wartigny et de Morsan arriva. Le marquis de Wartigny, très brave soldat[1], s'y rendit, quoiqu'il eût une grosse fièvre ; et le marquis de Villars, voyant la compagnie se fortifier, marcha aux ennemis couvert d'un petit ruisseau et cherchoit à le passer.

Le maréchal de Catinat parut alors ; mais, tandis qu'il vouloit rassembler un plus grand nombre de troupes pour attaquer sûrement, les ennemis, qui n'avoient qu'une grande plaine à traverser pour regagner Alexandrie, ne perdirent pas un moment à s'y rendre.

Cependant notre siège avançoit ; mais l'on trouva plus de difficultés qu'on en avoit prévu. La garnison, qui étoit forte, comme on l'a dit, nous arrêtoit par de fréquentes sorties, et le terrain souvent très marécageux rendoit nos batteries plus difficiles à établir et à changer.

Le 7, on tenta le logement du chemin couvert, et en même temps on attaqua une demi-lune, dans laquelle nos grenadiers entrèrent d'abord par la

1. Le même sans doute auquel Saint-Simon prête un caractère indépendant et qui fit au cardinal de Bouillon, chez le prince de Vaudemont, l'avanie de lui présenter un Latour, son parent pauvre (X, 43). Il mourut devant Verrue en 1704.

gorge; mais, les travailleurs ne suivant pas assez promptement, et les mesures ayant été mal prises, nous abandonnâmes la demi-lune et nous manquâmes le chemin couvert. Cette mauvaise aventure pouvoit retarder de quelques jours la prise de la place ; mais le marquis de Saint-Thomas étant revenu le 8 avec la neutralité acceptée, comme nous le désirions, il finit tout ensemble le siège et la guerre.

Par ce traité, avantageux dans la circonstance présente, la France chassoit d'Italie les Autrichiens, en les forçant d'en rappeler leurs troupes, et elle s'ouvroit une porte pour y entrer avec les siennes par le moyen du duc de Savoie, qu'elle avoit détaché de leur alliance et mis dans la sienne. C'est pour cela que l'empereur et le roi Catholique eurent tant de peine à y consentir, et que, pour les y contraindre, il fallut les menacer de faire la conquête du Milanais.

La neutralité acceptée, M. le duc de Savoie quitta l'armée dès le lendemain matin pour se rendre à Turin, où M. de Mansfeld arriva le jour d'après. Par le traité, les troupes de l'empereur devoient commencer à marcher le 20 octobre; mais les généraux promirent verbalement qu'elles s'ébranleroient dès le 15. Elles passèrent 1,000 hommes à 1,000 hommes par les Grisons, et les troupes du roi devoient se retirer de même à proportion de leur nombre; de manière que, quand les derniers 1,000 hommes des Impériaux sortiroient du Milanais, le dernier corps des troupes du roi en sortiroit aussi. On supputa pour cela le nombre de nos escadrons et de nos bataillons, et le nombre des leurs. On devoit, en attendant, fournir du foin dans le Milanais et point de grain. Les

Espagnols donnèrent pour otages MM. de Trivulce et de Borgomaneiro ; le roi donna MM. de Tessé et de Bachevilliers[1]. Tout cela devoit se rendre à Turin.

Comme les troupes de part et d'autre étoient plus longtemps à quitter l'Italie que l'on ne l'avoit prévu, le marquis de Villars fut bien aise d'aller voir Milan, et mena avec lui le comte de Coigny[2] et le marquis de Montperoux[3].

M. de Léganès fit parfaitement bien les honneurs de la capitale, donna de grands repas et chargea le comte de Colmenero de conduire le marquis de Villars à la Chartreuse de Pavie, qui est la plus grande curiosité de tout le Milanais.

Le marquis de Villars voulut aller visiter le champ de bataille où François Ier fut pris et défait. Ensuite il retourna à Milan, où il trouva le prince Eugène de Savoie, avec lequel il avoit renouvelé connoissance dans les guerres de Hongrie. Ce prince le revit avec joie et lui a toujours donné des marques singulières d'amitié, que les affaires de guerre qu'ils ont eues dans la suite n'ont jamais altérée.

Le voyage de Milan fut court, mais fort rempli de plaisirs, et l'on alla, selon la coutume du pays, entendre

1. Adolphe de Gaudechart, marquis de Bachevilliers, lieutenant général du 3 janvier 1696, servit avec distinction jusqu'en 1702, puis se retira dans son gouvernement du fort Barrault dont il se démit en 1718 en faveur de son frère.

2. Robert-J.-Ant. de Franquetot, comte de Coigny, devint lieutenant général et mourut à Kœnigsmachern en 1704. Son fils fut maréchal et duc.

3. Léonor-François Palatin de Dyo, marquis de Montperoux, était mestre de camp du régiment de son nom ; il se distingua à Luzzara et à Hochstædt, fut nommé lieutenant général en 1710 et mourut en 1714.

une très belle musique, chantée dans les couvents par des religieuses également belles et galantes.

Le marquis de Villars retourna à Turin ; le marquis de Montperoux resta malade à Arona et se remit cependant en peu de jours. En passant à Turin, Son Altesse royale marqua beaucoup de bonté et d'estime au marquis de Villars, qui, peu après, reprit la route de la cour.

Cette année fut remarquable par la mort de trois souverains : ce furent le czar Jean[1], Marie-Anne d'Autriche, reine douairière d'Espagne, et Jean III, roi de Pologne[2].

[1697.] Le marquis de Villars fut destiné en 1697 à servir dans l'armée d'Allemagne, sous les ordres du maréchal de Choiseul. Ce général, qui lui donnoit des marques de la plus grande confiance, l'assura qu'il ne vouloit pas faire de campagnes aussi peu remplies d'événements que toutes celles qui s'étoient passées, et qu'il s'en ouvroit à lui, afin que de concert ils travaillassent un peu pour la gloire : et tout cela fut mêlé de compliments qu'il est facile d'imaginer. Le marquis de Villars, en le remerciant de sa confiance, lui dit qu'il avoit toujours pour premier objet le bien du service, et qu'avant que de chercher les actions, il falloit être instruit des intentions de la cour, qui quelquefois avoit intérêt de ne rien hasarder. Le maréchal assura Villars que le roi paroissoit désirer une action et Villars lui répondit : « Sur ce fondement, je ne

1. Ivan V Alexievitch, frère aîné de Pierre le Grand qui resta ainsi seul souverain de la Russie.
2. Jean Sobieski le Grand, mort le 16 juin 1696.

prendrai la liberté de vous la conseiller qu'avec toutes les précautions possibles. »

Il faut savoir que le maréchal de Choiseul avoit un défaut terrible pour un général : c'est que réellement il ne voyoit point. Une petite lunette lui aidoit à distinguer, tant bien que mal, un clocher, une tour ou quelque autre objet pareil, mais il lui étoit totalement impossible de discerner les mouvements d'une armée dans une plaine. Il étoit donc dans la nécessité de se livrer au conseil de quelqu'un, et le marquis de Villars avoit les meilleures intentions pour le bien du service et pour un général qui vouloit bien lui donner une confiance sans réserve.

L'armée du roi passa le Rhin et alla camper dans les premiers jours de l'ouverture de la campagne, à gauche à Radstadt et à droite à Kuppenheim. C'est le plus beau poste que l'on puisse occuper, soit pour voir arriver un ennemi et l'attendre sans inquiétude, soit pour l'attaquer soi-même, si on croit pouvoir le faire avec avantage par la supériorité et par la bonté des troupes ; et c'est précisément le cas où nous étions. L'armée du roi, qui avoit devant elle le ruisseau de Radstadt et ses ailes aussi heureusement placées, ne pouvoit craindre une armée qui lui étoit inférieure d'un tiers.

Quelques jours après nous apprîmes que l'ennemi étoit venu camper derrière Dourlach. Alors le marquis de Villars dit au maréchal de Choiseul : « C'est à vous à prendre votre parti. L'ennemi ne peut s'approcher de vous qu'en traversant une plaine de trois à quatre lieues d'étendue : si vous avez dessein de combattre, il n'y a qu'à tenir de fréquents partis sur lui pour être informé quand il passera le ruisseau d'Etlingen. Celui que vous avez devant vous, dont le fond est très bon, se passe aisément, et vous serez en état de joindre l'ennemi dans la plaine. »

La résolution suivit de près le discours du marquis de Villars : on prépara la marche sans en parler, et l'on fit les dispositions sans que personne pût pénétrer le dessein qu'on avoit. Quelques jours après, Coqfontaine, lieutenant-colonel de cavalerie et bon officier, nous envoya avertir dès la pointe du jour que le prince de Bade commençoit à passer le ruisseau d'Etlingen. Dans le moment, le marquis de Villars, qui étoit déjà à cheval, courut chez le maréchal de Choiseul, et lui dit : « Voilà les ennemis où vous les voulez. Je vais joindre Coqfontaine à toutes jambes ; je prendrai 500 chevaux de la droite pour être en état de le soutenir et pour démêler cependant si l'ennemi se contente de passer le ruisseau d'Etlingen ou s'il veut marcher jusqu'à nous. Vos dispositions sont faites ; vous pouvez, en attendant, faire passer le ruisseau de Radstadt à toute l'armée, car il vous est égal d'aller attaquer l'ennemi un peu plus ou un peu moins loin dans la plaine. » Le marquis de Villars ne trouva pas au maréchal de Choiseul toute la vivacité d'un général qui, après avoir désiré une action, la voit se présenter : il fut surpris au contraire de voir que le maréchal vouloit le retenir auprès de lui : « Non, lui répondit Villars ; je vous suis absolument inutile ici et très nécessaire à la tête de vos premiers partis, afin que vous soyez informé des mouvements de l'ennemi et que vous ayez tout le temps de vous étendre. Nous savons déjà où nous appuierons nos ailes : ainsi je vais joindre Coqfontaine à toutes jambes. » Il trouva que l'ennemi avoit à peine passé le ruisseau d'Etlingen, mais qu'il se livroit à une bataille. Il renvoya officiers sur officiers au maréchal pour l'informer de ce qu'il voyoit et pour le presser.

Cependant les houssards des ennemis commencèrent à pousser Coqfontaine ; mais, Villars ayant fait paroître les 500 chevaux mille pas derrière pour rapprocher le petit corps de Coqfontaine et ne se commettre point, il regardoit toujours du côté de Radstadt, comptant que la tête de l'armée du roi paraîtroit bientôt en deçà du ruisseau. Au lieu de cela, le maréchal de Choiseul vint à lui, suivi seulement de quatre escadrons de gendarmerie. « Mais, lui dit Villars, nous ne battrons pas les ennemis avec ce que vous amenez. Et votre armée passe-t-elle le ruisseau? » Le maréchal fut un peu honteux d'avouer que l'on attendoit ses ordres. « Cependant l'armée ennemie est en marche, lui repliqua Villars ; si elle arrive à une demi-lieue de notre ruisseau avant que toute votre armée soit passée et bien postée, vous ne pourrez faire un seul pas en avant, et vous me permettrez de ne plus compter sur la bataille. »

Réellement le maréchal ne fit autre chose que prendre sa lunette, lorgner les ennemis tant bien que mal, et à une heure après midi nous retournâmes dans notre camp. De cette ardeur de combattre on passa d'abord au soin de se retrancher sur les hauteurs de Kuppenheim à la tête du village de Radstadt et le long du ruisseau.

Les ennemis se placèrent à une portée de canon de nous; et après nous avoir présenté, durant quatre ou cinq jours, une bataille qu'ils voyoient clairement que nous ne voulions pas, ils se retranchèrent aussi.

Un jour, le maréchal de Choiseul, étant sur les hauteurs de Kuppenheim, et ne voyant pas le marquis de Villars, dit fort haut : « J'avois grande envie d'attaquer ces gens-là quand ils ont traversé la plaine. » Le marquis de Villars s'avança et dit : « Vous auriez très bien fait, monsieur le maréchal, et cette envie étoit très aisée à passer. » Le maréchal fut fort embarrassé à cette réponse ; car il vouloit au moins partager l'inaction avec le marquis de Villars, qui n'avoit garde de s'en charger dans le public et qui fut bien aise que l'on sût qu'il ne l'avoit pas conseillée.

Les armées demeurèrent en présence pendant six semaines ; après quoi celle du roi, qui avoit plusieurs ponts sur le bras du Rhin qui forme la grande île du Fort-Louis, s'y retira et alla attendre la fin de la campagne dans les camps ordinaires de l'autre côté du Rhin.

Nous apprîmes alors la conclusion de la paix générale signée à Ryswick, et il ne fut plus question que de retourner à la cour.

Le marquis de Villars retrouva sa famille plus empressée que jamais à le marier[1]. On lui fit diverses propositions : il demanda des conditions très raison-

---

1. Mme de Coulanges aurait voulu marier Villars avec une de ses nièces, Mlle de Bagnols. Mme de Bagnols le désirait aussi, mais M. de Bagnols n'y consentit point et donna sa fille, en 1699, au marquis de Tillières, dont il préféra les « châteaux solides » à la carrière encore incertaine de Villars. « On pouvait pourtant faire « l'horoscope de Villars sans témérité, écrit Mme de Grignan, il a « toujours pris la route et le vol de tous ceux qui arrivent. » (Voy.

nables; mais les difficultés qui s'y rencontrèrent, plus encore son indifférence pour le mariage, le portèrent à n'y plus penser, et il ne s'occupa plus que des vues de négociation qu'on lui ouvroit à la cour.

Le roi Catholique étoit dans un état à ne permettre pas de compter qu'il pût vivre encore un an ou deux, et par sa mort le retour de la guerre que l'on venoit de finir paroissoit inévitable. Comment accorder des prétendants si puissants et si difficiles?

Un intérêt de cette importance agitoit toute l'Europe. Le roi choisit le marquis d'Harcourt, le comte de Tallard et le marquis de Villars pour les envoyer en Espagne, en Angleterre et auprès de l'empereur, où se devoit traiter ce qu'il y avoit de plus important pour la négociation.

Peu de jours après que le marquis de Villars eut été destiné à se rendre auprès de l'empereur, il eut le malheur de perdre son père. Cette perte lui fut très sensible; il aimoit et honoroit un père très respectable, auquel la fortune seule avoit manqué pour par-

Lettres de Mme *de Grignan à Simiane*, 5 janvier 1697, et *à Coulanges*, 5 février 1703.)

Dangeau (26 avril 1691) mentionne le mariage d'un Villars avec Mlle Pirou; on a cru à tort que c'était notre Villars; plusieurs familles, absolument étrangères l'une à l'autre, ont porté ce nom. Par ce mariage, l'époux de Mlle Pirou aurait sauvé une terre considérable qu'il avait près de Mantes. Cette réflexion de Dangeau suffit à prouver qu'il s'agit d'un autre personnage que le nôtre: en 1691, il ne possédait pas un arpent de terre ni en Normandie ni ailleurs; enfin il était le 23 avril et le 30 avril dans les lignes de l'Escaut, ainsi que le constate sa correspondance avec Louvois, dont j'ai copie: le ministre lui répondait de Versailles le 28; il est impossible de placer entre ces deux dates un voyage à Paris et un mariage.

venir à la plus grande élévation. Le marquis de Villars abandonna à sa mère, à son frère et à ses sœurs[1] le peu que lui laissoit la succession et paya de son bien les légitimes, afin de pouvoir retirer quelque chose du patrimoine[2], dont il laissa la jouissance entière à sa mère, dame d'un mérite distingué par son esprit, par sa vertu et par sa fermeté.

Il fut question cette année de donner un successeur au roi de Pologne, mort l'année précédente. Don Livio Odescalchi, neveu d'Innocent XI, se mit sur les rangs et offroit des sommes immenses à la République pour obtenir la couronne; mais la médiocrité de son génie et de ses talents le fit échouer. On parla du prince Alexandre, second fils du feu roi; mais il n'avoit pas l'âge prescrit par les lois, et sa faction étoit si peu accréditée qu'on obligea la reine sa mère

---

1. Villars avait alors un frère, Armand comte de Villars, chef d'escadre, puis lieutenant général en 1712, et quatre sœurs : Agnès, religieuse à Saint-André-le-Haut, depuis abbesse de Chelles; Thérèse, marquise de Boissieux; Charlotte, comtesse de Vogüé; Marie-Louise, qui épousa en 1699 le comte Éléonor de Choiseul-Traves.

2. Tous les actes concernant cette succession ont été passés chez Romain Fortier, notaire à Paris, et existent chez son successeur; ils confirment tout ce que Villars dit de ses propres résolutions et de la modicité du patrimoine. Tous les droits réunis de la marquise de Villars s'élèvent à la faible somme de 47,566 livres 11 sols 8 deniers. Les immeubles se composent d'une maison à Condrieux et de deux petites terres très modestes, La Chapelle en Lyonnais et Villeneuve-le-Marc en Dauphiné; la marquise de Villars en abandonna l'usufruit pour une rente viagère de 7,750 livres que son fils lui servit ainsi que 700 livres de pension annuelle à son frère Armand. La légitime qu'il paya à sa sœur Louise s'élevait à 13,318 livres : quant aux dots de Thérèse et de Charlotte, elles restèrent dues et ne furent acquittées par Villars qu'en 1721.

à s'éloigner de Varsovie pendant la diète. Tout sembloit disposé en faveur du prince de Conti[1], lorsque le nonce du Pape et l'ambassadeur de l'empereur agirent pour le duc de Saxe. Cependant le prince de Conti fut proclamé par le cardinal Radzieyouski[2], primat du royaume, et, deux heures après, Frédéric-Auguste, duc de Saxe, le fut par l'évêque de Cujavie. Les deux factions dépêchèrent chacune un courrier aux princes élus. L'électeur arriva le premier, se rendit maître de Cracovie et s'y fit sacrer par l'évêque de Cujavie. Le prince de Conti arriva peu après, mais inutilement. La plupart des chefs de l'armée de la République avoient été gagnés et s'étoient attachés à celui qui leur avoit donné ou plus promis d'argent. Aussi le prince de Conti, jugeant qu'il n'étoit pas de sa dignité de s'opiniâtrer plus longtemps, prit le parti de se rembarquer et de repasser en France.

[1698.] Pour revenir au marquis de Villars, destiné pour négocier à Vienne, il y mena un équipage d'ambassadeur, quoique les ministres du roi auprès de l'empereur ne pussent avoir que la qualité d'envoyés extraordinaires, parce que le titre d'ambassadeur les mettroit en droit de passer devant l'ambassadeur d'Espagne, qui fait à Vienne une figure éclatante, l'union des deux branches donnant presque toujours à un ambassadeur d'Espagne la considération et le

1. Fr.-Louis de Bourbon (1664-1709), second fils d'Armand de Bourbon, frère du grand Condé et protecteur du père de Villars.
2. Michel Radzieiowski, né en 1645, archevêque de Gnesen, se rallia au roi Auguste, mais, après l'élection de Stanislas Leczinski, il se retira à Dantzig où il mourut (1705).

crédit d'un des principaux ministres de l'empereur. Enfin l'on a toujours compris en France qu'il ne falloit pas avoir auprès de l'empereur un ministre qui, par sa qualité d'ambassadeur, fût dans des démêlés continuels avec l'ambassadeur d'Espagne.

Le marquis de Villars fit partir de Paris trois carrosses à huit chevaux et quatre chariots attelés de même, et cinq ou six charrettes pour transporter les meubles qu'il envoyoit à Vienne, six pages, quatre gentilshommes avec un grand nombre de domestiques. Cependant, comme il s'est toujours piqué d'un grand ordre et d'une sage économie au milieu des dépenses convenables aux états dans lesquels il s'est trouvé, il prit la liberté de raconter au roi la manière dont il en avoit usé dans cette occasion. Il demanda à Sa Majesté ce qu'elle pensoit que pouvoit coûter la conduite d'un tel équipage de Paris à Vienne. Ceux qui étoient auprès du roi, ou pour faire plaisir au marquis de Villars, ou pour approcher de la vérité, estimoient que cette dépense pouvoit monter à 40 ou 50,000 livres : « Messieurs, leur dit-il, il ne m'en a pas coûté une pistole. » Le roi, surpris de la réponse, lui en demanda l'explication. « Sire, répondit Villars, pour être magnifique, il faut être économe et se servir de son esprit. » Le courtisan ne savoit à quoi ce préliminaire alloit conduire, lorsque Villars ajouta : « Sire, lorsque mon équipage est parti, la réforme de votre cavalerie se faisoit. Votre Majesté sait que l'on donnoit les chevaux de cavaliers à 25 livres; j'en fis acheter 100 à Verdun, Mouzon, Châlons et autres lieux; ils ne me revenoient, rendus à Paris, qu'à 31 ou 32 livres. Ils n'y furent que quatre jours et, de Paris à Ulm, vingt jours : ainsi, chacun de ces chevaux, avec la nourriture, ne revenoit qu'à 60 livres. On les vendit, l'un portant l'autre, à Ulm, 150 livres ; par conséquent le gain sur les chevaux défraya le reste du voyage. » Le roi loua fort le bon esprit et le bon ordre de Villars, et dit sur cela que bien des gens soutenoient qu'ils se ruinoient à son service, quoiqu'il donnât dix fois plus que ses prédécesseurs n'avoient donné. Cette digression ne sera pas inutile pour faire comprendre l'esprit d'économie du marquis de Villars, qu'il a toujours su mettre en usage pour le service du roi dans le commandement des grandes armées qui ont été à ses ordres. En effet, il est constant, comme on le verra dans la suite, qu'il épargna au roi, dans la campagne de Landau et de Fribourg, plus de 25 millions.

Nous allons traiter d'une des plus importantes circonstances de l'histoire du marquis de Villars. Il va commencer une négociation considérable, dont voici l'occasion.

Le roi Louis XIV et la reine Marie-Thérèse avoient renoncé authentiquement à la succession d'Espagne. L'empereur Léopold avoit épousé la cadette de la reine, et elle n'avoit pas renoncé ; elle n'eut qu'une fille, mariée à l'électeur de Bavière ; et quoique cette princesse fût assez mal conformée, elle eut un fils après dix ans de mariage.

Le roi d'Espagne et l'empereur convinrent dans la suite de laisser à ce fils les Espagnes et les Indes[1] ;

1. Il n'est pas probable que l'Empereur ait donné son consentement à cette combinaison qu'il considérait comme contraire à

mais le roi d'un côté, et l'empereur de l'autre, ne prétendoient pas qu'il ne leur revînt aucune portion de cette grande monarchie. Le roi ne vouloit pas s'en tenir aux renonciations ; et milord Portland, dans son ambassade en France, fut informé en partie des desseins de Sa Majesté.

Le marquis d'Harcourt, qui partit le premier pour l'Espagne, fit craindre à cette monarchie une guerre dangereuse, si monseigneur le dauphin ou ses enfants n'étoient pas reconnus les principaux héritiers.

On peut juger par là de la grande agitation où étoit cette cour. La reine mère[1] du roi lui avoit fait faire un testament et, dans la suite, la reine[2] sa femme, de la maison palatine, voulut lui en faire faire un autre. Tout rouloit entre l'archiduc Charles, fils de l'empereur, et le prince électoral de Bavière. Les Espagnols, partagés, partageoient aussi l'esprit foible de leur roi. La reine n'étoit point aimée ; et sa confidente, nommée la Berleps[3], avec un religieux son confesseur,

la renonciation qu'il avait exigée de sa fille en la mariant à l'électeur de Bavière. Quand même il l'eût donné, la mort du prince électoral vint bientôt supprimer la question et laisser le champ libre aux compétitions de Léopold et de Louis XIV.

1. Marie-Anne d'Autriche, fille de l'empereur Ferdinand III, seconde femme du roi Philippe IV, était morte depuis le 16 mai 1696 : le testament qu'elle avait arraché à son fils était en faveur du prince électoral de Bavière.

2. Marie-Anne de Bavière-Neubourg, née le 28 octobre 1667, morte le 16 juillet 1740, sœur de l'impératrice Éléonore, était la seconde femme du roi Charles II qui avait épousé en premières noces Marie-Louise, fille du duc d'Orléans.

3. Maria-Gertrude Wolf de Guttenberg, comtesse de Berlepsch, avait été amenée d'Allemagne par la reine ; protestante, intrigante et avide, elle contribua à faire détester par les Espagnols l'influence allemande : « plus avare que sa maîtresse, » écrivait Harcourt au

qui la gouvernoit[1], lui attiroient beaucoup d'ennemis. Le roi d'Espagne, pressé et tourmenté pour nommer un successeur, déclara enfin, pour se soustraire à tant d'importunités, qu'il ne prendroit cette résolution qu'en recevant le viatique à l'approche de la mort. Le marquis d'Harcourt crut que dans cette conjoncture il falloit fortifier le parti qu'il formoit à Madrid, étonner la brigue opposée et conseiller de faire marcher des troupes. Effectivement l'on en fit avancer sur les frontières.

Le comte de Tallard, de son côté, négocioit avec le roi Guillaume, qui traitoit pour la Hollande comme pour ses royaumes. Le sieur Hop fut envoyé auprès de l'empereur, chargé en même temps de tout ce qui concernoit les intérêts de l'Angleterre et de la Hollande.

Jusque-là on n'entroit, de la part de la France, en aucune négociation avec l'empereur, qui, de son côté, voulant persuader à tous ses alliés qu'il étoit étroitement lié avec eux, ne se hâtoit pas d'envoyer de ministre auprès du roi. Ce fut ce qui retarda le départ du marquis de Villars, qui ne se mit en route que vers la fin de juin.

roi, elle recevait de toutes mains : l'électeur de Bavière lui envoya 25,000 piastres pour agir en faveur de son fils; elle était aidée par le baron Wiser, secrétaire allemand de la reine, et par son fils, abbé, qu'elle fit nommer envoyé de l'électeur palatin à Madrid, puis archimandrite de Messine et qu'elle chargea de diverses négociations secrètes à Vienne et à Rome: (Voy. Hippeau, *Avènement des Bourbons au trône d'Espagne*, II, 27, 38, 50 et *passim*.) Elle se retira à Prague au chapitre séculier Angélique dont elle fut la première abbesse. Son fils entra au conseil de l'Empire et mourut en 1720.

1. Le P. Chiusa, capucin de bas étage, associé aux manœuvres de Wiser, de la Berlepsch et de son fils.

Comme il avoit connu particulièrement le prince Louis de Bade dans les armées de l'empereur en Hongrie, et que ce prince lui avoit marqué beaucoup d'amitié, il se détourna pour aller le voir à Wilbade, où il prenoit des eaux et des bains, à cinq lieues de Bade. Dans l'entretien qu'ils eurent ensemble, ce prince lui parla assez librement sur l'état de la cour de Vienne. Il étoit lieutenant de l'empereur, charge qui égale en quelque manière celle de connétable en France, puisqu'elle donne le droit de commander tous les maréchaux ; mais son caractère de hauteur ne lui permettoit pas une grande liaison avec les ministres ; il étoit même très brouillé avec le comte de Kinsky, regardé pour lors comme le premier en crédit auprès de l'empereur, et cette inimitié, jointe au peu d'intelligence où il étoit avec les autres, lui attiroit des dégoûts dont il devoit être à couvert par son mérite et par sa naissance, si ces titres pouvoient être un rempart contre la malignité des courtisans.

Le marquis de Villars passa une journée entière avec lui et avec la princesse de Bade[1], femme de beaucoup de vertu et de mérite, joints à une grande beauté ; ensuite il joignit ses gens près d'Ulm, où il avoit envoyé d'avance préparer trois grands bateaux pour le porter avec tous ses carrosses et ses équipages à Vienne.

Toutes les négociations étoient commencées à Londres et à Madrid : les premières regardoient le partage de la monarchie d'Espagne, dont monseigneur le dauphin, le prince électoral et l'archiduc étoient

---

1. Fr.-Sibylle-Auguste de Saxe-Lauenbourg.

regardés comme les principaux héritiers. Le roi soutenoit les raisons du dauphin comme les meilleures, l'empereur, celles de l'archiduc, et l'Angleterre, avec la Hollande, inclinoit pour le prince électoral. Dans cette situation, le roi et l'empereur, voulant gagner les prétendus arbitres, ne laissoient paroître aucune apparence qu'ils voulussent s'entendre sans la participation des autres puissances.

L'empereur nomma le comte de Walstein pour son envoyé en France. Ces deux princes étoient cependant fort attentifs à ne faire aucune démarche trop marquée, de peur que l'un ou l'autre ne rendît ses avances dangereuses en les découvrant en Angleterre. C'est dans cette disposition des esprits que le marquis de Villars arriva à Vienne : le comte de Walstein, fils unique du grand chambellan et nommé à l'emploi de France, le vint visiter d'abord et, dès le premier jour, voulut le mener à une fête dans les jardins de l'empereur[1]. Le marquis de Villars s'en défendit, sur ce que, n'ayant pas encore eu l'honneur de voir Sa Majesté impériale, il étoit contre la bienséance de paroître devant elle. Le comte de Walstein lui dit : « Vous avez des places préparées où vous verrez tout sans être vu. » Il lui fit même entendre que, loin de déplaire par là, il feroit sa cour.

Villars se rendit à ces instances ; il trouva la femme et la sœur du comte de Walstein, accompagnées de trois autres dames, qui le placèrent au milieu d'elles.

1. Cette fête était donnée à l'occasion du passage du czar Pierre (août 1698). Elle avait lieu dans les jardins de la « Favorite, » palais alors situé en dehors de la ville de Vienne, aujourd'hui au centre d'un des nouveaux quartiers.

L'empereur tourna la tête pour le voir et le roi des Romains fit la même chose plusieurs fois. De là on le conduisit à l'assemblée, où se trouve en dames et en hommes tout ce qu'il y a de plus considérable à la cour : les ministres, les ambassadeurs y sont toujours, et l'on y parle quelquefois des affaires les plus importantes. C'est un usage dans cette cour qui ne pouvoit être établi dans celle du roi à Versailles, et dont la privation est cependant un assez grand inconvénient pour ce qu'il y a d'étrangers considérables, et même pour les Français, puisqu'à Paris même on ne se rassemble dans aucune maison. A Vienne, au contraire, tous les jours l'assemblée est dans quelque maison principale, où tout est fort éclairé ; on trouve six à sept chambres remplies de tout ce qu'il y a de plus illustre par la naissance et par les emplois ; ce qui est au-dessous de cet état ne s'y mêle pas, et les personnes du second étage, auxquelles il est arrivé de tenter d'y être admises, y ont été si mal reçues, qu'elles ne se sont plus exposées aux mêmes désagréments.

Pour entendre mieux ce qui va suivre, il importe de donner une idée exacte de la cour de Vienne. Commençons d'abord par l'empereur Léopold. Ce prince, avec un extérieur très désagréable, avoit de très grandes qualités, beaucoup d'esprit, un sens droit, de la probité, de la religion et une continuelle application aux affaires. On ne pouvoit lui reprocher que de n'être pas assez décidé ; car, quoiqu'il pensât assez souvent plus juste que ses ministres, il se défioit un peu trop de ses lumières et ne manquoit jamais par cette raison de déférer à la pluralité des suffrages.

Quoique ce prince ait été chassé de sa capitale et souvent réduit aux dernières extrémités, son règne a été des plus glorieux et il a plus étendu les pays héréditaires, plus fait de conquêtes que la plupart de ses prédécesseurs.

L'impératrice Eléonore, fille de l'électeur palatin, étoit une princesse très vertueuse, uniquement occupée à servir Dieu, à plaire à l'empereur, à donner aux archiduchesses une éducation digne de leur naissance et à prendre soin des pauvres. Cependant elle vouloit avoir part aux affaires; elle avoit de la hauteur et protégeoit avec fermeté ceux qui lui étoient attachés. Il falloit même que les ministres comptassent avec elle, ce qui causoit quelquefois des changements dans le ministère.

Le roi des Romains étoit un jeune prince violent et emporté dans ses plaisirs. Il avoit de l'esprit, mais il n'étoit pas encore fixé et pouvoit être également porté au bien ou au mal. Il lui arriva à une chasse, et en présence du marquis de Villars, de montrer un trait d'impatience qui fit de la peine à l'empereur. Lorsque l'on fit entrer les ours dans les toiles, il sortit de la tente où étoit l'empereur et ce qu'il y avoit de plus considérable pour aller les attaquer. Le page, qui tenoit son épieu, ne se trouvant pas assez près, en fut corrigé par un soufflet. L'empereur en fit quelques reproches à ce prince après être rentré sous la tente : « Et ce qui me fait le plus de peine, ajouta-t-il, c'est que les étrangers vous ont vu. »

L'archiduc Charles, qui n'avoit alors que dix-sept ans, paroissoit d'un naturel bien différent. Il étoit extrêmement doux; et sur cela l'on disoit à la cour que le roi des Romains avoit la fierté de sa mère, et que l'archiduc avoit la douceur et la bonté de la maison d'Autriche.

Pour venir aux ministres, le prince de Dietrichstein[1] étoit le premier par sa charge de grand-maître ; mais son âge avancé et son esprit un peu affoibli l'empêchoient de faire aucune fonction du ministère. Il rendit presque mourant une visite au marquis de Villars, et ce fut la dernière qu'il fit.

Le comte de Kinsky[2], chancelier de Bohême, et le plus ancien conseiller d'État, forma un conseil nommé *la députation*[3], composé du comte Staremberg[4], président de la guerre, du comte de Kaunitz[5], vice-chancelier de l'Empire et chargé des affaires étrangères, du comte Gondaker Staremberg[6], vice-président de la chambre, et par conséquent à la tête des finances,

---

1. Il devait sa grande situation moins à ses talents qu'à l'héritage du cardinal Dietrichstein († 1636), le véritable fondateur de la grandeur de cette maison.

2. Franz Ulrich, comte Kinsky, né en 1634, mort le 27 févr. 1699.

3. Ce petit conseil, le véritable conseil de gouvernement, est désigné par les historiens autrichiens sous le nom de *Staats Conferenz;* les procès-verbaux de ses séances ou *Conferenz-Protokolle* sont conservés en grand nombre aux archives I. R. de Vienne et sont une des plus précieuses sources de l'histoire authentique.

4. Ernest Rüdiger, comte de Stahrenberg, feld-maréchal, né en 1635, mort le 4 janvier 1701. Il est célèbre par sa défense de Vienne contre les Turcs (1683).

5. Dominique André, premier comte de Kaunitz, né en 1614, mort le 11 janvier 1705. Il remplit de nombreuses missions diplomatiques à Munich, Cologne, Bruxelles, La Haye, fut premier plénipotentiaire de l'Empereur à Ryswick, vice-chancelier en 1698 et dirigea les affaires de l'Empire jusqu'à sa mort. Sa femme était Marie-Éléonore de Sternberg.

6. Gundakar Stahrenberg, frère du précédent, né en 1663, mort le 8 juillet 1745.

parce que la charge de président n'étoit pas remplie. Le comte de Kinsky étant le plus ancien conseiller d'État, cette députation s'assembloit chez lui ; il rendoit compte à l'empereur des délibérations, et dès-là il étoit regardé comme premier ministre, sans en avoir le titre. Il étoit certainement très digne d'un pareil poste, et par sa grande expérience, ayant été premier ambassadeur aux traités de Nimègue et de Cologne, et par son parfait désintéressement, puisqu'à sa mort il se trouva moins riche de 500,000 livres qu'il ne l'étoit en entrant dans les emplois[1].

Le comte de Staremberg, le plus ancien des feld-maréchaux, et président du conseil de guerre, étoit déjà fort âgé. C'étoit un essentiellement honnête homme, mais ses vues étoient fort bornées. Il avoit été chargé autrefois de la défense de Vienne, qu'il sauva, moins par la fermeté des troupes de l'empereur que par la mauvaise conduite des Turcs.

Le comte de Kaunitz, auquel le marquis de Villars avoit eu affaire dans les négociations de Bavière, où ils avoient été opposés pour gagner ou retenir l'électeur, étoit homme de beaucoup d'esprit et capable de grands projets. Ce fut lui aussi qui, après la mort de Kinsky, succéda à sa faveur.

Le comte Gondaker Staremberg n'avoit pas encore

1. Kinsky était, depuis la mort de Strattmann (1695), le véritable chef du gouvernement : Villars insiste dans sa correspondance sur la simplicité de sa vie et l'aspect modeste de la maison qu'il habitait « dans le temps où tous généralement font bâtir de fort grands palais. » Ces palais existent toujours et donnent à la vieille ville de Vienne sa physionomie particulière : ils appartiennent pour la plupart aux descendants de ceux qui les ont fait construire.

une réputation formée, à cause de son peu d'expérience; mais on comptoit beaucoup sur ses talents, et il est toujours demeuré dans le ministère.

Tous ces ministres de l'empereur donnoient des marques d'une grande politesse au marquis de Villars; mais, suivant l'esprit actuel de la cour et conformément aux ordres du maître, ils ne vouloient pas que le sieur Hop, chargé en même temps des affaires d'Angleterre et de Hollande, pût soupçonner qu'on voulût traiter avec le marquis de Villars; et, pour lui en ôter toute pensée, ils évitoient de le prier à manger chez eux, quoique tout le reste de la cour, dames et hommes, vinssent chez lui.

Après les premières audiences de l'empereur, le marquis de Villars, suivant ses ordres, offrit la médiation du roi pour accélérer la paix avec le Turc et en parla au comte de Kinsky. Ce ministre, après avoir reçu les ordres de son maître, marqua de sa part beaucoup de sensibilité et de reconnoissance pour la bonne volonté du roi; il ajouta que les offres de Sa Majesté seroient acceptées avec joie, si l'on commençoit un traité; mais, que celui de la paix avec le Turc étant comme terminé, ce seroit plutôt en retarder la conclusion que de l'avancer, s'il falloit attendre des réponses sur l'offre de cette médiation. Il y avoit peu d'apparence qu'elle pût être acceptée, puisque l'empereur, n'ayant pris encore aucune mesure avec le roi sur la succession d'Espagne, il étoit naturel que, le roi d'Espagne mourant, la France souhaitât l'empereur plutôt occupé que libre.

Cependant les ministres de l'empereur et des autres puissances, qui devoient assister au traité de la paix négocié avec le Turc, ne paroissoient pas près de partir. La cour pressoit depuis longtemps le prince Eugène de faire une entreprise, et on n'en pouvoit faire que sur Bellegrade ou sur Témeswar. La première devint bientôt impossible par l'arrivée de l'armée turque sous cette place; l'autre étoit remplie d'obstacles, par l'éloignement et la difficulté des convois. D'ailleurs, il auroit fallu traverser différentes rivières, souvent augmentées dans cette saison par la fonte des neiges, et l'on pouvoit juger ce dessein impraticable, puisque le prince Eugène n'en tentoit pas l'exécution. Cependant les ministres, persuadés que l'armée impériale agissant rendroit les Turcs plus traitables pour la paix, et, comme il arrive d'ordinaire, peu embarrassés des commissions difficiles qu'ils donnent à un général, vouloient qu'il fût dit avant le congrès que les Turcs pouvoient craindre de nouvelles pertes.

Enfin les ambassadeurs partirent fort tard. Le comte d'Œttingen[1] fut nommé chef de l'ambassade et il fut réglé que la paix se traiteroit sous des tentes à Carlowitz.

Durant ce temps-là, il arrivoit divers avis de Madrid que la santé du roi d'Espagne s'affoiblissoit de plus en plus et à tel point qu'on pouvoit craindre qu'il ne mourût d'un moment à l'autre. Le comte d'Harrach[2], ambassadeur de l'empereur à Madrid,

1. Wolfgang, comte d'Œttingen-Wallerstein, né en 1629, mort en 1708, fut ambassadeur à Constantinople et président du conseil de l'Empire.

2. Ferd.-Bonaventura Harrach, né le 14 juillet 1637, était l'ami particulier de l'Empereur Léopold; il fut envoyé en France (1669), en Espagne (1673-76); conseiller intime (1677), grand écuyer (1684), ambassadeur en Espagne (1696-98), en revint

espéra enfin, après diverses alarmes, que le roi catholique pouvoit languir encore près d'un an. Cet ambassadeur avoit son congé, son fils aîné[1] étoit nommé son successeur ; il le laissa en Espagne et partit dès le commencement de septembre.

Le prince de Schwartzemberg, grand maître de l'impératrice, fit au marquis de Villars quelques ouvertures de liaison plus particulières avec le roi sur la succession de l'Espagne ; l'évêque de Passau[2], peu de temps après cardinal, en usa de même. Mais les ordres du marquis de Villars étoient d'entendre et de se charger seulement de rendre compte au roi de ce qui lui étoit confié.

Quelque temps après, le comte de Kinsky, véritablement premier ministre, lui dit tout bas dans la chambre de l'empereur : « Nous devrions être meilleurs amis. » Le marquis de Villars répondit en deux mots : « Il ne tiendra pas à moi ; » et le comte de Kinsky ajouta seulement : « Attendez. » Ce mot, de la part du ministre, étoit plus important que les longs discours des princes de Schwartzemberg et de Passau.

Cependant le mariage du roi des Romains s'avançoit, et la princesse d'Hanovre étoit préférée. Le prince de Salm, grand-maître du roi des Romains

---

pour être grand-maître de la cour, président du *Staats Conferenz* et comme tel chargé des affaires étrangères ; il mourut le 15 juin 1706.

1. Aloïs-Thomas-Raimond, comte Harrach, né le 7 mars 1669, accompagna son père à Madrid et lui succéda, sans mieux réussir que lui à faire prévaloir l'influence autrichienne (1698-1700). Il fut plus heureux comme vice-roi de Naples (1728-1733), *Conferenz Minister* de 1734 jusqu'à sa mort (7 nov. 1742).

2. Jean-Philippe, comte de Lamberg, évêque de Passau (1689), cardinal (1700), mort en 1712.

dont il avoit été gouverneur, et, par sa femme, parent très proche de cette princesse, n'avoit rien oublié pour faire réussir cette alliance. Quelques ministres avoient parlé au marquis de Villars de Mademoiselle[1], fille de Monsieur, et dont le mariage avec le duc de Lorraine étoit déjà déclaré. Mais ces vues n'étoient pas celles de l'empereur, et, pour les faire réussir, il n'y avoit pas assez de liaison entre les deux souverains.

Le roi des Romains avoit une maîtresse qui lui écrivoit assez vivement, et il montra une de ses lettres à un confident, qui en rendit compte au marquis de Villars. La lettre étoit hardie et tout à fait dans le caractère de la demoiselle avec laquelle le marquis de Villars soupoit quelquefois. Elle s'appeloit Dorothée de Thaun; c'étoit une grande personne assez bien faite, qui avoit passé sa première jeunesse et qui n'en avoit plus les charmes; mais, en récompense, elle avoit du courage et de l'expérience, qualités plus nécessaires que la beauté pour être la première maîtresse d'un jeune prince. Mais celui-ci n'ayant pas grande part au gouvernement, le marquis de Villars ne regardoit pas ce commerce comme important pour le service de son maître.

Les principales occupations des ministres étoient de conclure promptement la paix du Turc et de prendre des mesures sur la succession d'Espagne. Leur première ressource étoit dans les dispositions de la reine, toute dévouée à la maison d'Autriche ; mais

1. Elisabeth-Charlotte d'Orléans, née le 13 sept. 1676, mariée le 13 octobre 1698 à Léopold-Joseph, duc de Lorraine.

ils eurent quelque inquiétude sur ce qu'on leur manda de Madrid que le marquis d'Harcourt, pour gagner cette princesse, lui offroit le mariage de monseigneur le dauphin. Eux, pour faire une contre-batterie, parlèrent de la marier avec le roi des Romains. La différence d'âge étoit grande ; mais ceux qui vouloient que l'on tentât cette voie de retenir la reine dans ses bonnes dispositions pour l'empereur disoient, sur la disproportion d'âge, que la reine n'avoit que trois ans plus que la princesse d'Hanovre, dont le mariage avec le roi des Romains paroissoit résolu. Cependant, par cette raison et par quelques autres, le départ de la princesse d'Hanovre fut différé.

Quant à la paix du Turc, la Pologne et la république de Venise, peu ménagées par les Impériaux, portoient les ambassadeurs des deux puissances à y former des obstacles ; mais l'empereur, déterminé à la paix aussi bien que le Turc, comptoit en voir bientôt la conclusion, malgré les difficultés. Les ennemis du comte de Kinsky, qui étoient en grand nombre à Vienne, ne laissoient pas de publier, au hasard de déplaire, qu'elle n'étoit pas si assurée.

Quelques ministres de l'empereur, raisonnant avec le marquis de Villars, vouloient toujours que leur maître s'accommodât directement avec le roi. Ils n'étoient pas dans le secret, et les espérances d'une plus longue vie du roi d'Espagne engagèrent Kinsky, dans le fond porté à l'accommodement, à vouloir du moins attendre la paix du Turc pour être plus favorablement écouté. La raison le vouloit ainsi, puisque, cette paix faite, l'empereur pouvoit se trouver en état de soutenir ses engagements.

Cependant les ministres de l'empereur pressoient vivement la restitution de Brisach. La démolition du pont sur le Rhin étoit une condition préalable, et le roi en étoit chargé. Il se pouvoit bien que ses ordres, pour l'accélérer, n'étoient pas exécutés aussi promptement qu'ils auroient pu l'être, et l'on disoit à Vienne qu'il y avoit une grande combinaison entre la destruction du pont et la mort du roi d'Espagne. L'événement fit voir le contraire : le pont fut démoli et Brisach rendu aux Impériaux longtemps avant la mort de ce prince. Comme on ne doutoit pas alors qu'elle n'arrivât bientôt, plusieurs de ses sujets du royaume de Naples voulurent se donner à la France. Le prince d'Aquaviva, qui étoit à Vienne, fit diverses propositions au marquis de Villars pour les principaux seigneurs, ne demandant ni grâces ni récompenses qu'après les services qu'ils auroient rendus.

[1699.] La reine de Pologne arriva à Vienne en ce temps-là avec toute sa famille, c'est-à-dire avec les princes Alexandre et Constantin. Le prince Jacques arriva de son côté avec la princesse sa femme, sœur de l'impératrice.

Dans une longue conversation que la reine de Pologne eut avec le marquis de Villars, elle n'oublia rien pour le persuader de son attachement solide pour le roi ; elle lui dit qu'elle n'avoit jamais oublié qu'elle étoit née Françoise[1], qu'elle étoit toujours vive-

---

1. Schwarzenberg, pour gagner la confiance de Villars, fit valoir les liens qui attachaient sa famille à la France : son grand-père, premier ministre de l'électeur de Brandebourg, recevait 10,000 écus de pension du roi ; son père, lors de l'invasion des Suédois, n'avait

ment pénétrée des extrêmes obligations que le feu roi son mari et elle en particulier avoient à Sa Majesté ; qu'elle n'ignoroit pas qu'on avoit voulu lui rendre de mauvais offices en France, mais qu'il lui étoit facile de se justifier de ce qu'on lui imputoit[1].

Dans le même temps, elle assuroit l'empereur des mêmes sentiments. L'abbé Scarlati, son ministre de confiance, demanda un rendez-vous au marquis de Villars dans un couvent, afin de pouvoir cacher leur entretien aux ministres de l'empereur. Cet abbé ne négligea rien pour donner plus de force à tout ce que la reine avoit dit, ajoutant que l'on devoit s'attendre à un prompt changement en Pologne, dont le roi, disoit-il, tenoit une conduite si odieuse aux Polonais, qu'ils ne le laisseroient pas un an sur le trône.

La reine de Pologne[2] désiroit, en cas de changement, ménager la protection du roi pour le prince Alexandre, son second fils, et ce fut cette prédilection du cadet sur l'aîné qui fit sortir la couronne de Pologne de la maison de Sobieski. En effet, si les partisans de

---

sauvé ses terres que par la protection de Louis XIII, enfin son fils unique était élevé à Angers. (*Arch. des Aff. étr.*, dép. du 27 août 1698.)

1. Elle fut supplantée par une demoiselle de Wratislaw : après le mariage du roi des Romains, Dorothée de Thaun essaya de reprendre son empire : elle fut éloignée de la cour. Villars écrivit à ce sujet à Torcy : « J'eus remercié, à sa place, qui m'eût défait d'une aussi laide maîtresse : mais il les choisit comme qui craindrait les rivaux. » (*Arch. des Affaires étrangères*, dép. du 18 juillet 1699.)

2. Elle était fille du marquis de la Grange d'Arquien : elle arrivait de France avec ses deux fils. Saint-Simon a mentionné ce voyage ainsi que le mécontentement que la reine avait excité à la cour de France.

la reine et ceux du prince Jacques s'étoient réunis, ils l'auroient emporté en faveur du prince Jacques sur les autres prétendants.

Il est certain qu'il s'élevoit de grands troubles en Pologne : l'affaire d'Elbing les augmentoit et le nouveau roi n'étoit pas encore bien affermi sur le trône. L'évêque de Kiev[1], envoyé de Pologne à Vienne, demanda dans le même temps une conférence au marquis de Villars. Elle fut de trois heures, mais d'un esprit tout opposé à celui de la reine de Pologne et de l'abbé Scarlati : à entendre ce prélat, tous les Polonais étoient inviolablement attachés à leur nouveau roi et l'opinion de sa valeur, jointe à ses manières affables, lui avoit gagné tous les cœurs. Il ajoutoit que le roi et la république n'avoient pas de plus grands ennemis que la cour de Vienne, qui n'oublioit rien pour exciter des troubles en Pologne, dans la crainte que cette couronne ne prît des liaisons avec la France. Enfin, il se dit fort autorisé pour commencer une alliance avec le roi ; il croyoit même que lui et le marquis de Villars pouvoient la conclure plus aisément à Vienne, puisqu'il n'y avoit aucun ministre de France en Pologne, ni de Pologne en France.

Les bonnes intentions de l'évêque de Kiev furent suivies de plusieurs avances du prince de Saxe-Zeitz, qui espéroit un chapeau de cardinal pour avoir contribué à rendre catholique le roi de Pologne, qui ne pouvoit parvenir à la couronne sans cette condition. Il convenoit à ce prince de s'attirer la protection du roi à Rome, et il paroissoit, pour y mieux réussir,

---

1. Leo Zalecki, évêque de Kiew de 1695 à 1708.

vouloir travailler à former une liaison entre la France et la Pologne.

L'envoyé de Brandebourg s'expliquoit aussi de manière à faire entendre que son maître pensoit sur cette liaison comme la Pologne et qu'il y entreroit volontiers.

Cependant la paix avec le Turc s'avançoit et l'on apprit enfin qu'il se relâchoit sur la Transylvanie, seul article qui eût pu rendre la négociation longue et difficile, si les Turcs s'étoient opiniâtrés; car les intérêts de l'empereur une fois réglés, les médiateurs n'étoient pas pressés de faire obtenir une satisfaction entière à la Pologne, aux Moscovites et aux Vénitiens.

Le mariage du roi des Romains fut déclaré en même temps et l'on prit les mesures pour en faire la cérémonie quinze jours avant la fin du carnaval, afin que tout ce temps se passât, comme il fit, en fêtes continuelles.

Le comte d'Harrach arriva à la cour et fut déclaré grand-maître. Comme cette charge lui donnoit la première place dans les conseils, le comte de Kinsky, regardé jusque-là comme premier ministre, ne croyoit pas que personne pût lui être préféré; mais une puissante cabale, que l'impératrice favorisoit secrètement, travailloit à l'éloigner des bonnes grâces de l'empereur. Le comte témoigna respectueusement à ce prince, qu'ayant été plus que tout autre honoré de sa confiance et pouvant se flatter de l'avoir servi heureusement, il n'avoit pas dû craindre la mortification qu'il recevoit. L'empereur, qui avoit besoin de Kinsky et qui, dans le fond, l'estimoit beaucoup, lui fit espérer que le comte d'Harrach n'exerceroit la charge de grand-maître que comme faisoit le feu prince de

Dietrichstein; que du reste c'étoit un engagement pris depuis plusieurs années avec un homme élevé avec lui et qu'il aimoit dès son enfance. Il est certain en effet que l'empereur fit entendre au comte d'Harrach qu'il ne pouvoit déplacer le comte de Kinsky de la présidence du conseil nommé « *la députation,* » établi depuis plusieurs années ; et il n'est pas moins constant que le comte d'Harrach, très bon homme, se seroit rendu au désir de l'empereur, si la cabale, et surtout sa femme, très hautaine, ne l'en avoient dissuadé. Elles lui représentèrent qu'il n'avoit qu'à tenir bon et à refuser constamment la charge de grand-maître, si elle ne lui étoit donnée avec toutes ses prérogatives. Il suivit ce conseil et il ne voulut pas même recevoir les compliments des ambassadeurs lorsqu'ils allèrent pour les lui faire. Pendant près de six semaines l'incertitude continua sur cet événement. A la fin, l'empereur se rendit et donna au comte de Kinsky le dégoût tout entier : seulement, il en diminua l'amertume par de belles paroles et l'assura qu'il seroit toujours le premier dans sa confiance.

Kinsky travailloit seul avec l'empereur ; il dépêchoit et recevoit les courriers, et le comte de Marcilly lui apporta la nouvelle de la paix de la Hongrie, la plus magnifique et la plus heureuse que la maison d'Autriche ait jamais faite avec les sultans. Dans l'instant même, Kinsky en porta la nouvelle à l'empereur, qui, transporté de joie, lui dit en latin : *Est opus manuum tuarum.* Kinsky répliqua sur-le-champ : *Nunc dimitte servum tuum, Domine.* Cette réponse, à laquelle l'empereur ne s'attendoit pas, le surprit et l'embarrassa. Kinsky pressa pour se retirer ; l'empereur renouvela ses marques d'amitié et le retint. Effectivement, il étoit difficile, dans les conjonctures importantes où il se trouvoit, qu'il se passât d'un ministre aussi habile et aussi expérimenté.

Le roi d'Espagne s'affoiblissoit de plus en plus, et ceux qui lui donnoient encore une année de vie convenoient qu'elle pouvoit lui manquer d'un moment à l'autre.

Nous avons dit plus haut que Kinsky avoit dit un mot au marquis de Villars, qui marquoit un dessein d'entrer en négociation avec lui. La raison vouloit que pour l'entamer il attendît que la paix fût faite avec les Turcs, parce qu'elle donnoit une nouvelle force à l'empereur et le mettoit en état de soutenir ses engagements.

Stratmann[1], ministre fort accrédité auprès de l'empereur et qui avoit été pensionnaire du roi lorsqu'il servoit l'électeur palatin de Neubourg, avoit formé le dessein de réunir les forces et les maisons de France et d'Autriche. Kinsky suivoit cette vue, et, dans le fond, il étoit irrité contre l'Angleterre et la Hollande, que l'on savoit travailler à un traité de partage de tous les États du roi d'Espagne avant sa mort, sans même en consulter l'empereur.

Kinsky parla donc un jour dans les antichambres

1. Théodore-Henri Strattmann servit successivement l'électeur de Brandebourg, l'électeur palatin et l'empereur Léopold : il fut plénipotentiaire de l'empereur à la paix de Nimègue, négocia son mariage avec Éléonore de Neubourg, fut nommé chancelier de l'empire à la mort de Hocher, puis comte. Sa haute faveur fut justifiée par un travail infatigable et une grande fécondité de ressources. Il mourut en 1695.

de l'empereur au marquis de Villars, et lui dit :
« Est-ce que l'empereur et le roi ne sont point assez
« puissants pour se passer de tuteur? Le roi d'Es-
« pagne se porte bien ; mais si Dieu nous l'enlève, de
« si grands princes et si proches parents ne sauroient-
« ils s'entendre? — Voilà, répondit Villars, les
« premières ouvertures que vous me faites; je n'ai
« pas fait grand fond sur celles de quelques-uns de
« vos ministres, lorsque celui que nous savons être le
« premier de tous ne me disoit rien. Votre silence a
« porté le roi à m'ordonner de le garder aussi. »
Kinsky répondit : « L'empereur conserve toutes ses
« troupes ; il a 130,000 hommes ; ses généraux et ses
« armées ont de la réputation : quelles puissances
« dans l'Europe peuvent inquiéter nos maîtres bien
« unis? Qu'ils songent donc eux-mêmes à leurs propres
« intérêts et qu'ils ne partagent pas la monarchie
« d'Espagne conformément à ceux de l'Angleterre et
« de la Hollande[1]. »

Peu de jours après cette conversation arriva une
grande nouvelle de Madrid; elle portoit que le roi
d'Espagne avoit fait un testament, signé de tous les
conseillers d'État, en faveur du prince électoral de

1. Kinsky se plaignit en outre du silence avec lequel Villars
accueillait ses ouvertures, alors qu'il était notoire que la France
négociait avec l'Angleterre et la Hollande. Mais les instructions
de Villars étaient formelles : il devait écouter et ne rien dire.
(Dép. du 1er février.) Son silence était d'autant plus nécessaire que
le premier traité de partage était signé entre Louis XIV, l'Angleterre et la Hollande depuis le 11 oct. précédent : les ministres
autrichiens semblent s'en douter, mais Villars ignorait absolument les engagements pris par sa cour et il est singulier qu'on
les lui ait ainsi cachés.

Bavière. Ainsi, toutes les puissances intéressées formèrent de nouveaux projets, les principales pour leurs intérêts particuliers et les autres pour assurer une paix générale qui paroissoit pouvoir être plus solide dans l'Europe, la monarchie d'Espagne demeurant sur une tête seule, que par un partage entre le roi et l'empereur.

Le prince de Saxe, évêque de Raab, et l'évêque de Kiev, incertains du parti que prendroient le roi et l'empereur sur la succession d'Espagne, employèrent tout pour engager le roi à former quelques liaisons avec leur maître, et firent toutes les avances possibles pour y réussir. Le marquis de Villars y répondit, par ordre du roi, avec toutes les expressions qui, sans engager Sa Majesté, prouvoient seulement sa reconnoissance et les dispositions favorables où elle étoit pour cette alliance. Quelques entretiens du comte de Kinsky avec le marquis de Villars portèrent le sieur Hop à penser que la cour de Vienne songeroit enfin à traiter directement avec le roi ; ce que l'Angleterre et la Hollande regardoient comme un grand malheur pour leurs États. Le sieur Hop vivoit très librement avec le marquis de Villars ; mais, ministre des puissances maritimes, le séjour de celui-ci à Vienne lui paroissoit très dangereux pour ses maîtres, et les apparences sont qu'il eut grande part à susciter une affaire qui, non seulement, jeta le marquis de Villars dans divers embarras, mais qui alloit même par la suite à faire rompre tout commerce entre les cours de France et de Vienne. Comme cette affaire devint très difficile à terminer, il n'est pas inutile d'entrer un peu dans le détail de ce qui la causa.

Il y eut dans le palais une sérénade, suivie d'un bal[1]. Dans tout le palais de l'empereur, le seul endroit propre à ce divertissement, et où d'ordinaire on le donne, est une très grande salle fort élevée dans l'appartement de l'impératrice douairière, et une partie de cet appartement est occupée par M. l'archiduc.

L'usage est que, dans ces bals de la cour de Vienne, personne n'y entre que ceux qui les composent. Cependant, pour faire voir celui-ci aux ambassadeurs et aux ministres étrangers, on avoit pratiqué sept ou huit loges séparées de la salle par une espèce de balustrade et vis-à-vis une manière de trône élevé pour l'empereur et pour l'impératrice. Dans ces loges furent placés le nonce, l'ambassadeur d'Espagne, celui de Venise, qui n'avoient pas vu M. l'archiduc, celui de Savoie et plusieurs étrangers sans nom. Le marquis de Villars y alla avec M. Hop, envoyé de Hollande. Un moment avant que le bal commençât, le marquis de Villars s'approcha de l'évêque de Raab, qui soupoit de la desserte de l'empereur dans une de ces petites loges, ce qui marquoit que ce lieu-là n'étoit pas fort réservé. Le prince de Lichtenstein, gouverneur de l'archiduc, n'eut pas plus tôt aperçu le marquis de Villars qu'il vint à lui. M. Hop étoit précisément entre le prince de Lichtenstein et le marquis de Villars. Ce prince dit au dernier, d'un air très échauffé, qu'il étoit bien extraordinaire que, n'ayant point vu l'archiduc, il voulût voir la fête, et qu'il le prioit de se retirer. Le marquis de Villars lui répondit que toutes les apparences étoient qu'il étoit chez l'empereur et

---

1. 30 janvier 1699.

dans un lieu de peu de cérémonie, puisqu'on y faisoit de petits soupers ; que d'ailleurs plusieurs de ceux qui étoient placés pour voir le bal n'avoient pas pris audience de M. l'archiduc, même M. l'envoyé de Hollande, auquel il auroit pu adresser la parole, étant, comme on l'a dit, entre M. de Lichtenstein et le marquis de Villars. Celui-ci, après sa réponse, sortit, mais l'envoyé de Hollande demeura.

Cette aventure mit toute la cour en mouvement et surprit tous ceux qui l'apprirent. Premièrement, on ne pouvoit s'imaginer que la salle préparée pour le bal pût s'appeler l'appartement de l'archiduc dans le temps que l'empereur y étoit; en second lieu, il paroissoit étrange que le prince de Lichtenstein n'eût pas porté la parole à l'envoyé de Hollande, qui n'avoit pas vu l'archiduc, non plus que ceux de Suède et de Danemarck, qui étoient à Vienne avant le marquis de Villars. Celui-ci fit de très sérieuses plaintes au comte de Kaunitz, qui lui promit seulement d'en rendre compte à l'empereur.

Cependant le marquis de Villars évita dans les antichambres de l'empereur les discours auxquels l'ambassadeur d'Espagne, qui blâmoit un peu plus haut que les autres l'imprudence du prince de Lichtenstein, vouloit l'engager, aussi bien que les autres ministres étrangers. Le moment d'après, le bruit se répandit que le prince de Lichtenstein étoit très chagrin de son procédé et d'avoir suivi très imprudemment les mauvais conseils que l'on lui avoit donnés[1].

1. Le rapport du prince de Liechtenstein sur l'incident existe aux archives Imp. Roy. de Vienne : voyez à l'appendice les extraits que j'en donne avec des détails complémentaires sur toute l'affaire.

Le lendemain, le marquis de Villars trouva dans l'antichambre de l'empereur le comte de Kinsky, qui lui dit : « Je suis très fâché de l'aventure qui est sur-« venue ; mais elle n'empêchera pas notre commerce « sur ce que vous savez. » Au fond, l'on pouvoit tirer un grand avantage de ce qui venoit de se passer, et ce démêlé donna lieu à diverses conférences avec le premier ministre, et à envoyer plusieurs courriers. C'étoit un prétexte fort naturel pour cacher une négociation que le roi et l'empereur vouloient tenir secrète, parce que les puissances maritimes avoient un grand intérêt à la troubler.

Le marquis de Villars observa donc un profond silence sur l'affaire du prince de Lichtenstein. Après avoir porté ses plaintes au comte de Kaunitz, comme il ne pouvoit se dispenser de le faire, il attendit les ordres du roi, auquel il avoit dépêché un courrier, se conduisant de manière qu'il dépendît entièrement de son maître de paroître plus ou moins irrité, selon qu'il conviendroit à ses intérêts [1].

Dans ce temps-là on reçut à Vienne une nouvelle bien importante pour l'Europe entière, mais surtout pour les cours de France et de Vienne : c'étoit la nouvelle de la mort du prince électoral [2], regardé comme

---

1. Dans une lettre particulière à Torcy, Villars demande la permission de provoquer le prince de Liechtenstein. Torcy lui répondit (11 février) : « ... Comme c'est à l'envoyé du roi et non à vous « que le discours a été adressé, je crois que, quand même ce que « vous proposez serait permis, ce ne serait pas l'occasion : mais « sérieusement, monsieur, ne la cherchez pas et ne la trouvez « jamais, vous savez mieux que personne la sévérité du roi sur « ce chapitre... » (*Arch. des Aff. étrangères.*)

2. 8 février 1699.

l'héritier de la monarchie d'Espagne. Ainsi cette couronne n'avoit plus que deux concurrents fondés en droit, mais animés par tout ce qui est le plus propre à exciter la gloire et l'ambition dans l'âme de deux grands princes.

Sur cette nouvelle, le comte de Kinsky dit un mot au marquis de Villars propre à faire connoître qu'il n'étoit pas persuadé qu'elle dût causer une aussi cruelle guerre que celle qui commença peu de temps après.

Le comte d'Harrach fut enfin déclaré grand-maître, cérémonie qui se fait dans l'antichambre de l'empereur par une harangue du grand chambellan, à laquelle le grand-maître répond ensuite.

Quoique le comte d'Harrach eût la première part dans l'amitié de l'empereur, et que d'ailleurs il fût soutenu par une cabale puissante, Kinsky étoit, à proprement parler, le premier ministre à la tête du petit conseil nommé *la députation*, et il étoit le seul qui en rapportât les délibérations à l'empereur. Il fut même dit que ce conseil subsisteroit; que le comte d'Harrach ne s'y trouveroit pas; qu'il présideroit à tous les autres conseils, bien peu considérables en comparaison de celui-là; et qu'il auroit d'ailleurs tous les honneurs et prérogatives de grand-maître.

Cet expédient, le seul que l'empereur pût trouver, n'ôta pas du cœur de Kinsky la noire impression que le refus de la charge de grand-maître y avoit formée. Il avala la pilule mal dorée, mais il ne la digéra pas; il tomba malade et fut emporté en peu de jours. Durant sa maladie, l'empereur l'envoya visiter tous les jours par des personnes considérables et souvent par le père Menegati, jésuite, son confesseur. Kinsky lui dit : « L'empereur honore trop un ver de terre tel que je « le suis ; mais, tout empereur qu'il est, il est ver de « terre comme moi. » Il est certain que le comte de Kinsky mourut de chagrin, maladie dangereuse, assez ordinaire aux premiers ministres ; et l'on peut rapporter à cette occasion ce que le comte d'Harrach conta au marquis de Villars d'un autre principal ministre que l'empereur tua, mais en moins de temps.

Lorsque, Vienne étant à la veille d'être prise par les Ottomans, l'armée impériale marcha à son secours, ayant à sa tête le roi de Pologne, le duc de Lorraine, plusieurs électeurs et princes considérables de l'empire, l'empereur voulut y marcher aussi ; mais la foiblesse naturelle de ce prince le fit délibérer avec ses ministres. Le comte de Sinzendorff, l'un des plus accrédités auprès de l'empereur, s'opposa avec quelques autres ministres au dessein de son maître, peut-être dans le désir de lui faire sa cour. L'empereur avoit au fond plus de fermeté qu'il n'en montroit dans les conseils, et il en fit voir dans plusieurs occasions. Dans celle-ci il s'abandonna au conseil de mollesse que lui donnèrent ses ministres, et suivit son armée dans un bateau sur le Danube. Il comptoit bien que si ses armes avoient un succès heureux, il entreroit le premier dans sa capitale.

Il navigua toute la nuit, et le jour d'après la bataille il arriva à six heures du matin aux portes de Vienne. Dans le temps qu'il sortoit de son bateau, il entendit les salves d'artillerie et de mousqueterie des remparts. Le roi de Pologne étoit allé dès la pointe du jour faire chanter le *Te Deum* à la cathédrale, honneur auquel aspiroit l'empereur. Ce prince demanda ce que signifioient ces salves; on lui répondit : « C'est le roi de « Pologne qui a fait chanter le *Te Deum*. » Sur le champ l'empereur se tourna vers le comte de Sinzendorff, qui étoit dans le bateau, et lui dit avec colère : « La foiblesse des conseils où vous avez eu part cause « la honte que je reçois aujourd'hui. » Le comte d'Harrach dit que ces paroles donnèrent un tremblement subit au comte de Sinzendorff et un saisissement tel qu'il en mourut le lendemain. On a cru pouvoir rapporter en passant ce trait d'histoire, raconté par le comte d'Harrach au marquis de Villars.

La mort du comte de Kinsky, seul ministre qui eût entamé avec le marquis de Villars un projet d'union entre les maisons de France et d'Autriche, suspendit pour un temps assez considérable cette importante négociation. Elle fut reprise dans la suite par les comtes d'Harrach et de Kaunitz.

La reine des Romains fit son entrée le 24 de février 1699. Ce que l'on y vit de magnifique roula sur la noblesse et sur les peuples. De la part de l'empereur, il n'y eut d'extraordinaire qu'un carrosse neuf pour la reine, et ce fut le seul neuf qui parut à l'entrée. Les dames de la reine étoient dans trois autres des plus anciens. La comtesse de Caraffa, sa dame d'honneur, étoit seule avec elle; et dans cette cérémonie ce ne furent point des princesses qui portèrent la queue, la dame d'honneur ne leur cédant pas. Les princes ne parurent pas non plus à l'entrée, n'ayant aucune sorte de rang. Les princes de Savoie, de Commercy et de Vaudemont furent avertis la veille : ils demandèrent si c'étoit par ordre de l'empereur; le fourrier de la chambre, dont la fonction est d'avertir de toutes les fêtes et cérémonies, leur dit qu'il avoit eu ordre de les avertir comme tous les autres cavaliers. Ils allèrent à l'explication, et il leur fut permis de ne se pas trouver à la cérémonie. Le marquis de Villars vit passer le cortège, qui ne lui parut rien moins que superbe. Les arcs de triomphe étoient beaux, la disposition du feu d'artifice étoit bien entendue, mais le reste étoit médiocre. Les cardinaux et les ambassadeurs soupèrent avec l'empereur.

L'entrée de la reine fut précédée, la veille, d'un voyage que le roi des Romains fit en poste pour aller voir cette princesse à deux lieues de Vienne[1] où elle avoit séjourné. Ce voyage est réglé par les étiquettes. Ce prince partit de Vienne à cheval, précédé de quarante postillons sonnant tous de leurs cornets, le grand-maître des postes à leur tête. A la suite du roi étoient les grands officiers et les cavaliers qu'il voulut bien nommer par honneur. Tout le monde étoit aux balcons et aux fenêtres ornées de tapis pour le retour du prince; et il le fit par la rue où étoit sa maîtresse, quoique ce ne fût pas le plus court chemin. En passant devant sa porte, les postillons redoublèrent le bruit des cornets et des coups de fouet; le roi des Romains lui-même, encore plus que les autres, faisoit claquer le sien. Le marquis de Villars étoit alors dans la même maison que mademoiselle de Thaun, qui parut fort sensible à cette galanterie; mais l'impératrice ne l'approuva pas.

Pour revenir aux affaires, le prince de Saxe-Zeitz,

1. A Kaiser-Ebersdorf.

évêque de Raab, et l'évêque de Kiev, envoyé de Pologne, pressoient tous les jours le marquis de Villars pour établir une intelligence parfaite entre le roi et le roi de Pologne leur maître. Le roi répondit favorablement à leurs instances ; mais la mauvaise conduite que la ville de Dantzick avoit tenue par rapport à l'ambassadeur de France et à quelques-uns de nos vaisseaux porta Sa Majesté à exiger des satisfactions convenables avant que d'entrer dans aucun traité, ni d'envoyer aucun ministre de sa part. Les difficultés sur cela traînèrent quelques mois.

Cependant le courrier que le marquis de Villars avoit envoyé au roi, pour l'informer de l'affaire du prince de Lichtenstein, revint à Vienne. Sa Majesté regarda comme une insulte la conduite de ce prince et prescrivit au marquis de Villars celle qu'il devoit tenir. Il eut donc ordre de ne demander aucune audience à l'empereur pour se plaindre, mais de parler une seule fois au comte de Kinsky et de lui dire qu'il avoit ordre de ne pas solliciter de réparation, le roi étant persuadé qu'elle auroit été faite dans le moment, et qu'il n'étoit pas de sa dignité d'attendre qu'elle se fît sur ses représentations, puisque l'insulte avoit été faite en présence de l'empereur, et dans le même temps que son premier ministre faisoit des ouvertures considérables pour réunir les deux maisons : qu'au reste ses pouvoirs étoient suspendus jusques après une satisfaction entière et qu'il avoit ordre de ne plus mettre le pied dans le palais de l'empereur, ni chez aucun ministre.

La satisfaction que l'on demandoit étoit que l'empereur ordonnât au prince de Lichtenstein d'aller chez le marquis de Villars l'assurer du sensible déplaisir qu'il avoit de ce qui s'étoit passé, et d'avoir manqué au respect dû à son caractère.

Le marquis de Villars eut ordre aussi de s'expliquer au comte de Kinsky sur les ouvertures qu'il lui avoit faites, et de lui dire les justes raisons que le roi avoit de ne pas croire l'empereur aussi bien intentionné que l'assuroit son premier ministre; que l'on étoit informé de toutes les démarches que la cour de Vienne avoit faites immédiatement après la paix de Ryswick pour renouveler une ligue contre la France et pour donner de la défiance aux États protestants; qu'à la vérité ces démarches pourroient être désavouées, mais qu'il n'en étoit pas de même de ce qui se passoit sous les yeux de l'empereur, par exemple de la harangue du chancelier d'Autriche, qui demandoit de nouveaux secours aux États, et qui par là les préparoit à une nouvelle guerre contre la France. Le marquis de Villars devoit finir par l'affaire du prince de Lichtenstein et faire voir au comte de Kinsky qu'il paroissoit au roi qu'on se préparoit moins à une union sincère qu'à une nouvelle rupture.

Le comte de Kinsky étoit mort lorsque ces ordres arrivèrent de la cour. Ce ministre avoit bien assuré que les derniers incidents n'interromproient pas la négociation : il n'avoit rien oublié pour persuader au marquis de Villars qu'il étoit véritablement affligé de ce qui étoit arrivé, et que ces aventures, tout embarrassantes qu'elles étoient, ne pouvoient interrompre ce qu'ils auroient à traiter.

Il est certain que les cours de Vienne et de France, élevées dans cette ancienne jalousie qui excitoit entre elles des guerres presque continuelles depuis Charles-Quint et François Ier, n'avoient pas eu pour premier objet de se réunir sincèrement dans la circonstance de la mort prochaine du roi d'Espagne : chacun de son côté avoit cherché à se faire des alliances après la paix de Ryswick, et l'Angleterre et la Hollande étoient les premières auxquelles on s'étoit adressé. Ces puissances avoient un si grand intérêt à ne souffrir jamais la réunion des deux maisons, qu'elles les flattoient également d'entrer dans leur parti. La cour de Vienne, qui venoit de soutenir une longue guerre de concert et liguée avec elles, n'avoit pas obtenu dans la paix les conditions qu'elle désiroit. Elle continua la guerre encore un an. Le sujet qu'elle en avoit étoit que ces deux puissances avoient conclu une paix particulière ; ce qui avoit déterminé le comte de Kinsky au dessein de réunir les maisons de France et d'Autriche, projet déjà formé par le comte de Stratmann et qui auroit été aussi glorieux qu'utile à ces deux grandes maisons s'il avoit pu réussir. Mais elles avoient de si fortes raisons de cacher ce dessein, et le sieur Hop, ministre d'Angleterre et de Hollande, étoit si attentif à le pénétrer, que l'on ne pouvoit tenir trop secrètes les plus légères démarches. C'est aussi ce qui fit traîner si longtemps l'accommodement de l'affaire qui éloignoit le marquis de Villars du palais de l'empereur.

Le roi, pour faire voir à l'Angleterre et à la Hollande qu'il ne ménageoit pas l'empereur, demanda les plus fortes satisfactions. Il faut expliquer ce qui rendoit celle du prince de Lichtenstein si difficile.

Il étoit gouverneur de l'archiduc, ce que l'on appelle, à la cour de Vienne comme à celle de Madrid, *hayo* :

or les *hayos* ne quittent jamais le prince qu'ils élèvent; ils ne rendent aucune visite et ne sortent du palais qu'avec leur prince. On demandoit que le prince de Lichtenstein vînt dans la maison du marquis de Villars, et ce prince publioit hautement qu'il perdroit la tête plutôt que de souffrir qu'il fût dit qu'un prince de Lichtenstein eût été le premier hayo qui eût violé les étiquettes, c'est-à-dire les lois du palais : et à la vérité l'empereur fit offrir au marquis de Villars que le comte de Kaunitz, vice-chancelier de l'empire et ministre des affaires étrangères, vînt chez lui, de la part de l'empereur, témoigner le déplaisir qu'avoit Sa Majesté impériale de ce qui s'étoit passé. Cette satisfaction paroissoit plus grande au marquis de Villars que la première; mais ses ordres étoient précis et il ne dépendoit pas de lui de les changer. Le sieur Hop voulut s'entremettre dans l'accommodement, mais avec de si foibles conditions, qu'il étoit aisé de juger que ce ministre ne désiroit pas que sa négociation eût un heureux succès.

Le nonce et tous les autres ambassadeurs voulurent s'employer de même et firent des offres. Leur entremise étoit inutile : le marquis de Villars étoit fixé à un point, et il falloit qu'il passât sans aucune modification.

Durant tous ces mouvements, la cour de Vienne étoit fort embarrassée, et sa crainte étoit surtout de laisser penser aux puissances maritimes[1] que, pour ne pas s'éloigner de la France, elle accordoit tout ce qu'elle

---

1. Voyez à l'appendice le résumé des efforts tentés par la cour de Vienne pour obtenir l'intervention officieuse des puissances maritimes dans un sens favorable à sa résistance.

demandoit. Ces diverses raisons firent différer la satisfaction demandée.

Cependant, comme nous l'avons dit, le prince électoral de Bavière mourut à Bruxelles le 6 de février. La nouvelle de sa mort changeoit toutes les mesures déjà prises par les puissances qui vouloient empêcher la guerre, ou pour mieux dire que toute la monarchie d'Espagne ne tombât sur une ou sur deux têtes ; car l'Angleterre et la Hollande craignoient encore plus un partage entre le roi et l'empereur, que de voir la monarchie d'Espagne passer sur la tête de l'empereur ; ce qui ne pouvoit jamais être, ces deux puissances se joignant au roi pour l'empêcher.

Le comte de Soissons[1] arriva à Vienne dans ce temps-là, sans être attendu de personne, pas même du prince de Savoie son frère, chez lequel étoit le marquis de Villars quand on lui apprit que le comte de Soissons arrivoit à pied.

A peu près dans le même temps, le marquis de Villars reçut du roi des ordres de partir de Vienne, si, avant quinze jours, le prince de Lichtenstein ne faisoit pas la satisfaction entière et telle que le roi l'avoit demandée. Il expliqua très simplement ses ordres au comte d'Harrach, le comte de Kaunitz étant parti trois jours auparavant pour un voyage de quelques semaines.

Sur cette déclaration du marquis de Villars, on tint le jour d'après une conférence en présence de l'empe-

---

1. Fils, comme le prince Eugène, d'Olympe Mancini et d'Eug. Maurice de Savoie, comte de Soissons : ses sœurs furent exilées de France à cause de leur conduite ; lui, errant en Europe, finit par entrer dans l'armée impériale et mourut au siège de Landau (1702).

reur, où furent appelés non-seulement les plus privés ministres, mais encore la plupart des grands officiers. Les opinions furent partagées ; les plus sensés n'hésitèrent pas à ordonner la satisfaction telle que le roi la désiroit ; mais le plus grand nombre, regardant l'étiquette comme une loi inviolable, auroit préféré de manquer plutôt à la religion [1].

Cependant tous les ministres étrangers étoient jour et nuit chez le marquis de Villars, et jamais l'on n'a employé tant d'artifice, tant de manège, tant de raison spécieuse, pour ébranler un homme. Pour tout dire, on fit tant qu'on laissa couler jusqu'au dernier moment. Le marquis de Villars, prêt à exécuter ses ordres, envoya chercher des chevaux de poste et fit atteler sa berline.

Sur les trois heures après midi, l'ambassadeur de Savoie vint encore, disant qu'il n'espéroit plus ; et le marquis de Villars, ne voyant rien finir, fit sortir de la ville de Vienne sa berline et les gens qui devoient le suivre dans son voyage. Dans ces dernières extrémités, l'ambassadeur de Savoie revint lui demander d'attendre encore un moment ; et quoiqu'il n'eût aucune espérance, il le pria de lui accorder cette grâce seulement jusqu'à son retour du palais. Enfin l'ambassadeur arriva, en lui donnant sa parole d'honneur que tout ce qu'il avoit demandé seroit exécuté dans le moment. Sur cette parole, on fit revenir la berline et tous les domestiques. Un assez grand peuple étoit

1. La minorité sage se composait de Kaunitz et de Harrach, la majorité comprenait Mansfeld, Salm, Dietrichstein, OEttingen et Walstein : le prince Schwarzenberg et le chancelier s'abstinrent. (*Arch. des Affaires étrangères,* dép. du 6 mai 1699.)

assemblé devant la porte, et le prince de Lichtenstein attendoit, pendant que l'ambassadeur de Savoie faisoit encore quelques tentatives pour que ce prince n'entrât pas dans la chambre où étoit le portrait du roi; mais ces petites difficultés ne servirent qu'à rendre la conclusion plus éclatante. Les gentilshommes, les principaux domestiques du marquis de Villars et quelques étrangers, étoient dans sa chambre. Les pages et les laquais allumèrent leurs flambeaux dès que le prince de Lichtenstein sortit, après avoir fait sur sa conduite des excuses au marquis de Villars. Ainsi la satisfaction, telle que le roi l'avoit demandée, fut remplie et publique dans le même moment.

Comme cette affaire avoit paru à Vienne très importante depuis les commencements, et que le roi avoit exigé des choses qui violent les lois de l'étiquette, la conclusion fit honneur au marquis de Villars [1].

Dès que ce différend fut terminé, le comte de Kaunitz reprit avec le marquis de Villars les ouvertures du comte de Kinsky. Celui-ci, dans les derniers jours de sa maladie, avoit parlé au comte de Kaunitz, et lui avoit paru affligé de ce que l'imprudence du prince de Lichtenstein suspendoit des matières aussi importantes que celles dont il s'agissoit.

Le marquis de Villars reçut des lettres du roi, qui lui marquoit une entière satisfaction de sa conduite

---

1. Pour sortir d'embarras la cour de Vienne eut recours à un expédient dont Villars n'eut connaissance que plus tard et qui, sans atténuer la valeur de la satisfaction, sauvait l'étiquette. Ce fut l'occasion de nouvelles correspondances dont Villars ne parle pas ici, mais qui se trouvent aux archives de Paris et de Vienne. Voyez à l'appendice les extraits que j'en donne.

dans les affaires épineuses qu'il venoit de terminer. Il eut ordre en même temps de dire au comte de Kaunitz que Sa Majesté désiroit véritablement prendre des mesures solides avec l'empereur pour éviter la guerre en cas de mort du roi d'Espagne, et qu'elle verroit avec plaisir tous les projets que les ministres de l'empereur feroient sur cela, en commandant au marquis de Villars de les envoyer par un courrier avec la plus grande diligence.

Comme le marquis de Villars n'avoit pu aller depuis trois mois à la cour de l'empereur, il n'avoit pu aussi faire les compliments du roi à Sa Majesté impériale, au roi et à la reine des Romains sur leur mariage; mais sitôt que la fin du différend lui en redonna la liberté, il alla à Laxenbourg. Il y fut très bien reçu de l'empereur, et prit toutes ses audiences dès le premier jour. L'empereur, qui désiroit sincèrement une réunion avec le roi, parla à Villars dans ces sentiments et avec des manières assez éloignées du sérieux des audiences.

Le roi écrivit alors au marquis de Villars qu'il avoit fait arrêter le comte de Boselly, sur des avis qu'il avoit voulu attenter à la vie du prince d'Orange, roi d'Angleterre. Ce Boselly, qui étoit véritablement un des plus méchants hommes du monde, et qui fut exécuté depuis pour une infinité de crimes, pouvoit raisonnablement être soupçonné des plus grands, et se sauva de la Bastille.

Cependant le prince de Lichtenstein voulut affoiblir la satisfaction qu'il avoit faite : on prétendoit même que l'ambassadeur de Savoie, en écrivant à son maître, n'avoit pas rendu un compte bien fidèle de ce qui s'étoit passé. Le marquis de Villars, en étant informé, alla trouver cet ambassadeur, lui demandant une déclaration signée de lui, et conforme à la vérité qui avoit été mandée au roi [1].

Jusque-là les comtes d'Harrach et de Kaunitz avoient marqué un désir assez sincère de traiter avec le marquis de Villars sur la succession d'Espagne; mais il est vraisemblable qu'amusés par le sieur Hop, qui leur donnoit des espérances flatteuses de la part de ses deux maîtres, ils auroient souhaité que le roi se fût expliqué davantage.

Le comte de Kaunitz rompit enfin le silence et dit au marquis de Villars : « Il y a treize jours que vous « m'avez parlé sans que je vous aie répondu de la « part de l'empereur. Je dois vous supplier, Monsieur, « que Sa Majesté ne prenne pas en mauvaise part ce « retardement : Elle jugera bien elle-même que la « matière est assez importante pour mériter d'être « mûrement examinée. Ce que je puis vous dire en « attendant, c'est que j'ai pu juger par le visage de « l'empereur, encore plus que par ses discours, que « les favorables dispositions du roi lui ont été très « agréables : sur le premier compte que je lui en ai « rendu il m'a dit : *Songez à cela, et dites-moi votre* « *conseil le plus tôt que vous pourrez.* Quand je lui en

---

[1]. L'ambassadeur de Savoie, tout en s'entremettant très activement pour le règlement de l'affaire, avait joué un double rôle et avait eu le tort de s'en vanter auprès de sa cour, qui, à son tour, ne sut pas garder la confidence. Il ne donna pas la déclaration écrite que Villars lui demandait, mais fit une déclaration verbale qui suffit et permit de considérer l'incident comme clos. Voyez l'appendice.

« parlai la seconde fois, il me dit : *Je me suis ouvert*
« *au comte d'Harrach; ainsi délibérez ensemble.* C'est
« ce que nous faisons, et l'empereur nous a déclaré
« que nous aurions tous deux seuls sa confiance dans
« cette importante négociation, car d'ordinaire, sur
« tout ce qui regarde la monarchie d'Espagne, le
« grand chambellan et Mansfeld sont appelés. » Le
comte de Kaunitz ajouta : « Voilà ce que je puis vous
« dire comme ministre; mais, comme comte de Kau-
« nitz, je vous conjure que les lenteurs ne vous fassent
« pas de peine, car je n'ai pas la présomption de croire
« que j'en puisse faire revenir l'empereur qui règne
« avec les mêmes maximes depuis quarante ans. »
Après quoi il demanda non seulement un profond
secret, mais encore une extrême attention sur les
moindres démarches, parce qu'elles seroient épiées
par les propres ministres de l'empereur.

Le roi écrivit alors au marquis de Villars qu'il étoit
enfin convenu avec le roi d'Angleterre d'un traité de
partage sur la succession d'Espagne; que la Hollande
y devoit entrer et que le sieur Hop, ministre de ces
deux puissances, devoit le déclarer à l'empereur. Le
roi lui en manda les conditions et lui ordonnoit en
même temps de laisser agir le sieur Hop seul. Ce
ministre trouva l'empereur très opposé au partage
qu'il lui proposoit.

La cour de Madrid étoit dans la plus vive agitation; et
son ambassadeur à Vienne, qui ne laissoit rien ignorer
à Villars, lui dit souvent que tous les Espagnols ne
demandoient pas mieux que de se donner à un des
petits-fils du roi; qu'ils auroient peut-être été plus
disposés en faveur de l'archiduc; mais que, comme ils

savoient bien que l'empereur n'avoit pas la force de les soutenir, le bruit d'un partage qui démembroit leur monarchie les mettoit tous au désespoir.

Le marquis de Villars avoit ordre en général d'écouter tout sans répondre et de dire seulement ce qui pouvoit exciter les autres à parler. Le roi lui ordonna, sur les discours de l'ambassadeur d'Espagne, de lui demander quels seroient les Espagnols qui, pour éviter un partage de leur monarchie, auroient la résolution de prendre un parti assez ferme pour s'en garantir. Effectivement, dire que la nation se donneroit plutôt à un petit-fils du roi qu'à tout autre prince, c'étoit prononcer des termes vagues, qui ne donnoient aucune connoissance sur laquelle on pût faire fond : par conséquent, pour se laisser aller à quelque pensée sur cela, il importoit d'être plus informé des noms et des forces des bien intentionnés pour la nation. C'est aussi ce que Villars représenta à l'ambassadeur, qui peu de jours après parla du partage assez publiquement et d'une manière conforme à ce qu'il avoit dit. Il soutint que le roi d'Espagne n'y consentiroit jamais, et que son maître écriroit dans toutes les cours de l'Europe sur l'indignité avec laquelle il étoit traité par l'Angleterre et par la Hollande.

Ce même ambassadeur prit audience de l'empereur, pour lui faire des plaintes très vives sur cette négociation de Loo[1] (c'est le lieu où le roi d'Angleterre et la Hollande faisoient le traité de partage). La réponse de l'empereur fut qu'il n'entroit pour rien dans tout ce qui se traitoit à Loo; qu'il pouvoit protester cette

1. Loo, château dans la Gueldre, à trois lieues de Daventer.

vérité et qu'il ne consentiroit jamais au démembrement de la monarchie d'Espagne.

L'ambassadeur ne faisoit aucun mystère au marquis de Villars de ce qui se passoit entre l'empereur et lui, ni même de ce qu'il apprenoit d'Espagne. Il lui dit que le désordre étoit si grand dans le conseil du roi son maître qu'il n'y avoit personne sur qui l'on pût compter : qu'il savoit que la plupart connoissoient que la monarchie ne pourroit demeurer entière que par le consentement du roi de France et que Sa Majesté n'y consentiroit point, à moins que ce ne fût pour un de ses petits-fils ; qu'ils en désiroient véritablement un pour roi : qu'ils savoient bien que, quand ce prince seroit leur maître, sa tendresse pour ses frères ne le porteroit pas à partager ses États : que, si Dieu avoit disposé du roi d'Espagne, dans les derniers temps où toute la nation étoit irritée de la liberté que prennent des puissances étrangères de vouloir les partager, il ne doutoit pas qu'ils n'eussent appelé un prince françois : mais que, pour le proposer au roi d'Espagne, il ne connoissoit personne assez hardi pour cela, encore moins pour se mettre à la tête d'un parti : que cependant le comte d'Aguilar[1] avoit dit que le plus grand malheur qu'ils pourroient craindre seroit sa perte, surtout si elle arrivoit avant que Dieu voulût lui donner quelque succession : mais que si Dieu les vouloit châtier d'un tel fléau, ils ne voyoient d'espérance de

---

1. Le comte d'Aguilar était l'un des partisans les plus actifs de la reine d'Espagne, et comme tel soutenait la cause de l'archiduc ; mais il était avant tout patriote et dévoué à l'intégrité de la monarchie, de sorte que le propos que lui prête l'ambassadeur n'est pas invraisemblable.

conserver ses États sous un même maître et sa monarchie entière que par un fils de *Monseigneur* le dauphin. L'ambassadeur dit que ce comte d'Aguilar avoit plus de hardiesse, mais aussi moins de crédit que les autres; que pour lui, il étoit rebuté d'écrire à des ministres sans attention et sans pouvoir; que l'on ne connoissoit plus l'autorité du roi qu'à voir partir de temps en temps un petit billet qui chassoit tantôt l'un, tantôt l'autre, souvent sans raison, et jamais avec espérance qu'un ôté, un meilleur lui succédât; qu'enfin il étoit sur le point de demander son congé; s'il l'obtenoit, il se retireroit par la France pour ne pas mourir sans voir le plus grand roi qui ait jamais été, ensuite rendre compte de ses commissions et passer le reste de sa vie à servir uniquement Dieu, puisqu'il ne dépend plus de lui de servir son maître ni sa patrie. Il avoit hasardé sa fortune par des mémoires et par des discours hardis : le roi d'Espagne lui avoit montré sa bonté en les écoutant et son indolence en ne les suivant pas. Au milieu de son dépit, il poussa très vivement le sieur Hop sur une entreprise, disoit-il, aussi injuste et aussi surprenante que celle de partager la monarchie d'un roi d'Espagne vivant.

L'empereur protestoit qu'il n'entroit en rien avec ces puissances : cependant, après toutes les ouvertures faites par les comtes d'Harrach, de Kinsky et de Kaunitz, on gardoit le silence avec le marquis de Villars; ce qui persuadoit, ou que la cour de Vienne attendoit des traitements plus favorables des puissances qui avoient traité le partage, ou que le roi approuvoit ce qui se passoit en Hollande.

L'ambassadeur d'Espagne, pressé enfin par la continuation d'une négociation qu'il ne pouvoit plus soutenir, dit au marquis de Villars qu'il avoit mandé au roi son maître que, s'il lui étoit indifférent de conserver l'intégrité de sa monarchie, il étoit plus noble pour lui de la partager d'une manière convenable entre l'empereur et la France; mais que, s'il vouloit la conserver entière, l'unique moyen étoit, pour y réussir, de déclarer pour son seul héritier un des petits-fils du roi, s'engageant à n'en pas permettre le moindre démembrement.

Cet ambassadeur dit encore au marquis de Villars : « Conduisez-vous bien, ménagez sans éclat la cour de « Madrid ; elle se conduit si mal, aussi bien que celle « de Vienne, que tout concourra à mettre la monar- « chie entière sur la tête d'un de vos princes, même « sans que vous fassiez aucun mouvement. »

Il ne sera pas inutile de rapporter un trait qui fera sentir combien cet ambassadeur étoit vif sur la gloire de sa nation. Un jour, entendant l'envoyé d'Angleterre et de Hollande (c'étoit le sieur Hop) blâmer la conduite du marquis de Calandès, ambassadeur d'Espagne à Londres, sur ce qu'il avoit donné un mémoire de plaintes à la régence de Londres contre les bruits du partage, et dire qu'il étoit bien surprenant que l'on osât donner des mémoires à des sujets sur la conduite de leur roi, l'ambassadeur répliqua : « Des sujets qui « détrônent leur roi et s'en donnent un autre, qui « même en punissent un du dernier supplice par « leurs prétendues lois, et qui tout récemment font « une guerre contre la volonté de leur roi, qui, pour « toute réponse sur ce qui se passe à Darien, est « réduit à dire qu'il ne peut s'opposer à ce que le « parlement d'Écosse a ordonné ; de tels sujets ne sont

« point du tout regardés comme ceux du roi Très-
« Chrétien. » Ce discours de l'ambassadeur d'Espagne,
très offensant pour un ministre d'Angleterre, le porta
à de grands emportements, que l'ambassadeur méprisa
par un sourire moqueur. Cette conversation étoit assez
amusante pour un tiers.

Cependant on fut informé bien positivement que
l'empereur avoit refusé les propositions de partage
faites par l'Angleterre et par la Hollande; mais ce
prince, étant persuadé que le roi agissoit de concert
avec ces deux puissances, tourna ses vues du côté de
Madrid. Le roi d'Espagne et la reine étoient entièrement pour l'empereur; mais divers ministres de cette
cour, persuadés que l'empereur et le roi d'Espagne
ne pouvoient rien seuls contre les forces unies de la
France, de l'Angleterre et de la Hollande, jointes à
toutes les autres alliances que l'on avoit ménagées
dans le Nord, penchoient à se jeter entre les mains du
roi, en se donnant tout entiers à un de ses petits-fils :
unique moyen d'éviter le traité de partage, qu'ils
regardoient comme le plus grand malheur.

Le comte de Soissons, arrivé à Vienne, et ne sachant
plus à quoi se prendre, vint trouver le marquis de
Villars, auquel il conta ses peines et ses malheurs,
surtout le chagrin qu'il avoit d'avoir déplu au roi. Il
dit que, pour toute grâce, il demandoit d'expier ses
fautes; et que, pour cela, il supplioit Sa Majesté d'ordonner qu'il fût reçu dans celle des prisons de France
qu'il lui plairoit, pour y demeurer tout le temps que la
pitié ou la punition l'exigeroit. Le roi lui fit dire de
continuer ses services aux princes qu'il voudroit
choisir, ne voulant pas qu'il revînt en France.

La guerre très imprévue commencée par le roi de Pologne contre la Suède surprit alors presque toutes les cours de l'Europe. Ce prince attaquoit la Livonie : il paroissoit que toute la Pologne concourroit à cette entreprise, et certainement l'empereur ne pouvoit trouver convenable à ses intérêts l'agrandissement de tels voisins. Le début de la guerre fut heureux pour le général Flemming, qui surprit un fort très bon et très important placé vis-à-vis Riga et dont la perte facilitoit extrêmement celle de cette importante place, d'où dépend toute la Livonie, l'une des meilleures et des plus riches provinces de la domination de Suède.

La cour de Vienne ne prit aucun parti ; mais on vit le Danemarck, ligué avec le roi de Pologne, se préparer à attaquer la Suède, et ce fut le commencement d'une guerre à peine terminée en 1716[1].

Le marquis de Villars eut ordre de déclarer que le roi avoit commandé de remettre Brisach à l'empereur le premier d'avril 1700. Depuis longtemps cette cour étoit tranquille sur la restitution de cette place, ayant bien reconnu qu'elle n'avoit été différée que pour se conformer exactement au traité de Ryswick.

L'audience que le marquis de Villars n'avoit encore pu prendre de l'archiduc, à cause d'une infinité de difficultés faites même par la plupart des ministres

1. Cette guerre, qui mit aux prises d'un côté Auguste II, roi de Pologne, Frédéric IV, roi de Danemark, et Pierre le Grand, de l'autre, Charles XII, roi de Suède, et Stanislas Leczinski, ne fut pas terminée par la bataille de Pultawa (1709) et la retraite de Charles XII. Elle se prolongea entre les débris des partis jusqu'en 1718. En rapprochant ce passage de celui de la p. 243, on peut en conclure que cette partie des mémoires de Villars a été écrite en 1716.

de l'Europe, fut enfin réglée suivant les intentions du roi.

Le marquis de Villars vit ce prince qui se découvrit toutes les fois que le marquis de Villars prononçoit le nom du roi ou que le prince lui-même le nommoit. Cette affaire finie, le comte d'Harrach parla au marquis de Villars sur la même matière qui avoit été déjà agitée par les comtes de Kinsky et de Kaunitz. Il falloit, disoit-il, établir une véritable et sincère union entre le roi et l'empereur et mépriser les vues de ces puissances, qui, sous le prétexte d'établir le repos de l'Europe, ne vouloient qu'en procurer la ruine par des guerres éternelles. Comme le marquis de Villars avoit ordre de n'entrer en rien, il observa un silence qui fit taire le comte d'Harrach, et ce ministre finit l'entretien par ces paroles : « Monsieur, vous savez « plus que vous ne voulez dire et il seroit inutile de « parler davantage d'une matière qui cependant méri- « teroit un peu plus les sérieuses réflexions du roi, « votre maître. »

Le marquis de Villars rendit un compte exact de cette conversation et prit la liberté de représenter au roi, par des raisons fortes et convaincantes, que le parti le plus sûr, le plus avantageux et le plus convenable aux deux grands chefs des deux plus redoutables maisons étoit de s'unir ; que le partage n'établiroit pas la paix ; que l'empereur hasardant tout pour l'empêcher, les commencements de la rupture pouvoient ne lui être pas favorables, mais que les suites seroient longues et difficiles : au lieu que, si le roi s'entendoit avec Sa Majesté impériale, les forces que ces deux puissances avoient actuellement sur pied les mettroient en état de soutenir le partage le plus glorieux et le plus utile au roi et à l'empereur.

Le comte d'Harrach, dans un autre entretien, n'oublia rien pour prouver au marquis de Villars que l'Angleterre et la Hollande ne songeoient qu'à leurs intérêts particuliers ; que le partage proposé ne convenoit qu'à ces deux puissances et que le seul glorieux et utile étoit celui qui réunissoit pour toujours, et sans ombre de défiance pour l'avenir, les deux plus puissants princes de l'Europe. Il a bien paru que le marquis de Villars étoit fortement convaincu de cette vérité, car il n'omit rien pour en persuader son maître, sacrifiant souvent à son zèle la conduite et la politique du courtisan : il étoit même obligé souvent de supplier le roi de lui pardonner s'il s'expliquoit à lui avec trop de liberté. Mais les ordres qu'il recevoit étoient précis et tels qu'il ne pouvoit faire entrevoir aux ministres de l'empereur aucune espérance de changer des mesures qu'il soupçonnoit être déjà prises entre le roi, l'Angleterre et la Hollande.

Comme il arrive néanmoins que dans des affaires si importantes les puissances mêmes qui comptent avoir tout réglé ne laissent pas de craindre ou d'entrevoir quelque révolution, le marquis de Villars croyoit pénétrer, par les discours des ministres de l'empereur, qu'ils se flattoient de voir arriver quelques changements dans le projet de partage qui passoit pour constant, bien qu'il ne fût pas public ; et le roi de son côté laissoit entendre à Villars qu'il lui enverroit des ordres incessamment.

La guerre commencée par le roi de Pologne faisoit de la peine à toutes les puissances qui cherchoient la paix; mais ces mêmes puissances, qui dans un autre temps auroient imposé un prompt silence à l'agresseur, étoient retenues par de plus grands intérêts; et l'incertitude des mouvements que produiroit la mort apparente du roi d'Espagne laissa une entière liberté à la Pologne, au Danemark, à la Prusse et au Czar de s'unir pour détruire la Suède ou du moins pour envahir les États de cette couronne qui étoient fort à la bienséance de ces avides voisins.

La ligue formée entre tant de puissances donna bientôt lieu à l'intrépide valeur du roi de Suède de se faire une gloire qui auroit effacé celle des plus grands conquérants si le mépris des périls, naturel en lui et qui éclata dans ce jeune héros au-delà de tout exemple, avoit été accompagné de cette réflexion si nécessaire à tous les grands hommes, mais surtout à un roi, qu'il faut démêler les dangers convenables à ces premières têtes d'avec ceux qu'elles doivent éviter et mépriser comme au-dessous d'elles.

Cette guerre commença donc dans le Nord, malgré la répugnance de presque toute l'Europe, répugnance qui ne paroissoit que par des offices même assez légers : et ce que l'on avoit cru un feu facile à éteindre est encore allumé dans le temps qu'on écrit ces Mémoires; et cette guerre d'une partie de l'Europe a laissé un champ libre à toutes celles qui depuis ont si fort ébranlé les autres monarchies qu'il n'y en a pas une seule dont les rois n'aient été chassés de leurs capitales ou dont les couronnes n'aient été en quelque péril.

[1700.] Revenons à ce qui se passoit à Vienne, où la négociation se trouva des plus importantes par les dépêches du roi, qu'un courrier apporta au marquis de Villars, datées du 6 mai 1700[1].

Par ces lettres, le roi expliquoit au marquis de Villars les raisons qu'il avoit eues de ne lui permettre pas d'écouter les propositions que lui avoient faites les ministres de l'empereur sur un partage de la monarchie d'Espagne. Ces raisons étoient fondées sur la juste défiance que Sa Majesté avoit dû prendre des vastes desseins de l'empereur, établis sur la confiance qu'il prenoit en ses anciens alliés et sur les espérances que lui donnoient ses ambassadeurs à Madrid. Enfin le roi, persuadé que l'empereur comptoit recueillir la monarchie d'Espagne tout entière, ne crut pas devoir montrer aucune facilité à traiter avec ce prince : tout au contraire, il regarda comme infiniment plus solides pour conserver la tranquillité de l'Europe les mesures qu'il prendroit avec l'Angleterre et la Hollande, ces deux puissances craignant également et le renouvellement de la guerre, et que la monarchie d'Espagne ne tombât entière sur la tête du roi ou de l'empereur.

Il parut donc nécessaire de laisser à l'empereur le temps de reconnoître le peu de solidité de ses projets, avant que d'entrer de la part du roi dans aucune négociation avec ce prince.

Après que la mort du prince électoral de Bavière eut changé tout le système des négociations, le sieur Hop eut ordre de déclarer, de la part du roi d'Angle-

---

1. La minute de cette importante dépêche est aux archives des Affaires étrangères ; c'est un modèle de précision, de modération, de prudence, de force contenue : Villars l'analyse exactement ; son discours à l'empereur est la reproduction textuelle des instructions du roi.

terre et des États-Généraux, que ces deux puissances ne trouvoient pas convenable au bien de l'Europe, ni à leurs propres intérêts, de s'engager dans une nouvelle guerre pour ceux de l'empereur, et qu'enfin, pour établir la tranquillité générale, il ne convenoit pas qu'on laissât tous les états de la couronne d'Espagne réunis, ou dans la maison d'Autriche, ou dans celle de France.

Toutes ces diverses représentations ne purent cependant ébranler l'empereur, non plus que le peu de fondement qu'il pouvoit faire sur les négociations de son ambassadeur à Madrid, qui ne lui permettoit plus d'espérer que le crédit de la reine d'Espagne fût assez considérable pour engager les Espagnols à se donner entiers à la maison d'Autriche, au péril d'une nouvelle et dangereuse guerre.

Le roi, ne croyant pas pouvoir prendre une confiance entière dans l'empereur, se crut enfin dans l'obligation de conclure un traité au mois de mars de la présente année avec l'Angleterre et la Hollande, pour le partage de la monarchie d'Espagne. Ce traité étant connu, on n'en insère pas ici les articles[1].

Le marquis de Villars eut donc ordre de parler à l'empereur et lui fit le discours suivant, par lequel il tâcha d'adoucir autant qu'il se pouvoit la dure nouvelle qu'il venoit lui apprendre.

« Sire, en m'acquittant des ordres dont le roi mon

---

1. Traité de partage signé à Londres le 25 mars 1700. Rappelons qu'il attribuait à l'archiduc l'Espagne, les Indes, les Pays-Bas et la Sardaigne; au dauphin, Naples, la Sicile, les ports espagnols de Toscane, Final et le Guipuscoa, enfin le Milanais à échanger avec le duc de Lorraine contre la Lorraine et Bar.

maître me fait l'honneur de me charger par ses dernières lettres, je prendrai la liberté d'assurer Votre Majesté impériale que j'en ai toujours eu de très précis de lui faire connoître, encore plus par ma conduite que par mes discours, combien sincèrement il désire d'entretenir toujours avec elle une parfaite intelligence. Le roi mon maître a été bien aise de lui en donner des marques, aussi bien dans les moindres occasions que dans celles où il a été question de faciliter l'exécution du dernier traité.

« Cette correspondance a paru toujours essentielle au bien de la chrétienté : ainsi le roi ne peut regarder sans peine les événements capables de la troubler.

« Votre Majesté a su que le roi, souhaitant prévenir tant de malheurs, acceptoit les propositions faites l'année dernière par le roi d'Angleterre et par les États-Généraux pour empêcher, si Dieu disposoit du roi d'Espagne, que la mort de ce prince, dont la santé fait tout craindre depuis quelques années, ne produisît de nouvelles guerres.

« Le roi auroit appris avec un plaisir sensible que Votre Majesté impériale, également touchée et des avantages offerts à monseigneur l'archiduc par ce projet, et du nouveau trouble où tous les États se verroient exposés si elle refuse d'y souscrire, eût accepté des conditions si raisonnables.

« Elles ont paru au roi mon maître si propres à maintenir la tranquillité générale qu'il a pris enfin la résolution de conclure avec le roi de la Grande-Bretagne et avec messieurs des États-Généraux un traité conforme à ces mêmes propositions. Le roi m'a ordonné d'en faire part à Votre Majesté impériale. Si elle veut y entrer, rien ne manquera plus aux mesures prises pour la conservation de la paix.

« L'ouverture à la succession d'Espagne est justement regardée comme la source d'une longue guerre : mais il n'y aura point de sang versé, si cette querelle est terminée par un juste partage ; il n'y aura plus de sujets de dispute et les peuples soumis présentement à la domination d'Espagne reconnoîtront de nouveaux souverains, sans que ce changement attire des suites funestes qu'il seroit impossible d'éviter si les armes décidoient de la succession de tant d'États.

« Le roi ne peut croire que la prudence et la piété de Votre Majesté impériale permettent qu'elle préfère les événements incertains d'une guerre et les malheurs qui en sont inséparables à des propositions si justes, surtout lorsqu'elle voit que, pour épargner ces malheurs à la chrétienté, le roi veut bien se désister de soutenir ses droits justes et légitimes et ne pas employer pour cet effet des forces qu'il peut faire agir toutes les fois que la nécessité le demandera[1].

« Enfin, Sire, je prendrai la liberté de représenter à Votre Majesté impériale que de pareilles résolutions n'admettent point de grands délais, qu'elles doivent être prises promptement et qu'il est nécessaire de faire voir que l'on tenteroit vainement de s'y opposer. Le

---

1. La minute des instructions du roi porte : « Je veux bien me désister de soutenir les droits de mon fils et d'employer pour cet effet les forces que tout le monde sait que je puis faire agir aussitôt que je l'ordonnerai. » Villars a, dans la conversation, atténué ce passage : de même, dans la phrase suivante, il a supprimé les derniers mots : « Que c'est en les faisant éclater qu'on peut inspirer une juste terreur à ceux qui essayeraient d'en traverser le succès. »

roi attend incessamment une réponse et m'ordonne de renvoyer le courrier qu'il m'a dépêché peu de jours après que j'aurai eu l'honneur d'informer Votre Majesté impériale des ordres qu'il m'a apportés.

« Voilà, Sire, la copie du traité que j'aurai l'honneur de remettre à Votre Majesté impériale ou à celui de ses ministres qu'elle aura pour agréable de me nommer. »

L'empereur parut surpris de ce discours et répondit seulement que personne ne désiroit plus que lui le repos de l'Europe, et que le marquis de Villars pouvoit remettre le traité qu'il lui présentoit au comte de Kaunitz.

En sortant de chez l'empereur, le marquis de Villars porta le traité à ce ministre, qui lui dit simplement en le recevant et en regardant le ciel : « Il y « aura encore quelqu'un là-haut qui se mêlera de « partager les monarchies du monde. »

La dépêche de Sa Majesté informoit très au long le marquis de Villars de tout ce qui s'étoit passé en Angleterre entre milord Portland et les ministres de l'empereur, à la Haye entre M. Heinsius et les mêmes ministres, en France entre le marquis de Torcy et le comte de Sinzendorff[1]. Ce dernier, en lisant le traité

---

1. Philippe-Louis, comte de Sinzendorff, d'une famille nombreuse et pourvue de charges importantes, dont celle de trésorier héréditaire de l'empire, était ambassadeur de l'empereur en France : il n'avait alors que vingt-neuf ans; il fut depuis ambassadeur aux conférences de la Haye et d'Utrecht, chancelier de l'empire, chevalier de la Toison d'Or, et remplit de hautes missions diplomatiques sous Charles VI. On a de lui aux Archives de Vienne non seulement une volumineuse correspondance, mais une intéressante description de la cour de Versailles qui a été

avec M. de Torcy, fit diverses remarques sur les changements que l'on pouvoit y faire, surtout par rapport au Milanois. M. de Torcy lui fit réponse que, si lui, comte de Sinzendorff, faisoit quelques propositions de la part de l'empereur, le roi les feroit examiner avec les ministres d'Angleterre et de Hollande.

Parmi les circonstances dont le roi informoit le marquis de Villars, il lui manda que la reine d'Espagne étoit entièrement brouillée avec le comte d'Harrach, ambassadeur de l'empereur à Madrid, et dès-là que ce prince ne pouvoit plus attendre, comme il l'avoit toujours espéré, que l'Espagne se livrât à lui. En effet, il y avoit à Madrid une puissante cabale disposée à se donner à un des fils du dauphin, et les plus sensés conseilloient l'empereur de s'accommoder avec le roi.

La plus grande difficulté de l'empereur sur le traité de partage regardoit le Milanois, qui devoit être remis au duc de Lorraine en échange des duchés de Lorraine et de Bar, et il y avoit tout lieu d'espérer que l'empereur seroit satisfait de voir l'État de Milan remis entre les mains d'un neveu[1] qu'il avoit élevé et qui avoit tant de part à sa tendresse.

Nonobstant les déclarations authentiques que le marquis de Villars devoit faire que le roi n'admettroit aucune sorte de changement au traité, il avoit ordre d'écouter les propositions que les ministres de l'em-

---

publiée par M. de Arneth. Il demeurait à Paris, quai Malaquais, et y eut, le 25 décembre 1700, une fille nommée Josèphe-Marie, qui épousa, en 1717, son cousin Fr. Wenz. de Sinzendorff.

1. Léopold, duc de Lorraine (1690-1719), était fils du duc Charles V, le vainqueur des Turcs, et d'Éléonore d'Autriche, sœur de l'empereur Léopold.

pereur pourroient faire. Si elles consistoient à offrir au roi quelque partie des Indes ou quelques provinces dans les Pays-Bas, le marquis de Villars étoit chargé de rejeter ces offres. Si, pourtant, l'une de ces provinces des Pays-Bas étoit celle de Luxembourg, et qu'on voulût y joindre le royaume de Navarre, le roi se réservoit d'examiner s'il lui convenoit de les accepter en laissant le Milanois uni à la couronne d'Espagne. Enfin, si l'empereur, abandonnant ses prétentions sur le Milanois, demandoit que les royaumes de Naples et de Sicile ne fussent point séparés de la monarchie d'Espagne, le marquis de Villars avoit ordre d'écouter les propositions qui seroient faites pour conserver ces royaumes à l'archiduc, devenu roi d'Espagne.

Il étoit prescrit au marquis de Villars d'informer diligemment le roi sur ces diverses propositions de changements et de garder le secret à l'égard du sieur Hop, Sa Majesté se réservant d'en communiquer directement avec l'Angleterre et la Hollande.

Après que le marquis de Villars eut remis le traité à l'empereur, il écrivit au roi, et l'on croit devoir insérer ici cette première dépêche, qui prépare à une importante négociation[1].

« Sire, j'ai eu l'honneur d'informer Votre Majesté, par ma dernière dépêche, que j'avois pris audience de l'empereur le 18 au soir. Elle trouvera dans celle-ci un compte exact et fidèle de tout ce que j'ai fait depuis, en exécution de ses ordres; je les ai étudiés avec l'attention qu'ils méritent. Elle me permettra d'abord d'admirer, dans les motifs qui ont réglé la conduite de Votre Majesté et dont elle daigne m'instruire, ce génie sublime

1. L'original (*Archives des Affaires étrangères*) est daté du 25 mai 1700.

et cette profonde sagesse dont le discernement démêle par des règles infaillibles la vérité d'avec l'apparence, et montre la droite voie aux ministres qui ont l'honneur de la servir, à tel point, Sire, que leur premier et presque unique objet doit être d'exposer, le plus nettement qu'il leur est possible, tout ce qu'ils voient et tout ce qu'ils entendent, bien persuadés que, s'ils s'égarent dans leurs préjugés, Votre Majesté ne se trompera pas dans ses décisions. Ainsi, dans la matière importante qu'elle daigne me confier, j'aurai l'honneur de lui rendre compte non seulement des paroles de l'empereur et de ses ministres, mais même, autant que je pourrai, de l'air dont ils les ont prononcées.

« Je me suis servi des mêmes expressions que Votre Majesté m'a fait l'honneur de me prescrire lorsque j'ai parlé en son nom à l'empereur. Sa réponse a été, en termes généraux, qu'il avoit intention d'entretenir toujours une parfaite intelligence avec Votre Majesté ; qu'il se souvenoit de tout ce qui avoit été proposé et agité depuis un an entre le ministre de Hollande et les siens ; qu'il avoit cru montrer sa modération et qu'il examineroit le traité que Votre Majesté m'ordonnoit de lui communiquer. Sur la conclusion de mon discours pour presser ses résolutions, l'empereur dit qu'une matière si importante exigeoit de longues délibérations ; qu'il verroit cependant ce qu'on pourroit me dire avant le départ de mon courrier.

« Il m'ordonna de remettre le traité au comte de Kaunitz ; je trouvai ce ministre dans l'antichambre de l'empereur et lui demandai quand je pourrois l'entretenir, après lui avoir dit en deux mots que j'avois à lui remettre la copie d'un traité dont je venois de rendre compte à l'empereur.

« On en avoit des nouvelles avant l'arrivée de nos courriers, et le comte de Kaunitz me dit qu'il en savoit la signature du 25 mars. L'ambassadeur de Venise m'en avoit parlé de même et expliqué la plupart des articles.

« Après cette première diligence pour informer le comte de Kaunitz, je parlai à M. le comte d'Harrach, qui me parut assez ému, se plaignant fort de leurs alliés. « Enfin, voilà nos bons « amis, me dit-il, mais est-ce que l'on donne le bien des « gens ? » Ensuite, il me parla sur diverses particularités

dudit traité, me disant : « Je vous avois bien dit, monsieur,
« que l'Angleterre et la Hollande ne songeoient qu'à leurs inté-
« rêts ; ils nous donnent une portion de la monarchie d'Es-
« pagne, qui ne se peut soutenir. Que faire de la Flandre?
« Comment conserver les Indes sans armée navale? Il faut que
« M. l'archiduc soit toujours à la merci du roi pour l'Espagne,
« et dans la dépendance de l'Angleterre et la Hollande pour les
« Indes? » — Je lui dis : « Monsieur, si vous considérez la
« portion de la monarchie d'Espagne, qui est destinée à
« M. l'archiduc, pour l'usage qu'en font les Espagnols et
« que nous jugions de même de celle qui nous regarde, vous
« m'avouerez que la nôtre est bien médiocre. Vous savez que
« les royaumes de Naples et de Sicile sont engagés de manière
« que le roi d'Espagne n'en retire presque rien ; mais, quand
« un prince aussi bien élevé que M. l'archiduc, et qui, dans un
« âge peu avancé, donne déjà de grandes espérances, sera le
« maître, vous trouverez, monsieur, que l'empire des Indes et
« les Espagnes, bien gouvernés, font un état très puissant. Je
« sais ce que l'on tire seulement des deux Castilles ; et, si la
« misère du gouvernement d'Espagne fait fondre pour ainsi
« dire tout l'or des Indes entre leurs mains, il ne faut qu'un
« prince un peu éclairé pour relever une puissance plus acca-
« blée de son propre poids, et par l'ignorance de ses ministres,
« que de sa foiblesse naturelle. » Enfin, Sire, après quelques
soupirs et des plaintes d'être abandonnés par des alliés qu'ils
avoient seuls soutenus à la veille de leur ruine totale, M. le
comte d'Harrach en est venu aux regrets de n'avoir pas traité
directement avec moi. « N'étoit-il pas plus raisonnable, m'a-
« t-il dit, que des princes, si proches parents et si remplis de
« religion et d'équité, convinssent entre eux ? » — Je lui ai
dit : « A cela, M. le comte, la réponse est aisée, et vous trou-
« verez bon que je vous explique la conduite de Sa Majesté.

« A peine la paix a-t-elle été conclue que le roi nomma
« MM. de Tallard, d'Harcourt et moi pour aller auprès de l'em-
« pereur, du roi d'Espagne et du roi d'Angleterre. Je serois
« parti en même temps que les deux premiers, si la mort de
« mon père, qui survint alors, ne m'eût fait supplier le roi de
« me donner quelques mois. » (J'ai cru, Sire, pouvoir donner

cette raison, laquelle ne m'a pas retenu, comme Votre Majesté le sait.) « J'arrivai, il y a deux ans ici, et vous savez, M. le
« comte, que l'empereur n'a eu personne auprès du roi que
« plus de quinze mois après. Je trouvai une telle froideur à
« Vienne et si différente des honneurs que l'on m'avoit rendus
« à mon premier voyage, que j'en marquai mon étonnement à
« M. le comte de Kaunitz et lui en fis quelques plaintes, ayant
« été un mois entier sans que personne mît le pied chez moi ;
« quelques-uns même de mes anciens amis, qui avoient envoyé
« demander heure pour y venir, s'en excusèrent. Vous savez,
« monsieur, que les principaux d'entre vous ne m'ont invité
« chez eux qu'après m'avoir fait l'honneur de venir manger
« chez moi, et honteux, pour ainsi dire, de ne pas faire les
« honneurs de leur cour à un étranger. Enfin, je puis dire que
« les honnêtetés que j'ai reçues dans la suite, je me les suis
« attirées. Le feu comte de Kinsky et plusieurs autres ne sont
« jamais venus chez moi. Ces traitements, si différents de ceux
« que l'on faisoit autrefois aux envoyés du roi et dont je ne
« pouvois me dispenser d'informer Sa Majesté, commencèrent
« à la persuader du peu de bonne volonté de cette cour. Elle
« fut confirmée dans cette opinion par l'affaire qui m'arriva
« chez M. l'archiduc, la dureté sur les justes satisfactions
« demandées par le roi et qui n'ont été accordées que par la
« crainte de rompre un commerce qui vous mettoit à la merci
« de l'Angleterre et de la Hollande, n'ayant plus aucune voie
« de traiter directement avec Sa Majesté. A toute cette conduite,
« pouvoit-on croire à un désir bien sincère de l'empereur de
« se lier d'intérêts avec le roi ? et je crois pouvoir vous dire,
« monsieur, que l'on n'a écouté les premières propositions que
« lorsque j'étois prêt à quitter votre cour, par le refus de la
« satisfaction que le roi demandoit, laquelle, comme vous le
« savez, M. le comte, n'a pas été accordée de fort bonne grâce. »

« Le comte d'Harrach m'interrompit pour me dire : « Mon-
« sieur, sur ce que l'on ne vous a point parlé d'abord, c'est
« premièrement parce que l'empereur a toujours cru être le
« seul et véritable héritier de la monarchie d'Espagne, et puis,
« avant votre arrivée ici, le roi étoit déjà convenu avec le roi
« d'Angleterre et les Hollandois sur le prince électoral de

« Bavière. » — Je dis : « Sur cela, monsieur, je crois pouvoir
« répondre qu'il n'y avoit rien de réglé avant mon arrivée ;
« mais si, depuis, le roi a consenti à quelque chose en faveur
« du prince électoral, sa même modération paroissoit toujours,
« et, ce prince mort, vous deviez montrer plus d'envie que
« d'éloignement de traiter avec Sa Majesté. » — Sur cela, le
comte d'Harrach me dit : « Mais, n'y a-t-il plus rien à négo-
« cier, tout est-il fini ? » — Je dis : « Monsieur, vous voyez un
« traité conclu. — Pour ce traité, monsieur, nous n'y pouvons
« consentir. » Je répondis : « Le roi m'ordonne de renvoyer
« mon courrier au plus tard dans huit jours. Il souhaite pas-
« sionnément que l'empereur entre dans des conditions où la
« modération du roi paroît entière ; je verrai, monsieur, entre-ci
« et huit jours ce que vous me ferez l'honneur de me dire,
« et j'en rendrai un compte fidèle à Sa Majesté. » Voilà, Sire,
notre première conversation.

« J'allai de là chez le comte de Kaunitz, qui me parut très
réservé, très silencieux et étonné. Comme il ne me répondoit
que peu de paroles, je m'étendis moins qu'avec le comte d'Harrach. Après m'avoir écouté quelque temps, il me dit : « Voilà
« ce que MM. de Boufflers et de Portland avoient négocié avant
« la paix. » Je l'assurai du contraire, et il me répliqua : « Il y
« a quelqu'un là-haut (en montrant le ciel) qui travaillera
« encore à ces partages. » Je lui dis : « Ce quelqu'un en
« approuvera la justice. — Cela est pourtant nouveau, me dit-
« il, que le roi d'Angleterre et la Hollande partagent la monar-
« chie d'Espagne. Et ce tiers, dont vous nous menacez, où
« est-il ? je ne le connois pas. Quoi ! les Hollandois donneront
« des royaumes ? » Comme il s'en prenoit vivement au roi
d'Angleterre et aux États-Généraux, je lui dis : « Monsieur le
« comte, trouvez bon que je les excuse auprès de vous. Ces
« deux puissances viennent de soutenir une guerre qui leur a
« beaucoup coûté, et rien à l'empereur ; car, enfin, vous n'avez
« fait de dépense que contre les Turcs : vous aviez quelques
« troupes en Italie, qui ne vous coûtoient rien, et deux seuls
« régiments de houssards dans l'Empire, qui ne vous coûtoient
« rien aussi. L'Angleterre et la Hollande ont donc soutenu tout
« le fardeau. Croyez-vous ces gens-là bien pressés de se ren-

« gager dans une nouvelle guerre pour vos seuls intérêts,
« quand le roi se met à la raison et marque par sa modération
« qu'il ne veut que le repos et la tranquillité de l'Europe? » Je
lui remis le traité, et ainsi finit notre conversation, au moins
n'y eut-il rien de plus essentiel.

« Le jour d'après, le comte d'Harrach me pria à dîner ; il
but à la bonne union de Votre Majesté et de l'empereur. Il est
assez poli naturellement, et me le parut encore plus ce jour-là.
Après le repas, il me dit : « Voilà le traité que M. Hop a remis
« à l'empereur. Vous voulez bien que je vous fasse voir qu'il
« y a entre autres deux choses insoutenables sur les articles
« IV et IX. Quoi ! obliger l'empereur de priver ses successeurs
« de la réversion légitime de leur bien ! Et, si le malheur vou-
« loit qu'il ne restât qu'un prince de toute la maison d'Autriche,
« l'empereur pourroit-il consentir à le priver de toute la
« succession d'Espagne ? Il faut donc faire la guerre et tout
« risquer. D'ailleurs, le Milanois est un fief de l'Empire.
« Depuis quand le roi d'Angleterre et les Hollandois veulent-
« ils être empereurs ? car c'est à l'empereur à le donner,
« comme Charles-Quint l'avoit donné à son fils. » — Je lui
dis : « Monsieur, si la seule difficulté étoit de le donner,
« pourvu que l'empereur ne le donnât pas à son fils, ou que,
« pour mieux dire, il le donnât suivant les articles du traité,
« cela n'arrêteroit peut-être pas. Mais je ne suis pas étonné
« que des puissances, qui veulent conserver l'égalité, seul fon-
« dement du repos public, ne consentent pas qu'un empereur,
« dont les dernières conquêtes augmentent considérablement
« la puissance, y puisse joindre les Indes, les Espagnes et la
« Flandre. — Monsieur, dit-il, tout cela n'est rien, car nous
« ne pouvons pas les soutenir. Nous parlons ici comme hon-
« nêtes gens, et, pour moi, sans aucun ordre de l'empereur.
« Mais, prenez la portion que vous offrez à M. l'archiduc et
« laissez-nous le reste. » A cela je répondis : « Monsieur, je
« manderai ce que vous me direz, et n'ai d'autre pouvoir que
« celui-là, comme vous le croyez bien, après la conclusion
« d'un traité. » — Il me dit encore : « Mais je parle de moi-
« même et non de la part de l'empereur ; le mal est, monsieur,
« que l'on n'ait pas traité avec vous et directement. »

Le reste de la dépêche du marquis de Villars rouloit sur d'autres points indifférents à la négociation.

Cependant l'empereur, ayant véritablement dessein de se lier d'intérêt avec le roi, travailloit vivement avec ses ministres à en trouver les moyens[1]. Une matière de cette importance méritoit de sérieuses délibérations, et les comtes d'Harrach et de Kaunitz n'oublièrent rien pour convaincre le marquis de Villars que l'on ne vouloit rien moins que l'amuser, et qu'il seroit content des propositions qu'ils avoient à lui faire.

Dans la dernière conversation qu'il eut avec le comte d'Harrach, ce ministre lui dit que le mémoire de ce qu'il devoit lui dire étoit fait, mais qu'une maladie du comte de Kaunitz l'empêchoit de pouvoir assister de deux jours à la lecture que ces deux ministres devoient lui en faire ; que lui, comte d'Harrach, ne vouloit point la faire seul, parce qu'en matière si grave il ne risqueroit pas d'en prendre sur lui seul les interprétations ni les réponses. Le marquis de Villars lui répondit que, puisque deux ministres si habiles prenoient la précaution de ne vouloir pas négocier séparément, il les assuroit d'avance qu'il n'en prendroit pas moins ; qu'il enverroit le mémoire et qu'il écriroit en leur présence ce qu'il croiroit pouvoir y être ajouté.

1. Villars paraît s'être fait certaines illusions sur la sincérité de la cour de Vienne. Les documents conservés aux Archives Imp. Roy. me semblent établir qu'elle n'a jamais voulu sérieusement traiter avec Louis XIV, espérant toujours recueillir la succession d'Espagne tout entière. Je renvoie à l'appendice les extraits et analyses de pièces qui servent à élucider cet important point d'histoire.

La maladie du comte de Kaunitz à Laxenbourg différa de quelques jours la lecture du mémoire par le comte d'Harrach; mais enfin, ces deux ministres s'étant rejoints à Vienne, ils donnèrent rendez-vous au marquis de Villars et lui lurent deux mémoires, l'un dont il pouvoit faire part à M. Hop et l'autre dont ils demandèrent que Sa Majesté seule eût connoissance.

Le premier contenoit des plaintes de l'empereur, premièrement de ce que, le roi catholique encore vivant, on avoit fait un traité de partage de la monarchie d'Espagne, malgré tous les égards qui se devoient à un si grand roi, et aux héritiers respectables de cette grande monarchie; en second lieu, de ce qu'on n'observoit dans ce traité ni égalité ni décence, puisqu'on y lisoit cette condition injurieuse à l'empereur, que, s'il n'acceptoit le présent traité dans l'espace de trois mois, lui, empereur, premier héritier, n'auroit aucune portion de cette monarchie quand la succession en seroit ouverte; qu'au surplus il étoit bien juste que l'empereur se concertât avec le roi sur ces matières, mais qu'il ne feroit rien qu'après le retour d'un courrier qu'il envoyoit en Espagne, la religion, la probité et la bienséance exigeant que l'on sût au moins ce que pensoit le roi d'Espagne sur le partage de ses biens.

A l'égard du second mémoire, les ministres de l'empereur déclarèrent au marquis de Villars qu'il étoit pour lui seul et qu'il ne devoit pas être communiqué au sieur Hop. Il contenoit, premièrement la surprise où étoit l'empereur que le roi eût voulu traiter de la succession d'Espagne avec des puissances étrangères, quoiqu'elles n'eussent nul droit sur aucune portion de cette monarchie, dont le roi et l'empereur pouvoient seuls être héritiers. Il portoit, en second lieu, que l'union étant entièrement rétablie entre ces deux princes, seuls intéressés dans la succession, l'empereur ne souhaitoit rien tant que de s'entendre directement avec le roi, sans participation des médiateurs qui s'étoient introduits eux-mêmes; enfin, que l'empereur, ayant trois mois pour se déterminer, il seroit facile de les employer à traiter avec le roi, remettant à Sa Majesté ou de donner les pleins pouvoirs au marquis de Villars, ou d'agréer que l'empereur les envoyât au comte de Sinzendorff.

Ce dernier mémoire ajoutoit que, si le roi vouloit faire un traité avec l'empereur, on pouvoit laisser celui de partage tel qu'il étoit et en faire un autre pour le garder secret jusqu'au temps de l'exécution; que cependant l'empereur accepteroit dans les formes le traité déjà fait, tandis que l'on feroit sous main une négociation particulière pour un nouvel arrangement.

Le marquis de Villars écrivoit, et ces premiers discours ne paroissant suivis d'aucun autre, il en marqua son étonnement aux ministres de l'empereur et leur dit, qu'ayant déjà mandé au roi les premières paroles du comte d'Harrach, Sa Majesté seroit très surprise si ces mémoires, si attendus, ne contenoient que des propositions si générales.

A cela, les ministres répondirent : « Avez-vous des « pouvoirs pour traiter ? L'on n'en peut dire davan- « tage dans un préliminaire ; l'on s'expliqueroit plus « amplement, mais ce seroit inutilement. » — Le marquis de Villars répondit : « Je n'ai aucun pou- « voir que d'entendre ; mais vous ne dites rien sur le

« traité. » Le comte d'Harrach reprit : « Quand le
« roi donne trois mois, c'est pour traiter ; autrement,
« il n'y auroit qu'à dire oui ou non à la fin des trois
« mois. Voulez-vous, ajouta-t-il, que l'on vous en dise
« davantage? L'empereur n'admettra jamais le point
« de la succession ; si Dieu vouloit nous affliger jusqu'à
« nous faire perdre un de nos deux princes, jamais
« Sa Majesté impériale ne pourroit consentir à voir
« sortir de sa maison la monarchie entière. Elle trou-
« vera encore des amis et hasardera tout ; elle ne
« consentira jamais pareillement à abandonner le Mila-
« nois, mais elle cédera volontiers toutes les Indes. —
« Quelle proposition ! répondit le marquis de Villars :
« dans vos premiers discours, vous parliez de donner
« la portion entière de M. l'archiduc. Vous pouvez,
« monsieur, faire savoir cette dernière proposition
« par le comte de Sinzendorff. Je ne me charge pas
« de la mander à Sa Majesté. »

Le comte de Kaunitz prit la parole, et dit : « Mais,
« monsieur, dites-nous quelque chose. Je n'ai jamais
« pensé que l'empire des Indes, offert d'abord tout
« entier, fût une bagatelle en échange des royaumes
« de Naples et de Sicile; car, pour le Milanois, vous
« n'en voulez que pour M. le duc de Lorraine. Si,
« d'ailleurs, le roi a tant d'envie de la Lorraine, l'em-
« pereur cherchera comment accommoder M. le duc
« de Lorraine. »

Le marquis de Villars fit voir sur cela que le roi ne
pouvoit désirer la Lorraine que pour finir un procès,
la situation de ce petit état ne pouvant jamais donner
aucune inquiétude ; que le revenu en étoit médiocre
pendant la paix et pendant la guerre ; qu'enfin, soit

que le souverain fût dans les intérêts du roi ou qu'il s'en éloignât, son pays ne pouvoit se dispenser de loger des troupes et de donner des quartiers d'hiver.

Les ministres de l'empereur ne concluant rien de positif, le marquis de Villars les pria de le faire, et ils lui répondirent que, si le roi vouloit traiter à Vienne, il n'y avoit qu'à envoyer des pouvoirs au marquis de Villars ; que, si Sa Majesté, au contraire, vouloit traiter avec le comte de Sinzendorff, ils lui en enverroient dès qu'elle leur auroit fait savoir sa volonté ; qu'enfin, le plus sûr pour abréger étoit de traiter à Vienne, parce que nos courriers font plus de diligence que ceux de l'empereur.

Le marquis de Villars répliqua que, pour accourcir une négociation, il falloit que les deux partis le voulussent ; qu'il y avoit vingt-trois jours qu'il attendoit une réponse dont il étoit forcé d'avouer qu'il n'étoit pas satisfait, ce qui lui faisoit désirer de n'être pas chargé de cette grande négociation, premièrement, parce que le roi seroit mieux servi par les ministres qui étoient auprès de Sa Majesté que par lui, et, en second lieu, parce qu'ayant espéré plus d'ouverture, il en trouveroit beaucoup moins qu'il n'avoit lieu d'en attendre ; qu'ainsi, l'intérêt du roi le portoit à lui représenter celui que Sa Majesté avoit en toute façon de voir décider sous ses yeux une matière si grave. Cette réponse fut accompagnée de toute la froideur imaginable.

« Mais ne voit-on pas chez vous, dirent les « ministres, que l'intérêt de Dieu et celui de nos « maîtres veut qu'ils soient unis? Et quel fond la

« France peut-elle faire sur des puissances qui, après
« avoir été liées à l'empereur par des traités, lui
« manquent néanmoins si ouvertement? Attendez-vous
« à la même conduite de leur part à la première occa-
« sion. Quelque foible que soit la santé du roi d'Es-
« pagne, on peut espérer encore qu'elle ira plus loin
« que celle du roi Guillaume; en ce cas, le roi auroit
« la gloire de rétablir la religion et le roi d'Angleterre
« dans ses royaumes. On peut traiter secrètement et
« paroître entrer dans le traité de partage ; et, le roi
« d'Espagne mort, chacun pourroit prendre les por-
« tions qui conviendroient le mieux au roi et à l'em-
« pereur. On ne peut convenir que nous ne soyons
« les maîtres de l'exécution. »

Les deux ministres ajoutèrent que l'Italie entière s'opposeroit à voir le roi maître d'états qui lui ouvri-roient la conquête aisée de tout le reste.

Le marquis de Villars fit sur cela la réponse qui se présentoit naturellement, savoir que l'Italie craindroit encore plus l'empereur, dont les droits certains ou supposés la soumettroient tout entière.

Le comte de Kaunitz reprit : « Les droits de Char-
« lemagne, quoique très anciens, seront mieux soute-
« nus par la France que les nôtres, sans contredit
« meilleurs et plus modernes, et l'on verroit bientôt
« le pape à Avignon, si les royaumes de Naples et de
« Sicile appartenoient à un de vos princes. »

Le marquis de Villars répondit que le pape, Rome et toute l'Italie se croiroient plus tranquilles, le Milanois étant possédé par un prince particulier, que quand ils verroient l'empereur les environner de toutes parts, que c'étoit le sentiment de Rome entière que la république de Venise aimeroit mieux M. de Lorraine à Milan que tout autre.

« Mais, quand vous aurez Naples et la Sicile, répon-
« dirent les deux ministres, quelle sera leur ressource
« pour se défendre d'être entièrement dans votre
« dépendance, avec toutes vos forces maritimes
« capables d'asservir ou d'intimider toute la Méditer-
« ranée? » La conférence finit à ces paroles, qui n'allèrent à rien plus.

Pendant cette négociation, le marquis de Villars avoit ordre de veiller toujours à ce qui regardoit la guerre commencée dans le Nord. Les royaumes de Suède et de Danemark, la Prusse, la Pologne, le Czar, faisoient des propositions pour s'unir à la France ou à l'empereur et promettoient également à ces deux puissances d'embrasser leurs intérêts sur la division que causeroit apparemment la mort prochaine du roi d'Espagne. Enfin, toute l'Europe étoit ébranlée et tout préparoit un embrasement général, qui ne pouvoit être étouffé que par une sincère union du roi avec l'empereur.

M. le duc de Savoie, de son côté, prenoit des mesures, et son ambassadeur, qui étoit dans la plus vive agitation, avoit de fréquentes conférences avec les ministres de l'empereur, fort souvent aussi avec le marquis de Villars et avec les ministres des puissances maritimes. Mais, à travers tous ses discours, il étoit aisé d'apercevoir que son maître cherchoit à se donner à qui lui seroit le meilleur parti.

Cependant le marquis de Villars reçut une dépêche du roi, datée du 16 de juin. Elle marquoit une opinion formée que l'empereur n'agissoit pas de bonne foi avec Sa Majesté; que les propositions de traiter directement étoient plutôt causées par une secrète vue d'éloigner le roi des mesures prises avec l'Angleterre et la Hollande, que par le désir sincère de partager la monarchie d'Espagne avec le roi, que l'intention de l'empereur étoit de profiter de la résolution qu'il croyoit prise par le roi d'Espagne de déclarer l'archiduc son unique héritier, et qu'il songeoit à s'attacher le duc de Savoie, dont les forces étoient nécessaires pour faciliter l'exécution de ce dessein.

Les retardements des ministres de l'empereur, qui différoient toujours à s'expliquer, augmentoient encore les soupçons du roi et le fortifioient dans l'intention de s'en tenir au traité de partage.

Au fond, le roi n'avoit jamais compté que l'empereur voulût, de bonne foi, partager avec lui la monarchie d'Espagne; et l'empereur, pensant la même chose de Sa Majesté, chacun avoit commencé par prendre des mesures tout opposées à ce dessein apparent. L'empereur étoit persuadé que ses anciens alliés entreroient plus vivement dans ses intérêts, et le roi croyoit beaucoup faire de diviser une ligue qui avoit causé une guerre si longue et si cruelle.

Sa Majesté avoit eu cette vue en traitant la paix de Ryswick, et les premières instructions qui furent données au marquis de Villars lui prescrivoient d'inspirer aux diverses cours de l'Empire, dont les ministres étoient à Vienne, que leur intérêt devoit être uniquement de craindre la trop grande puissance de l'empereur, la mort prochaine du roi d'Espagne pouvant réunir de si grands états.

Il y avoit plusieurs siècles que les maisons de

France et d'Autriche étoient ennemies irréconciliables. La guerre finie n'avoit pas dissipé les défiances, et ce furent ces inquiétudes mutuelles qui empêchèrent la véritable union, qui, pourtant, selon la pensée du marquis de Villars, étoit plus sincèrement désirée par l'empereur que l'on ne vouloit se le persuader en France.

Le sieur Hop, ministre d'Angleterre et de Hollande, confia au marquis de Villars le peu de satisfaction qu'il avoit du silence et des froideurs des ministres de l'empereur, sans que ses plaintes sur cela pussent faire penser qu'il eût aucun soupçon d'une intelligence plus vive de leur part avec le marquis de Villars.

Effectivement, les ministres de l'empereur paroissoient fort piqués contre l'Angleterre et la Hollande, et le marquis de Villars étoit extrêmement attentif à ne pas donner au ministre de ces puissances le moindre soupçon des desseins que l'empereur pouvoit avoir de se lier avec le roi. Il étoit trop important dans la conjoncture présente, et vu les mesures du traité de partage, que le ministre du roi parût n'avoir rien de réservé pour le sieur Hop. Celui-ci ayant voulu, sur le retour d'un courrier de Madrid, presser le comte d'Harrach de s'expliquer plus clairement que la cour de Madrid n'avoit encore fait, ce ministre lui répondit froidement et même avec hauteur : « Dans « la fin des trois mois, l'empereur fera déclarer ses « intentions. »

La cour de Vienne n'oublioit rien cependant pour se faire de puissants amis dans l'Empire. Le plus considérable étoit l'électeur de Brandebourg, qui, voulant obtenir le titre de roi, promettoit à tout événement des secours à l'empereur, auquel le duc de Savoie paroissoit encore vouloir se lier.

L'ambassadeur de ce prince à Vienne se donnoit un grand mouvement qu'il prétextoit, — parlant au marquis de Villars, — des difficultés qu'il trouvoit auprès des ministres de l'empereur pour l'acquisition de divers fiefs que son maître vouloit avoir. Mais tous les soins que cet ambassadeur prenoit pour se cacher ne découvroient que mieux ses véritables desseins au marquis de Villars.

Il revint alors un courrier de Madrid à Vienne, envoyé sur la nouvelle du traité de partage. Les ministres de l'empereur dirent seulement au marquis de Villars que le roi d'Espagne avoit appris une si dure nouvelle avec une grande fermeté, que ce prince en écrivit quatre lignes de sa main à l'empereur, par lesquelles il lui mandoit que tous les grands de son royaume lui avoient témoigné leur indignation d'un pareil traité et qu'ils l'avoient tous assuré que, pour en empêcher l'exécution, ils étoient prêts à sacrifier leurs biens et leur vie.

Le prince de Schwartzemberg n'étoit pas des conférences, mais il étoit très bien avec l'impératrice, et, par conséquent, informé de ce qui s'y traitoit. Il dit au marquis de Villars : « Souvenez-vous, monsieur, « des premiers discours que je vous ai tenus : gens « plus considérables que moi ont parlé ; mais je vous « répète que rien ne sera si avantageux à nos maîtres « qu'une bonne intelligence et un partage concerté « entre eux ; car, pour celui qui est réglé par le traité, « jamais il n'aura lieu. »

M. de Torcy envoya au marquis de Villars une relation exacte de tout ce qui s'étoit passé entre lui et le comte de Sinzendorff sur les ordres que celui-ci avoit reçus de l'empereur, et tout aboutissoit à dire que ce prince ne consentiroit jamais à envoyer l'archiduc son fils en Espagne. Toutes les conditions que proposoit le comte de Sinzendorff étoient inférieures à celles que les ministres de l'empereur avoient faites au marquis de Villars et sur lesquelles ils avoient demandé un profond secret. Ainsi, le fort de la négociation étoit à Vienne.

On fut porté à croire à la cour de France que le roi d'Espagne demandoit l'archiduc auprès de lui. En effet, la raison vouloit assez, vu l'infirmité du roi, que ce jeune prince fût à portée de recevoir la succession de la monarchie dès qu'elle seroit ouverte. Ainsi, le marquis de Villars avoit grande attention à observer toutes les démarches de l'archiduc, afin de pouvoir en informer le roi avec une extrême diligence; il auroit même pris la précaution de dépêcher un courrier en droiture à Toulon, où il savoit qu'on armoit un grand nombre de vaisseaux pour avertir les commandants de la marine en cas que l'archiduc eût pris la route d'Italie, afin qu'à tout événement, si nos généraux de mer avoient ordre de traverser le passage de ce prince en Espagne, ils fussent promptement informés de ce dessein.

Durant ce temps, la guerre de Livonie commencée partageoit l'Empire. Les princes opposés au neuvième électorat soutenoient le parti qu'ils croyoient le moins attaché à la cour de Vienne. D'une autre part, l'empereur, mal satisfait de l'Angleterre et de la Hollande, s'attachoit tous ceux qui étoient le moins liés avec ces deux puissances, et, comme on l'a déjà dit, jamais l'on n'avoit vu tant de dispositions à un embrasement universel dans l'Europe.

La négociation à Vienne étoit d'autant plus délicate que le roi et l'empereur avoient le même intérêt de la cacher aux puissances maritimes.

L'empereur observoit cependant moins d'égards et se plaignoit assez vivement de leur conduite, tandis que ses ministres n'oublioient rien pour persuader le marquis de Villars et pour prouver que l'unique intérêt de leurs maîtres étoit une liaison étroite entre eux. Ils alléguoient pour raisons que le crédit du roi Guillaume étoit perdu en Angleterre; que ce prince étoit brouillé avec les parlements d'Angleterre et d'Écosse; que sa santé n'étoit pas moins dangereusement attaquée que celle du roi d'Espagne; qu'enfin l'Europe n'étoit pas en état de s'opposer au partage légitime et convenable que le roi et l'empereur pourroient faire. Ils ajoutoient à ces raisons les troubles commencés par la guerre du Nord, où se trouvoient intéressés la Suède, la Pologne, le Czar et l'électeur de Brandebourg; que l'électeur de Bavière étoit dévoué au roi; que l'Italie ne pouvoit se dispenser de souscrire aux décisions de Sa Majesté et de l'empereur. Pour tout dire, il ne fut omis par les Impériaux aucune des raisons spécieuses et solides qui pouvoient nous ébranler.

D'un autre côté, le marquis de Villars donnoit peu d'espérance que le roi ne s'en tînt pas au traité de partage. Les difficultés paroissoient rouler principalement sur le Milanois, que l'empereur vouloit absolument conserver. Le point de la succession étoit tel aussi que l'empereur ne l'abandonneroit jamais.

Le marquis de Villars mandoit au roi que, si le comte de Sinzendorff laissoit entendre que l'empereur pouvoit enfin céder le Milanois, il étoit persuadé que l'on trompoit ce ministre, suivant la maxime assez établie dans le ministère, que, quand une cour en veut tromper une autre, elle commence par tromper son ambassadeur même. Enfin, le marquis de Villars assuroit le roi qu'il ne devoit jamais attendre de l'empereur une véritable et formelle renonciation au Milanois.

Il étoit bien vraisemblable que les principaux États de l'Italie craignoient le voisinage du roi. Aussi, Loredano, ambassadeur de Venise à Vienne et l'une des meilleures têtes du sénat, dit au marquis de Villars : « L'Angleterre et la Hollande ne peuvent donner au « roi une plus grande marque de leur estime et de « leur respect pour lui qu'en désirant qu'il n'ait pas « la Flandre, et je crois toute l'Italie bien disposée à « donner au roi votre maître la preuve des mêmes « sentiments, en ne lui souhaitant pas le Milanois. »

Le sieur Hop étoit persuadé que les Vénitiens s'unissoient avec l'empereur et que le duc de Savoie étoit dans les mêmes intentions. Le marquis de Villars jugeoit de même, par les démarches de cet ambassadeur, qu'il travailloit à un traité secret avec l'empereur.

Dans ces entrefaites, on vint à croire que le prince de Vaudemont, gouverneur du Milanois, étoit dévoué à la France, et le bruit courut que le roi d'Espagne l'avoit fait arrêter. Mais cette nouvelle fut bientôt détruite, aussi bien que les soupçons que l'on vouloit prendre contre le prince de Vaudemont le fils, homme de beaucoup de mérite.

Cependant le sieur Hop reçut des ordres d'Angleterre et de la Hollande de presser la cour de Vienne. Il représenta que le temps étoit précieux, et que, si l'empereur vouloit le perdre, ses maîtres étoient déterminés à n'en pas user de même. Toutes ces instances n'attirèrent des ministres de l'empereur que des réponses froides et ambiguës ; ils se contentèrent de dire au sieur Hop qu'ils attendoient des nouvelles d'Espagne, sans lesquelles l'empereur ne pouvoit prendre aucun parti, et, d'une autre part, ils assuroient le marquis de Villars que leur maître vouloit traiter avec lui. Cependant le comte de Sinzendorff étoit persuadé que la négociation se feroit en France, par conséquent qu'il en seroit chargé, et le marquis de Villars faisoit ce qui étoit en son pouvoir pour que cela fût ainsi, persuadé qu'il étoit de la dignité et de l'intérêt du roi qu'un traité important se fît sous ses yeux.

Le comte de Sinzendorff ayant fait de grandes instances pour changer dans le traité de partage l'article IX, qui régloit la succession et qui portoit le choix d'un tiers, le roi, après avoir communiqué ces projets de changement au roi d'Angleterre et au pensionnaire Heinsius, manda au marquis de Villars que, si l'empereur déclaroit n'exiger d'autre changement que celui de l'article en question, on pouvoit y travailler et lui donner satisfaction ; mais, qu'avant tout, il falloit être sûr que cette difficulté seroit l'unique.

Le roi[1] apprenoit encore une grande nouvelle au marquis de Villars : c'est que tous les conseillers

---

1. Dépêche du 7 juillet 1700

d'État à Madrid, à l'exception d'un seul, avoient été d'avis de lui demander un de ses petits-fils pour successeur du roi d'Espagne, regardant ce moyen comme le seul qui pût empêcher la division de leur monarchie.

Rien n'étoit plus propre que ces nouvelles à faire expliquer les ministres de l'empereur. Cependant, comme le marquis de Villars ne laissoit presque point d'espérance que le roi pût se désister du traité de partage, le comte d'Harrach lui dit que son silence les engageoit à le garder aussi et que c'étoit à eux à chercher leurs convenances dès que le roi ne voudroit pas suivre ses véritables intérêts, qui étoient certainement de s'entendre avec leur maître.

Le duc de Molès, ambassadeur d'Espagne, arriva à Vienne le 10 juillet et eut d'abord audience de l'empereur. Il apporta l'ordre de la Toison d'or pour le prince de Vaudemont le fils et apprit au père qu'il étoit confirmé pour trois ans encore dans ses gouvernements de Milan. On dit aussi que cet ambassadeur apportoit un testament du roi d'Espagne en faveur de l'archiduc. Enfin, l'on répandoit quelquefois le bruit d'une ligue des princes d'Italie avec l'empereur; ce que le marquis de Villars avoit grande attention de démêler. Cependant, il crut toujours que ces bruits de ligues n'avoient aucun fondement réel, et l'événement fit bien voir qu'il ne s'étoit pas trompé.

La cour impériale prit la résolution d'aller passer le mois d'août à Neustadt. L'électeur Palatin et l'électrice furent du voyage, et le marquis de Villars suivit. Les ministres de l'empereur y apprirent la résolution que les conseillers d'État à Madrid avoient prise de donner la monarchie entière à un des fils de monseigneur le dauphin, et dirent au marquis de Villars que cette nouvelle ne leur causoit point d'inquiétude, parce que, si le roi refusoit les offres qu'on lui faisoit, c'étoit suivre le traité de partage, beaucoup moins avantageux pour Sa Majesté que ceux que l'on pouvoit faire avec l'empereur ; qu'au contraire, si elle acceptoit, les mêmes puissances qui vouloient le partage s'uniroient plus fortement que jamais avec l'empereur.

Le marquis de Villars leur répondit : « Si le roi « refuse les offres de l'Espagne, l'Angleterre et la « Hollande n'en sont que plus confirmées dans l'exé- « cution d'un traité où elles trouvent une tranquillité « assurée, qui est le premier avantage qu'elles se « proposent : vous n'avez alors rien de meilleur à « faire que de souscrire au traité de partage ; si le roi « accepte la monarchie entière pour un des fils de « monseigneur, nous n'aurons pas beaucoup de mal « à craindre de toutes les puissances qui n'ont pu « nous nuire lorsqu'elles faisoient agir tant d'États « qui seront pour nous, et assurément mieux gou- « vernés quand ils voudront faire usage de la sagesse « et des conseils d'un roi qui ne leur en donnera que « pour les conserver tranquilles et unis sous un même « maître. Aussi, messieurs, après avoir fort examiné, « vous trouverez que rien ne vous convient mieux « que d'entrer dans le traité, puisque vous voyez « quelque espérance de changement dans l'article qui « vous faisoit le plus de peine. »

Les nouvelles d'Espagne pressoient fort la cour de Vienne de se déterminer. Mais le testament que le duc de Molès faisoit espérer en faveur de l'archiduc retenoit les ministres, qui dirent au marquis de Villars qu'ils attendoient le retour d'un courrier d'Espagne, et que, dès qu'il seroit arrivé, ils lui parleroient plus positivement.

Cependant, comme ils prévoyoient que de certains partis leur pourroient attirer la guerre, ils prirent la résolution de remonter la cavalerie et de recruter toutes leurs troupes qu'ils avoient conservées entières après la paix du Turc.

Le courrier de Madrid, si attendu, arriva enfin. On voulut croire que les ministres de l'empereur avoient caché son retour pendant trois jours; mais le comte d'Harrach, pour en dissuader le marquis de Villars, lui montra une lettre du comte d'Harrach son fils, ambassadeur à Madrid, dont la date faisoit voir qu'il n'y avoit pas eu de mystère sur l'arrivée de ce courrier. Les conférences chez l'empereur étoient fréquentes, et l'on vit sensiblement diminuer les apparences que l'empereur pût souscrire au traité de partage. Les trois mois donnés pour se déterminer finissoient au 18 d'août; ainsi, il restoit peu de jours pour déclarer la dernière résolution.

Le roi s'attendoit bien, comme il le marquoit au marquis de Villars par sa dépêche du 5 d'août, que celles qui arriveroient de Madrid à Vienne, et les assurances que donnoit le duc de Molès des dispositions favorables du roi et de la reine d'Espagne pour l'empereur, empêcheroient ce prince de souscrire au traité de partage, malgré les instances réitérées de l'Angleterre et de la Hollande. Ainsi, l'on attendoit avec impatience à la cour de France la résolution de celle de Vienne, qui partit le 6 d'août pour Laxenbourg et le 7 pour Neustadt.

Le marquis de Villars demanda aux comtes d'Harrach et de Kaunitz s'ils vouloient attendre jusqu'au 18 à déclarer les intentions de l'empereur. Ces ministres répondirent qu'ils n'avoient pas d'ordre encore de le faire connaître : cependant, ils s'expliquèrent plus clairement à quelques ministres étrangers et ne firent aucune difficulté de leur déclarer que l'empereur ne souscriroit jamais au traité.

Le marquis de Villars étoit informé qu'ils ménageoient les puissances d'Italie autant qu'il leur étoit possible, comptant assez sur le duc de Savoie, entièrement sur celui de Modène et sur le grand duc. Il n'y avoit pas lieu d'espérer que les Vénitiens se déclarassent, et l'empereur ne se flattoit pas non plus de faire déclarer les Génois ni le duc de Mantoue pour ses intérêts.

Quant aux États de l'Empire, la cour de Vienne se croyoit assurée de l'électeur de Brandebourg, de l'électeur de Saxe, roi de Pologne, de la maison d'Hanovre, dévouée à l'empereur par le neuvième électorat[1] et par l'alliance du roi des Romains avec une princesse de cette maison ; car, il faut savoir que le neuvième électorat, étant toujours attaqué par la plupart des princes de l'Empire, il ne pouvoit être solidement établi que par la protection et par l'autorité de l'empereur.

Les comtes d'Harrach et de Kaunitz, en partant pour Neustadt, dirent au marquis de Villars qu'ils ne savoient pas si l'empereur attendroit le dernier jour

1. En 1692, l'empereur Léopold avait érigé le duché de Hanovre en neuvième électorat.

à faire connoître ses intentions; mais que, quoi qu'ils eussent à lui déclarer, le meilleur parti pour eux et pour nous seroit toujours une parfaite union entre nos maîtres.

On prétendoit que le roi d'Espagne avoit envoyé des ordres aux vice-rois et gouverneurs de tous ses états en Italie d'y recevoir des troupes de l'empereur, auquel cas le roi mandoit au marquis de Villars qu'il feroit dire au roi d'Espagne que, si cet ordre n'étoit révoqué, il feroit entrer en Espagne les troupes qui étoient sur nos frontières de la Catalogne et de la Biscaye.

Cependant, comme le marquis de Villars s'étoit rendu à Neustadt, le comte d'Harrach lui donna, le 18, la réponse de l'empereur sur la proposition qui avoit été faite à ce prince d'entrer dans le traité de partage.

Cette réponse portoit que l'empereur, voyant le roi d'Espagne dans une santé parfaite, étant d'ailleurs son oncle et son plus prochain héritier, il croiroit manquer à toutes les règles de la bienséance, si, durant la vie de ce prince et tandis qu'il pouvoit encore avoir des enfants, il entendoit à aucun partage de sa succession; qu'il espéroit que le roi ne prendroit pas cette résolution en mauvaise part; que cependant, en cas d'ouverture de la succession, il entreroit avec joie dans les expédients qui pourroient maintenir la bonne intelligence qu'il vouloit toujours conserver avec Sa Majesté; que, quant à la nomination d'un tiers, il ne croyoit pas qu'elle se pût faire, ni que le roi le voulût, puisqu'on ne pouvoit disposer des états du roi d'Espagne pendant sa vie; que si, néanmoins, on vouloit avant sa mort établir ce tiers, on étoit disposé à tout pour l'empêcher d'entrer en possession. Telle fut la réponse de l'empereur.

Le comte d'Harrach ajouta, dans la conversation, que la menace de donner à un seul la succession de la monarchie étoit la plus surprenante qu'on pût imaginer; que la liberté de donner des monarchies seroit d'un terrible exemple dans le monde, et que le prétendu tiers ne pourroit être que le duc de Savoie. Mais le marquis de Villars crut démêler que les ministres de la cour de Vienne ne craignoient rien de la part de ce prince, et il crut reconnoître, à leur tranquillité sur cela, que le duc de Savoie étoit en quelque commerce avec l'empereur. Il répondit au comte d'Harrach : « Monsieur, vous êtes entré en « négociation sur le partage de la succession, et il n'a « tenu qu'au Milanois que l'on ne soit demeuré d'ac- « cord. Or, l'état de Milan ne peut paroître d'une « assez grande conséquence à tous ceux qui ont traité « pour remettre toute l'Europe en guerre : donc, il « n'est pas étonnant que les puissances, qui veulent « l'éviter, voyant votre opiniâtreté, trouvent beaucoup « de raison à négliger vos droits pour assurer le repos « public, puisque vous les négligez vous-mêmes. » « — « Enfin, dit le comte d'Harrach, laissons dormir « cette affaire quelques années, puisque le roi d'Es- « pagne jouit de la santé. Nos maîtres trouveront, « dans la suite, que rien ne leur peut tant convenir « que de s'accommoder directement, à l'exclusion de « tous les entremetteurs. »

Le comte de Kaunitz, dans une conversation assez longue qu'il eut avec le marquis de Villars, lui rappela toutes les ouvertures que le comte de Kinsky lui avoit faites dans les temps mêmes où l'on savoit que la France vouloit prendre des mesures avec l'Angleterre et avec la Hollande. Il ajouta que le comte de Portland avoit jeté les premiers fondements de cette négociation, que ces deux puissances les avoient trompés et qu'ils étoient bien sûrs qu'elles nous tromperoient de même.

Le marquis de Villars, convaincu par la réponse de l'empereur que le refus qu'il faisoit d'entrer dans le partage obligeroit les puissances qui l'avoient fait à suivre des mesures violentes, représenta encore au roi combien il lui seroit avantageux d'entrer dans la première proposition du comte d'Harrach[1]. Il ne balança pas à s'étendre sur toutes les raisons qui pouvoient porter à prendre ce parti, sans difficulté le plus glorieux et le plus utile. Enfin, il supplioit Sa Majesté de vouloir bien y faire de nouvelles réflexions, puisque le refus de l'empereur exigeoit de nouvelles délibérations.

L'on tint à Neustadt diverses conférences avec l'ambassadeur d'Espagne, auxquelles le président de guerre fut appelé, et l'on pouvoit juger par les dispositions de la cour impériale, aussi bien que par sa vivacité à traiter avec les ministres étrangers, qu'elle se préparoit à la guerre et à tout hasarder, plutôt que de ne pas suivre les prétentions qu'elle estimoit les plus légitimes et les plus justes à la succession, d'autant plus que le roi d'Espagne joignoit, disoit-on, aux offres qu'il faisoit à l'empereur, tous les secours qui étoient en son pouvoir pour le soutenir.

1. Dépêche de Villars au roi. Vienne, 18 août.

Il vint alors un courrier du comte d'Harrach, ambassadeur de l'empereur à Madrid, dont les lettres confirmoient la nouvelle déjà reçue d'une meilleure santé du roi d'Espagne; elles portoient aussi que le roi et la reine d'Espagne avoient ramené à leur sentiment la plupart des conseillers d'État qui avoient été d'avis d'offrir la monarchie d'Espagne à un des fils de monseigneur le dauphin.

Toutes ces nouvelles fortifioient l'empereur dans la résolution prise de ne pas entrer dans le traité de partage. Il est vrai que le nombre de ses troupes étoit assez considérable; mais le désordre dans les finances étoit au plus haut point, et la foiblesse de l'Espagne se pouvoit comparer à l'état de la santé de son roi. Les ressources n'étoient pas proportionnées à de tels inconvénients. La principale étoit le miracle de la maison d'Autriche; c'étoit un proverbe de la cour de Vienne, et l'on y citoit une infinité d'exemples où cette puissante maison, prête à tomber, s'étoit relevée contre toute espérance. On attendoit le reste du bénéfice du temps et du chapitre des accidents, si souvent cité dans les Mémoires du cardinal de Retz.

Le roi donna ordre alors au marquis de Villars[1] de déclarer à l'empereur que, s'il faisoit entrer des troupes dans l'Italie pour s'assurer des États du roi d'Espagne de son vivant, on seroit obligé de s'y opposer. Le sieur Hop fit une semblable déclaration de la part du roi d'Angleterre et de la Hollande.

---

1. Par dépêche datée de Versailles, 30 août 1700, dont il est bon de reproduire les principaux passages, à cause de leur importance. On les trouvera à l'appendice.

Les mêmes ordres furent envoyés au sieur de Blécourt à Madrid, et on le chargea de déclarer au roi d'Espagne que, s'il donnoit entrée dans ses États aux troupes de l'empereur, le roi, aussi bien que les puissances maritimes, s'y opposeroient, et que, pour conserver la tranquillité de l'Europe, il étoit nécessaire que l'empereur s'engageât à ne faire aucun mouvement de troupes qui pût la troubler.

Pour dire la vérité, il n'y avoit aucun fondement réel au dessein qu'on donnoit à l'empereur de faire marcher des troupes en Italie. Il est bien certain qu'en plusieurs conférences où assistoient l'ambassadeur d'Espagne et le président de guerre, il avoit été agité quelles mesures on pouvoit prendre si la France faisoit marcher des troupes vers l'Italie, et, dans ce cas, l'empereur prétendoit en faire entrer aussi par le Tyrol et par les Grisons. Mais il n'y avoit aucune apparence que la cour de Vienne voulût prévenir par aucun mouvement.

Par toutes les nouvelles de Madrid, la santé du roi d'Espagne paroissoit meilleure et le cardinal Porto-Carrero avoit réuni la plupart des grands, des ministres et des conseillers d'État pour empêcher la division de la monarchie. Tous ces différents particuliers offroient les appointements de leurs charges, et de taxer eux-mêmes leurs propres biens pour un dessein si convenable à leur gloire et à leur utilité.

On prétendit même que le roi d'Espagne achetoit des troupes des princes de l'Empire pour fortifier les garnisons du Milanois, et que l'électeur de Brandebourg offroit 8,000 hommes des siennes. Tout cela cependant ne paroissoit qu'à titre de précaution de la part du roi d'Espagne, et l'empereur ne sembloit pas y prendre part.

La réponse du roi d'Espagne au mémoire du sieur de Blécourt, pour empêcher ce prince d'envoyer des troupes en Italie, fut qu'il ne songeoit point à y faire entrer celles de l'empereur ; mais, qu'il ne croyoit pas, quand les siennes propres avoient besoin de recrues, qu'aucune puissance pût désapprouver qu'il leur en donnât, comme il ne se mêloit pas de l'entretien des troupes des autres souverains.

Cependant le marquis de Villars s'acquitta des ordres qu'il avoit reçus et prit audience de l'empereur[1] pour lui déclarer que le roi désiroit toujours également la continuation de la tranquillité générale et d'une parfaite intelligence avec Sa Majesté impériale ; mais que, si elle faisoit passer de ses troupes en Italie, comme le bruit en étoit répandu, cette union seroit bientôt altérée.

L'empereur fit réponse qu'il avoit toujours souhaité la paix et une bonne intelligence avec le roi ; que les dernières assurances qu'il recevoit des mêmes sentiments de la part du roi lui donnoient une grande consolation ; que les bruits répandus sur la marche de ses troupes en Italie étoient sans fondement, et qu'il croyoit bien que le roi n'entreprendroit rien sur les États de Sa Majesté catholique.

Il est certain que l'empereur désiroit que rien ne troublât la tranquillité présente. Comme il espéroit que le roi d'Espagne vivroit quelques années au-delà de ce qu'on avoit cru, il se flattoit que la vie de ce

1. Le 10 septembre 1700.

prince lui donneroit des occasions plus favorables de dissiper les mesures que les puissances maritimes avoient prises pour leur seul intérêt et contre les siens. Effectivement, le leur étoit de voir l'Espagne très foible et sous l'autorité d'un prince obligé à dépendre d'eux, supposant avec raison qu'un fils de l'empereur seroit plus disposé à s'unir à l'Angleterre et à la Hollande qu'au roi de France.

L'esprit de tranquillité établi par les mutuelles promesses que s'étoient faites le roi et l'empereur, de ne la pas troubler par aucun mouvement de troupes durant la vie du roi d'Espagne, n'empêchoit pas l'empereur de vouloir que l'on s'expliquât sur le prince, auquel on prétendoit faire tomber les portions de la monarchie d'Espagne, si l'empereur, auquel on les avoit offertes, n'entroit pas dans le traité de partage.

Le comte de Sinzendorff eut ordre de presser le roi sur cela, et la réponse fut que le choix et la déclaration ne dépendoient ni du roi ni des puissances maritimes, et que les contractants étoient convenus de le nommer à la première réquisition qui en seroit faite par la France ou par l'Angleterre, si l'empereur refusoit d'entrer dans le traité. Le marquis de Villars eut ordre de faire la même réponse aux ministres de la cour de Vienne lorsqu'ils lui parleroient sur ce sujet.

Deux courriers, qui arrivèrent de Madrid, donnèrent alors quelques espérances de voir durer un peu plus que l'on ne l'avoit cru la vie du roi d'Espagne. [La cour en profita] pour retarder les réponses qu'on demandoit ou pour les rendre moins favorables aux instances des puissances liguées. Elles vouloient, premièrement, que l'empereur entrât dans le traité, du moins qu'il s'engageât à n'envoyer aucunes troupes dans les états d'Espagne ni dans l'Italie; en second lieu, qu'il ne se mît en possession, sous quelque prétexte ni de quelque manière que ce fût, d'aucune partie de la monarchie d'Espagne.

L'empereur consentit à n'envoyer aucunes troupes, hors les recrues qui seroient nécessaires, aux régiments allemands qu'il avoit au service du roi d'Espagne; mais, en même temps, il déclara qu'il réservoit tous ses droits sur cette monarchie et qu'il n'entreroit en aucune façon du monde dans le traité de partage; que, d'ailleurs, il ne pouvoit regarder qu'avec peine le tiers dont on le menaçoit, et, qu'enfin, il pouvoit se plaindre encore avec justice de toutes les voies que l'on mettoit en usage pour faire entrer dans ce traité toutes les puissances de l'Europe[1]. Cette réponse n'expliquoit pas néanmoins bien clairement que l'empereur, du vivant du roi d'Espagne, ne se mettroit en possession d'aucun des états de ce prince. Aussi, le marquis de Villars en fit ses représentations aux comtes d'Harrach et de Kaunitz, et ils lui répondirent que cet article étoit compris dans l'engagement de n'envoyer aucunes troupes en Italie.

Le marquis de Villars répliqua que cet envoi de troupes n'étoit pas indispensablement nécessaire pour se mettre en possession; que les vice-rois et gouverneurs du roi d'Espagne pouvoient, sur des ordres de

1. Harrach s'était plaint à Villars d'une pression qui aurait été exercée à Gênes par le résident de France, soutenu par les galères du bailli de Noailles, et à Lisbonne par l'escadre de M. de Pontis, pour amener la république de Gênes et le roi de Portugal à souscrire au traité de partage. Dépêche de Villars au roi du 8 oct. 1700.

leur maître, reconnoître l'empereur ou l'archiduc pour souverain. Ces remontrances ne firent rien changer à la réponse, et elle fut envoyée sans modification[1].

On reçut à Vienne deux courriers de Rome, dont l'un apprenoit l'extrémité et l'autre la mort du pape, arrivée la nuit du 27 au 28 de septembre. La cour de Vienne se flattoit que le nouveau pontife qu'on éliroit lui seroit favorable et que la crainte qu'auroit toute l'Italie de se voir entre les mains du roi donneroit des amis et des alliés à la maison d'Autriche.

Le roi fit part au marquis de Villars d'une lettre du sieur de Blécourt, écrite de Madrid le 24 de septembre, et elle portoit que le roi d'Espagne étoit à l'extrémité. Une seconde lettre du sieur de Blécourt, datée du 28, marquoit que ce prince avoit reçu le viatique, et le bruit de sa mort commençoit à se répandre.

Cependant, un courrier du comte d'Harrach, parti de Madrid le premier d'octobre, apprit que le roi d'Espagne se portoit un peu mieux, mais, qu'à la vérité, il y avoit peu d'espérance qu'il pût aller bien loin.

Le marquis de Villars reçut [le 14 d'octobre] un courrier du roi avec des dépêches du 6 d'octobre et des ordres de presser l'empereur plus fortement que jamais de se déclarer sur le traité de partage, l'état de la santé du roi d'Espagne étant tel que l'on ne pouvoit espérer de vie à ce prince que pour très peu de jours[2].

1. Cette réponse, dont la copie se trouve dans les papiers de Villars, est datée du 6 octobre. Je la reproduis à l'appendice.
2. Cette dépêche, du 6 octobre, est très importante en ce qu'elle montre la sincérité des grands efforts de Louis XIV pour amener

Il étoit public à Madrid que la plupart des grands d'Espagne, voulant éviter le partage de la monarchie d'Espagne et ne pouvant se flatter de la conserver entière qu'en demandant un des petits-fils du roi, avoient résolu de se mettre entre ses mains. Les troupes de Sa Majesté étoient disposées sur la frontière d'Espagne, de manière à pouvoir soutenir sans peine et sans péril le parti qui se déclaroit pour un de nos princes; les États de l'Empire étoient fort divisés, le roi y avoit plusieurs princes dans ses intérêts, et, en un mot, il paroissoit dangereux pour l'empereur de n'entrer pas dans le traité de partage, qui, au refus de l'empereur, nommoit un tiers pour la portion destinée à l'archiduc.

Le marquis de Villars prit donc audience de l'empereur[1] et pressa ce prince de s'expliquer, en lui exposant toutes les raisons marquées ci-dessus. Toute la réponse de Sa Majesté impériale fut que ses ministres feroient savoir ses intentions au marquis de Villars.

Un second courrier[2], de la part du roi, vint apprendre au marquis de Villars qu'il en avoit passé

---

l'empereur à accepter le traité de partage. J'en donne à l'appendice les principaux passages.

Comme confirmation de la sincérité du roi, citons ce fait que, Sinzendorff lui ayant officiellement demandé si, dans le cas où, l'empereur ayant accepté le traité de partage, les Espagnols offraient la couronne à un prince français, le roi se croirait obligé par le traité à refuser cette couronne, Louis XIV répondit que, si le traité était signé et ratifié par l'empereur, « nulle offre ne l'empêcheroit d'exécuter ponctuellement ce qu'il auroit promis. » (Dépêche du 20 mai 1700 du roi à Villars.)

1. Le 15 octobre.

2. Parti de Fontainebleau le 12 octobre, à deux heures de l'après-midi.

un à Paris, dépêché de Madrid, qui portoit à l'électeur palatin la nouvelle de la mort du roi d'Espagne, arrivée le 2 d'octobre. Le roi mandoit au marquis de Villars que, bien qu'il n'eût pas encore reçu de lettre de son ministre à Madrid, il ne pouvoit douter de la certitude de la nouvelle ; qu'il lui donnoit ordre de prendre audience de l'empereur et de lui déclarer une dernière fois que, s'il vouloit éviter la guerre, il falloit souscrire au traité de partage ; qu'il envoyoit le marquis d'Harcourt à Bayonne commander les troupes de France dispersées le long de la frontière d'Espagne ; que le choix de ce tiers, auquel les puissances liguées destinoient la portion de la monarchie d'Espagne qui regardoit l'archiduc, seroit fait incessamment, et que la cour de Vienne n'avoit plus de temps à perdre pour prendre un parti.

Ces deux courriers furent suivis d'un troisième[1], qui détruisoit la nouvelle de la mort du roi d'Espagne. Ainsi le marquis de Villars suspendit l'audience qu'il avoit eu ordre de prendre.

La cour de Vienne n'oublioit rien cependant pour se ménager des amis. Le duc d'Hanovre lui étoit déjà engagé par son neuvième électorat, et l'électeur de Brandebourg ne l'étoit pas moins par l'espoir de la dignité royale, que l'empereur vouloit tenir secrète. Mais il ne fut plus permis d'en douter quand on sut que l'électeur avoit déjà fait faire une couronne et tous les ornements royaux ; son traité avec l'empereur ne fut pas même ignoré, quelque envie que l'on eût

---

1. Parti de Fontainebleau le 12 octobre, quelques heures après le précédent.

de le tenir caché, et l'on sut[1] qu'un des premiers articles étoit d'entretenir 8,000 hommes payés, en cas de guerre pour la succession d'Espagne ; de renoncer à des anciennes prétentions de dettes de l'empereur à l'électeur et un prêt de quelques millions de florins. Tout cela étoit caché avec le plus grand secret qu'il étoit possible.

Au reste, l'empereur ne faisoit point approcher ses troupes du Tyrol. Il savoit bien que celles de France arriveroient les premières dans le Milanois, étant placées sur les frontières de Piémont, et qu'elles seroient en état de prévenir les siennes, dont les recrues se faisoient lentement[2].

Ce prince avoit un moyen sûr de s'acquitter de tout ce qu'il devoit à ses troupes. Il n'y avoit pas un seul régiment auquel il ne fût dû des sommes considérables, et tous les officiers, craignant une réforme, consentoient à renoncer à ce qui leur étoit dû, pourvu qu'on les assurât qu'ils seroient conservés. L'empereur étoit déterminé à ne rien passer ; ainsi le profit étoit certain, mais l'irrésolution ordinaire de la cour et l'avidité de ceux qui profitoient des paiements

---

1. Dans la dépêche du 16 octobre, où Villars donne ces détails au roi, il n'est pas aussi affirmatif : « Je ne donne pas ces nouvelles à Votre Majesté comme bien solides, mais c'est ce qui m'a été dit par gens de bon sens et quelquefois bien informés. »

2. A la note du 6 octobre visée ci-dessus, par laquelle l'empereur s'engageait à n'envoyer en Italie que des recrues, le roi avait répondu qu' « il ne consentiroit pas à cette exception » ... « si l'empereur prétend faire passer des troupes, soit en Italie, soit ailleurs, sous quelque prétexte que ce soit, il sait par avance ce que je croirai devoir faire. » (Dépêche du roi à Villars du 20 octobre.)

empêchèrent cette épargne considérable à l'empereur, qui paya tout. Cependant, les régiments n'en reçurent pas le tiers et les deux autres allèrent au profit de ceux qui, se chargeant des assignations, trouvèrent le moyen de se faire payer par leur crédit et par les manèges si ordinaires dans les cours.

De toutes parts, les nouvelles de Madrid arrivèrent à Vienne, et toutes faisoient entrevoir la mort du roi d'Espagne, si prochaine, que les ministres de l'empereur ne pouvoient être surpris que le marquis de Villars les pressât de s'expliquer. La nomination d'un tiers les irritoit toujours, et, malgré le péril de leurs retardements à prendre un parti, il leur étoit impossible de digérer une pareille menace. Ils s'assemblèrent plusieurs fois, sur les dernières instances du marquis de Villars. Ceux qui étoient chargés d'examiner une matière si importante étoient les comtes d'Harrach, de Kaunitz et de Mansfeld, le comte de Walstein, grand chambellan, et le chancelier de la cour; mais les deux premiers avoient la principale confiance de l'empereur et avoient même traité avec le marquis de Villars sur des points dont les autres n'avoient aucune connoissance.

Le comte de Kaunitz dit au marquis de Villars : « On vous feroit des propositions que vous ne devriez « sans doute jamais refuser ; mais, si vous dépendez « de l'Angleterre et de la Hollande, on ne sait plus « que vous dire[1]. » Après ces mots, il assura le

1. Dans sa dépêche au roi, du 26 octobre, Villars raconte l'entretien en des termes moins explicites. Kaunitz aurait simplement dit : « On verroit, on chercheroit quelques expédients, mais l'Angleterre et la Hollande ne consentiroient jamais à ceux que nous

marquis de Villars qu'il auroit une réponse dans peu, et, effectivement, il l'auroit reçue le jour même, s'il n'étoit arrivé un courrier, parti de Madrid le 3 d'octobre, et dont les lettres redonnoient quelque espérance sur la vie du roi d'Espagne.

Sur ces lenteurs de la cour de Vienne, il ne sera pas inutile de dire un mot de l'ordre des délibérations et des conseils qui s'y tenoient.

Les cinq ministres, qui avoient la commission d'examiner tout ce qui avoit rapport à l'affaire de la succession et du traité, s'assembloient chez le plus ancien avec un référendaire ou secrétaire, qui écrivoit les diverses opinions de ces ministres, qui les mettoit au net, et qui, ensuite, en rapportoit l'extrait au comte d'Harrach ; celui-ci en rendoit compte à l'empereur et recevoit son ordre décisif, à moins que l'empereur n'ordonnât que cette matière, dirigée par les cinq ministres, fût traitée encore devant lui avec tous les ministres de la conférence. Ainsi, outre leur penchant à la lenteur, leur façon particulière de traiter en apportoit encore beaucoup.

Il se passoit peu de jours qu'il n'arrivât divers courriers à la cour, ou en droiture de Madrid, ou par Barcelone et par Gênes, dont les uns confirmoient les apparences de la mort prochaine du roi d'Espagne et les autres redonnoient quelque espérance de voir ce prince traîner encore.

Sur ces nouvelles opposées, le comte d'Harrach, qui avoit promis une réponse positive au marquis de

proposerions. » — « Par là, je juge, ajoute Villars, qu'ils ont médité quelques propositions sur la Flandre. »

Villars pour le 25 d'octobre, lui dit qu'il ne pouvoit la lui donner encore, ni même lui marquer le jour qu'il pouvoit la recevoir.

Il y eut une conférence le même jour 25, où assista le roi des Romains avec les chefs des conseils, qui, pour l'ordinaire, n'étoient pas appelés à celles qui concernoient la matière présente. Elle dura plus de cinq heures, composée du cardinal Collonits, du prince de Salm, des comtes d'Harrach, Walstein, Mansfeld, des chanceliers de Bohême et d'Autriche, du président de guerre, des comtes Jerger, Kaunitz, du vice-président de la chambre et de tous les référendaires de ces différentes expéditions. Cette conférence fut une manière de dernier conseil, où l'on vouloit apparemment le consentement de tous les États pour se fixer à une dernière résolution.

Cette conférence chez l'empereur fut suivie d'une autre le même jour chez le comte d'Harrach. Elle étoit composée des mêmes ministres et dura jusqu'à minuit. Le jour d'après, le président de guerre et le chancelier de la cour s'assemblèrent chez le comte de Kaunitz. Ils y furent plus de cinq heures avec un seul secrétaire, et l'on jugea que c'étoit pour régler des marches de troupes; on crut même que la résolution étoit prise d'en faire avancer un corps considérable vers le Tyrol et la frontière de Frioul.

Il est certain que la cour de Vienne, étonnée d'abord par la nouvelle qui arriva de la mort du roi d'Espagne, et qui se trouva fausse, ne savoit à quel parti se déterminer. Son horreur pour le traité de partage auroit peut-être cédé à la nécessité forcée de s'y soumettre; mais, la nouvelle s'étant trouvée fausse, on s'ouvrit à l'espérance de quelque conjoncture plus heureuse dans la suite. La naissance d'un archiduc[1] releva les courages et l'on ne douta plus de ce qui s'appelle le miracle de la maison d'Autriche, c'est-à-dire de l'expérience de ses ressources imprévues dans les périls divers où elle se trouve exposée.

Le comte de Kaunitz dit là-dessus au marquis de Villars, qui le pressoit toujours pour sa réponse : « Pourquoi voulez-vous troubler par des instances « fâcheuses la joie où nous sommes de la naissance « de l'archiduc? » Le marquis de Villars lui répondit : « C'est pour rendre votre joie solide que je voudrois « que, par une bonne et sage résolution, vous vou- « lussiez bien vous ôter toute inquiétude pour l'ave- « nir. » Le comte de Kaunitz dit en riant : « Nous y « songeons aussi. » Le marquis de Villars répondit de la même manière : « Dieu veuille que vous ne soyez « pas occupés de beaucoup de soins inutiles et de « trompeuses espérances! »

Les discours des comtes d'Harrach et de Kaunitz marquoient toujours que leur parti seroit bientôt pris si le roi vouloit suivre ses véritables intérêts, qui n'étoient point du tout de s'unir à l'Angleterre et à la Hollande ; qu'il ne falloit point s'étonner de leurs difficultés à donner une réponse décisive sur la proposition de souscrire au traité du partage ; qu'ils en avoient eu horreur dès les premières ouvertures qu'on leur en avoit faites ; et qu'ils n'avoient pu revenir de cet éloignement pendant les trois mois qu'ils avoient pour

---

[1]. La reine des Romains accoucha, le 28 octobre, d'un archiduc qui mourut quelques mois après.

délibérer. Cette réponse fut enfin donnée par le comte d'Harrach telle qu'on la rapporte ici, aussi bien que celle qui regardoit les princes opposants au neuvième électorat. Le roi avoit intérêt de les soutenir tant que dureroit l'incertitude de la paix ou de la guerre, et cette incertitude ne pouvoit finir que par un traité direct avec le roi. L'empereur le souhaitoit fort, ne voulant point absolument consentir au traité de partage, où il refusa d'entrer pour la seconde fois : la première, quand le marquis de Villars donna les premières nouvelles de ce traité; et la seconde, après que les trois mois que l'on avoit donnés furent écoulés.

Réponse de l'empereur, donnée le 5 de novembre 1700, à la dernière instance faite sur l'extrémité du roi d'Espagne.

« Sa Majesté Impériale nous a commandé de vous dire qu'elle a déjà fait déclarer l'autre fois comme quoi elle croyoit indécent et injuste de traiter ou de convenir de la succession ou partage de la monarchie d'Espagne pendant la vie du roi Catholique, et après les contradictions et protestations qu'il a faites dans tous les endroits de l'Europe. Notre très auguste maître est confirmé dans son opinion par l'espérance qu'il n'a pas encore perdue que le bon Dieu, après la dangereuse maladie de Sadite Majesté, la remettra en pleine santé.

« Du reste, Sa Majesté Impériale réitère les assurances données qu'elle est toujours dans la même intention et désir d'entretenir avec le roi Très Chrétien une paix constante et une amitié sincère, comme aussi d'observer religieusement, du vivant du roi

Catholique (pourvu que la France fasse de même), les déclarations faites en dernier lieu. »

Réponse de l'empereur sur ce qui regarde les princes correspondants.

« Sa Majesté Impériale m'a ordonné de dire à M. le marquis de Villars que, quand il a été question d'ériger le neuvième électorat, ç'a été avec connoissance du collège des électeurs ; que, quand les princes ont fait leurs premières plaintes, on leur a déclaré et réitéré la même déclaration lorsque les députés de Nuremberg ont été à Vienne, savoir que l'introduction de l'électeur ne se feroit point que l'on ne se fût entendu avec les princes : et on a donné pour cela la commission à l'électeur de Mayence. En même temps on s'est offert que, si les expédients proposés par ledit électeur de Mayence ne les satisfaisoient pas, ces princes n'avoient qu'à proposer eux-mêmes les autres expédients qui seroient praticables, et que l'empereur y apporteroit toute facilité. De sorte que Sa Majesté Impériale ne croit pas qu'ils aient aucun sujet d'appeler des garanties étrangères, d'autant moins qu'il n'est pas dit un mot, ni dans les traités de Westphalie, ni dans la bulle d'or, ni dans les traités suivants, qui défende l'érection d'aucun électorat.

« De plus, l'empereur croit que l'explication de l'instrument de la paix n'appartient pas à ce nombre de princes seuls, et que cela regarderoit les autres princes compacissants[1], et l'Empire en général. De

1. *Compacissants*, contractants. On donne encore le nom de *compact* à certaines conventions faites avec le pape.

sorte que l'empereur se promet de Sa Majesté Très Chrétienne qu'elle voudra bien insinuer à ces princes de ne pas troubler le repos de l'Empire, puisque le roi sans doute sera persuadé qu'il n'y a personne qui puisse ni qui doive avoir plus de soin de leurs droits que l'empereur même, puisqu'il est de son intérêt que l'Empire demeure tranquille, et qu'il croit bien que le roi ne se servira jamais de cette occasion pour y causer quelque trouble. »

Cependant le marquis de Villars désiroit, pour ses affaires particulières, pouvoir revenir en France pour quelques jours. Il écrivit même au marquis de Torcy[1] qu'il lui enverroit une copie de la route qu'il suivroit poste par poste, afin que, si le roi d'Espagne venoit à mourir pendant son voyage, on sût où le prendre, et qu'il pût retourner à Vienne des portes mêmes de Paris, sans y entrer, si le service du roi l'exigeoit.

Les comtes d'Harrach et de Kaunitz, instruits de ce projet de départ, dirent au marquis de Villars : « Si vous retournez en France, et que cependant le « roi d'Espagne vienne à mourir, revenez ici : on ter- « mine quelquefois les plus grandes affaires en peu « de moments. » Mais le marquis de Villars avoit assez connu et fait connoître les intentions de l'empereur, pour que le roi fût certain que ce prince désiroit véritablement un traité direct avec Sa Majesté. Elle persistoit néanmoins à s'en tenir au traité de partage ; et le marquis de Villars eut ordre, par une lettre du roi,

1. La lettre est du 6 nov. 1700 et se trouve aux archives des Affaires étrangères : elle contient la phrase attribuée quelques lignes plus bas à Harrach et à Kaunitz.

du 7 de novembre, de déclarer à l'empereur que ses troupes s'étendoient le long des frontières d'Espagne ; qu'elles occupoient le Dauphiné pour être en état de soutenir ses projets et le prince que les contractants substitueroient à l'archiduc, si l'empereur demeuroit ferme dans le refus de souscrire au traité de partage.

Au milieu de ces conjonctures, le conseil de l'empereur étoit extrêmement partagé, et le comte de Jerger, homme franc et sincère, sortant d'une très longue conférence, où la matière présente avoit été agitée, dit ces paroles au marquis de Villars : « Quand on me vient
« dire que le roi d'Espagne se porte bien, et que l'on
« veut même se flatter qu'il pourroit encore avoir des
« enfants, j'éclate de rire au nez des gens, et je leur
« réponds que j'ai grande foi aux miracles passés,
« mais que pour les présents je suis moins disposé à
« y croire ; que pour moi je regarde le roi d'Espagne
« comme mort, et qu'il faut agir comme si l'on en devoit
« recevoir la nouvelle demain. » Le marquis de Villars lui demanda, ce cas supposé, quelle étoit son opinion. Il lui répondit : « Je ne vous dirai ni les sentiments
« des autres, ni les desseins du maître ; mais pour les
« miens je ne vous en ferai point de mystère. Je ne
« parle pas des droits de l'empereur ni de ceux de
« votre maître ; il n'est pas question d'en disputer.
« Mais ceux de votre grand roi, le plus grand qui
« ait jamais été, sont soutenus de sa bonne conduite
« et sage prévoyance : ce sont véritablement les plus
« forts, puisqu'il les accompagne de la force de ses
« armes et de ses alliances. Mais enfin l'empereur en
« a que nous devons croire les meilleurs ; et vous ne
« voulez pas que l'empereur n'ait rien, lorsque vous

« joignez des royaumes et des états si importants à
« votre couronne. Vous nous offrez un partage pour
« l'archiduc; et sur ce partage tel qu'il est, j'ai dit à
« l'empereur que M. l'archiduc seroit plus heureux
« duc de Carniole que roi en cage. Ma pensée est
« donc qu'il faut se préparer à la guerre, et arracher
« de la succession ce que nous pourrons. »

Sur cela le marquis de Villars lui demanda ce qu'il
espéroit gagner par la guerre, puisqu'il convenoit lui-
même que l'on ne pouvoit résister à un roi qui joignoit
aux grandes forces qu'il avoit de ses propres états
celles qu'il tiroit encore de ses alliés. Le comte de
Jerger répondit à cela : « Votre partie est fort bien
« faite, mais nous ne sommes pas sans ressource. J'ai
« fait voir à l'empereur qu'il peut entretenir cent mille
« hommes de guerre, sans compter ce qu'il tirera des
« Hongrois à fort bas prix. Nous ne commencerons
« pas la guerre assurément avec des espérances si
« bien fondées que les vôtres; mais, quand une fois la
« guerre est commencée, les événements sont incer-
« tains : et, en un mot, dans ce parti-là, il y a tout
« ensemble de la dignité et de la ressource, au lieu
« qu'en acceptant le traité, la honte, la perte et la
« ruine de l'empereur sont certaines. Enfin je suis
« pour la guerre. »

Le comte de Mansfeld suivoit cette opinion, et le
comte de Kaunitz ne s'en éloignoit pas; le comte de
Walstein se reposoit sur le miracle de la maison d'Autriche; le président de guerre n'étoit plus un homme,
par l'affoiblissement de sa santé qui lui permettoit à
peine de se faire porter au conseil; les autres ministres
inclinoient moins à la guerre, et, dans cette diversité

d'opinions, on n'arrivoit à aucune résolution décidée.

Les princes de Savoie, de Commercy et de Vaudemont, dont le premier auroit dû entrer dans les conseils, voyoient avec plaisir que la guerre devenoit comme inévitable, et paroissoient très surpris que l'on ne s'y préparoit pas davantage. Sur tout cela le marquis de Villars pensoit et mandoit au roi qu'il ne s'agissoit plus de presser la cour de Vienne, mais d'attendre le moment critique; qu'alors elle seroit forcée de prendre un parti, et qu'en son particulier il étoit convaincu que ce seroit le moment le plus favorable pour conclure sur-le-champ avec elle, et pour le faire avantageusement.

Dans une conjoncture où l'empereur avoit si grand besoin de bons serviteurs, les ennemis du prince de Bade n'oublièrent rien pour le perdre; tant il est vrai que les cabales de cour, peu occupées des intérêts du maître, prévalent toujours sur ce qui est le plus important. Personne ne l'a tant éprouvé que le marquis de Villars, comme on le verra dans la suite de ces Mémoires, puisqu'il lui est arrivé quatre ou cinq fois, dans la dernière guerre, qu'à peine il avoit tiré l'État des plus extrêmes périls, que l'on affoiblissoit son armée, et que même on donnoit à d'autres les plus importants emplois.

Le prince de Salm soutenoit le prince de Bade, et même le comte de Kaunitz faisoit avertir celui-ci qu'il devoit un peu diminuer certaine hauteur qui ôtoit à ses amis tout moyen de le servir, et qui donnoit aux ministres résolus à sa perte de fréquentes occasions de l'avancer.

Cependant on commença à songer plus vivement

aux moyens de faire des fonds; et par la levée du centième denier accordé par tous les États de l'empereur, et par un secours de l'électeur palatin, on trouva que l'on pouvoit compter sur sept millions de florins d'Allemagne, faisant quatorze millions de France.

Tandis que les courtisans murmuroient de l'indolence de l'empereur et de ses ministres dans une conjoncture si importante, il arriva que l'on fit la représentation d'un opéra où l'auteur blâmoit cette mollesse avec assez de liberté. Les personnages du poëme étoient la Vertu, l'Honneur, la Vivacité, l'Inquiétude, la Paresse, le Vice, l'Indolence, la Confiance. A la fin, la Vertu, abandonnée de la Vivacité et de l'Inquiétude, ayant pour compagnes la Confiance et l'Indolence, se trouvoit enchaînée; et sur cela la Vivacité et l'Inquiétude tenoient des discours très forts sur les ministres, et dont le maître même pouvoit s'appliquer quelque chose. Comme le roi avoit fait l'honneur autrefois au marquis de Villars de lui parler avec bonté sur ce qui lui revenoit de son esprit inquiet, celui-ci ne fut pas fâché de voir dans ce petit opéra combien l'inquiétude est nécessaire à la vertu. Il prit la liberté de parler au roi de cette tragédie dans les lettres[1] qu'il lui écrivoit, et il osa représenter qu'une certaine inquiétude ne devoit pas toujours être regardée comme un défaut; ajoutant que, si Sa Majesté entendoit raisonner les généraux allemands sur les périls qu'ils avoient courus dans les dernières guerres, elle trouveroit que l'inquiétude d'un lieutenant général qui vouloit que

---

1. Les phrases suivantes ne sont pas dans les lettres adressées au roi, mais dans une lettre de Villars à Torcy du 17 novembre.

l'on profitât de certaines occasions méritoit moins d'être blâmée de présomption que louée d'un zèle ardent fondé en raisonnements solides, mais toujours soumis et respectueux pour son général.

Le 18 de novembre, le marquis de Villars reçut une lettre du roi, qui lui apprenoit la mort du roi d'Espagne. Cette nouvelle fut aussi apportée à l'empereur par un courrier du comte de Sinzendorff; un autre, arrivé deux jours auparavant, y préparoit. L'empereur ne vit personne pendant deux jours; mais il écrivit un mot au président de guerre, qui rassembla sur-le-champ les felds-maréchaux qui se trouvoient alors à la cour, savoir Caprara, les princes Eugène et de Commercy. Il y eut le 19 un conseil[1] chez l'empereur, qui dura plus de quatre heures. Le prince de Lichtenstein, hayo de l'archiduc, y fut admis; ce qui fit penser qu'apparemment il étoit question de quelque voyage pour ce prince. Le jour d'après, on délivra l'argent pour les remontes et recrues de toutes les troupes. L'empereur donnoit quarante-deux livres pour un homme de cavalerie ou d'infanterie, et cent trente-cinq livres pour un cheval. Cependant on n'envoya aucun ordre pour ébranler les troupes. Dans ce dernier conseil, l'empereur parla avec une fermeté et avec une décision qui ne lui étoient pas ordinaires, taxant même ses ministres d'une irrésolution dont cependant, s'il falloit les en croire, il devoit être plus soupçonné qu'eux.

1. J'ai retrouvé à Vienne aux Archives I. R. le procès-verbal de cette séance et des séances du 21 et du 22; il jette un jour décisif sur les intentions de l'Autriche. Voyez les extraits que j'en donne à l'Appendice.

Ils passèrent ces deux jours, et la plus grande partie de la nuit, en conférences. Le marquis de Villars dit en deux mots aux comtes d'Harrach et de Kaunitz : « Voilà le moment fatal arrivé : voulez-vous prévenir « les malheurs qui menacent l'Empire? » Le comte d'Harrach répondit seulement : « On vous parlera, « mais il n'est pas encore temps[1]. »

Le jour d'après, la nouvelle arriva que le roi d'Espagne avoit fait un testament en faveur du duc d'Anjou, qu'il instituoit son héritier universel. Le marquis de Villars fut informé en même temps que le roi avoit fait part à l'Angleterre et à la Hollande de l'acceptation qu'il faisoit du testament, et il eut ordre de le déclarer à la cour de Vienne, même que M. le duc d'Anjou avoit déjà été traité comme roi d'Espagne, et qu'il devoit partir le 1er décembre pour aller prendre possession de ses royaumes.

Dans ces premiers moments on prit à Vienne la résolution d'envoyer trente mille hommes des meilleures troupes en Italie, et vingt mille hommes sur le Rhin ; et pour rendre complets les régiments qui

---

1. Dans sa dépêche au roi du 20 novembre, Villars tient un langage un peu différent et, je dois le dire, beaucoup plus vraisemblable, car il n'a pas le ton agressif qu'il aime à se donner après coup dans ses Mémoires. Voici le passage : « Votre Majesté sera bien persuadée que je n'ai eu nulle occasion d'entretenir MM. d'Harrach et de Kaunitz, surtout ne voulant pas paroître la chercher ; j'ai dit seulement ce soir au dernier, en sortant de chez l'empereur : « Voici l'événement prévu depuis si longtemps « arrivé, vous avez déjà bien perdu du temps, en voulez-vous « perdre encore? Ne songez-vous à rien? » — « On songe, mais « il n'est pas encore temps de vous parler. » — Le lieu ne permettoit pas une plus longue conversation et assurément il ne m'en auroit pas dit davantage. »

devoient marcher, on tira de ceux d'infanterie qui ne marchoient pas quatre compagnies, pour mettre ce qui étoit détaché à seize compagnies de cent cinquante hommes chacune, et un capitaine de grenadiers; ce qui faisoit deux mille cinq cent quarante hommes sur le pied complet.

On parla d'envoyer l'archiduc à Inspruck, et même il y a lieu de croire que la résolution en étoit prise, le prince de Lichtenstein, son gouverneur, ayant assisté aux dernières conférences. Ce qu'il y a de constant, c'est que l'empereur, ne voulant pas consentir au traité de partage, n'avoit pas de meilleur parti à prendre que d'envoyer d'abord un corps d'armée dans le Milanois, où sans doute le roi d'Espagne auroit donné des ordres nécessaires pour l'y recevoir. Mais les menaces que fit le roi d'agir sur-le-champ, d'entrer en Espagne et en Italie dès que l'on feroit la première démarche du côté de l'empereur, rompirent un dessein que plusieurs conseilloient vivement.

Le prince Eugène fut déclaré général de l'armée destinée à entrer en Italie; et les princes de Commercy, de Vaudemont, et le comte Guido Staremberg, furent les premiers officiers généraux destinés à servir dans cette armée.

Le 24 de novembre, le marquis de Villars envoya demander un ordre[1] au comte de Kaunitz pour faire partir un courrier. Celui qui alla chez le comte de Kaunitz vit bien qu'il étoit chez lui, mais on lui dit qu'il étoit sorti par une porte de derrière pour aller

1. « Un billet de poste, » dit la dépêche de Villars au roi du 25 novembre.

chez l'empereur. Le soir, le comte de Kaunitz fit dire au marquis de Villars qu'il voudroit bien lui dire un mot le lendemain à la cour ; et lui apprit que, l'empereur ayant résolu de faire parler au marquis de Villars, il croyoit qu'il aimeroit autant suspendre encore un jour le départ de son courrier.

Les comtes d'Harrach et de Kaunitz parlèrent en effet au marquis de Villars dans le palais, et lui dirent qu'il étoit arrivé tant de courriers, qu'il n'avoit pas été en leur pouvoir de disposer d'une heure dans la journée pour l'entretenir ; que d'ailleurs il pouvoit bien comprendre lui-même que, quoique les diverses nouvelles qu'ils recevoient ne pussent pas apporter de grands changements dans ce qu'ils avoient à lui dire, l'empereur étoit bien aise pourtant d'être informé de ce qu'elles portoient; qu'un de ces courriers étoit dépêché de Madrid à l'ambassadeur d'Espagne à Vienne, et que c'étoit le premier qu'on eût reçu depuis la mort du roi d'Espagne.

Le marquis de Villars leur répondit qu'il n'avoit rien de fort important à mander au roi; mais qu'en trois jours il étoit arrivé quatre de leurs courriers à Vienne, et que le moins étoit qu'il en pût dépêcher un pour apprendre seulement que l'on ne lui disoit rien.

Le 27 de novembre se passa sans que les ministres de l'empereur parlassent au marquis de Villars; et le bruit qui commença à se répandre que le roi avoit accepté la monarchie d'Espagne, destinée au duc d'Anjou son petit-fils, ne lui permettoit pas de s'attendre à de grandes ouvertures de la part de l'empereur.

On choisit alors le comte de Wratislaw pour aller en

Angleterre. C'étoit l'homme de la cour le plus capable des grandes négociations; et ce choix de l'empereur fit juger que l'on songeoit à porter le roi Guillaume et la Hollande à des mesures bien différentes de celles qui avoient occupé ces deux puissances depuis la paix de Ryswick.

Le marquis de Villars reçut une lettre du roi [datée du 2 décembre] qui lui apprit que le prince de Vaudemont, gouverneur du Milanois, avoit déjà fait assurer le nouveau roi de son obéissance; que les gouverneurs des Pays-Bas avoient fait la même chose; et qu'ainsi les apparences étoient que tout le reste de la monarchie se soumettroit également aux dernières volontés du feu roi.

L'abattement de la cour de Vienne fut conforme à l'événement; et les généraux qui, dès la nouvelle du traité de partage, avoient été d'avis d'envoyer une armée en Italie, disoient, avec beaucoup d'apparence de raison, que, si les ministres du feu roi d'Espagne qui l'avoient déterminé à priver de sa succession entière les princes de sa maison avoient vu une partie de la monarchie entre les mains de l'empereur, ils auroient peut-être eu de la peine à faire donner l'autre à un prince de France; et que, même l'espérance de conserver la monarchie sur une seule tête étant perdue, jamais le roi d'Espagne n'auroit fait un pareil testament. Tel étoit leur raisonnement, et il paroissoit solide : mais le prince Eugène n'étoit consulté en rien, et l'empereur prit la résolution d'envoyer un courrier au prince de Bade, pour le faire venir à Vienne en toute diligence.

Le 4 de décembre, on apprit par un courrier du

cardinal de Lambert l'exaltation du cardinal Albani[1] à la papauté. Depuis longtemps les cardinaux n'avoient fait d'élection dans des circonstances où l'Église eût un plus grand besoin de chercher dans son chef des qualités bien différentes de celles qui élèvent pour l'ordinaire à cette haute dignité. Le cardinal Albani n'avoit pas cinquante ans, et paroissoit jouir d'une forte santé : ses larmes, répandues à la première nouvelle de son exaltation, marquoient ou le caractère d'un comédien, assez naturel à sa nation, ou une foiblesse bien éloignée du courage de Sixte-Quint. Celui-ci, appuyé sur un bâton et la tête courbée avant le scrutin, surprit tout le conclave quand le scrutin se trouva favorable : il leva la tête et entonna le *Te Deum* avec une voix ferme. On lui demanda par quel miracle il étoit devenu si droit; et il répondit qu'auparavant il se baissoit pour chercher les clefs de saint Pierre, mais qu'après les avoir trouvées il pouvoit marcher la tête haute.

Le marquis de Villars fit alors de nouvelles instances pour son congé, piqué, et avec raison, de voir MM. d'Harcourt et de Tallard magnifiquement récompensés[2], tandis qu'on ne faisoit rien pour lui. Il pouvoit se flatter que si le roi avoit été satisfait du traité de partage, ce traité étoit dû à la crainte qu'avoient l'Angleterre et la Hollande des offres magnifiques que l'empereur avoit fait faire au roi par le marquis de Villars; et, quant au testament qui donnoit la monarchie entière à un des fils de monseigneur le dauphin,

1. Sous le nom de Clément XI.
2. Harcourt fut fait duc, Tallard reçut le cordon bleu et un gouvernement de province.

il pouvoit penser aussi que l'adresse avec laquelle il avoit empêché que l'empereur ne fît occuper le Milanois, lorsque le roi d'Espagne avoit bien voulu y recevoir ses troupes, avoit déterminé les ministres d'Espagne, qui craignoient surtout le partage de la monarchie, à la faire destiner entière à un des petits-fils du roi.

Il se plaignit fortement à M. de Torcy[1] d'un oubli auquel il ne devoit pas s'attendre. Mais enfin le roi voulut qu'il demeurât auprès de l'Empereur jusqu'à ce que l'on vît quel parti prendroit ce prince. Sa résolution dépendoit des ressources qu'il pouvoit attendre des puissances maritimes et des princes de l'Empire, dont les plus puissants, tels qu'étoient les électeurs de

1. Villars revient souvent dans la suite de ses Mémoires sur les deux mérites qu'il s'attribue ici : le premier d'avoir provoqué les offres magnifiques de l'empereur, le second d'avoir empêché l'entrée des troupes impériales en Milanais. Quant au premier, je pense pouvoir établir à l'aide des pièces publiées à l'appendice du présent volume que l'Autriche n'a jamais sérieusement voulu traiter. Le second mérite que s'attribue Villars n'est pas mieux établi : c'est sur l'ordre de Louis XIV, et non spontanément, que Villars déclara à la cour d'Autriche que tout envoi de troupes impériales en Italie, sous quelque prétexte que ce fût, serait immédiatement suivi de l'entrée des troupes françaises massées en Dauphiné et dans le Roussillon. La lettre qu'il écrivit le 4 décembre à Torcy pour se plaindre, et qu'il analyse ici, est beaucoup plus modeste : « Les courtisans ici, dit-il, me font l'hon- « neur d'avoir rompu le dessein d'envoyer des troupes en Italie, « peut-être n'y ai-je pas nui, mais si j'y avois quelque part, j'au- « rois autant servi au testament que M. d'Harcourt. » Le 23 novembre précédent Villars, encore plus sincère, écrivait au roi : « Ils (les ministres) se repentent bien de n'avoir pas envoyé des « troupes en Italie sur les premiers ordres du roi d'Espagne de « les recevoir, et que la profonde sagesse de Votre Majesté a « empêché par les déclarations faites en dernier lieu. »

Brandebourg et d'Hanovre, vouloient embrasser sa querelle.

Les premières pensées avoient été de faire marcher une armée en Italie, et nous avons vu que les généraux avoient déjà été nommés. Mais quand l'empereur fut informé que le prince de Vaudemont, gouverneur du Milanois, s'étoit soumis aux ordres de la régence d'Espagne avec les vice-rois de Naples, de Sicile et de Sardaigne, et que généralement tout ce qui dépendoit de cette monarchie dans les diverses parties de l'Europe reconnoissoit le testament, il prit le parti de se préparer solidement à la guerre, guerre funeste qui ébranla les deux grandes maisons de France et d'Autriche et qui pouvoit aisément en causer la subversion entière.

Les armées de France, comme on le verra dans la suite de ces Mémoires, passèrent trois fois le Danube sous les ordres du maréchal de Villars, et, lorsqu'il le passa la première fois, les desseins de ce général n'alloient pas à moins que d'attaquer Vienne, la capitale de l'Empire. L'Espagne a vu deux rois dans sa capitale, et la France auroit été ébranlée sans les divers succès du marquis de Villars.

Revenons aux mesures que prenoit la cour de Vienne en attendant la nouvelle des dernières résolutions de l'Angleterre et de la Hollande.

L'empereur étoit déterminé à la guerre, quand même il seroit abandonné de tout le monde, et il assuroit ses ministres avec une ardeur éloignée du flegme de son tempérament, que sa postérité n'auroit jamais à lui reprocher d'avoir vu sortir de sa maison la monarchie entière d'Espagne sans aucune effusion de sang; qu'il s'exposeroit, plutôt que d'y consentir, à faire périr ses armées et à perdre ses états; qu'enfin il tenteroit les plus grands efforts pour regagner les biens de ses pères.

Le roi des Romains fortifioit l'empereur dans ses desseins de guerre. D'une autre part, le malheur de l'archiduc, dont la fortune devenoit si différente par la perte de tant d'états qui lui étoient destinés, touchoit vivement le cœur du père, et d'autant plus que le caractère de l'archiduc étoit aussi doux que celui de son frère étoit violent et emporté. L'empereur se reprochoit d'ailleurs à lui-même de n'avoir pas suivi sa pensée, qui étoit de faire marcher d'abord ses troupes en Italie, et celle des plus habiles gens, surtout du prince Eugène, et de plusieurs officiers généraux qui avoient pensé comme leur maître. En effet, la plupart étoient convaincus que jamais les Espagnols n'auroient pris le parti de mettre une partie de la monarchie d'Espagne sur la tête d'un des fils du dauphin de France, si les Impériaux avoient été maîtres du Milanois et du reste de l'Italie.

Ce fut dans cette occasion que le marquis de Villars rendit au roi de très utiles services, en mettant tout en usage pour affermir à Vienne l'opinion des ministres qui s'opposèrent à la marche des troupes en Italie. Il y réussit si bien que l'on publioit que l'argent de France les avoit corrompus.

Par un article du testament du roi d'Espagne, ce prince désiroit que le duc d'Anjou, auquel il destinoit ses royaumes, épousât une archiduchesse. Le marquis de Villars en parla aux ministres, mais l'empereur et ses deux fils avoient bien d'autres soucis que celui de songer au mariage des archiduchesses. Le marquis de Villars fit les compliments du roi à l'empereur, à l'impératrice, au roi et à la reine des Romains sur la naissance de l'archiduc, et leur dit que Sa Majesté songeoit à faire partir une personne exprès de sa cour pour les en féliciter.

Il eût fallu bien des compliments semblables pour calmer l'aigreur, ou, pour mieux dire, l'horreur qui régnoit dans les cœurs de toute la maison impériale. Elle ne respiroit que la guerre, mais elle se trouvoit forcée, avant que d'éclater, d'attendre les mesures qu'elle pouvoit prendre avec les anciens ennemis de la France : d'autant plus que l'Angleterre et la Hollande paroissoient fort indignées de l'acceptation du testament.

On fit alors partir de Vienne le comte de Visconti pour le Milanois, où sa famille étoit puissante, et l'on renvoya à Naples les comtes Sangro et Caraffa, Napolitains. Le premier, voulant y exciter quelque sédition, fut arrêté et décapité.

Le comte de Castelbarco fut envoyé au prince de Vaudemont, gouverneur du Milanois, qui voulut ne lui donner audience qu'en présence de deux secrétaires de la chancellerie. A toutes les instances de ce ministre de l'empereur, il répondit qu'il n'oublieroit jamais les grâces que lui et son fils avoient reçues de Sa Majesté Impériale, mais qu'il étoit obligé de suivre les ordres du feu roi d'Espagne et ceux de la régence auxquels la monarchie entière s'étoit soumise. Après quoi, il fit sortir de Milan le comte de Castelbarco.

Du reste, on pressoit vivement les recrues d'infanterie et de cavalerie. On ne travailla pas avec moins d'ardeur aux équipages d'artillerie; et, sur les apparences que l'empereur feroit marcher des troupes vers le Tyrol, le roi manda au marquis de Villars qu'il envoyoit le comte de Tessé à Milan, et qu'il feroit arriver soixante bataillons en Dauphiné et en Provence pour marcher en Italie dès que le prince de Vaudemont paroîtroit en avoir besoin.

Enfin, outre les mesures que la cour de Vienne prenoit avec l'Angleterre et avec la Hollande, elle avoit un soin extrême de ménager tous les princes de l'Empire. L'électeur de Brandebourg, pour sa dignité royale, avoit promis huit mille hommes entretenus à ses dépens tant que la guerre dureroit; le duc d'Hanovre, pour le neuvième électorat, devoit en fournir six mille; l'électeur palatin entroit dans les dépenses, et l'empereur comptoit aussi sur les cercles de Souabe et de Franconie, sur lesquels le prince de Bade avoit grande autorité.

L'on n'oublioit rien pour engager le duc de Savoie, et le marquis de Prié, son ambassadeur à Vienne, travailloit à cela comme le plus zélé partisan de la maison d'Autriche. Il avoit acheté le comté de Chocaturne, une des plus considérables terres de la maison des comtes de Serin[1], confisquée à l'empereur[2], et cette

1. Serin, Serini ou Zrini, grande maison de Hongrie. Pierre Serini, Sr de Czackathurn, fut l'un des chefs de la révolte des Hongrois en 1665. Arrêté en 1671, il eut la tête tranchée à Neustadt. Ses biens furent confisqués. Sa fille Hélène épousa un prince Rakoczy et fut mère du célèbre chef des insurrections hongroises dont il sera question plus loin.

2. *Confisqué à*, confisqué par l'empereur ou à son profit. C'est une ancienne locution dont la phrase suivante d'Amyot précise bien le sens : « Quand la maison et les biens du tyran Nabis

acquisition le rendoit à demi allemand. On se flattoit d'ailleurs que le Portugal entreroit dans la ligue, et que la Hollande n'auroit d'autre parti à prendre que de faire les derniers efforts pour l'empereur. Ce qui portoit si fort à compter sur elle, c'est qu'on regardoit sa perte comme certaine par l'union des forces de France et d'Espagne avec les places qui la livroient à ces deux puissances.

Quant à l'électeur de Bavière, les généraux regardoient comme un avantage l'attachement qu'ils lui supposoient pour la France. « S'il fait, disoient-ils, la folie de demeurer uni avec elle, nous traiterons ses états comme le roi de France a traité la Lorraine. »

Le marquis de Villars voyoit diminuer le commerce qu'il avoit à Vienne avec les plus honnêtes gens, car l'esprit d'intérêt étoit tellement établi dans cette cour, que l'on étoit disposé à croire gagnés et corrompus tous ceux qui le voyoient souvent. Les princes Eugène, de Vaudemont et Commercy n'étoient pas susceptibles de pareille crainte, aussi vivoient-ils toujours avec lui de la même manière.

Il fut dit publiquement que le marquis de Villars avoit empêché la marche des troupes en Italie dans le mois de septembre, avec deux cent mille écus donnés à quelque ministre, et l'on répandit qu'il avoit reçu un million pour retarder le commencement de la guerre [1].

---

eurent esté vendus, comme confisquez à la chose publique. » Voy. Littré, art. *Confisquer*.

1. Villars écrivait au roi le 23 novembre 1700 à propos des difficultés que la cour d'Autriche trouvait à recruter la cavalerie destinée à agir en Italie : « Les courtisans, qui se piquent d'être

La vérité est qu'un ministre du premier ordre[1] vint offrir au marquis de Villars, moyennant vingt mille écus, de suspendre durant six mois la marche

pénétrants, m'ont soutenu que c'était moi qui en étois la cause, tant pour avoir gagné par des sommes considérables ceux qui ont donné lieu aux difficultés que par l'habileté avec laquelle je les ai fait naître. Comme je ne compterai aucune dépense à Votre Majesté pour cela, je songerai encore moins à me faire un mérite d'un événement que je n'ai pas eu pour objet. »

1. La dépêche par laquelle Villars informe le roi de ces propositions est du 1er janvier 1701. Le passage est assez curieux : « Il est tellement établi que j'ai 50,000 pistoles à distribuer pour rompre les mesures de l'Empereur (comme l'on pretend que moyennant une pareille somme j'ai empêché la marche des troupes en Italie dans le mois de septembre dernier), que cela m'attire des propositions auxquelles je réponds de manière à ne pas détruire entièrement une opinion qui peut être utile au service de Votre Majesté.

« L'envoyé de Danemark est donc venu hier chez moi, et, après beaucoup d'engagements qu'il a exigés avant de me parler, ce que j'ai donné avec les conditions qu'il doit attendre d'un ministre de Votre Majesté, il m'a dit que si je voulois donner 12,000 écus il pourroit rendre peut-être un service très important.

« Il m'a expliqué que les dernières troupes danoises qui avoient servi l'empereur en Hongrie avoient été payées en plaintes des états qu'elles avoient traversés et qu'on leur avoit fait voir que les désordres qu'elles avoient commis montoient à beaucoup plus que ce qu'on leur devoit; qu'enfin on étoit convenu de donner seulement 12,000 écus aux généraux qui les commandoient et à l'état-major, que ces 12,000 écus étoient sollicités depuis trois ans par des commissaires qu'on avoit laissés exprès ici, et qu'enfin, si on vouloit donner cette somme présentement, il espéroit que par le moyen de ceux à qui elle étoit due, gens de crédit à la cour, il empêcheroit que les troupes danoises, qui sont en Saxe présentement, ne fussent employées au service de l'empereur, qui les demande à son maître. ..... ledit envoyé s'est offert à tous les services qu'il pourroit rendre, même d'informer Votre Majesté quand je partirois de cette cour, ... mais que surtout si je voulois donner ces 12,000 écus, dont il jure qu'il n'y a rien pour lui, il feroit peut-être un grand coup. »

des troupes danoises qui devoient servir l'empereur. Tant on est peu délicat en Allemagne sur l'intérêt, vice qui règne encore plus dans les cours particulières des électeurs et des princes de l'Empire que dans celle de l'empereur.

Le duc de Molés, ambassadeur d'Espagne à la cour de Vienne, et parti de Madrid six semaines avant la mort du roi d'Espagne, arriva à Vienne avec des ordres bien contraires aux dispositions du testament. Les changements de la cour de Madrid depuis son départ, et si opposés à ses instructions, le mirent dans la plus triste position. Il avoit été choisi parce qu'il étoit le plus attaché à l'empereur, et il arriva à Vienne dans le temps même que le duc d'Anjou prenoit possession de la monarchie d'Espagne.

L'empereur fit alors le comte de Sallbourg[1] président de la chambre, charge qui répond à celle de contrôleur général des finances en France. Ce nouveau ministre étoit un sujet très médiocre; cependant, comme il étoit dévoué à la cabale dominante, il fut préféré au comte Gundaker Staremberg, infiniment plus capable de cet emploi, dont il fut revêtu quelques années après.

Les premiers jours de l'établissement du nouveau ministre des finances firent trouver quelque argent; ce qui arrive toujours en pareil cas, parce que le ministre et ses amis veulent donner de la réputation à une nouvelle administration. Mais ces médiocres ressources n'allèrent pas loin.

1. Gotthard Henri, comte de Salburg, d'une bonne famille de la Haute-Autriche, fut nommé le 14 décembre 1700 et mourut le 30 juillet 1707, à quatre-vingt-neuf ans.

[1701.] On commença, dans les premiers jours de l'année 1701, à ébranler les troupes qui devoient composer l'armée destinée pour l'Italie. Tout ce pays, alarmé des apparences de se voir bientôt le théâtre de la guerre, porta le pape, comme père commun, à faire quelques tentatives pour la prévenir.

Son nonce à Vienne demanda audience[1] au marquis de Villars et lui rendit compte des ordres qu'un courrier extraordinaire lui avoit apportés de la cour de Rome. Ils étoient de représenter fortement à l'empereur la vive douleur où étoit le saint-père de voir toute l'Italie en feu par les marches de tant de troupes diverses qui venoient en disputer la possession et de prier l'empereur de suspendre la marche des siennes ; Sa Sainteté se promettant que le roi de France, à qui elle demandoit la même grâce, voudroit bien la lui accorder. Le marquis de Villars répondit au nonce, qu'autant que cette instance auprès de l'empereur étoit juste et raisonnable, autant elle devoit le paroître peu au roi, qui ne faisoit que soutenir la possession légitime du roi, son petit-fils, dans laquelle l'empereur vouloit le troubler.

L'ambassadeur d'Espagne eut une conversation pareille avec le nonce, qui ne se flatta pas que ses instances pussent détourner la guerre d'Italie.

La république de Venise fit faire, par son ambassa-

1. Dans sa dépêche au roi du 8 janvier 1701, Villars dit simplement : « M. le nonce (Daccia) ayant passé chez moi et ne m'ayant pas trouvé, j'allai le voir hier…. il a voulu me donner part de ses ordres. » Dans la communication du saint-père, il est beaucoup plus question des intérêts de la chrétienté que de ceux des Italiens. Le pape offre sa médiation pour prévenir la guerre.

deur à la cour de Vienne, les mêmes tentatives que le nonce avoit faites et la réponse de l'empereur fut que, si le pape et les Vénitiens craignoient la guerre, ils devoient encore plus craindre l'esclavage auquel la puissance excessive des deux couronnes les devoit préparer.

Le 12 janvier, le prince de Bade arriva à Vienne, où il fut deux jours sans avoir audience de l'empereur. Le marquis de Villars avoit fort connu ce prince dans les guerres de Hongrie et il avoit reçu de lui, dans ce temps-là, toutes les marques possibles d'amitié. Aussi, en dépeignant le caractère de ce prince, le marquis de Villars avoit mandé au roi, que de tous les généraux de l'empereur, il lui paroissoit le plus propre à commander dignement ses armées, et, par conséquent, à augmenter l'envie des ministres ses ennemis. Il reçut avec assez de hauteur ceux des ministres qui allèrent le voir [chez la princesse Lobkovitz où il logeoit]. Il n'en avoit pas été bien traité précédemment, mais la conjoncture étoit favorable pour se faire valoir, et il prétendoit ne leur pas donner la main. Les principaux[1] refusèrent de le voir à de telles conditions, et il fut enfin convenu qu'il éviteroit de la prendre et de la donner.

On croit devoir placer ici une lettre que le marquis de Villars écrivit au roi le 22 janvier. On en jugera mieux des sentiments où étoient l'empereur, l'impé-

1. La dépêche du 19 janvier de Villars au roi nomme Harrach, Kaunitz et Mansfeld : elle ajoute que le prince de Bade faisait de grandes difficultés sur tous les desseins qu'on lui proposait et s'opposait à la guerre comme s'il ne la voulait pas. Mais Villars pense que c'était une tactique destinée à lui faire obtenir de meilleures conditions.

ratrice, le roi des Romains et les principaux généraux de l'empereur, dans ces premiers moments où il étoit question de déterminer et de commencer une grande guerre.

« Sire,

« Jusques à présent on n'a encore travaillé à aucun projet de guerre. Votre Majesté sera bien persuadée que je n'omets rien de ce qui peut dépendre de moi pour pénétrer les sentiments de M. le prince Louis de Bade, et pour savoir si ce qu'on m'a dit de son opposition à la guerre étoit bien fondé.

« Ce prince dînoit hier chez moi, avec les princes de Savoie, de Vaudemont, Commercy et divers autres généraux de l'empereur. Pendant le repas, la conversation sur la guerre fut très vive. On y parla fort sur celle de Hongrie et des dernières d'Allemagne, dans lesquelles ce prince nous dit assez naturellement qu'il avoit été exposé à quelques périls; et si Votre Majesté étoit informée de ses discours et qu'elle voulût bien se souvenir des projets que j'avois pris la liberté de lui présenter, peut-être qu'elle regarderoit avec bonté mon zèle, mon attention pour le bien de son service et ma conduite pendant ces dernières campagnes.

« Après le repas, je fus bien aise d'engager MM. les princes de Bade et de Savoie dans une conversation plus particulière. On m'avoit assuré que leurs sentiments étoient fort différents; et pour les démêler, je dis, en reprenant les matières de guerre, que souvent c'étoit sagesse de hasarder un combat, même avec quelque désavantage, quand on savoit positivement qu'en donnant à l'ennemi le temps de se fortifier, on couroit risque d'en être accablé. Le prince de Savoie reprit : non seulement un combat, mais de commencer même une guerre avec désavantage, et cela en souriant à M. le prince de Bade, marquant qu'il avoit déjà soutenu cette thèse devant lui. Le prince de Bade répondit assez sérieusement : que, pour commencer une guerre, il falloit bien y regarder et que, pour lui, il ne trouvoit rien de si dangereux que de s'embarquer sans biscuit. Enfin, Sire, je redirois inutilement tous leurs discours à Votre Majesté, il suffit qu'elle soit informée que ces deux princes soutiennent, par diverses raisons, leurs avis différents. De savoir, maintenant, si, au fond, le prince de Bade est assez opposé à la guerre pour l'empêcher réellement, ou s'il n'en fait voir toutes les difficultés que pour ne pas répondre des mauvais événements, ou bien si ce n'est pour obliger la cour à ne former aucun obstacle à ses prétentions particulières, pourvu qu'il s'efforce de surmonter ce qui traverse les intentions de l'empereur, c'est ce que les lumières de Votre Majesté démêleront mieux que toute l'attention que je puis avoir. Il est vraisemblable que ce prince, et par son inclination naturelle, et par divers intérêts, doit être porté à ne vouloir point passer sa vie dans l'inaction et dans l'oubli. Car de croire qu'il ne songe à se relever que par son opposition au neuvième électorat, ce seroit se borner à une distinction qui lui seroit commune avec plusieurs autres princes de l'Empire et bien différente de celle qu'il trouvera à la tête des armées de l'empereur.

« Cependant, afin que Votre Majesté puisse porter un jugement certain sur ce que j'ai l'honneur de lui mander, je crois devoir lui rendre un compte exact de tout ce qui s'est passé dans les premières audiences de ce prince. Une personne a donc su par lui-même que sa première audience de l'empereur, qui est la seule qu'il ait eue jusqu'à présent, avoit été pleine de démonstrations d'amitié, que l'empereur lui avoit dit : que bien loin d'avoir désapprouvé sa conduite sur le neuvième électorat, ni même sur la réquisition, il étoit entré dans ses raisons ; qu'il avoit envie de satisfaire les princes et plus encore lui que personne ; qu'il le prioit de lui en donner les moyens et d'avoir aussi quelque égard à sa réputation qui y étoit engagée. L'empereur lui dit ensuite : qu'il étoit déterminé à la guerre, qu'il comptoit sur le roi d'Angleterre et sur la Hollande, mais que, quand même leurs secours lui manqueroient, il la feroit seul ; que véritablement, dans une entreprise si difficile, sa première ressource étoit dans ses conseils ; qu'il vouloit les suivre en tout et lui remettre entièrement la conduite de la guerre.

« Le prince lui répondit par beaucoup de respects et par toutes les marques de reconnoissance. Il ajouta, sur l'affaire du neuvième électorat, qu'il s'attendoit toujours à la justice de l'empereur, sans entrer plus avant dans cette matière.

« L'impératrice lui parla à peu près dans les mêmes termes que l'empereur et lui dit, sur le neuvième électorat, qu'elle le prioit de trouver les moyens de tirer l'empereur de cette maudite affaire, à laquelle il étoit très fâché de s'être engagé.

« Le roi des Romains l'embrassa, lui fit mille protestations d'amitié et ne lui parla point de l'électorat.

« Le prince de Bade alla ensuite chez la reine et, comme il en sortoit, il trouva dans l'antichambre le roi des Romains qui l'attendoit, lequel l'embrassa encore, en l'assurant qu'il n'avoit d'autres ressources qu'en lui pour le rétablissement des affaires de sa maison ; qu'il espéroit qu'il voudroit bien être son maître pour la guerre et surtout être toujours son ami.

« Après toutes ces premières audiences, le président de guerre alla chez le prince de Bade pour lui porter l'état de la guerre et pour le prier, de la part de l'empereur, de vouloir bien entrer en matière. Le prince répondit : qu'il ne vouloit entendre parler de rien, qu'auparavant l'empereur n'eût eu la bonté de lui faire savoir ses intentions sur le neuvième électorat. Cette réponse, revenue à l'empereur, l'a extrêmement irrité, aussi bien que l'impératrice.

« Le roi des Romains lui a envoyé le Sr Rommel, qui est son premier confident, le même qui a été son précepteur, mais qui, déplaisant aux Jésuites à cause du grand empire qu'il avoit sur l'esprit de ce prince, en a été écarté depuis. Le prince de Bade, après plusieurs discours, lui conta ce trait de l'histoire de l'Empire, savoir : que l'empereur Othon, ayant eu le malheur de déplaire à ses vassaux, au point que tout l'Empire étoit révolté contre lui, offrit, pour le rétablissement de la paix, de se démettre de l'Empire et sa vie même, si on la vouloit ; qu'ici il n'étoit question, pour ramener le calme, que de détruire un neuvième électorat. Enfin, depuis six jours, on n'a parlé de rien à ce prince et même on a donné des ordres pour faire marcher vers le Rhin les quatre régiments dont Votre Majesté trouvera l'état ci-joint, sans en parler.

« Le prince de Bade a dit à la même personne dont j'ai déjà parlé, qu'il seroit encore ici quinze jours ou trois semaines et qu'il s'en retourneroit après, si l'on ne vouloit de lui rien de plus.

« Je tiens quelques-uns de ces détails de l'envoyé de Danemarck, auquel ce prince les a confiés. Cet envoyé est assurément homme d'esprit, et il continue toujours à s'offrir. Je crois, Sire, qu'il est du service de Votre Majesté, s'il y a de la guerre, de lui faire une pension raisonnable[1], et de trouver des expédients assez aisés pour qu'il ait l'honneur d'informer Votre Majesté sans s'exposer. Au surplus, je n'oserois répondre de la fidélité de ces gens-là ; mais s'ils veulent donner de bons avis, personne n'est plus qu'eux en état de le faire. Les 8,000 hommes du roi son maître sont toujours demandés et il m'a fait entendre qu'ils pourroient bien être accordés. Cependant, il dit toujours qu'il croiroit pouvoir l'empêcher avec la somme qu'il m'a demandée. Il m'a même fait connoître que pour moins on feroit quelques efforts. Je ne lui en ai donné que très peu d'espérance ; mais j'ai cru que pour engager ces gens-là, il étoit bon de leur faire connoître que, comme Votre Majesté n'épargnoit pas l'argent, quand il étoit utile de le répandre, il étoit aussi de la prudence de ses ministres de ne pas l'employer mal à propos.

« L'ambassadeur d'Espagne reçut hier un courrier et m'en fit avertir sur-le-champ. Son secrétaire m'a apporté en original la dépêche de la régence ; c'est un ordre en six lignes, donné à l'ambassadeur, de faire comprendre le roi, son maître, dans tous les traités que Votre Majesté pourroit faire en Allemagne.

1. Le roi lui accorda une pension annuelle de 2,000 francs (dépêche du 1er février).

« On n'a donné jusqu'à présent aucune réponse au nonce sur ses propositions. Les ambassadeurs de Venise et de Savoie ont avec lui de fréquentes conversations et il n'a pas tenu à eux qu'ils ne m'y aient fait entrer, mais j'ai toujours pris soin de l'éviter, sans laisser paroître d'affectation. Votre Majesté aura trouvé dans ma dernière dépêche ce que j'ai lieu de juger de leurs sentiments.

« J'ai eu l'honneur de mander à Votre Majesté que les nouvelles d'Angleterre et de Hollande ne donnoient pas de grandes espérances à cette cour. Il me paroît cependant que les dernières sont un peu différentes. Votre Majesté est sans doute mieux informée par ailleurs de la vérité de ces bruits; mais elle pardonnera à mon zèle de souhaiter qu'il n'y ait plus d'inquiétude à avoir pour aucune des places que gardent les troupes de Hollande. Et si, après cela, cette république est assez téméraire pour se déclarer contre Votre Majesté, celui qui aura l'honneur de commander ses troupes ou celles d'Espagne du côté d'Anvers ou du pays de Gueldres, peut tirer de grosses sommes. J'oserois assurer Votre Majesté, par la connoissance que j'ai des contributions que l'on imposoit autrefois par Maestricht, que les premières années cela peut aller à quatre ou cinq millions et peut-être plus. Si Votre Majesté veut bien faire réflexion ensuite combien la prise d'une seule place des Hollandois que Votre Majesté a réduite autrefois en douze jours, quoique défendue par neuf mille hommes, peut donner de quartiers d'hiver et jusqu'où peut aller cette prodigieuse subsistance de troupes, il n'y aura que sa seule bonté qui puisse la porter à ne pas désirer que la Hollande fasse la folie d'entrer en guerre avec elle. J'ai besoin, Sire, de toute l'indulgence de Votre Majesté pour me pardonner les libertés que je prends, car je sais bien que mon zèle me tire souvent des bornes que je devrois me prescrire.

« On doit envoyer les ordres aux régiments des cuirassiers de Taaff et de Styrum et aux régiments de houssards de Collonitz et Berscheny, pour marcher vers le Rhin. Mais, comme ces ordres ne sont pas toujours bien ponctuellement suivis, comme il paroît par l'exemple des huit régiments d'infanterie, qui sont commandés, il y a longtemps, pour s'approcher du Tyrol, je crois que ceux-ci ne feront pas une plus grande diligence.

« Quoiqu'il se soit tenu diverses conférences sur les offres qui ont été faites de la part de la cour de Rome, le nonce n'a pourtant point eu encore d'autre réponse, si ce n'est que les nouveautés arrivées en Italie, c'est-à-dire la marche des troupes de Votre Majesté, ont donné lieu à de nouvelles délibérations.

« J'ai l'honneur d'être, etc. »

Par cette lettre, on voit les divers sentiments des princes de Bade et de Savoie et les sages conseils que donnoit le marquis de Villars pour s'assurer des places importantes des Pays-Bas espagnols où les Hollandois avoient garnison, comme Luxembourg, Mons, Namur, Anvers, qui étoient celles qui pouvoient faire craindre la Hollande, et qu'il conseilloit aussi le siège de Maestricht.

Le roi suivit une partie de ces avis. En un même jour, on se rendit maître de toutes les places que l'on vient de nommer, de plusieurs autres encore et de toutes les troupes de Hollande.

Le marquis de Villars pressa fort pour n'en pas demeurer là. Mais il apprit quelques jours après que la générosité du roi l'avoit porté à rendre toutes les troupes hollandoises. Ce fut ce qui obligea le prince de Bade à lui dire un jour : « Nous savons que vous avez non seulement approuvé, mais conseillé le premier dessein qui étoit de se saisir des places et des troupes, mais approuveriez-vous le dernier? Pour moi, continua-t-il, comme vous ne raccommoderez pas votre réputation par là, en votre place j'aurois profité de l'occasion. »

Le marquis de Villars répondit que le roi avoit préféré sa générosité à son intérêt et à celui du roi d'Espagne, lequel ne permettoit pas assurément que l'on rendît à nos ennemis une armée destinée à nous faire la guerre.

Au reste, on n'oublia rien pour adoucir le prince de Bade. Le roi des Romains ne perdoit aucune occasion de lui marquer une amitié très vive et un grand désir d'apprendre la guerre sous un tel maître. Il le regardoit, disoit-il, comme le plus ferme appui de l'Empire et de ses espérances pour rentrer dans les états qu'il disoit avoir été enlevés à la maison d'Autriche par l'adresse et par l'argent de France, aussi bien que par la perfidie de quelques ministres du feu roi d'Espagne.

Cependant l'esprit d'agitation, qui prenoit le dessus du flegme naturel de l'empereur, faisoit craindre l'impératrice pour la santé de ce prince. Le caractère du roi des Romains l'inquiétoit aussi. Il étoit emporté, débauché et tout portoit cette princesse à appréhender une fin de règne pour l'empereur et remplie de mille amertumes pour elle.

Le comte Schlick[1] fit un voyage à Nancy pour être plus à portée d'informer de tous les mouvements de nos troupes vers les frontières d'Allemagne, et le nonce, après les plus vives instances de la part du pape pour empêcher la guerre en Italie, reçut enfin une réponse, dont il vint rendre compte au marquis de Villars.

L'empereur déclaroit par cette réponse[2] qu'il ne cherchoit point la guerre, mais qu'il devoit à sa gloire, à sa naissance et à ses obligations envers l'Empire de soutenir ses droits et ceux de sa maison ; qu'il n'envoyoit pas de troupes en Italie et même qu'il s'engageroit à n'en pas envoyer, pourvu que la France en fît de même et qu'elle donnât ordre aux siennes d'en sortir, si elles y étoient entrées ; qu'il accepteroit volontiers la médiation de Sa Sainteté, à condition pourtant qu'on laisseroit en séquestre les états qui, en qualité de fiefs, ne pouvoient, disoit-il, tomber sous la disposition d'un testament ; que ces états étoient les royaumes de Naples et de Sicile, et qu'il consentoit que, comme fiefs de l'Église, ils demeurassent en séquestre entre les mains du pape ; que l'état de Milan, comme fief

1. Lieutenant feld-maréchal, négociateur au traité de Carlowitz : sa mère, qui avait épousé lord Carlingford, venait de mourir et ce fut le prétexte de son voyage.
2. Le texte latin de cette réponse, datée du 22 janvier 1701, est conservé aux Archives des Affaires étrangères (*Suppl.* 1701) ; les termes en sont très vifs, le testament de Charles II est déclaré sans valeur, comme arraché à un roi demi-mort et notoirement incapable, le roi Philippe V est qualifié d'*illégitime*. Un mois auparavant (29 déc. 1700), l'empereur Léopold avait adressé au pape un long mémoire en latin, dont le texte est conservé à Vienne, pour prouver la légitimité de ses droits au trône d'Espagne et demander l'investiture de Naples et de la Sicile.

de l'Empire, resteroit entre les mains du prince qu'il plairoit à Sa Sainteté de nommer, et que la partie des états de Flandres qu'il prétendoit pareillement être fiefs de l'Empire seroient entre les mains d'un prince dont les parties pourroient convenir entre elles ; qu'au surplus, il s'attendoit bien que Sa Sainteté n'entreroit dans aucune alliance contre les intérêts de l'Empire, quoiqu'elle en fût sollicitée par les ministres du roi, qui travailloient à réveiller et à réunir les princes et les états d'Italie contre la maison d'Autriche.

Le marquis de Villars demanda au nonce ce qu'il avoit répondu lui-même à des propositions qui, pour employer les termes les plus doux, avoient dû lui paroître au moins très surprenantes. Quel prétexte, continua-t-il, et quelle apparence de proposer à la monarchie d'Espagne de se mettre en séquestre? Elle qui n'imagine aucune autre prétention fondée que celle qui, par la proximité du sang, par le testament du dernier roi et par l'acclamation universelle de tous les peuples, est justement attribuée à Philippe V, à présent régnant. Il ajouta qu'il répétoit encore ce qu'il avoit déjà représenté la première fois qu'il fut question de la médiation du pape, savoir : que le principal objet du saint-père étant de conserver le repos de l'Italie, le meilleur moyen d'y réussir étoit de faire connoître à l'empereur qu'en vain il entreprendroit de le troubler, et à tous les princes et états d'Italie que ce repos, que cette paix étoient dans leurs mains, que, pour l'établir solidement, il n'y avoit d'autre ressource que de s'unir au roi, puisque ce prince n'avoit d'autre pensée que d'affermir la paix chez eux et d'assurer leur liberté.

Ces mouvements du nonce persuadèrent à plusieurs personnes principales que le pape n'offroit point sa médiation sans être en quelque manière assuré que cette offre ne seroit point désagréable à la France. Le prince de Bade en parla dans ce sens au marquis de Villars [1] et lui dit qu'apparemment le saint-père étoit assuré des intentions qu'avoit le roi de conserver la paix.

Le marquis de Villars répondit que non seulement le pape, mais que toute la terre devoit penser ainsi. « Mais, répliqua le prince de Bade, quiconque offre sa médiation à celui qui a tout perdu doit être assuré de lui faire rendre quelque chose. » « Je vous demande pardon, répondit le marquis de Villars, quiconque offre sa médiation à qui ne peut rien reprendre et n'a plus de droit veut l'empêcher de perdre encore. » — « Non, « dit-il, ce seroit se moquer de l'empereur et cruelle- « ment que de lui offrir une médiation pour le laisser « en l'état où il est; je compte donc que le roi nous « fera rendre quelque chose par l'Espagne et que nous « serons bons amis. »

Le marquis de Villars n'avoit d'autre affaire à Vienne dans ce temps, où tout se préparoit à la guerre, que d'en connoître les projets et d'étudier les moyens de les faire échouer.

Le prince de Bade, convaincu par toutes les hon-

1. Ils s'étaient rencontrés à dîner dans une maison tierce, ainsi que le comte Kaunitz. « Le prince arrivant le dernier, le comte de Kaunitz lui fit une profonde révérence, à laquelle il ne répondit que pour marquer seulement qu'il l'avoit aperçu : le comte de Kaunitz but à sa santé et le prince de Bade ne but pas à celle du comte de Kaunitz. » (*Villars au roi*, dép. du 1er février.)

nêtetés de l'empereur et par celles du roi des Romains, autant que par la bonne opinion qu'il avoit de lui-même, et avec raison, que l'on emploieroit tout pour le contenter, paroissoit difficile sur tout et traitoit les ministres avec hauteur. Mais, à la fin, il fallut qu'il se contentât d'espérances, et la cour en fut aussi libérale qu'économe sur les effets.

Presque dès l'arrivée du prince de Bade, le marquis de Villars lui donna à dîner et à un très grand nombre de gens, qui le prièrent tous aux repas qu'ils donnoient à ce prince, et, par cette fréquentation, il pouvoit pénétrer une partie des desseins les plus importants.

Les nouvelles que l'empereur attendoit avec le plus d'impatience étoient celles d'Angleterre, et l'on reçut le 10 février un courrier du comte Vratislaw. Il mandoit que le roi d'Angleterre lui avoit avoué que la France l'avoit premièrement séduit et qu'ensuite elle l'avoit trompé. Du moins, il est constant que, lorsqu'il apprit l'acceptation du testament, il demeura frappé et consterné. Ce prince vouloit la paix; sa santé périssoit et son crédit en Angleterre étoit tombé à tel point que sa mort fut une perte pour la France. En effet, son autorité étoit si déchue que jamais il n'auroit porté l'Angleterre à la moindre partie des dépenses que cette nation fournit depuis à la reine gouvernée par de très habiles ministres et irréconciliables ennemis de la France.

Vratislaw assura que l'Angleterre et la Hollande s'uniroient à l'empereur, et sur ce premier engagement les ordres furent donnés pour former et pour ébranler l'armée d'Italie.

Un courrier du comte de Goës, envoyé de l'empereur en Hollande, arriva dans le même temps et apporta des Provinces-Unies des résolutions conformes à celles que l'Angleterre avoit prises. Ainsi l'on continua à donner les ordres nécessaires pour former des magasins et l'on prépara des routes pour la marche des troupes destinées pour l'Italie et pour le Rhin.

Le prince de Savoie pressoit et soutenoit que, si l'on vouloit faire la diligence possible, il répondoit d'entrer dans le Milanois.

Cependant le duc de Molés, ambassadeur d'Espagne auprès de l'empereur, reçut de Madrid ordre de demander l'investiture du duché de Milan. La réponse de l'empereur fut, en termes généraux, qu'il feroit ce qui conviendroit à sa dignité.

Toutes les puissances d'Italie, suivant le génie de la nation, étoient agitées de crainte, aussi attentives à démêler le dessein des deux couronnes, de l'empereur et des alliés, qu'à cacher les diverses mesures qu'elles prenoient et leurs différentes promesses aux deux parties.

Le pape, parlant au cardinal de Janson, désavouoit son nonce à Vienne, qui avoit osé faire la proposition d'un séquestre des royaumes de Naples, de Sicile et de l'état de Milan. Et cependant le saint-père faisoit en même temps espérer aux Vénitiens, aux ducs de Savoie, de Parme et de Modène qu'il emploieroit tous ses efforts pour parvenir à ce dessein.

La république de Venise, d'un côté, promettoit aux couronnes de ne donner aucun passage aux troupes impériales et, de l'autre, elle faisoit entendre à l'empereur que, si les généraux trouvoient des routes faciles, elle ne s'opposeroit pas à leur passage.

Les ducs de Modène et de Parme, le premier, beau-frère du roi des Romains, et le second de l'empereur, craignoient d'être les premières victimes de la guerre; et le duc de Mantoue, par haine pour ces deux princes, ses voisins, et dans l'espérance de les piller, se déclara d'abord pour la France.

Ceux qui connoissent l'Italie trouveront que ce que l'on dit ici de l'état où elle étoit alors en est un portrait assez fidèle. Aussi le marquis de Villars, au milieu des ministres de toutes ces puissances, ne se trompoit ni sur le jugement qu'il en faisoit, ni sur le compte qu'il en rendit au roi son maître. Il conseilla aux généraux de Sa Majesté, en Italie, de s'approcher des routes qui menoient les Impériaux de Trente vers le Vicentin, sans ménager les Vénitiens qui souffriroient tout patiemment de la part des deux partis et seroient toujours pour le plus fort. Il dépêcha même des courriers au roi et à ses généraux en Italie, pour leur apprendre que toutes les troupes s'ébranleroient dans les premiers jours de mars et pour les instruire du temps où elles pourroient arriver dans le Tyrol.

Le général Werner fut destiné à commander l'artillerie, fonction dont il étoit très capable, et Martigny à faire celle de commissaire général. Le prince Eugène l'avoit choisi, et certainement son emploi n'étoit pas facile, puisqu'il étoit question de faire subsister une armée sans magasins. Mais le prince Eugène savoit bien que dans un pays neuf tout dépend des premiers succès des armes et que, s'ils sont heureux, on n'a point à craindre de manquer de rien.

Le prince de Bade, après avoir fait le difficile dans les premiers jours sur le neuvième électorat, continuant de le prendre de hauteur avec les ministres et formant diverses prétentions pour ses intérêts particuliers, en homme persuadé qu'on ne pouvoit se passer de lui, s'aperçut néanmoins de quelque refroidissement de la part de l'empereur et des deux premiers ministres, qui étoient Harrach et Kaunitz, et reconnut enfin qu'il ne falloit pas le prendre d'un ton si haut. Mais c'étoit un très bon général et un malhabile courtisan. Le marquis de Villars usoit discrètement des ordres qu'il avoit reçus du roi de ménager ce prince et même de se l'assurer, s'il étoit possible, par des avantages considérables. Il jugea bien que le prince de Bade ne feroit usage des propositions avantageuses qu'on pourroit lui faire que pour se préparer de meilleures conditions auprès de l'empereur ; et, en effet, on reconnut bientôt qu'il se contenteroit du commandement général des armées de l'empereur et de l'Empire, avec des espérances magnifiques pour ses intérêts particuliers. Promesses vagues, dont on n'est pas avare dans la plupart des cours.

On apprit alors que la Hollande avoit reconnu le roi d'Espagne. Mais elle eut grand soin de faire savoir à l'empereur qu'elle n'avoit fait cette reconnoissance que pour retirer ses troupes, dont le roi étoit le maître ; restitution à laquelle le marquis de Villars s'étoit autant opposé qu'il avoit pressé la résolution de se saisir des importantes places que la cour de Vienne avoit dessein de mettre entre les mains de l'Angleterre et de la Hollande.

Le 15e de mars, on fut informé à Vienne de deux grandes nouvelles qui causèrent de vives inquiétudes à la cour. Ce fut la confirmation du traité du duc de

Mantoue, qui remettoit Mantoue au roi, et le traité de Sa Majesté avec le duc de Savoie. Nouvelle occasion au prince Eugène de faire voir combien il avoit été préjudiciable de s'opposer aux propositions qu'il avoit faites d'entrer en Italie avant la mort du roi d'Espagne, et sur les ordres qu'il avoit donnés d'y recevoir les troupes de l'empereur.

On reçut le 23 mars des nouvelles d'Angleterre qui adoucissoient un peu la peine que faisoient celles d'Italie ; c'étoit la déclaration du parlement qui promettoit d'entrer dans toutes les dépenses que le roi de la Grande-Bretagne croiroit nécessaires pour la guerre contre la France et l'Espagne. Le comte de Vratislaw mandoit qu'il signoit un traité dont l'empereur seroit content.

L'ambassadeur d'Espagne à Vienne avoit ordre d'en sortir, mais, en le lui déclarant, on eut soin d'y joindre les plus grandes honnêtetés. Ce ministre étoit dans le cœur très dévoué à l'empereur, et il alla s'établir à une lieue de Vienne.

Cependant le comte de Sinzendorff étoit tranquille à Paris, comme le marquis de Villars l'étoit à Vienne. Le roi et l'empereur avoient un intérêt égal que leurs ministres demeurassent dans les cours ennemies, ne fût-ce que pour informer jusqu'au dernier moment des résolutions que l'un et l'autre pourroient pénétrer.

Dans les commencements d'une guerre qui alloit embraser toute l'Europe et tandis que les deux puissances ennemies intéressoient tous les états qui la composent et n'oublioient rien pour s'y faire des alliés, le marquis de Villars fit savoir au roi, par un courrier qu'il lui dépêcha le 2 avril 1701, que l'armée de l'empereur pouvoit arriver à Roveredo, dans le Tyrol, à la fin de mai ; qu'elle étoit composée de vingt mille hommes, douze mille chevaux, trois cents houssards et deux compagnies, chacune de cent hommes, destinées au service de l'artillerie. Il envoya des courriers au comte de Tessé et au prince de Vaudemont, employant avec un grand secret toutes les inventions possibles pour les faire passer sûrement. Il y en eut d'arrêtés et d'autres qui percèrent, malgré tous les ordres pour ne laisser passer aucune de ses lettres.

Le marquis de Villars conseilla aux généraux du roi de s'avancer dans le Tyrol même, vers l'armée impériale, pour l'arrêter avant qu'elle eût gagné les montagnes, d'où elle pouvoit descendre par diverses routes. Il étoit informé que celle du Vicentin étoit la plus facile.

On fit aussi marcher quelques troupes vers le Rhin. Mais l'on ne comptoit de guerre pour la campagne qu'en Italie.

Le comte de Schlick eut ordre de passer de Nancy à Munich et il flatta l'empereur d'ébranler l'électeur de Bavière et de l'engager dans ses intérêts, en lui offrant d'abord le commandement général des troupes de l'Empire. L'incertitude du parti que prendroit ce prince en mettoit dans la destinée du prince de Bade, qui continuoit à se conduire si mal à la cour que, si l'on avoit pu se passer de lui, il auroit assurément été renvoyé dans ses terres sans aucune sorte de satisfaction.

Le comte de Staremberg, président du conseil de la guerre, étoit mourant, et le prince de Bade, qui ne vouloit pas de cet emploi, ne le souhaitoit à aucun de ceux qui pouvoient naturellement y prétendre.

Le marquis de Villars, qui avoit eu divers ordres du roi de ne rien omettre pour détacher le prince de Bade des intérêts et du service de l'empereur, avoit fait diverses tentatives pour cela, bien persuadé cependant que, pour peu qu'elles fussent connues, elles ne serviroient qu'à faire obtenir des conditions plus avantageuses à ce prince, lequel traité un peu mieux ou plus mal ne quitteroit pas le service de l'empereur, et le désir de commander ses armées. On ne pouvoit d'ailleurs lui promettre, de la part du roi, que des sommes considérables pour l'engager à demeurer neutre ; car de servir la France, c'étoit hasarder tous ses états et ceux de la princesse sa femme [1]. Ainsi le marquis de Villars ne donna jamais d'espérance qu'on pût le gagner.

Le 11e avril, il arriva un courrier du duc de Mantoue par lequel on apprit qu'il avoit remis Mantoue aux troupes du roi.

Il est certain que ce prince traitoit en même temps avec le pape et qu'il devoit partir des troupes de Ferrare pour garder Mantoue, que l'empereur comptoit même ce traité déjà signé. Le duc s'excusa de cette conduite sur la menace qu'on lui avoit faite de perdre tout son pays et répondit que, dans cette affreuse conjoncture, il avoit été forcé de remettre sa place pour conserver ses états. Mais ces excuses furent mal reçues.

Le courrier que l'ambassadeur de Savoie reçut le 20 avril apprenoit que son maître s'étoit déclaré pour

---

1. Françoise-Sibylle-Auguste de Saxe-Lauenbourg. Ses terres étaient sur les frontières de Bohême.

les couronnes. Cet ambassadeur vint en rendre compte au marquis de Villars et lui dit en même temps que, comme il n'y avoit pas de ministre de l'empereur à Turin qui pût répondre de sa sûreté, son maître prioit le roi de faire arrêter en France le comte de Sinzendorff, s'il l'étoit à Vienne, lui, ambassadeur de Savoie. Le marquis de Villars lui répliqua que, si le comte de Sinzendorff avoit à répondre pour quelqu'un, ce devoit être pour lui, ministre de France. Mais, en même temps qu'il parloit ainsi, il connoissoit l'attachement du marquis de Prié si vif pour la maison d'Autriche, qu'il jugea que ce ministre souhaitoit fort d'être arrêté et que son maître ne seroit pas fâché qu'il le fût.

Le marquis de Villars craignoit fort une pareille aventure et regardoit, avec raison, le malheur d'être privé de servir comme le plus grand qui pût lui arriver. Le marquis de Briançon, frère du marquis de Saint-Thomas, principal ministre de Son Altesse Royale, dit au marquis de Villars qu'il savoit qu'elle le demanderoit au roi pour servir dans les armées d'Italie, et ce choix n'étoit pas sans apparence. Il est certain, en effet, que, pendant la dernière guerre, M. le duc de Savoie avoit montré beaucoup d'amitié et d'estime au marquis de Villars. Mais celui-ci, craignant avec raison toutes les tracasseries presque inévitables entre un prince généralissime, le maréchal de Catinat, général de l'armée du roi, et le prince de Vaudemont, regarda comme un péril la confiance du duc de Savoie dans une telle conjoncture, et il pria M. de Torcy de tout employer pour le faire destiner à servir dans les armées de Flandres.

Les régiments de l'empereur continuoient toujours

leur marche vers le Tyrol et plusieurs passoient à côté de Vienne. Les premiers furent les régiments de Veterani et de Savoie.

Il faut parler ici de ce qui regardoit le prince de Ragotski[1]. On fit arrêter à Vienne, le 4ᵉ avril, un nommé Longueval, capitaine dans le régiment de Bâle, et l'on publia qu'il étoit chargé de la part du maréchal de Villars de paquets importants qu'on ne pouvoit déchiffrer. Il est constant néanmoins que le marquis de Villars n'avoit jamais vu cet officier qui avoit été à Paris, et que l'on sut depuis avoir eu quelque commerce avec le marquis de Barbezieux. Ce Longueval étoit en liaison avec le prince de Ragotski, et encore un peu plus avec la princesse. Cependant il trahit l'un et l'autre, en donnant des premiers connoissance d'une conspiration en Hongrie, sur laquelle on prit résolution de faire arrêter le prince de Ragotski. Le comte Solary, colonel dans les troupes de l'empereur, dont le régiment étoit en Hongrie et devoit marcher en Italie, fut chargé de la commission. Il l'exécuta dans les terres mêmes du prince, qui y étoit alors. On arrêta, dans le même temps, un nommé Sirmitte[2], qui, après avoir été le principal confident de Tékely, étoit rentré en grâce avec l'empereur et en avoit même obtenu une des deux charges de protonotaire de Hongrie, emploi, à ce que l'on dit, très lucratif.

1. Fr.-Léopold Rakoczy fut arrêté au mois d'avril, s'échappa de la prison de Neustadt, se mit à la tête des révoltés hongrois, fut proclamé prince de Transylvanie en 1704 : obligé de fuir, il parcourut l'Europe et mourut à Rodosto en Turquie, le 8 avril 1735, à cinquante-six ans.
2. Villars, dans sa dépêche au roi du 23 avril, écrit ce nom *Sirmil*.

Cet homme, né avec un esprit remuant, léger et porté à la révolte, caractère des Hongrois, avoit formé une seconde rébellion.

Pour le prince de Ragotski, loin d'être entreprenant, il paroissoit au contraire doux, tranquille et d'une si grande docilité pour sa femme qu'on ne l'avoit jamais soupçonné d'en manquer, même dans une infinité d'occasions où il est si naturel de la perdre.

Nous avons dit plus haut que Longueval avoit vu le marquis de Barbezieux. Mais celui-ci, ennemi du marquis de Villars, ne lui avoit donné aucune connoissance de ce commerce, et l'empereur aussi bien que ses ministres savoient parfaitement bien ce qu'il en étoit. Cependant, dès que l'on parla de la conspiration à Vienne, le bruit s'y répandit que le marquis de Villars y avoit travaillé, et, sur cela, les principaux de la cour qui étoient fort de ses amis ne firent pas difficulté de lui avouer qu'ils ne pouvoient plus vivre aussi librement avec lui qu'ils faisoient auparavant. Le marquis de Villars, étonné de ces bruits, crut devoir en parler au comte de Kaunitz. Ce ministre lui répondit qu'il ne l'avoit jamais ouï nommer dans tout le détail de cette conspiration et qu'il devoit mépriser ces discours populaires, comme le comte d'Harrach et lui avoient méprisé ceux des tonneaux d'or, qu'on prétendoit qu'ils avoient reçus pour se laisser gagner.

Cependant, on fit quelques tentatives pour engager le peuple à quelque violence contre le marquis de Villars, et il remarqua qu'on assembloit de la canaille pour arrêter son carrosse. La cour, de son côté, étoit tellement animée contre la France que l'on n'étoit pas fâché de voir son ministre soupçonné d'être entré dans la conspiration des Hongrois, et, pour fortifier cette opinion, l'on offrit au marquis de Villars une garde de la part de l'empereur, pour le mettre à couvert des insultes du peuple. Il la refusa constamment et dit qu'il ne vouloit d'autre sûreté que le rapport de sa bonne conscience et l'exacte probité de toute sa conduite.

Il se répandit ensuite un bruit de conspiration contre la personne de l'empereur, du roi des Romains et de l'archiduc. On disoit que le régiment hongrois d'un nommé Paul Déack devoit passer à quelques lieues de Vienne, que l'empereur devoit l'aller voir et que ce Hongrois, connu pour homme très déterminé, devoit se saisir des trois princes et les envoyer en Hongrie. Toute la suite de ce dessein étoit arrangée de manière à insinuer que le marquis de Villars avoit connoissance de la conspiration. Le prince Eugène, dont il étoit fort ami, l'entretint de cette affaire et lui dit : « Dans l'état où sont les choses, et à la veille d'une grande guerre entre la maison d'Autriche et la France, on ne regardera pas comme une mauvaise action que vous ayez écouté les propositions de la révolte de Hongrie. Mais, pour cette dernière conspiration, vous êtes trop connu et trop estimé ici pour que l'on y fasse la moindre attention. » — « Je ne suis pas plus en peine du premier soupçon que du dernier, » lui répondit le marquis de Villars, « car, ou il n'y a pas de conspiration, ou l'empereur est mal informé, ou il doit savoir très positivement que je n'ai jamais eu le moindre commerce ni avec Ragotsky, ni avec aucun Hongrois. »

Le 29ᵉ avril, comme le marquis de Villars rentroit chez lui à cheval, revenant d'une revue que l'empereur avoit faite du régiment d'infanterie de Mansfeld qui passoit aux portes de Vienne, un homme, avec un manteau d'écarlate sur le visage, demanda à l'entretenir en particulier, et on le fit monter par un degré dérobé dans le cabinet du marquis de Villars. Cet homme, ayant découvert son visage, qui pour cela n'en parut pas moins inconnu, commença par demander au marquis de Villars sa parole d'honneur qu'il lui garderoit le secret sur ce qu'il avoit à lui dire. La réponse fut que c'étoit à lui-même à examiner ce qu'il vouloit communiquer et que ce pouvoit être telle matière qui ne comporteroit pas un secret inviolable. La première pensée du marquis de Villars fut que cet homme vouloit lui parler de la conspiration de Hongrie. « Ce que j'ai à vous dire, » poursuivit l'inconnu, « regarde la vie du roi d'Espagne et la vôtre. » — « Pour ces deux points-là, » répondit le marquis de Villars, « j'ai d'assez grandes raisons de vous garder le secret pour n'être pas embarrassé de vous le promettre. »

Cet homme, après cette parole, lui dit : « Je suis dans un des bureaux du comte de Kaunitz, qui seul a connoissance de ce que je vous apprends. Je ne demande aucune récompense présente, et je ne suis pas en peine de celles que me donneront le roi, votre maître, et son petit-fils, lorsqu'ils auront connu l'importance de mes services.

« C'est d'abord un désir de vengeance qui me porte à m'ouvrir à vous. L'empereur a ruiné ma famille, il a fait mourir mon père en prison et m'a fait perdre plus de deux cent mille écus de biens sans aucune forme de justice. De sorte qu'étant né riche, je suis réduit à servir, et que je me trouve trop heureux de pouvoir espérer de relever ma fortune, en rendant les plus grands services au roi de France et au roi d'Espagne ; ravi surtout, je l'avouerai, de pouvoir par là causer le plus sensible déplaisir à l'empereur.

« Je commencerai à vous apprendre ce qui vous regarde personnellement. La résolution est prise de vous arrêter, de vous faire conduire dans un château sur les frontières de la Hongrie, de vous confronter avec des Hongrois que l'on prétend pouvoir vous convaincre, et, innocent ou coupable, on est déterminé à vous faire mourir, pour établir dans toute l'Europe que la France a tramé une conspiration contre l'empereur et contre ses deux fils. »

Le marquis de Villars répondit : « qu'il comptoit trop sur son innocence pour rien craindre de pareil ; que d'ailleurs il se rassuroit sur la probité et sur la piété de l'empereur. »

« Vous savez trop d'histoire, » repartit l'inconnu, « pour ignorer que Charles-Quint, qui se donnoit pour un prince pieux, fit cependant arrêter sur le Pô et assassiner deux ambassadeurs que François Ier envoyoit à Constantinople, et l'on n'attend pour exécuter ce qui vous regarde que des nouvelles du comte de Sinzendorff, auquel on a envoyé ordre de se sauver seul, même en laissant sa femme, si elle n'est pas encore partie. Ainsi vous n'avez que sept ou huit jours pour prendre vos mesures. Je doute même s'il vous sera facile de vous échapper, car vous êtes observé et suivi à chaque pas que vous faites. Mais je puis vous aider, étant premier employé chez le ministre, et dès là maître de faire partir des courriers et de faire donner des chevaux de poste. »

Le marquis de Villars répondit toujours « qu'il attendoit avec tranquillité les résolutions de l'empereur, que cependant il ne pouvoit en imaginer de si cruelles de la part de Sa Majesté impériale contre un homme qu'elle connoissoit très éloigné de pareilles horreurs, et dont certainement l'innocence lui étoit très connue. »

« Puisque ce qui regarde votre vie ne vous fait pas assez d'impression, » répliqua cet homme, « je passe à ce qui regarde celle du roi d'Espagne.

« Il est venu ici un don Juan de Sales, homme maigre, noir, de taille médiocre, et envoyé par le duc de Medina Sidonia. Ce don Juan est homme de qualité ; il a fait seul le voyage de Madrid ici avec une certaine diligence, et est reparti depuis trois jours. Il propose d'empoisonner le roi d'Espagne, à quoi l'empereur n'a pas donné son consentement. Le duc de Medina promet en ce cas de faire soulever l'Espagne en faveur de l'archiduc Charles, qui sera porté par les flottes d'Angleterre et de Hollande. Ce don Juan sera de retour dans un mois, il apportera les résolutions du duc et de quelque autre ; il prendra les dernières mesures avec l'empereur et repartira peu de jours après. Le donneur d'avis demande qu'on ne fasse pas arrêter ce don Juan en Espagne : premièrement, parce qu'il seroit perdu lui-même, s'il n'avoit le temps de se sauver avant que les premières nouvelles de la détention de don Juan fussent arrivées à Vienne : en second lieu, parce que s'il étoit arrêté avant son retour dans cette cour, il seroit impossible de rien savoir des résolutions de l'empereur. Et, pour cela, il s'engage à suivre don Juan dans sa route quand il partira d'ici, et à le faire arrêter en France ou en Italie. »

Le marquis de Villars écouta tout ce que cet homme voulut lui dire, et lui promit de magnifiques récompenses, s'il y avoit autant de vérité qu'il paroissoit y avoir de zèle dans ce qu'il venoit de lui découvrir.

Il n'étoit pas hors d'apparence que ce ne fût un piège que l'on tendoit au marquis de Villars pour le porter à partir secrètement. Mais ce qui regardoit le roi d'Espagne étoit d'une trop grande importance pour qu'il n'en donnât pas avis par un courrier. Il trouva donc le moyen d'en faire partir un, sans qu'il parût être dépêché par lui. Il n'oublia rien pour retrouver cet homme qui lui dit en le quittant : qu'il ne le reverroit qu'après le retour du courrier envoyé au comte de Sinzendorff.

Comme le marquis de Villars étoit fort ami de Loredano, ambassadeur de Venise, homme d'esprit, prudent, et d'une grande probité, il lui demanda conseil sur l'aventure qui venoit de lui arriver, sans lui découvrir pourtant ce qui regardoit le roi d'Espagne. La matière étoit fort délicate, et le marquis de Villars, soutenu par Loredano, se détermina au parti le plus honorable, quoique le plus dangereux, qui étoit d'attendre tranquillement, d'observer la même uniformité de conduite, et d'aller à la cour à son ordinaire, évitant seulement de passer dans les rues fort remplies de peuple, par la crainte d'une émeute de laquelle personne ne répond, et à laquelle il avoit été exposé quelques jours auparavant. Ce qu'il y a de vrai, c'est que la maison impériale étoit irritée au dernier point, et que le roi des Romains surtout donnoit des marques de la dernière fureur contre la France [1].

1. Villars écrivait au roi le 4 mai : « Étant au manège le

L'ambassadeur de Venise reçut alors un courrier, prit audience de l'empereur, et déclara que la République observeroit une très exacte neutralité : les généraux de l'empereur espéroient d'elle quelque chose de plus.

On eut quelque intention d'envoyer l'archiduc demeurer à Inspruck. Le comte d'Harrach fils, qui avoit succédé à son père ambassadeur en Espagne, et qui depuis quelques jours étoit revenu de Madrid, devoit avoir une des principales charges de la maison de ce prince. Mais cette résolution n'eut pas de suite. Le jeune comte d'Harrach apprit au marquis de Villars des particularités d'une conversation qu'il avoit eue à son sujet avec le roi d'Espagne.

Il lui dit donc qu'ayant demandé audience à ce prince pour l'informer, de la part de l'empereur, de la déclaration que le marquis de Villars lui avoit faite du traité de partage, le roi d'Espagne l'arrêta sur le nom du marquis de Villars, et lui dit : « N'est-ce pas le fils de celui qui a été ambassadeur plusieurs fois

---

28 avril, le roi des Romains, finissant la course de têtes, après avoir pris la tête de l'épée, passa sous les balcons de la reine et l'entretenoit, ayant toujours l'épée à la main : il jette en ce moment les yeux sur moi, il frémit de colère et dit à la reine : « Si je m'en croyois, je commencerois par ce François, » et poussa son cheval à toutes jambes comme pour ne pas succomber à la tentation. Le comte d'Harrach, fils du dernier ambassadeur en Espagne, me dit il y a deux jours : que le roi des Romains, l'ayant vu me parler pendant la revue du régiment de Savoie, lui demanda : « Que trouve le marquis de Villars de ces troupes? » Harrach répondit : « Il les loue fort. » Le roi dit : « Je voudrois qu'elles lui eussent passé sur le ventre et à sa nation, » et cela avec des épithètes qui lui sont familières. Cette haine a commencé par la satisfaction à laquelle fut obligé le prince de Lichtenstein... »

ici ? » Le comte d'Harrach répondit seulement : « Je le crois, » et continua son discours sur la matière du partage de la monarchie, comptant avec raison que Sa Majesté Catholique en seroit plus occupée que du nom de celui qui l'avoit déclaré à l'empereur. Cependant le roi d'Espagne, sans répondre sur le sujet principal de l'entretien, reprit en parlant du marquis de Villars : « Mais c'est un homme bien fait, » et toutes les fois que le comte d'Harrach reprenoit la parole, le roi d'Espagne interrompoit un discours si sérieux et revenoit au marquis de Villars.

Le comte d'Harrach lui dit que, surpris de voir le roi d'Espagne plus attentif à la personne du marquis de Villars qu'à la plus importante affaire du monde, il montra son étonnement à un ministre d'Espagne avec lequel il étoit en confidence : « Ne soyez pas surpris de cette distraction du roi, » lui répliqua celui-ci, « parce que, après la mort de la reine Louise, ceux qui avoient voulu la perdre n'avoient rien oublié pour arracher du cœur du roi le fonds de tendresse qu'il avoit pour elle, et lui avoient montré un portrait du marquis de Villars qu'on avoit trouvé dans une cassette de cette belle et trop malheureuse reine. »

On apprit dans les derniers jours d'avril que le Portugal s'étoit déclaré pour le roi d'Espagne. Ainsi la maison d'Autriche n'avoit plus de ressources que dans les puissances maritimes, qui de leur part n'étoient guères moins animées que la maison impériale. Cependant toutes les troupes destinées pour l'armée d'Italie continuoient leurs marches, et, par les calculs que l'on pouvoit faire du temps qu'elles seroient en route, le marquis de Villars crut pouvoir assurer le roi et ses généraux en Italie, que l'armée impériale ne pouvoit tenter la sortie des montagnes que vers le 15º de juin au plus tôt.

Il n'oublioit rien cependant pour retrouver cet homme qui lui avoit donné des avis sur les périls où étoit exposé le roi d'Espagne et sur ceux qu'il couroit lui-même. Les huit jours qu'il devoit passer sans parler au marquis de Villars s'étoient écoulés sans qu'il parût, et il étoit aisé de voir que tout ce mystère n'étoit qu'un piège qui lui étoit tendu pour l'obliger à s'éloigner, sans que la cour de Vienne parût avoir de part à sa retraite. Néanmoins les bruits répandus dans le public ne se dissipoient pas et les querelles, où les domestiques du marquis de Villars étoient exposés tous les jours, pouvoient enfin causer quelque désordre.

Loredano, ambassadeur de Venise, lui conseilla de passer quelques jours hors de Vienne sous quelque prétexte, car, bien qu'il eût lieu d'être tranquille par la sûreté que donne une conduite exempte de tout soupçon, il est certain que la haine de la maison impériale, et surtout celle qui animoit le roi des Romains, pouvoient porter le peuple à quelque violence propre à persuader à toute l'Europe que le ministre de France avoit part aux conspirations des Hongrois. Il est même fort apparent que, dans les circonstances présentes, quelque coup d'éclat n'auroit pas déplu, quoique la maison d'Autriche eût été médiocrement dédommagée de la perte de la monarchie d'Espagne, par celle d'un lieutenant général des armées [du roi] de France et son ministre à la cour de Vienne.

Le marquis de Villars, continuant de parler avec force au comte de Kaunitz, le pressa de faire connoître à l'empereur sa très juste indignation sur les bruits qui se répandoient.

Quelques jours ensuite ce ministre lui dit : que Sa Majesté impériale étoit pleinement informée qu'il n'avoit pas eu la moindre connoissance des mauvais desseins des Hongrois, et qu'elle espéroit aussi que le roi n'écouteroit pas des sujets rebelles, surtout la guerre n'étant pas encore déclarée; qu'au surplus il rendroit publics les sentiments de l'empereur au sujet du marquis de Villars, lui avouant qu'il s'en étoit peu fallu, peu de jours auparavant, que sa maison ne fût attaquée, et que, si deux ou trois de la canaille n'avoient dit : « Attendons le jour, l'empereur nous en saura gré, » lui et tous ses gens auroient été assommés. Il arriva même alors une aventure fort malheureuse. Un capitaine du régiment de Commercy, et un autre du régiment de Savoie, tous deux Lorrains, mais qui avoient assez l'air françois, furent pris pour tels dans un cabaret. La canaille s'attroupa et les assassina tous deux. On peut juger que, dans de pareilles conjonctures, le séjour du marquis de Villars à Vienne n'étoit pas agréable.

Cependant le comte de Kaunitz ayant expliqué en public les sentiments de l'empereur sur le marquis de Villars, les honnêtes gens, parmi lesquels il avoit beaucoup d'amis, lui en marquèrent leur joie, rentrèrent en commerce avec lui, et peu après la mauvaise humeur du peuple se calma.

Il y eut cependant quelques braves qui crurent marquer leur zèle à l'empereur en cherchant une querelle avec le marquis de Villars. Entre autres, un seigneur napolitain dit en sa présence que les serviteurs de la très auguste maison ne voyoient qu'avec horreur l'usurpation de ses royaumes, et que, sans les égards dus à un ministre étranger, l'on seroit souvent tenté de commencer une petite guerre avec lui. Le marquis de Villars répondit : que cette ardeur de guerre étoit plus naturelle dans les armées de l'empereur que dans une cour, que cependant, s'il y avoit quelqu'un qui s'en trouvât si pressé, et qu'il ne fût retenu que par le respect que l'on doit au ministre du roi, la civilité du ministre le porteroit à faire toutes les avances. « Lorsque les actions générales sont sur le point de commencer, » ajouta-t-il, « les particulières peuvent amuser les fainéants de cour. » Le seigneur napolitain ne répondit point à cette politesse, et ceux qui auroient voulu faire les braves connurent bien qu'ils n'en seroient pas quittes pour la démonstration.

On apprit alors par un courrier que l'Angleterre et la Hollande avoient reconnu le roi d'Espagne. Ces deux puissances ne laissoient pourtant pas de se préparer à la guerre, et attendoient pour la déclarer des occasions favorables. La France, qui avoit perdu celle de faire sûrement le siège de Maestricht, en retenant les troupes de Hollande arrêtées dans les places des Pays-Bas, attendoit aussi l'événement des traités qu'elle tâchoit de faire, et dont le but étoit d'engager dans les intérêts des deux couronnes plusieurs puissances, comme l'électeur de Bavière, celui de Cologne, le duc de Wolfenbüttel, et le duc de Savoie en Italie.

Revenons aux mouvements des troupes impériales, à la tête desquelles le prince Eugène devoit passer les Alpes.

Il est certain que la guerre d'Italie fut entreprise

par la résolution en général d'attaquer et de commencer en quelque endroit.

L'Angleterre et la Hollande, n'ayant pas encore de mesures prises, n'ayant pas même eu le temps de les prendre, étoient dans la nécessité d'attendre une autre campagne pour agir. D'une autre part, on ne vouloit ébranler les princes de l'Empire que lorsque la liaison des puissances maritimes rendroit les projets de guerre plus faciles, et donneroit des espérances de la faire heureusement.

Cependant il étoit de l'intérêt de l'empereur d'embarquer la guerre; il ne le pouvoit faire qu'en Italie, et, au hasard de n'y avoir pas de grands succès, il falloit toujours commencer à agir.

Un courrier du prince Eugène arriva le dernier mai, et l'on sut que ce prince ayant fait reconnoître par le général Coudelstein[1] les postes qu'occupoient les troupes de France vers Rivoli, il avoit trouvé impossible de forcer ces passages, et qu'il prenoit le parti de marcher par une autre route, comptant aller descendre vers Legnago, place des Vénitiens sur l'Adige, au-dessous de Vérone.

Quelques jours après, on apprit que l'armée de France s'étendoit le long de l'Adige pour en disputer le passage au prince Eugène; et tout le mois de juin se passa de la part de ce général à trouver les moyens de s'étendre, et du côté du maréchal de Catinat à l'empêcher de pénétrer au-delà de l'Adige. La cour de Vienne, durant ce temps-là, fit un traité avec celle de Danemarck, par lequel celle-ci s'engageoit à donner

---

1. Gutenstein.

douze mille hommes de ses troupes pour le service de l'empereur.

Ce prince reçut aussi des nouvelles très favorables d'Angleterre et de Hollande, dans le temps même qu'il apprit que le mariage de Marie-Gabrielle, seconde princesse de Savoie, étoit résolu avec le roi d'Espagne[1], et que les troupes du duc de Savoie étoient en marche pour joindre l'armée de France.

Le comte de Staremberg, président du conseil de guerre, mourut alors. Le prince de Bade avoit dit au marquis de Villars, pendant son séjour à Vienne, qu'il avoit autrefois refusé cette charge. Le prince Eugène en étoit sans difficulté plus digne. Mais elle fut destinée au comte de Mansfeld, et ce choix fut déclaré huit jours après la mort du comte de Staremberg.

On envoya au prince de Bade des ordres pour commander dans toutes les places de l'empereur en Allemagne, sans être obligé de rendre compte au chancelier de la cour de ceux qu'il trouveroit à propos de donner dans ces différentes places. Cette distinction étoit une nouveauté sans exemple, et jusque-là tout ce qui regarde le Tyrol, le Frioul, et tous les autres états soumis autrefois aux archiducs, étoient de la dépendance du chancelier de la cour.

Ce chancelier fut nommé pour aller interroger le prince Ragotski que l'on avoit conduit dans le château de Neustatt, où ce Longueval, qui avoit donné les premiers avis de la conspiration, lui fut confronté. Ainsi l'on ne douta plus qu'il n'y eût un dessein formé

---

1. Le mariage de Marie-Louise-Gabrielle de Savoie avec Philippe V se fit le 11 septembre 1701.

de faire le procès à ce prince malheureux; on continuoit même à répandre que le marquis de Villars y seroit nommé, quoique la déclaration faite de la part de l'empereur par le comte de Kaunitz eût détruit cette opinion dans l'esprit de tout ce qu'il y avoit d'honnêtes gens.

Le marquis de Villars reçut ordre de donner part à l'empereur de la mort de Monsieur, frère unique du roi[1]. Dans l'audience qu'il prit pour cela, le marquis de Villars dit un mot à Sa Majesté impériale sur les injustices que les gens mal informés ou mal intentionnés lui avoient faites au sujet des affaires de Hongrie. L'empereur lui répondit avec beaucoup de bonté qu'il connoissoit trop son caractère pour n'être pas persuadé qu'il n'y auroit jamais rien dans sa conduite que l'on ne dût attendre d'un homme d'honneur, et il l'assura que sur cette affaire il ne lui étoit rien revenu qui pût lui causer la moindre peine.

Outre le chancelier de la cour, qui étoit à la tête des commissaires pour juger le prince de Ragotski, l'on nomma deux des plus anciens conseillers de chaque tribunal, et le délateur Longueval, mis en liberté, publia que dans ses confrontations on avoit convaincu tous les accusés. On jugea cependant que l'intérêt de bien approfondir une matière si importante en retarderoit la décision pour quelque temps.

Il arriva le 7 juillet un courrier par lequel on apprit que le prince de Savoie[2] avoit passé l'Adige; qu'il

1. Philippe, duc d'Orléans, mort subitement à Saint-Cloud le 9 juin 1701.
2. Le prince Eugène.

avoit un pont sur le Pô, et une tête de pont fortifiée au-delà de cette rivière.

A cette nouvelle la joie se répandit dans la cour de Vienne, et on y étoit tellement persuadé de toutes les difficultés que trouveroit le prince Eugène à sortir des montagnes, à passer des rivières et à s'étendre, que l'on regarda ce premier succès comme le plus glorieux et le plus important qui pût arriver d'abord. Aussi, dès que le marquis de Villars parut dans l'antichambre de l'empereur, tous les courtisans s'empressèrent autour de lui pour lui conter leurs prospérités.

Le marquis de Villars leur répondit : « L'armée du roi a ordre de défendre les états du roi, son petit-fils, et point du tout ceux des Vénitiens ni des autres princes d'Italie. »

Le 14 juillet, le comte d'Altein, adjudant général, arriva envoyé par son général pour informer l'empereur d'un avantage remporté en Italie, succès qui paroissoit fort augmenté par les relations. Ce qu'il y a de certain, c'est que le prince Eugène passa le Tanaro auprès de Carpi[1], qu'il poussa quelques troupes commandées par le comte de Tessé et par Saint-Frémont, maréchal de camp ; qu'il emporta un poste de 500 grenadiers, et qu'il y fut légèrement blessé. Ce petit avantage fut extrêmement relevé à Vienne, et, comme je l'ai déjà dit, ce qui augmentoit la joie, c'est que l'on ne comptoit pas qu'il fût possible de passer aucune rivière en présence de l'armée de France, postée et établie depuis plusieurs semaines.

1. 9 juillet 1701. Voyez à l'appendice des détails complémentaires sur cette affaire.

Le marquis de Villars reçut le 19 juillet la permission qu'il sollicitoit depuis longtemps de partir de Vienne. Il eut ordre en même temps d'y laisser son premier secrétaire [1], et le 26, il prit congé de l'empereur, en l'assurant, de la part du roi, que son intention avoit toujours été d'observer ponctuellement les derniers traités, et d'entretenir avec Sa Majesté impériale la bonne intelligence si nécessaire pour le bien de l'Europe et pour celui de la religion. Les réponses de l'empereur, de l'impératrice, du roi et de la reine des Romains furent très polies, et M. l'archiduc se découvrit à la première et à la dernière révérence du marquis de Villars; politesse qu'il avoit refusée longtemps, et dont le refus avoit empêché le marquis de Villars de voir ce prince. A son départ, il reçut mille marques d'amitié à la cour de l'empereur où véritablement il étoit fort aimé des ministres et des généraux.

En se séparant du prince Eugène, lorsqu'il partit pour commander l'armée de l'empereur en Italie, ils

---

1. M. de Moreton. Villars prit en outre des mesures pour assurer le service des informations après le départ du secrétaire : « J'ay engagé, écrit-il à Torcy dans sa dernière dépêche du 27 juillet, un gentilhomme qui a servi les deux derniers ambassadeurs de Venise dans cette cour, lequel me paroît un homme d'esprit, à se donner l'honneur de vous rendre compte fidellement de tout ce qui se passera ici. Je lui ai fait espérer une pension de 600 livres. ..... Le Sr de Moreton lui laissera des chiffres, si vous l'avez pour agréable. » Les correspondances devaient passer par Bruxelles.

Ce gentilhomme, italien, se nommait Angelo Piantoni et recevait 600 livres. De plus, des renseignements étaient envoyés par un Silésien du nom de Schültz, un baron d'Horst qui signait ses lettres *Atis* et un certain don Carlos qui reçut une pension de 4,000 liv. M. de Moreton resta à Vienne jusqu'au 8 mai 1702.

se donnèrent l'un et l'autre des marques réciproques de leur estime et de leur amitié. Les courtisans, étonnés des assurances de pareils sentiments entre gens qui alloient se faire la guerre, leur demandoient à tous deux s'il étoit possible que, sur le point de se voir le pistolet à la main, ils s'aimassent tant. « Messieurs, » leur dit le marquis de Villars, « je compte sur les bontés de M. le prince Eugène, et je suis très persuadé qu'il me souhaite toutes sortes de bonheurs, comme de mon côté je lui désire toutes les prospérités qu'il mérite, excepté celles qui peuvent être contraires aux intérêts du roi. Mais voulez-vous que je vous dise où sont les véritables ennemis du prince Eugène? C'est à Vienne, et les miens sont à Versailles[1]. » Ainsi finit le séjour de près de trois ans que le marquis de Villars avoit fait auprès de l'empereur.

Il est certain que le dessein de ce prince et des comtes de Kinsky, d'Harrach et de Kaunitz, ses principaux ministres, avoit été de faire entre le roi et Sa Majesté impériale un partage de la monarchie d'Espagne qui les faisoit tous deux maîtres de l'Europe. L'empereur consentoit que le roi, pour sa portion, eût sur sa tête toutes les Espagnes, les Indes, les Pays-Bas catholiques, et toutes les places de l'Afrique. L'empereur vouloit pour la sienne les royaumes de Naples, de Sicile et l'État de Milan ; il s'engageoit à soutenir

---

1. Seize ans plus tard (octobre 1717), écrivant au prince Eugène pour le féliciter de la prise de Belgrade, Villars fait allusion à cette conversation et la reproduit dans des termes presqu'identiques. La lettre, retrouvée par le chevalier d'Arneth aux Archives de la guerre à Vienne, a été en partie publiée par lui dans sa *Vie du prince Eugène* (III, 517).

les intérêts du roi au-delà du Rhin, ses desseins pour rétablir le roi d'Angleterre dans ses états et encore les projets qu'il pouvoit former sur les Provinces-Unies, irrité de ce que l'Angleterre et la Hollande paroissoient vouloir s'unir à la France. La crainte qu'eurent ces puissances de voir un partage si considérable entre les maisons de France et d'Autriche, et d'ailleurs si manifestement utile à la religion catholique, leur fit entreprendre ce malheureux traité de partage qui a ébranlé tous les états de l'Europe.

Après que ce traité fut déclaré, comme il offensoit également l'empereur et le roi d'Espagne, qui vécut six mois depuis, les ordres furent donnés pour recevoir toutes les troupes de l'empereur en Italie, dont le marquis de Villars empêcha la marche avec beaucoup d'adresse. Cependant le marquis d'Harcourt et le comte de Tallard ayant reçu des récompenses magnifiques, le marquis de Villars ne fut honoré que de paroles pleines de bonté et d'estime de la part du roi, et elles ne furent accompagnées d'aucune grâce. Le marquis de Barbésieux étoit lié d'une amitié très vive avec le marquis d'Harcourt; le marquis de Torcy ne l'étoit pas moins avec le comte de Tallard, et nous verrons dans tout le cours de ces Mémoires que le marquis de Villars n'a jamais eu pour lui que ses services, les périls de la France, et la nécessité indispensable de lui confier le commandement des plus grandes armées.

APPENDICE

APPENDICE.   353

I.

LETTRES ÉCRITES PAR VILLARS PENDANT LA CAMPAGNE DE HONGRIE.

Voyez ci-dessus pages 65-87. Les originaux de ces lettres sont conservés aux Archives du ministère des Affaires étrangères dans le volume coté *Bavière* 39. La plupart sont autographes, aussi en ai-je conservé scrupuleusement l'orthographe. De plus, je possède la plupart des minutes de Villars recopiées pour lui dans un registre portant la date 1687-1688. Ces copies sont assez incomplètes et quelquefois s'éloignent assez sensiblement de l'original. Lorsque ces variantes offrent quelque intérêt, je les ai indiquées en note et les ai désignées par la rubrique *Archives Vogüé*. Une ou deux lettres dont l'original s'est perdu ont été reproduites d'après cette source.

1. *Villars au marquis de Croissy.*

Vienne, le 15 juin 1687.

J'ay receu une lettre que vous me faittes l'honneur de m'escrire du 26 may, je crois vous avoir mandé les nouvelles assez juste, et voici toutes celles que je puis avoir l'honneur de vous apprendre en partant pour l'armée.

Les préparatifs pour la campagne étant encore médiocrement avancez, il n'a pas esté possible de s'attacher jusqu'icy à aucune place ; cependant, le conseil de l'empereur a jugé à propos de faire paroistre quelques trouppes pour qu'il ne soit pas dit que les ennemis soient les premiers en campagne, et reconnoistre en même temps les postes qu'ils ont vers Petersvaradin et Darda. Mr de Lorraine a donc marché avec tous les officiers généraux qui doivent servir dans son armée et un corps de 7 ou 8,000 hommes du costé de Pest, laissant le Danube sur sa droite ; sa première intention estoit d'aller à Petersvaradin où les Turcs ont fait un pont et où l'on dit depuis longtemps qu'ils ont un corps assez considérable ; mais, en approchant de Bude, il a changé de résolution, a passé le Danube sur le pont qui est sous cette place, et marche présentement vers Essek où le bruit est que les Turcs font aussy paroistre une teste d'armée et travaillent à rétablir le pont. Il ne paroist point qu'il y ayt encore aucun projet formé; les premières intentions de quelqu'uns du conseil estoient que les armées commandées par l'Électeur et Mʳ de Lorraine seroient derrière le Tibisq[1] et la Drawe, que celle de Mʳ de Lorraine pouroit faire le siège de Siget, lequel ce prince, à ce que l'on prétend, trouve difficille, et qui l'est aussy, moins par la bonté de la place que par l'éloignement du Danube, qui en est à 12 lieües de Hongrie, ce qui rend les vivres presque impossibles à conduire, les munitions, l'artillerie, et enfin tous les convois, et mettroit sans doute l'armée dans de grandes nécessitez; que l'Électeur pouroit dans le même temps faire le siège de Youlo[2] qui est une assez mauvaise place. Ceux qui estoient de ces avis là disoient que quand même l'on trouveroit des difficultez à prendre ces deux places, ce seroit toujours beaucoup de tenir Canise et Albe Royalle d'un costé et Erla de l'autre tellement bloquées que ces trois villes tombassent d'elles-mêmes à la fin de la campagne; l'on prétend que ce n'est point là l'intention de Mʳ de Lorraine, lequel trouvant la prise de Youlo de peu d'importance et celle de Siget incertaine, opine à attaquer Albe Royalle avec toutes les forces unies, et laisser cependant de petits corps derrière la Drawe et le Tibisk; selon toutes les apparences ce dessein là est le meilleur et le plus seur, et l'on doit seulement regretter de ne s'estre pas mis en état de l'exécuter plus tôt; mais la longue et rude campagne de l'année passée ayant fort affoibly l'infanterie impérialle, l'argent étant beaucoup plus rare, la saison moins avancée, toutes ces raisons ont retardé l'exécution de ces projets. L'on dit que les Turcs, contre toute apparence, sont plus forts que l'année passée; pour peu que ces bruits là ayent de fondement, le siège d'Albe Royalle est le seul qu'on puisse faire avec soureté, puisque les Turcs pouroient tomber avec toutes leurs forces sur l'une des deux armées et la mettre certainement en péril sy elles étoient aussy éloignées que les sièges de Youlo et Siget le requièrent, car la Hongrie n'est pas un pays où il soit aisé de se poster hors les grosses rivières; l'on marche en de certaines saisons en bataille au travers des marais et des ruisseaux.

1. Villars désigne ainsi la Theiss, il lui donne le nom antique *Tibiscus* que les géographes modernes ont identifié tantôt avec la Theiss, tantôt avec le Temesz. Cf. Forbiger, *Hanbd. d. Alten Geographie,* 1103.
2. Aujourd'hui Gyula, petite ville sur le Körös.

APPENDICE.   355

Le prince Louis de Bade et les officiers généraux qui doivent servir dans l'armée de l'Électeur sont partis, et ce prince part luy-même le 17, pour se rendre en deux jours à Bude; et ce à quoy l'on paroist déterminé présentement, est que, si les Turcs ont quelque camp retranché vers Petersvaradin en deçà de la Drawe ou du Tibiscq, de marcher là avec toutes les trouppes ensemble, de les forcer et les rechasser au-dela de ces deux rivières, et ensuite s'attacher au siège qui paroistra le plus important et le moins remply de difficultez pour la subsistance de l'armée, et cependant avoir de petits corps derrière le Tibiscq qui ostent toute espérance de secours à Erla et puissent estre soustenus par la plus grande partie de l'armée en cas que l'ennemy soit en estat de faire craindre quelque chose de ces costés là.

L'on apprend dans ce moment que la garnison d'Erla ayant voulu tomber sur quelques trouppes que le général Heusler avoit fait paroistre, étant embusqué avec un plus gros corps, a esté repoussée par le dit Heusler jusques dans les portes avec perte de 40 ou 50 Turcs. Un capitaine envoyé de l'armée de Mr de Lorraine nous apprend dans le même tems que les Turcs ayant restabli une petite ville sur la Drawe, nommée Valpo, et y ayant jetté quelques trouppes, celles de l'empereur les ont forcées dans ce lieu là, qu'elles ont ruiné encore une fois. Le même homme dit que par les nouvelles qu'on a des prisonniers ils publient que le grand visir passe la Saw avec cent mille hommes, que l'on a mis tout en uzage ceste année pour faire un effort considérable, taxé les opulens, et pris même les trésors de quelques mosquées. Voylà toutes les nouvelles que je puis avoir l'honneur de vous mander, en partant d'ici. J'apprends aussy dans ce moment que quelques régimens ont encore joint depuis peu de jours Mr de Lorraine qui en a présentement avec luy 17, tant cavalerie, infanterie que dragons; mais avant la fin du mois presque toutes les trouppes seront ensemble; celles de Swabe ne sont pourtant pas encore prestes d'arriver.

2. *Villars au marquis de Croissy.*

Du camp près Siclos ce 5e juillet.

J'ay receu une lettre que vous me faittes l'honneur de m'escrire du 3e juin, et vous recevrés encore celle cy de ma méchante escriture, je vous demande pardon de la peyne qu'on a à la lire, mais je suis encore icy sans personne de mes gens, n'ayant conté d'en estre séparé que pour quatre jours. Les gros bagages de l'Électeur sont présentement à Mastrich et l'on a des nouvelles de celuy qui commande à Baia que ce prince continue sa marche vers le Danube, où l'on conte qu'il arrivera dans deus ou trois jours. Jusques ici il ne me paroist rien de changé dans les desseins qui estoit formés lorsque je suis party de Vienne, et il m'avoit paru que l'on estoit déterminé à joindre toutes les armées et marcher tous ensemble où l'on croira pouvoir joindre les Turcs, les pousser au delà des rivières et ensuitte se rabattre sur la place qu'on croira la plus aysée à prendre. Mr de Lorraine a dit conformément à ce projet là. Nous sommes venus en trois jours de Darda icy, la marche a esté asses fatigante par le manque d'eaus, car, quoyque l'on suive la Drave, l'on ne peut cependant marcher ny camper le long de cette rivière parceque il y a des bois de plus d'une demie-lieue de large, qui empesche qu'on n'en puisse approcher. Nous cherchons présentement un lieu propre à faire un pont et à pouvoir passer seurement; cela est assés difficille, parceque la Drave est débordée, et beaucoup plus large présentement que la Seyne ne l'est à Paris, et bien plus fascheuse pour pouvoir assurer le passage d'une armée. Si les Turcs ne le deffendent point, l'on doit les conter dans une extrême foiblesse. Je suis assés porté à croire qu'il y a quelque négotiation pour la pais, et il n'est pas possible qu'on agit avec tant de lenteur si l'on vouloit continuer la guerre. Dès que l'Électeur aura joint, il sera aysé de juger des intentions. Je suis assés accoustumé, monseigneur, au peu de cas que l'on fait de mes très humbles supplications pour n'estre pas estonné du peu d'attention qu'a eu Sa Majesté sur ce que je prenois la liberté de luy représenter qu'il m'estoit un peu honteux d'estre forcé d'avouer l'ancienneté de mes services et leur peu de progrès. Heureusement, monseigneur, j'ay trouvé qu'on aymoit mieux les attribuer à ma mauvaise fortune qu'à mon peu de mérite, et je suis très persuadé qu'il n'a pas tenu à vous que ma représentation n'ayt eu quelque effect. J'espère qu'enfin le Roy voudra bien me destiner quelque grace; il y a dix et huit ans que j'ay l'honneur de le servir; je ne puis pas me flatter de mieux faire que mon père, mais je serois bien fasché de ne pouvoir pas envisager une meilleure fortune.

Nous venons de chercher un lieu propre à faire des pons sur cette rivière; comme j'ai déjà eu l'honneur de vous le dire, elle est plus large que la Seyne, et outre cela, avant que d'arriver au bord, il y a un marais fort large et fort profont, et l'on trouve après avoir passé la rivière un autre marais aussi difficille à traverser et aussi croyez bien, monseigneur, que ces difficultés là seroit insurmontables si les Turcs ne sont pas dans une extrême foiblesse, ou dans une ignorance très profonde. L'on n'a aucune nouvelle d'eus, mais cela ne surprent point et l'on ne reçoit guères d'avis de leurs démarches. Je crois pourtant que cela ne seroit pas difficile. L'on a dit que le grand visir s'estoit approché avec un corps de 12 ou 15 mille hommes pour fortifier celui qui est derrière Essek, mais qu'ayant appris dans sa marche que l'Électeur marchoit vers Ségedin, il estoit retourné fort viste sur ses pas; peut estre que, quand il verra l'Électeur déterminé à repasser le Danube, il prendra le party de venir deffendre la Drave. Je suis persuadé que, s'ils ne s'opposent pas au passage de cette rivière, l'on ne les trouvera en aucun endroit. La cavallerie est demeurée au camp de Darda sous les ordres de Caprara. Téquelli a joint cette armée avec les recreues de l'infanterie de l'Électeur, que l'on enverra dans les villes de Siclos et Cinq Églises pour faire sortir les bataillons de l'empereur qui y sont en garnison. Le grand maistre de l'Ordre Teutonique a joint despuis deus jours.

3. *Villars au marquis de Croissy.*

Au camp, près Valpo, le 14ᵉ juillet 1687.

Je ne vous ay point escrit, Monsieur, depuis que j'ay joint l'armée commandée par Son Altesse de Lorraine, par ce que je n'ay pas eu un moment de tems à moy, que je suis éloigné de mes gens, et que, quand l'on n'est point chez soy, on ne peut escrire qu'un mot en passant, et où d'ordinaire les nouvelles ne sont point circonstanciées. Je veux réparer cela en vous rendant un meilleur compte de ce qui s'est passé depuis quelques jours et des desseins qu'il me paroist qu'ont nos généraux; je ne vois point qu'ils soient différens des projets que je vous avois mandé de Vienne. Il m'avoit paru qu'on étoit déterminé à rassembler les armées et chercher les Turcs partout où l'on pourroit trouver à les combattre. Les marches facheuses que Son Altesse Électorale a eü à faire ont différé l'exécution de ces desseins; monsieur l'Électeur avoit eü quelque intention de faire le siege de Varadin, mais enfin les difficultéz qu'il y avoit rencontrées l'ont obligé à se rendre aux propositions que luy faisoit Mʳ de Lorraine d'une jonction, lequel, pendant ce tems là, a travaillé au passage de la Drawe, qui n'estoit point chose fort aisée, car outre le pont qu'il faut sur ceste rivière, qui est aussy grosse que la Seyne, il en faut 22 autres sur des marais très difficiles à passer; l'armée de Lorraine a enfin achevé de passer, celle de Bavière est arrivée à Siclos et l'Électeur est venu dîner avec Son Altesse de Lorraine.

Demain, l'armée de Lorraine marche pour passer le ruisseau de Valpo, lequel, comme le marquent les cartes, ne va point à Valkovar[1], mais se jette dans la Drawe, deux lieües au dessous de Valpo, à un village nommé Petrowitz; je vous spécifie cela pour vous faire voir que, ce ruisseau là passé, rien ne nous sépare d'Essek, où est l'armée des Turcs, et qu'ainsy rien ne peut empescher un combat désavantageux pour eux, s'ils ne prennent pas de bonne heure le party d'abandonner Essek et de se retirer. Le bon sens veut que, n'ayant pas deffendu le passage de la Drawe, ils se retireront derrière Belgrade; mais, l'expérience qu'on a de leur très pernitieuse conduitte par le passé fait espérer que, déz qu'on aura passé tous les ruisseaux, ils viendront donner leur petite bataille et puis s'en iront fort viste. Un prisonnier qu'on a fait ce matin nous apprend que leur camp est toujours derrière Essek, que l'on y attend le grand visir aujourd'hui ou demain. De tous les avis qu'on a de leur force, le plus grand nombre leur donne trente mille hommes; dans trois ou quatre jours nous le saurons positivement. Il faudra deux jours à l'armée de l'Électeur pour passer la Drawe, et il nous faudra deux journées de marche d'icy pour estre à portée de les combattre. Voyla tout ce que je puis vous apprendre aujourd'huy.

Le corps des volontaires se fortifie tous les jours. Les principaux sont les princes d'Hannover, de Hesse Darmestat, de Virtemberg, le milord duc de Barvick, le prince de Curlande, et l'on attend au premier jour le duc de Mantoüe; ce volontaire vous surprendra un peu; mais il est en chemin, et Mr de Lorraine a déjà receu des lettres de ce prince qui arrivoit à Inspruch. Il y en a une infinité d'autres, mais qui n'est pas prince n'oseroit se nommer.

L'on vist hier au soir deux globes de feu à deux pieds de distance l'un de l'autre, qui partirent de l'armée de Baviere, traverserent toute celle de Lorrayne et allerent se perdre vers Valpo. Toutes les deux armées ont veu cela, c'estoit sur les cinq heures

---

1. Aujourd'hui Vukowar.

du soir, je ne scay si ce qu'on appelle feus follets font autant de chemin, et si c'est dans le gros du jour qu'ils paroissent. L'on veut icy que ce soit un prodige, moy j'en croyray ce que l'on voudra.

4. *Villars au marquis de Croissy.*

Au camp entre Valpo et Essek, le 17e juillet 1687.

Depuis ma derniere lettre, toutes les armées sont jointes; nous campâmes hier assez prés du château de Valpo qu'on fist sommer. Le commandant répondit fort fierement que, sy l'on avoit envie d'essuyer des coups de mousquet, l'on n'avoit qu'à aller à Esseck, où il y avoit une bonne armée qui nous attendoit, et, qu'aprés cela, on pourroit leur parler; on n'a pas trouvé à propos de s'arrester, et nous avons fait aujourd'huy une asséz grande marche; l'aisle de l'Électeur avoit l'avant garde; nous avons trouvé une garde des Turcs que l'on a poussée, elle s'est retirée cinq ou six cent pas et a esté soutenüe de mille ou quinze cent chevaux avec lesquels on a escarmouché tout le matin. Le général Heusler y a esté blessé d'un coup de mousquet à la jambe; ce ne sera pas, je crois, un coup dangereux.

Le marquis de Gabrielli, ayde de camp de l'Électeur, y a esté blessé aussy. L'Électeur, qui aime fort les escarmouches, a fait avancer deux bataillons pour soutenir les gardes. Nous marchons demain; il n'y a plus que deux lieües d'icy à Essek, où plusieurs avis nous apprennent que le grand visir nous attend avec une assez grosse armée; tous la disent de plus de quarante mil hommes. Il nous est venu quelques nouvelles du commandant de Siclos que les Tartares avoient passé la Drawe à Essek et marchoient à Mapach. L'on y a envoyé quelques troupes, et l'on compte d'ailleurs que les trouppes de Swabe y sont arrivées. L'on ne peut presque plus douter de voir après demain une bataille fort rude; car, sy l'armée des Turcs est retranchée à Essek, comme tous les avis le portent, ce sera une sanglante journée, puisqu'il n'y a pas de retraite pour eux.

J'avoüe que je comptois qu'ils ne nous attendroient pas. L'on me vient de dire qu'on escrivoit aujourd'huy; voilà tout ce que je puis vous apprendre; comme l'ordre de bataille n'est réglé que d'hier, je ne puis vous en envoyer encore un; ce sera pour le premier ordinaire, avec, s'il plaist à Dieu, de plus grandes et bonnes nouvelles. Je ne puis m'empescher de vous dire que je n'ay pas esté content de nostre marche, j'y ay trouvé une confusion, qu'il est aysé d'éviter, et qui peut attirer de grands désordres; j'en ay averty Mr l'Électeur et cherché à luy rendre tous les services qui dépendent de mon très petit jugement. Du reste, les troupes marchent avec une grande confiance, mais j'ay veu faire des mouvemens inutiles et qui peuvent estre dangereus.

Mr l'Électeur se trouve un peu mal et le duc de Savoie[1] a une assez grosse fievre despuis deus jours; c'est assurement un grand malheur en ces païs cy. Nous marchons demain matin. Les nouvelles qu'on a eu encore ce soir sont que les Turcs nous attendent retranchés à Essek.

5. *Villars au marquis de Croissy.*

Du camp près le pont de la Drave, le 22 juillet 1687.

Je ne vous écrivis hier qu'un mot[2], parce que j'étois pressé par le départ du courrier que monsr de Lorraine envoie à l'empereur. Il n'y a point de jours marqués pour écrire, les courriers partent quand il plaît aux généraux. Ainsi, il arrive souvent que quelque envie qu'on ait d'estre régulier, cela ne se trouve pas possible. Cependant, tout ce qui s'est passé depuis ma lettre du 17 mérite que je vous en rende un conte un peu plus exact.

Le 18, l'armée marcha pour entrer dans un défiler d'une bonne lieue et demie qui va aboutir à la plaine qui est autour d'Essek. L'aile droite commandée par Mr de Lorraine eut l'avantage. Les mesmes quinze cens chevaux qui avoient escarmouché la veille se retirèrent toujours à trois cens pas de la teste de l'armée; on leur tua quelques gens, mais on ne put en prendre aucun en vie.

Comme la marche étoit difficile, et qu'il faloit la faire avec beaucoup de précautions par le voisinage des ennemis, elle fut lente, et l'on ne sortit du défiler que sur le soir.

L'on poussa cinq ou six bataillons, et l'armée de Bavière, qui étoit fort reculée, campa comme elle se trouva. Les ennemis commencèrent à canonner de leur droite, où ils avoient une

---

1. Le prince Eugène.
2. Je n'ai pas cru devoir imprimer ce billet écrit à la hâte du camp près Valpo et dont la lettre du 22 reproduit, en les développant, tous les points essentiels.

maniere de fort joignant la Drave, et leurs coups n'étoient pas inutiles, donnant dans le grand chemin par lequel venoit toute l'armée. L'on prit quelques païsans par lesquels on apprit que le grand vizir, avec tout le reste de l'armée, étoit arrivé depuis trois jours, et que d'abord il avoit commencé à se retrancher; que leur armée étoit de cent mille hommes. L'on ne crut point ce qu'ils disoient, et l'on persista dans le dessein de les attaquer. Mr de Lorraine fit sortir toute la nuit les troupes du défiler, s'étendit sur la droite, et, à la pointe du jour, toute son armée étoit en bataille. Le 19, la teste de l'armée de Bavière commença à se mettre en bataille sur la gauche de celle de Lorraine, toujours à la demie portée du canon des ennemis, et sous le feu de plus de trente pièces. Toute la journée se passa à se mètre en bataille; car Mr de Lorraine, qui menoit la droite, trouvoit un païs fort difficile; beaucoup d'endroits où il falloit se faire un chemin, et ayant toujours devant lui une quantité prodigieuse d'escarmoucheurs qui sont fort incommodes et qui, contant sur une retraite assurée par la vitesse de leurs chevaux, viennent tirer leurs fleches et leur coup de pistolet dans la ligne. Mr de Lorraine faisoit marcher dans les bois devant lui quatre ou cinq cens cravates à pied, qui fort indiscrètement, ayant traversé une petite plaine de trois cens pas sans estre soutenus par nos troupes, en un moment, il y en eut deux cens qui eurent la teste coupée sans qu'il fût possible d'avoir le tems de les secourir. Sur le soir, toute l'armée étoit en bataille, la première ligne tenant quasi une lieue de front. On avoit eu tout le tems de considérer le camp des Turcs pendant cette marche, que vous trouverés sans doute hardie, et qui le seroit sans la conscience des victoires précédentes; car enfin on se métoit en bataille, marchant toujours à demie-portée du canon des lignes des ennemis, qui, par la situation du païs, pouvoient, avec leur cavalerie, faire des charges fort dangereuses dans de certains endroits et se retirer sous le mousquet de leurs retranchemens.

On eut donc tout le loisir de considérer l'avantage de leur poste, pour moi qui étois un des plus curieux, je montay sur le plus grand arbre et je trouvay premièrement qu'ils avoient un front encore plus étendu que le nôtre; à leur droite qui touchoit la Drave étoit un fort; dans le centre de leur ligne, il y avoit encore quelque retranchement plus élevé que le reste de la ligne. Leur gauche finissant à un bois impénétrable et tout le front étoit couvert d'une ligne droite sans angles. Toute cette ligne étoit bordée d'infanterie, mais tout au plus sur deux rangs, et il paroissoit trois fort gros corps de troupes à la droite, à la gauche et dans le centre, et beaucoup de cavalerie sans ordre répanduë entre ces corps-là. Derrière cela des tentes fort belles et peintes de diverses couleurs. Ils occupoient toute la creste d'une hauteur imperceptible et ne nous laissoit point de plaine à nous mètre en bataille ; quelques endroits plus clairs les uns que les autres qui s'étendoient de cinq ou six cens pas dans les bois. Mais enfin, comme pour attaquer une armée retranchée et peut-estre plus forte que la nôtre, il falloit au moins pouvoir y marcher en pleine bataille, que cela étoit absolument impossible par la situation dont on n'a jamais pu estre éclairci qu'en la voyant, qu'enfin c'étoit hazarder un combat fort rude et dont mesme la réussite étoit fort douteuse, tous les généraux ont esté d'avis de se retirer comme on étoit venu. Quelques-uns proposèrent de tâcher de pénétrer jusqu'au Danube et couper à l'ennemi le commerce de Belgrade. Mais, comme dans le mesme tems il nous pouvoit ôter celui de Bude, on est revenu au seul bon avis qu'on pouvoit suivre qui a été la retraite ; et on la résolut de la mesme manière qu'on avoit marché. C'est à dire que la droite marcheroit la première et que l'Électeur auroit l'arrière-garde.

Dès le matin Mr de Lorraine commença à se replier sur la gauche et d'abord les ennemis vinrent pour reconnoitre quels mouvemens on avoit intention de faire, et avec deux ou trois mille chevaux ils tombèrent sur trois ou quatre bataillons qui ayans toujours leurs chevaux de frise devant eux les éloignèrent à coups de mousquet et ces bataillons ayans été soutenus obligèrent les ennemis à se retirer. Pendant tout le reste de la journée, leur cavalerie répanduë en divers endroits et mesme beaucoup de janissaires vinrent tirer sur nos escadrons et chargèrent mesme une garde de soixante maistres qui n'étoit qu'à cinquante pas de nostre ligne. Sur le soir ils vinrent par deux fois avec de fort grans cris tirer sur les bataillons qui faisoient notre arrière-garde. Mais le feu qu'ils craignent beaucoup les arresta toujours et notre retraite se fit tranquillement. Cependant, comme l'on a été deux jours et demi sous leur canon, on a perdu quelques gens. Il y a des régimens qui ont eu cinquante chevaux tués. Il y a bien eu quatre cens hommes sans compter les pauvres cravates. Les ennemis se montrèrent hier et ont paru encore aujourd'hui à notre arrière-garde, ce qu'ils peuvent toujours en seureté, car on ne croit pas possible de les joindre quand ils veulent se retirer.

Voilà tout ce qui s'est passé depuis quatre jours. Comme l'on

APPENDICE.   363

a trouvé un peu plus d'habileté aux Turcs dans cette occasion que dans les précédentes, l'on ressuscite le vieux marquis de Persan, qui avoit servi sous Monsieur le Prince, pour commander leur armée sous le grand visir qui a ordre du Grand Seigneur de suivre ses conseils en tout. Je les ay assuré qu'il étoit enterré il y a huit ans, mais, comme ils aiment mieux le croire Turc, c'est à ses héritiers à envoier icy, car pour moi j'aime tout autant qu'on le croye Turc que mort. Nous allons repasser la Drave ; on a eu quelques inquiétudes que les ennemis, qui ont un pont à Essek, n'envoyassent un corps pour nous empescher de la repasser. Des gens un peu éveillés n'auroient pas manqué ce coup là, mais c'est assés pour des gens batus depuis cinq ans d'éviter de l'estre une fois.

Selon les apparences l'on ira faire le siège d'Albe Royale, ce que les armées peuvent faire seurement en laissant un petit corps derrière la Drave et en renvoyant un derrière le Tibisc. Voilà tout ce que je puis vous aprendre aujourd'hui, faites en part à vos amis. Je ne puis m'empescher de vous parler de la fermeté de Son Altesse Électorale qui a toujours été où le canon et le mousquet donnoit le plus souvent. Il y a ici plusieurs généraux qui ne se ménagent guères. Leur cavalerie ne paroit point du tout craindre le canon. Je ne sache personne de qualité distinguée tué, que le comte Palfy, lieutenant colonel. Il y en a plusieurs de blessés. Si je puis, je vous envoieray aujourd'huy un ordre de bataille.

Je vous envoie un ordre de bataille[1] de l'aile de Monsr l'Électeur. Je n'ai pu encore avoir celui de l'aile de Mr de Lorraine qui est plus forte de quelques escadrons. Le duc de Bervic est assés mal.

6. *Villars au marquis de Croissy.*

Au camp entre Moaich[2] et Baraniavar, le 1er aoust 1687.

Il ne s'est rien passé de considérable, Monsieur, depuis ma dernière lettre. Les Tartares ont cherché nos fourageurs dans le camp près de Siclos, et envoyèrent mil chevaux pour essayer d'attirer nos trouppes dans une embuscade de quatre ou cinq mil chevaux ; mais quelqu'uns des ennemis ayant esté pris, avertirent de leur dessein d'assez bonne heure pour empêcher le

1. Ces deux ordres de bataille ne se sont pas retrouvés.
2. Aujourd'hui Mohacz.

lieutenant colonel Autkirck de les suivre. Il a passé un corps de Tartares de l'autre costé du Danube, lequel a attaqué Baga, ou il y avoit deux ou trois cens Hongrois et a esté repoussé, nous avons campé à Erchans et de là on a fait un autre camp en tirant vers Moaich, et l'on a séjourné trois jours bien qu'il n'y eust d'autres eaux pour toute l'armée que celles des puits qu'on est obligé de faire. Cela surprendroit dans nos guerres que cinquante mil chevaux pussent estre aussy longtemps éloignez de toutes sortes de ruisseaux; cependant l'on y est obligé dans ce pays cy, et cela n'étonne ny la cavalerie ny l'infanterie.

Nous serions encore dans ce même camp là sy par plusieurs avis l'on n'avoit appris que le grand visir a passé la Drave à Esseck et est campé avec toute l'armée à Darda; ces nouvelles nous ont fait marcher vers Baraniavar pour voir si la scituation de l'ennemy ne nous donneroit point lieu d'entreprendre quelque chose sur luy. L'on envoya hier soir quatre ou cinq partis de Hongrois à cheval et à pied et même d'Allemans pour estre bien informé de la scituation de leur camp. Cependant l'on séjourne aujourd'huy et, sy l'on apprend que le poste de l'ennemy ne soit pas aussy avantageux que celuy d'Essek, l'on s'en approchera et l'on verra. Voylà, Monsieur, tout ce que je puis vous dire, cependant l'on attend des ordres de Vienne pour se déterminer à quelque projet.

L'on a envoyé le général de bataille Veterani avec cinq régimens de l'autre costé du Danube pour assurer le blocus d'Erla. Il arriva hier au soir beaucoup de volontaires; le prince d'Hanover, Bois David est avec luy; le comte Carpegna; tout cela venoit avec les trouppes de Swabe; beaucoup de recrües et d'officiers. Le comte de Bielk a joint aussy. J'apprends dans ce moment que nous venons de perdre soixante ou quatre vingt fourageurs; l'on pouroit prendre plus de précautions, mais cependant il est très difficile par la quantité prodigieuse de chevaux, la scituation du pays et l'habileté des Tartares qui consiste dans la bonté de leurs chevaux. L'on attend toujours le duc de Mantoüe au premier jour; cependant quelqu'uns croyent qu'il pouroit bien se contenter de voir Bude, comme quelques volontaires qui s'en sont retournez de là.

7. *Villars au marquis de Croissy.*

Au camp entre Moaich et Baraniavar, le 4ᵉ aoust 1687.

Je ne reçois aucune de vos lettres, Monsieur, il y a assez

longtems aussy que je n'en reçois point de ce qui m'escrit de France. Pour moy, je suis très régulier ; il y a trois jours que j'ay eu l'honneur de vous mander ce qui s'est passé depuis que nous avons quitté la Drawe. Nous sommes toujours dans le même camp ; les Tartares nous prennent tous les jours quelques fourrageurs. L'on avoit eü intention de fortifier Moaich et l'on avoit commencé à y travailler ; l'on a changé de résolution et l'on fait remonter nos batteaux apparament jusqu'au dessus de l'embouchure de la Sarvits. Hier, l'ennemy vint camper à nostre vue sur les hauteurs au delà de Baraniavar, et a avancé 2,000 chevaux à Baraniavar qui ont une garde de 500 chevaux à un quart de lieue de nostre camp. Il paroist que l'ennemy s'enorgueillit, et je crois que l'on fait ce qu'on peut pour augmenter sa confiance et essayer de l'attirer dans des lieux où on puisse combattre. Un corps de cinq mil Tartares a passé près de Siclos et marché du costé de Siget. Il ne leur sera pas difficile d'y jetter du monde, mais ils manquent plus de vivres dans toutes leurs places que d'hommes...

Je crois que je pourois recevoir plus souvent de vos lettres par la voye de Strasbourg ; quand on n'escrit rien de plus particulier que ce que j'ay l'honneur de vous mander, les lettres vont en seureté. Je crois que l'on ouvre toutes les miennes et je le scais ; ils auront la satisfaction de voir que je rends justice aux trouppes et aux généraux. L'on attend toujours le duc de Mantoüe ; l'on dit qu'il vient un envoyé de France avec luy ; pour moy, je conseilleray à un homme à caractère de ne pas venir dans ces armées cy. Et nous autres, pauvres volontaires, avons quelquefois des escarmouches à soutenir, et où il faut répondre comme gens qui, étant tenus de fort court en France sur les querelles, ne les cherchent ny ne les craignent partout ailleurs.

On est parfaitement bien avec les plus honnestes gens et les principaux, mais au dessous de ceux là, il y en a de condition que les principaux ne sont pas fachéz d'entendre parler, et ausquels il faut absolument faire connoistre qu'on ne craint point les affaires particulières. Cet envoyé de France sera peut-estre dans quelques embarras sur cela ; pour moi, Dieu mercy, je suis assés connu ici pour qu'on ne croye point que je suis un querelleur et pour pouvoir metre dans leur tort ceux qui voudront l'estre avec moi. Voilà tout ce que je puis vous mander comme à mon ancien ami. Je ne sache point que nous ayions encore reçu des ordres de la cour de Vienne ; on les attend incessamment. Je voudrois bien pouvoir apprendre par quelqu'unes de vos lettres si vous recevez les miennes régulièrement.

8. *Villars au marquis de Croissy.*

Au camp de Moaich, le 8 août 1687.

Si vous ne recevés pas régulièrement de mes létres, ce n'est pas que je n'écrive quasi toujours deux fois la semaine; pour moi, depuis plus d'un mois je n'ai reçu aucune des vôtres. L'on dit que l'on a pris deux courriers. Il me semble que ma derniere létre étoit du 4. Le 5 le général Duneval renvoia le bacha Ismaël qui commandoit dans Bude sous le vizir, moiennant une rançon de sept mille ducats d'or, une pelisse de zébeline et quelques perles. L'on aporta sa rançon sur les dix heures du matin, l'on envoia un commandant des Janissaires pour ôtage qui raisonna longtemps avec nous. C'étoit un jeune homme fort bien fait, bien monté et armé richement. Il nous dit que leur armée étoit de 200 mille hommes et ne cherchoit qu'à combattre. Nous aprimes de lui que c'étoit l'armée entière qui rachetoit le bacha, auquel les Turcs envoièrent d'abord un assés beau cheval, un sabre et une hache d'arme. Ceux qui allèrent le conduire parmi leurs troupes qui étoient à deux cens pas de nous, raportèrent que d'abord qu'il avoit été au milieu d'eux, il s'étoit jetté à terre et avoit adoré Dieu, et que tout ce qui étoit là avoit pleuré de joie. Mustapha beck, un de leurs meilleurs partisans, vint avec le commandant des Janissaires avec lequel nous raisonâmes longtemps. Il marqua une grande considération et une grande amitié pour les François et plus qu'il ne faloit devant les Allemans : ce qui m'empescha de lui donner de fort beaux pistolets que j'avois et qu'il regarda fort, le général Duneval ayant dit tout haut qu'il ne faloit pas présenter des armes à ses ennemis. Des païsans nous apprirent que l'armée entière des Turcs passoit le marais de Baraniavar. L'on donna l'ordre sur le soir de marcher le lendemain vers Moaich. Le 6, à une heure après minuit, il y eut une assés grande alarme. L'on monta à cheval et cela nous tint alerte jusqu'à la pointe du jour, que l'on vit paroitre les Tartares à nos gardes, et une heure après l'on trouva qu'ils étoient soutenus d'un fort grand nombre de troupes. L'on fut mesme persuadé par les grandes poussières qui venoient de leur camp et qui marquoient la marche de deux colonnes, que c'étoit toute l'armée. En un moment toute la plaine fut couverte d'ennemis, ce qui obligea à rapprocher les gardes de la ligne. Je pris la liberté de dire à Mr l'Électeur que notre situation n'étoit pas bonne si les troupes demeuroient en bataille comme elles étoient campées, prétant entièrement le flanc à l'ennemi. Peu de temps après, Son Altesse de Lorraine arriva, qui dit qu'il faloit se métre autrement en bataille, et courut à son aile pour faire marcher sa cavalerie et remplir tout le terrain qui est entre les bois et le marais, et pouvoir attendre l'ennemi de front et l'empescher de se rendre maître d'une hauteur qui lui eût été très avantageuse. Pendant tout ce tems là, l'escarmouche fut assés vive, et il faut donner cette louange aux Turcs que personne n'entend comme eux cette manière de combattre. Car l'on diroit que ce sont deux mille officiers choisis qui n'ont tous qu'un mesme esprit. Si l'on plie devant eux, en un moment ils se trouvent douze ou quinze cens à pousser fort vigoureusement. Dès que vous les arrestés avec des corps de troupes, tout se sépare et vous ne voyés pas un homme ensemble; et à la fin il se trouve qu'ils prennent et tuent beaucoup de gens, et qu'on ne leur prend personne en vie; on en tue quelques-uns. Il y en a parmi eux qui font des actions de beaucoup de valeur et qui, seuls, viennent jeter leur dard à ceux qui paroissent à la teste des troupes. Un officier eut le bras coupé au-dessus du coude d'un seul coup de sabre : tout tomba à terre, et le bras, la manche et la chemise. Ce sont des coups d'une si grande force qu'on ne les croiroit pas si on ne les voyoit.

Mais, pour revenir aux mouvemens des troupes, l'on fit avancer le régiment de Stirum au grand trot pour chasser l'ennemi du bord des bois et du terrain dans lequel on vouloit se métre en bataille. Je quittay Mr l'Électeur pour aller voir ce que feroit ce régiment et s'il trouveroit quelque résistance, et, en traversant la plaine, je me trouvai tout d'un coup au milieu de deux cens de nos escarmoucheurs poussés par cinq ou six cens des ennemis.

Je voulus les arrester et en un moment je me trouvai à l'arrière-garde et fort pressé par ces messieurs-là, et fis comme les autres, bien fâché de ne l'avoir pas fait plutôt. Dès que le régiment de Stirum eut gagné le bord des bois, les troupes de l'Électeur joignirent celles du duc et l'on gagna la hauteur sur laquelle un des ennemis ayant été blessé, nous en vîmes près de cent se rassembler autour de lui et le ramener; et, peu de temps après, l'on aperçut que leurs troupes commençoit à se retirer.

Je crois que l'on pouvoit pousser ce corps-là sans péril, qui, étant assés considérable, auroit eu de la peine à se retirer dans les défilers qui le séparoient du gros de l'armée. Ç'avoit été d'abord l'intention de l'Électeur et mesme de Son Altesse ; mais ensuite l'on changea de résolution et l'on envoia ordre aux troupes de la seconde ligne de reprendre leur marche et, sur les deux heures après midi, tout le reste les suivit et l'on entra dans le camp de Moaich sur les cinq heures du soir. Le 7, l'on séjourna ; le fourage ne fut point attaqué par l'ennemi.

Le duc de Mantoue arriva au camp de Son Altesse de Lorraine avec 35 ou 40 personnes sans aucun équipage. Il vint voir l'Électeur le mesme jour. On a perdu aujourd'hui au fourage un assés grand nombre de chevaux et de valets, ce qui est très difficile à éviter.

Les ordres de la cour de Vienne qui doivent régler nos projets sont arrivés. Mais, comme ils ne sont que conditionnels, il paroit que les généraux se conduiront sur la situation et la force de l'ennemi que l'on ne connoissoit point à Vienne.

9. *Villars au marquis de Croissy.*

Au camp de Baraniavar, ce 13e d'aoust.

Monseigneur,

Je n'ay que le temps de vous escrire un mot par le chevallier de Beauveau que j'aprens que l'Électeur envoye à Me la Dauphine. L'on vient de gagner une bataille très sanglante pour les ennemis, puisque tous les janissaires ont esté taillés en pièces, on les a trouvés dans des lieus où ils ne pouvoient se retirer, et le massacre en a esté fort grand.

Mr l'Électeur a assurément beaucoup de part à l'affaire de cette journée, ayant voulu combattre, et avec de fort bonnes raisons. Je n'ay pas le temps de vous mander le moindre détail. L'Électeur a reçeu un coup de mousquet à la main qui n'a fait qu'une grosse contusion. Je ne scache personne de considérable tué. Je n'ay jamais veu de si grands misérables que les Turcs, ny de généraux plus fous et plus ignorans que les leurs ; il n'y a ny ordre, ny conduitte dans ces gens-là. Quand on marche à eus, leur cavallerie paroist fort fière, mais tout leur courage consiste dans la vittesse de leurs chevaus, et nous avons veu qu'ils ne s'approchent hardiment que pour la seureté de la retraite.

M. le chevallier de Beauveau me presse, et je n'ay pas le temps,

Monseigneur, de vous en dire davantage. Mr l'Électeur l'envoye à Madame la dauphine et escrit aussi au roy.

Je suis.....

Je ne scache personne de considérable tué. Le prince de Comercy [a] esté frappé d'un coup de copie, je ne l'ay pas veu depuis qu'il a receu le coup, mais je ne le crois pas dangereus.

10. Villars au marquis de Croissy.

Au camp de Baraniavar, le 15 aoûst 1687.

Il s'est passé icy d'asséz grands évenemens pour que j'ose croire, Monsieur, que vous ne serez pas fâché que je vous en rende compte, et comme l'on vient de remporter la plus entière et la plus sanglante victoire de cette guerre, je suis persuadé que vous serez bien aise d'en scavoir toutes les circonstances, et, pour vous en mieux informer, je reprendray trois jours avant la bataille et par nostre marche du camp de Moaich. L'ennemy, depuis quelques jours, comme vous l'avez appris, nous tenoit de fort près. Il ne sortoit personne à trois cens pas du camp qui ne courust risque d'estre pris, et dans nôtre camp de Moaich, qui étoit éloigné du leur de deux heures, il avoit une garde postée à cinq cens pas de nôtre camp ; on voulust l'esloigner, cela se passa en escarmouche, et le comte de Felts et quelqu'autres officiers furent tuéz.

L'on partist de Moaich le 10 pour s'approcher de Siclos, le raser et en tirer la garnison ; on vouloit faire de même de Cinq-Églises.

L'ennemy suivist toujours nostre marche, mais avec de fort petites trouppes, et nous prist encore beaucoup de chevaux au fourage. Le 11, l'on marchoit à Erschans, et, comme nous passions plus près du camp des ennemis, nous les trouvasmes aussy plus forts que la veille. Ils pousserent les escarmouches jusque dans la colonne de l'infanterie, et à la teste de l'armée cinq ou six mille chevaux chargèrent nôtre avant-garde et tüerent quelques cravates. Tout le reste de la journée se passa dans une escarmouche asséz vive, l'ennemy ayant toujours quatre ou cinq mil chevaux à cinq cens pas de nos lignes, et enfin, par leur contenance, il estoit aisé de juger que le lendemain ils nous tiendroient de fort près dans nostre arrière-garde. L'armée avoit la droitte à la montagne d'Erchans et la gauche alloit le long du valon ; le 12, l'armée de Lorraine eust encore l'avant-garde et marchoit vers Siclos; un petit bois resserroit sa marche vers la montagne, et comme nôtre droite commençoit à s'estendre dans la plaine de Siclos, nous vismes clairement que l'ennemy qui escarmouchoit depuis le matin, se disposoit à attaquer tout de bon nôtre arrière-garde; les généraux furent quelque temps incertains; Son Altesse de Lorraine estoit d'avis d'abord de continüer sa marche, et l'on se postast même pour assurer autant qu'il se pouroit l'arrière-garde, mais l'ennemy ayant détaché un corps de quatre ou cinq mil chevaux qui environnoit toute notre gauche, l'on fust obligé de marcher à eux et de les chasser, et, après cela, notre gauche se replia contre la montagne et l'ennemy s'avança encore une fois. Son Altesse Électorale vouloit toujours combattre et je pris la liberté de luy dire que toutes sortes de raisons devoient l'y obliger, quand même ce n'eust pas été le premier dessein de la campagne de chercher l'ennemy; qu'à l'heure qu'il estoit, c'estoit une résolution qu'il falloit prendre, parceque l'ennemy nous tenant toujours de fort près, il estoit impossible de faire douze ou quinze marches devant luy, sans qu'à la fin il ne trouvast quelque occasion favorable de nous attaquer; que nous perdions tous les jours une quantité prodigieuse de fourageurs, que la cavalerie estoit fort fatiguée d'estre toujours à cheval, que l'on commençoit à manquer de munitions, que l'audace des ennemis s'augmentoit, et qu'enfin il n'estoit pas impossible qu'il ne donnast peut-être quelque crainte à nos trouppes. Mr le prince de Baden estoit aussi fort du sentiment de combattre, et dèz que Son Altesse de Lorraine vist les janissaires s'approcher, il fust aussi de la même opinion; l'on voyoit seulement qu'il estoit fâché que son aisle ne fust pas à portée de pouvoir attaquer l'ennemy. Enfin, sur les trois heures après midy, l'on résolust de marcher aux ennemis qui estoient postez leur gauche à un bois et leur droitte dans un valon appuyée aussi d'un bois. Il y avoit un front à peu près de mil pas que l'ennemy avoit commencé à retrancher. Le prince de Baden marcha à la teste de la cavalerie, et nous rechassames toute celle qui avoit voulu prendre nôtre flanc. Il y eust un escadron de Commercy qui, s'estant trop avancé, fust presque taillé en pièces par les ennemis, nôtre cavalerie se mist en bataille dans le valon, et nous partagions la hauteur et le valon avec luy, c'est-à-dire que nous marchions aux ennemis sans autre desavantage pour nous que celuy d'un retranchement qu'ils avoient commencé et qu'ils bordèrent de janissaires, car nôtre droitte et nôtre gauche avoient les flancs couverts des mêmes bois qui appuyoient les leurs.

Pendant ce tems-là, ils faisoient un asséz grand feu de canon. Son Altesse de Lorraine, étant venüe voir cette disposition, trouva à propos de marcher sans donner le tems à l'ennemy de se retrancher davantage, et nos généraux marchérent droit aux retranchemens. Jusques-là j'avois esté fort content du manège des Turcs, car ils nous avoient tué asséz de gens, nous ne scavions quelquefois en quelle posture nous mettre par les divers et prompts mouvemens de leur cavalerie, mais enfin nous descouvrismes leur turpitude en marchant à eux, et sans faire aucune résistance leur cavalerie d'abord et tout le reste de leurs trouppes prirent la fuite et nous trouvasmes dix ou douze mille janissaires abandonnéz; nous fusmes près d'une heure et demie que les cavaliers ne faisoient autre chose que tüer, quelques-uns vouloient vendre assez chèrement leur vie. Le general Bielk et le prince de Savoye se mirent à la teste de cinq ou six escadrons, et l'on suivist l'ennemy pendant pres de deux heures; nous trouvasmes leur camp à une demi-lieue du premier retranchement qui estoit entre des marais dans une espace fort étroitte; et le marquis de Créquy, le prince de Curlande, le comte de Marton, du Héron et moy entrasmes les premiers dans la tente du grand vizir, devant laquelle l'on voyoit fort proprement arrangéz les coffres du Trésor; nous vismes bien qu'il y avoit là un proffist très considérable à faire, mais aucun n'y songea, et d'autres s'en sont fort bien trouvéz; il est certain que le butin a esté très considérable; les tentes du grand vizir sont d'une extrême magnificence, et l'on y a trouvé, outre l'argent, des pipes très riches.

Nous fismes ce que nous pusmes pour sauver un homme qui se dit vizir, ce n'est pourtant pas le grand, mais il est difficille d'empescher les cavaliers allemands de tüer.

Nous poussames jusqu'à Baraniavar, la cavalerie se retirant à deux cens pas devant nous qu'on pouvoit deffaire tout entière, parce qu'elle se retiroit par un pays fort serré; mais le général Duneval, qu'on avoit envoyé la couper du costé de Darda, n'ayant pu estre bien informé du chemin, et nous autres, qui la tenions de fort près, n'ayant pas esté assez diligemment suivis, elle s'est encore sauvée; l'on dit qu'il y en a eü une quantité prodigieuse de noyéz en voulant passer la Drawe.

Du reste le massacre des janissaires est très grand, l'on compte six ou sept mil morts sur le champ de bataille. Il y a peu de prisonniers, soixante-cinq pièces de canon, huit mortiers et le camp tout entier.

Quelques prisonniers nous ont dit que le grand vizir avoit demeuré jusqu'au dernier moment sur les bords du retranchement; l'on jugeoit du lieu où il se tenoit pour donner ses ordres par un asséz grand nombre de testes de chrestiens que les Turcs avoient tûé pendant l'escarmouche et que l'on jetoit à ses pieds. L'on ne peut assez donner de louanges à M^r l'Électeur qui a esté légèrement blessé déz les matin et qui a toujours voulu combattre. Son Altesse de Lorraine y paroissoit moins disposée, mais moins assurément, comme quelques-uns l'ont voulu dire, par le chagrin que son aisle n'eust pas la teste, il est au-dessus de cela, que par la scituation des affaires de l'empereur. L'on est à la veille d'une paix, toute la guerre a esté heureuse, il ne faut qu'un moment pour tout détruire, et en vérité, dans ces états-là, l'on ne veut point donner une bataille qu'on ne soit seur de la gagner. Je ne puis vous dire ce que nous y avons perdu, je sçay bien que ce qui s'appelle la bataille n'a pas couté cinquante hommes, mais les escarmouches qui l'on précédée nous ont fait perdre asséz de gens, du reste, je ne sçay d'hommes de nom que le comte de Ligneville, le prince de Commercy blessé; quelques capitaines de cavalerie et de dragons, le comte de Sinsendorf fort blessé; voilà, Monsieur, tout ce qui s'est passé dans cette grande journée bien funeste aux Turcs; il n'y en a point assurément qui leur ayt couté un si grand nombre de janissaires. Nous avons campé deux jours sur le champ de bataille, et l'on a déjà envoyé un courrier à Vienne dont le retour apparament nous apprendra d'autres projets; pour moy, je croy que cet heureux succéz avancera la paix, et telle apparament que l'empereur la voudra souhaitter, les Turcs n'ayant aucune ressource et ne pouvant rien refuser de ce qu'on leur demandera; l'on ne peut assez loüer plusieurs officiers généraux qu'il y a icy. Je ne parle point des deux chefs dont les qualités sont connües; mais les princes de Baden, de Commercy, de Savoye, le comte de Bielk sont des gens de beaucoup de mérite, et qui ont sans contredit le plus parû dans cette occasion; l'on ne scait point ce que l'on a perdu de gens depuis le commencement de la journée, quelqu'uns disent que cela va à cinq ou six cens hommes.

11. *Villars au marquis de Croissy.*

Extrait.   Au camp de Sichwy[1], le 18 août 1687.

Je ne puis finir sans vous parler de Monsieur de Mantoue. Contez, Monseigneur, qu'Arlequin quand il a peur, la comparaison est un peu basse, mais il n'y en a pas d'autre, ne donne point de plus plaisantes scènes. M. de Carpegne vous les joüra dans la langue, car elles perdroient de leurs graces en françois. Mais le pauvre duc a passé quatre ou cinq jours aussy mauvais qu'on puisse se l'imaginer. Je le trouvai le matin d'après la bataille à nos bagages qui me demanda si les ennemis étoient bien entièrement défaits. Je luy dis qu'il en revenoit quelques-uns et sa conversation finit. Ça été asseurement la plus plaisante chose du monde que tout son séjour icy, qui a couté beaucoup d'argent à l'empereur et n'a pas été d'une grande utilité à son service.

                                (Copie. Arch. Vogüé.)

12. *Villars au marquis de Croissy.*

                Au camp de Baya[2], le 22 aoust 1687.

Comme je connois, Monseigneur, que vous n'estes pas fâché d'avoir une connoissance entière de ce qui se passe icy, j'ay crû qu'outre la relation que je vous ay envoyée de la bataille, vous en auriés une idée plus parfaite si je vous la desseinois. Je ne suis pas un habille homme à ce métier-là; mais, pour la situation du païs et la disposition des troupes, vous la verrés nettement dans ce papier[3], tout griffonné qu'il est; et, pour que vous connoissiés

---

1. Cette localité, que Villars écrit aussi Sutzwy, ne se trouve pas sur les cartes tant anciennes que modernes que j'ai pu consulter.
2. Il ne peut s'agir ici de la ville de Baja, située sur la rive gauche du Danube, au nord de Mohacz, mais de quelque localité obscure entre Mohacz et Darda : je ne l'ai pas trouvée sur les cartes.
3. La planche que nous donnons est la réduction aux 5/12 du dessin original de Villars conservé aux Archives des Affaires étrangères, mais relié par erreur dans le volume coté *Hongrie* 8.
Je transcris ici les renvois écrits de la main de Villars dans l'angle droit de la feuille :
1° Le camp impérial.

mieux tous nos mouvemens, il faut vous dire que le corps des ennemis marqué 6, dès que notre gauche marquée 4 fut montée sur la hauteur marquée 13, tout ce corps, avec une promptitude merveilleuse, gagna toutes les hauteurs derriere nous, presque jusqu'au pied de la montagne d'Erschans, et, si dans le mesme tems le corps des ennemis marqué 5 eut attaqué, l'arriere-garde étoit constamment battuë. Je puis vous dire sans nule vanité que dans ces momens-là je ne fus pas absolument inutile à Monsieur l'Électeur, et vous saurés encore, pour vous faire connoistre dans quel péril nous étions, que dans le tems que notre cavalerie filoit à trois cens pas de l'ennemi, nous n'avions point de seconde ligne, ce que les ennemis pouvoient voir distinctement. Ils ont eu intention d'ataquer l'arrière-garde, et pour cela ils se sont conduits par merveille jusqu'au moment de l'ataquer qu'ils ont perdu. Monsieur de Lorraine nous envoya la brigade de cavalerie de Picolominy, et avec cela et toute la cavalerie de notre gauche nous rechassâmes tout le corps qui avoit pris nos derrières et nous nous remimes en bataille, c'est-à-dire notre gauche comme en

2° Marche de l'armée vers Siclos resserrée par les bois vers le pied de la montagne d'Erschans.
3° Colonne des bagages.
4° Troupes en bataille en sortant du camp pour prendre leur marche.
5° Corps de cavallerie que l'ennemy avança dès le matin sur nostre ligne.
6° Grand corps de cavallerie qui enveloppa nostre gauche dès qu'elle eust quitté le bois et prit les hauteurs derrière toute l'arriergarde.
7° Retranchement commencé par l'ennemy.
8° Gros bois impraticable qui couvroit nos aisles.
9° Le vallon.
10° Playne de Siclos.
11° Petites hayes dont l'ennemy estoit le maistre et qui resseroit la marche.
12° Grosse haye où l'on ne pouvoit passer qu'en desfilant.
13° Hauteur qui regnoit despuis la montagne d'Erschans jusques au camp des ennemis.
14° Montagne d'Erschans.
15° Siclos.
16° Bois qui couvroit nostre aisle gauche.
17° Fuitte des ennemis vers leur camp.
18° Hauteur que le corps des ennemis marqué 6 avoit gagné derrière nostre arriergarde.
19° Canon des ennemis.

sortant du camp, car, pour la droite, elle étoit dans la plaine de Siclos et nous étoit absolument inutile. Ensuite, l'on poussa les ennemis devant soy et l'on marcha toujours à eux, sans les charger, jusques à l'endroit où étoit le corps des ennemis marqué 6. Après quoi tout alla de front à leur retranchement qu'ils abandonnèrent et s'enfuirent. Peut-estre que cette dernière explication vous instruira encore mieux de ce que j'ay déjà eu l'honneur de vous mander. L'on persiste dans le premier dessein d'aller en Transsilvanie.....

L'Électeur renvoie la plus grande partie de son équipage, et, je crois, s'en ira lui-mesme aussi bientôt. La plupart des volontaires sont partis ou partent. Leurs troupes n'ont assurément pas besoin de fatigue. L'on aura réponse dans deux ou trois jours de Vienne sur la bataille. Il y a des tems infinis que je n'ay reçu de vos lettres. Je sais qu'il s'en est perdu de celles que *Pestalozy* m'envoyoit et mesme des lettres de change, peut-estre sera-t-il arrivé de mesme à celles que j'ay l'honneur de vous écrire ; en tout cas, rendés-moy la justice de croire que j'ay été fort régulier.

Nous venons de passer le Danube. Son Altesse de Lorraine envoye les comtes de Taff et de Falkenam[1], colonel commissaire, pour régler avec les ministres de l'empereur la distribution des quartiers d'hiver.

13. *Villars au marquis de Croissy.*

Au camp de Darda[2], le 27 aoust 1687.

Nous continuons à descendre le Danube. Nous avons appris aujourd'hui dans la marche, par les lettres de Duneval, que les ennemis se sont tous retirés vers Belgrade et n'ont laissé dans Essek que cinq ou six cens hommes. Je ne sais si la facilité qu'on trouvera à passer le Danube au-dessous d'Essek ne nous donnera point envie d'aller jusqu'à la rivière de Save. L'on dit que tout le païs qui est entre la Drave et la Save est aussi ruiné que celui où nous sommes. Si cela est, il est bien inutile d'y aller, et aparament l'on continuera le premier dessein qui est d'aller vers la

---

1. Sans doute Falkenheim.
2. D'après la lettre précédente, il semble que la marche se fit sur la rive gauche du Danube : le camp n'était pas alors à Darda, mais en face de cette ville.

Transsilvanie. Ces jours doivent être précieux, présentement la mauvaise saison arrive et les chevaux ne sont pas en état de résister à huit jours de pluie, surtout dès que l'aveine manquera. Je ne reçois pas une de vos lettres. Il peut bien estre que les miennes ont le même sort. Mais j'écris très régulièrement. Le prince de Savoye n'est pas encore de retour de Vienne. L'on attend son arrivée avec impatience et les ordres qu'il apportera. Le courrier va partir et voilà tout ce que je puis vous dire aujourd'hui.

Selon les apparances, les Turcs n'étoient point assés abatus pour nous abandonner la Drave; peut estre que la terreur les mènera encore plus loin que nous ne nous l'imaginions. Ainsi, nous ne pouvons pas dire encore ce que nous ferons. Jusques icy, depuis la bataille, nous n'avons d'autre dessein que de marcher en Transsylvanie et mesme tout le monde opine encore à persévérer dans celui-là. Si cela est, l'Électeur s'en ira et le reste des volontaires, car plusieurs sont déjà partis, sinon il faut enterrer la sinagogue avec honneur. Ce qu'il y a de constant, c'est que nos chevaux peuvent bien encore aller, mais pour revenir il y a beaucoup d'aparence que l'on n'en ramènera guère. Les troupes qui hiverneront en ces pays-cy conserveront leurs équipages, mais ceux qui auront à regagner l'Allemagne, la plus grande partie assurément retournera à pied.

14. *Villars au marquis de Croissy.*

Au camp à hauteur d'Erdeudy[1], le 30 aoust 1687.

Je reçois dans ce moment une lettre que vous me faites l'honneur de m'écrire du 7 aoust. C'est la seconde depuis que je suis en campagne, et je vois que vous n'avés encore reçu des miennes que celles du 5 et 14 juillet. Il ne s'est point passé de semaine que je n'aye eu l'honneur de vous écrire pour le moins deux fois, et je fais tout de mon mieux pour que mes lètres soient en chemin le moins possible. Mais vous devés conter qu'il faut quelque tems pour les lire en chemin, et l'on prend assurément cette peine-là à Vienne.

Par ma dernière, je vous mandois que nous dessendions le

---

1. Aujourd'hui Erdöd, petite place sur la rive droite du Danube, un peu au-dessous du confluent de la Drave.

APPENDICE. 377

Danube, que cependant l'on avoit toujours envoyé un convoy de 1,000 chariots de farines à Ségédin pour que l'armée ne soufrit point dans la marche qu'on prétend faire en Transsylvanie, que les mesmes chariots devoient revenir charger encore des farines qu'on fait dessendre par des bateaux. Les nouvelles qui nous étoient arrivées que les ennemis fuyoient vers Belgrade et que je vous ay aussi mandées qu'Essek étoit comme abandonné, nous avoient donné quelque espérance de pouvoir passer le Danube au-dessous d'Essek et emporter cette place, mais nous avons trouvé en arrivant vers Erdeudy qu'il y avoit une garnison de Turcs de 600 hommes. Les païsans nous ont appris qu'il y avoit quatre bachas dans Essek et que l'armée ennemie étoit près de Valkowar; ainsi, selon les aparences, l'on ne songera point à passer le Danube, l'on attendra les chariots et ensuite l'on prendra la route de Ségedin. L'armée est un peu fatiguée; il ne seroit pas impossible aux Turcs de défendre la Transsilvanie ou au moins d'empescher d'y prendre des quartiers d'hiver. Ce païs-là est couvert de quatre de leurs places, qui sont : Waradin, Youlo, Lipa et Temisvar[1]. Ils peuvent garnir ces places autant qu'il leur plaira et sur la fin de septembre toutes sortes de sièges deviennent difficiles sans hasarder de batailles; métant leur infanterie dans ces villes et un corps de dix ou douze mille chevaux dans le plat païs, ils obligeroient assurément les troupes impériales à retourner ou en Haute-Hongrie, ou dans les pays héréditaires. Elles sont déjà un peu fatiguées et cela ne se peut pas autrement : voicy le 44e camp que fait la plus part des troupes. Je crois que dans fort peu de jours l'Électeur reprendra le chemin de Vienne.

L'on remarque demain vers Sobor[2] en remontant le Danube, et l'Électeur a quasi déclaré que dans trois ou quatre jours il reprendroit la route de Vienne.

15. *Villars au marquis de Croissy.*

Extrait. De Vienne, du 1er septembre 1687.

Jeudi dernier, l'ambassadeur de Venise receut par un exprès la nouvelle de la prise de Corinthe, du chasteau Tornese et de la

1. Les quatre places de Gross-Wardein, Gyula, Lippa et Temesvar sont à l'entrée des quatre vallées qui donnent accès dans les Karpathes, celles des deux Körös, du Maros et du Temes.
2. Zombor, sur la rive gauche du Danube.

grosse ville de Militra [1], avec ces circonstances que les Turcs ont abandonné tout le plat pays, et que le généralissime [2] a pris possession de tout le royaume et qu'il a trouvé dans Corinthe 158 pièces de canon, dans le chasteau Tornese 65, et dans Militra 48. On escrit de Siklos du 29e du passé que les Croates ont surpris Costanizza et y ont tué ou fait prisonnier 350 Turcs et délivré quelques esclaves chrétiens : que le grand vizir est campé à Péterwaradein et qu'il y a un grand démeslé entre lui et l'aga des janissaires, celui-cy ayant répondu à l'autre qu'il ne s'estoit sauvé par la fuite que pour le suivre et l'imiter : que le camp des Turcs est tout au plus de vingt-cinq mille hommes qu'on a tirés d'Essek et qu'ils campent à la belle estoile ; que le grand vizir a envoyé Tekeli en Haute-Hongrie avec cette ordre exprès de tascher de maintenir le prince de Transilvanie dans le devoir, sinon d'exciter contre lui quelque révolte, et qu'il a en mesme temps donné ordre d'évacuer toutes les petites places, et que, dans la crainte du siège de Temeswar, il en fait renforcer la garnison et l'a pourveue de toutes les choses nécessaires.

Les bachas d'Albe Royale et d'Erla ont demandé un secours de troupes, en lui témoignant que sans cela ils ne feront pas une bien longue résistence. Avant-hier, un husar du Palatin ariva de l'armée et dit que monsr le duc de Lorainne ayant passé le Danube avoit aussi emporté Essek, mais comme on n'en a nulle avis on n'y adjoute pas de foy. On atend icy monsr l'Électeur de Bavière, son bagage est desjà arrivé à Bude.

16. *Villars au roi.*

A [Vienne], le 14 septembre 1687.

Sire,

Cette cour est fort inquiete, et avec raison, de ce que feront les Transilvains ; car l'armée impérialle est aussi fort affaiblie, et à peine les hommes et les chevaux ont-ils la force de gagner l'hôtellerie et non pas de disputer les quartiers d'hiver et les prendre l'épée à la main. L'on dit que tous les peuples ont pris les armes ; ce sont des peuples agueris en aucune façon et ils s'attireront leur ruine, mais ils causeront celle des Allemands, si

1. Mistra, l'ancienne Sparte.
2. François Morosini, surnommé *Peloponnesiacus* à cause de ses brillantes campagnes de Morée, élu doge l'année suivante.

eux-mêmes n'ont de quartiers d'hiver que ceux qu'ils prendront, quand même ils se rendroient maitres des villes et de tout le pays qui est fort petit et où l'armée ne pourra subsister entière, si le prince et les États ne font pas eux-mêmes la départition des quartiers. D'autant qu'une ville qui entretiendra deux m[il] hommes pendant tout un hiver lorsque le magistrat ruine le peuple par ordre, ne les nourrit pas quinze jours quand les fouriers des régiments cantonnent. On dit que les Turcs leur ont envoyé des troupes. Par les dernières nouvelles qu'on a de l'armée ottomane, on prétend qu'il y avoit eu de grandes séditions; que le grand vizir et l'aga des janissaires avoient été obligez, pour échaper à la fureur de leurs soldats, de se jeter dans un batteau pour se sauver à Bellegrade; qu'ensuite beaucoup de trouppes s'estoient débandées et qu'enfin un bacha en avoit retenu dix ou douze mil hommes seulement ensemble.

Le fils du prince de Dietrichtein, envoyé par Duneval, vient de nous apprendre que les Turcs ont abandonné Esseck. Le général Duneval, dit-il, étoit à quatre ou cinq lieües d'Esseck, songeant seulement à Valpo, lorsqu'un paysan luy est venu dire que tout ce qu'il y avoit de Turcs à Esseck s'enfuyoit. On y a [envoyé] deux régiments qui ont trouvé la ville abandonnée, 52 pièces de canon, beaucoup de toutes sortes de munitions et quatre mines chargées ausquelles, même en se retirant, les ennemys n'avoient pas laissé de mèches allumées pour les faire sauter. Enfin la terreur est parmy ces gens-là à un point qu'elle les jettera peut-estre dans de plus grands désordres qu'on ne peut imaginer, et rien ne les peut sauver que le manque d'argent et l'impossibilité de trouver des hommes pour recruter les troupes de l'empereur en Hongrie.

(Copie. Arch. Vogüé.)

17. *Villars au roi.*

Vienne, 16 septembre 1687.

Sire,

Je ne scay si j'ay esté asses heureus pour que Vostre Majesté ayt esté satisfaitte du conte que j'ay eu l'honneur de luy rendre de tout ce qui s'est passé cette campagne, et si toutes mes lettres ont esté receues. Je savois qu'elles estoient ouvertes, et, comme il n'estoit pas du service de Vostre Majesté qu'on me regardat toujours comme un homme suspect, j'ay évité de mander de certaines choses qui pouvoit desplaire aus Allemans. Mais enfin, j'ay estudié autant qu'il m'a esté possible leurs manières de faire la guerre, le caractère de leurs généraus, le mérite des particulliers, la force de leurs troupes, et je crois que je pourray en rendre un bon compte à Vostre Majesté et qui ne seroit peut-être pas inutille, s'il arrivoit un jour qu'on eust la guerre avec eus.

Il est certain que celle des Turcs ne les a point instruits dans la guerre de campagne, et s'ils se gouvernoit contre les armées de Vostre Majesté comme ils font avec celles des ennemis auxquels ils ont présentement à faire, sans beaucoup hasarder il seroit aysé de les faire tomber dans de grands inconvéniens. Pour ce qui regarde les [chefs, ils sont insuffisants][1] et s'ils ne sont aydez de subalternes vigilans, appliquez et entreprenens, la lenteur et l'irrésolution, le peu de précautions dans les marches, les convois et les fourages, la négligence pour la subsistance et les munitions d'une armée les jettera dans de grands désordres; ils ne viennent pas tous de la faute des ministres de Vienne, les ordres estoient assez bien donnés cette campagne, et l'on n'a manqué de rien pour tous les pons qu'il a fallu faire sur la Drave et sur le Danube; leur artillerie de campagne est très belle et très bien servie, et c'est peut-estre ce qui a le plus contribué aus aventages qu'ils ont remportés pendant cette guerre sur les Turcs; ça esté un miracle que la victoire que nous avons remportée, et je n'ay peu comprendre encore que les mesmes troupes qui nous attaquoient tous les jours, qui en destail faisoient les plus belles actions et de la plus grande valeur, ayent esté saisies d'une si grande terreur au premier mouvement qu'on a fait pour marcher à eus. Les affaires des Turcs estoient dans le meilleur estat du monde, nous allions leur abandonner tout le païs dont on s'estoit rendu maistre sur la fin de la campagne passée, on leur laissoit la liberté de remettre des munitions et des hommes dans Canise, Siget et peut-estre Albe Royalle, et, si le grand vizir s'estoit contenté de nous prendre des fourrageurs, de tenir nostre cavallerie toujours à cheval, il ruinoit l'armée en quinze jours [2]; enfin l'ennemy trouvoit toutes sortes d'aventages sans rien hasarder quand il a esté tenté de se faire battre. Mr de Lorrayne évitoit le combat, et, quand il m'a fait l'honneur de m'en dire les raisons, il a conté

---

1. Lacune dans l'expédition originale.
2. L'infanterie, qui depuis deux mois n'a pas mangé un morceau de viande, commençoit même à manquer de pain. *Arch. Vogüé.*

pour la première que la paix estoit preste à se faire. Il est certain qu'elle se traite depuis le commencement de la campagne; l'on est persuadé que la mort de quelques-uns de ceus qui négocioient avec Caraffa, lesquels ont esté tués par les Hongrois, y a apporté du retardement[1]. La perte de la bataille déterminera les Turcs à donner ce qu'on leur demandera, et le peu de fruit que l'empereur tire de la victoire l'obligera à accepter.

J'ay trouvé que les ennemis de Mr de Lorrayne reprenoient courage. Ils étoient entièrement abbattus, et en partant pour l'armée il a fait icy tout ce qu'il a voulu : les premières dignités de la guerre, les plus gros gouvernemens ont esté donnés à ses créatures, qui en dernier lieu sont obligées à rompre ouvertement avec la maison de Bade; il n'a pas voulu donner au prince Louis le commandement de l'armée qui est demeurée sous les ordres de Duneval, que l'empereur destinoit en quelque sorte au premier. Aussi le prince Louis est party de l'armée sans prendre congé de M. de Lorrayne; il l'attaque sur toutes sortes de choses, cependant l'on est persuadé que ses raisons ne seront pas escoutées.

L'on veut oster la charge de président de guerre au prince Hermand et, pour luy faire consentir, on luy offre la place de Vindisgrætz à Ratisbonne, mais il n'y veut point entendre; il demande qu'on le dégrade s'il a manqué à son devoir. L'on trouve fort mauvais qu'on n'ayt point fait de siège, l'Électeur avoit proposé de faire celui d'Erla et me fit l'honneur de m'en consulter auparavant; je luy en fis voir les difficultés et deus jours après il me dit que Mr de Lorrayne luy avoit représenté que cela estoit impossible[2]. Le party d'aller en Transilvanie estoit assurément le meilleur, mais il falloit le prendre dabort, sans donner le temps a[u] Transilvain de mettre ordre à ses affaires et au Turc de respirer. Le premier a fait dire icy que si l'on se contentoit de contribu-

---

1. Il estoit question, à ce que j'ay ouy dire, de Canise et de Siget; les Turcs consentoient à donner Albe Royalle et Erla. *Arch. Vogüé.*

2. C'est le prince de Baden qui l'y porte, parce que, si l'Électeur part, comme on le croit, il faut qu'il s'en retourne avec luy ou qu'il demeure sous les ordres de Mr de Lorraine, à quoy il ne peut se résoudre. Il vient de me dire qu'on lui faisoit des difficultés et il est certain que l'intention de M. de Lorraine et l'envie de tous les généraux est de conserver les trouppes qui ont besoin de prendre les quartiers en Transilvanie, et je crois que la cour de Vienne sera du même sentiment et d'attendre, en pillant le pauvre Transilvain, la conclusion de la paix. *Arch. Vogüé.*

tions il feroit ses efforts pour y satisfaire, mais que si l'on vouloit l'accabler il tascheroit de se deffendre ; ainsi j'ay ouy dire qu'on se contenteroit de prendre Coula¹ ou Lippa et qu'en suitte on renverroit une partie de l'armée achever de ruiner la Haute-Hongrie et le reste dans les pays héréditaires.

Je reçois dans ce moment des lettres de l'armée du 9me septembre, les Turcs avoient recommencé à paroistre et à prendre des fourageurs. Le grand vizir estoit à Petervaradin avec le gros corps de ses troupes et Téquéli, disant qu'il vouloit secourir Erla. Il y avoit un corps à Valkovar pour soutenir Essek. L'on parle bien moins icy de paix qu'au commencement de la campagne, mais, comme je scay de science certaine qu'elle estoit résolue avant une bataille dont la victoire jusques icy ne rapporte aucun fruit, je ne scaurois douter qu'on ne persiste dans le dessein de finir une guerre qu'ils avouent eus-même ne pouvoir plus soutenir. L'on a de grands ménagemens pour l'Électeur ; Mr de Lorrayne n'a rien négligé pour luy éviter toutes sortes de sujets de plainte ; tout travaille à l'armée et icy à le fortifier dans les interest de l'empereur, les jeunes officiers généraus par l'espérance de voir renouveller une guerre si la pais du Turc se fait. Cependant il m'a affirmé qu'il estoit toujours dans les mesmes sentimens. Il a esté transporté des louenges que Me la dauphine luy mande que Vostre Majesté luy a données. Il m'a conté tout ce qu'elle lui mandoit avoir dit au comte de Lobcovitz ; enfin, quoyque tout le monde travaille à le conserver, il n'y a qu'une seule personne qu'on puisse craindre, c'est la comtesse de Kaunits, et, si elle revenoit à Munich, je n'oserois pas me flatter de tenir contre elle ; quoyque l'Électeur ayt d'autres inclinations, elle a conservé une autorité entière.

Le comte de Kaunitz est revenu depuis deux jours d'Angleterre, et l'on m'a affirmé qu'on le renvoyoit à Munich ; pour sa femme, je ne crois pas que l'empereur consente qu'elle y aille si tost, l'Électeur luy-mesme ne s'y attend pas ; il médite toujours un voyage hors de ses Estats cet hivert. Il parle présentement plus de Venise, ce n'est pas qu'il ne préférat céluy de France, mais l'on ne parle point de cela dans ces lieus-cy ; du reste l'Électeur fait plus tost qu'il ne délibere. Je crois devoir dire à Vostre Majesté qu'il y a une prodigieuse quantité de François dans ces armées, presque tous leurs grenadiers le sont, et il est certain que

---

1. Gyula ; ailleurs, Villars écrit Youlo.

dans toutes les attaques et à la teste de toutes les escarmouches, l'on ne voit que François[1]; les volontaires se sont assurément distingués des autres nations, et l'on doit rendre comte à Votre Majesté de tout ce que messieurs de Créquy, de Louvois, de Roye et du Héron[2] ont marqué de bonne volonté. J'ai creu, sire, ne pouvoir rien faire de plus agréable pour Vostre Majesté, que de tascher d'obliger le fils du comte de Roye, qui est icy, à suivre l'exemple de ses frères; je ne suis pas casuiste, mais je l'ay un peu ébranlé, et il est tombé d'accord que nous tascherions d'approfondir à Vienne ce qui luy fait de la peyne; j'auray sur cela une extrême application.

Le comte Bielk arrive icy dans cinq ou six jours, je sauray plus positivement quel succès il se promet des propositions qu'il a déjà faite à son maistre, et, si Vostre Majesté trouve qu'il y ait quelque reflection à faire sur cela, il ne me sera pas difficile, sans donner aucun soubçon à la cour de l'Electeur, de faire des voyages de trois semaines et de bien cacher ma marche. Enfin je supplie très humblement Vostre Majesté d'estre persuadée qu'en tout ce qui regardera son service mon application suppléera au peu de capacité.

J'ay si peu mérité de Vostre Majesté que je suis honteus de luy demander des grâces, mais le zéle ardent que j'ay pour son service et l'envie que j'ay d'y sacrifier ma vie me donne quelque confience, et je ne souhaitte rien tant au monde que de pouvoir me rendre digne de la servir dans tous les employs dont elle voudra bien m'honorer. Je supplie donc très humblement Vostre Majesté de vouloir bien se ressouvenir que mon père a passé sa vie entière à son service; pour moi, Sire, je n'oserois conter les miens, cependant il y a dix et sept ans que je sers, et j'ay esté assés heureus pour que Vostre Majesté ayt paru contente de ma bonne volonté, je la supplie de vouloir bien nous tirer de la misère; la lieutenance de Guienne est vacante, ce seroit une trop grande grâce que de la prétendre toute entière, mais, si Vostre

---

1. C'est tout ce qu'il y a eu de vif dans ces guerres-cy, que les escarmouches; car, pour la bataille, comme j'ay déjà eu l'honneur de le mander à Votre Majesté, après beaucoup de mouvements fort lens qui nous auroient perdu sy l'on eust eû affaire à des gens qui eussent sceu profiter de nos irrésolutions, les ennemis, sans nous attendre, ont plié, et on a couru après. *Arch. Vogüé.*

2. Du Marton et beaucoup d'autres dont les noms ne sont peut-estre pas connus de Votre Majesté. *Arch. Vogüé.*

Majesté vouloit bien en ordonner quelque récompense conforme au peu de bien qui nous reste, le revenu que nous en tirerions donneroit au moins à mon père et à moy le moyen de pouvoir subsister dans les employs dont elle voudra bien nous honorer, et, sans quelques secours de Vostre Majesté, il est certain que je ne sçais où donner de la teste. Je conjure Vostre Majesté de vouloir bien me les accorder, et je la supplie très humblement d'estre persuadée qu'elle ne peut faire de bien à personne qui ayt un plus ardent désir de la bien servir jusques au dernier moment de sa vie.

18. *Villars au marquis de Croissy.*

A Vienne, le 16 septembre 1687.

Monseigneur,

J'ay retrouvé icy des lettres que j'avois l'honneur de vous escrire par Mr de Carpegne, et que je donne à un courrier du prince Louis de Bade qui va à Paris, je les mets dans un paquet pour mon pere qui aura l'honneur de vous les rendre. Je rens conte au roy de beaucoup de choses, vous verrés aussi la supplication que je prens la liberté de faire à Sa Majesté ; je suis bien persuadé, Monseigneur, qu'il ne tiendra pas à vous qu'elle n'ayt un heureus succés, mais je crains mon estoille, peut-estre me seroit-elle moins cruelle dans d'autres climats ; je ne l'essayeray point, mais je puis vous dire avec vérité, Monseigneur, que l'on me regarde icy avec quelque sorte d'attention et d'estime ; l'empereur a eu la bonté de me faire mander à l'armée et encore icy par M.^r le comte de Stratman, son grand chancellier, qu'il me tenoit conte de la maniere dont je m'estois comporté et des services que j'avois rendus dans ceste dernière bataille, et quoyque volontaire on n'a pas laissé de trouver que je n'avois pas esté absolument inutile.

Vous verrés, Monseigneur, par la lettre que j'ay l'honneur d'escrire au roy, que toutes ces honestetés ne diminuent rien de l'attention continuelle que j'ay à tout ce qui peut estre utile à son service, et je feray si bien, soit auprès de l'Électeur, soit ailleurs, que mes soins ne seront pas infructueus ; mais je vous avoue, Monseigneur, et j'ay pris la liberté de vous parler plus d'une fois non point comme à un ministre, mais comme au plus honeste homme du monde et à qui j'ay de l'obligation, que la crainte d'une misère continuelle et d'une vie obscure me fait peur, et il

APPENDICE.   385

vaut assurément mieux me rappeler que me laisser avec l'abbatement qu'elle me donne, j'auray les mesmes intentions, mais je ne saurois avoir le même feu ; ma fidélité est à l'épreuve des mespris et mesme des mauvais traitemens, mais non pas l'ardeur qu'il faut pour bien servir. Ce qui ne me manquera jamais, Monseigneur, c'est un attachement très sincère pour tous vos intérets et le profond respect avec lequel je seray toute ma vie, etc.

19. *Villars au marquis de Croissy.*

Extrait.   A Vienne, le 25 septembre 1687.

Il est arrivé des lettres de Mr de Lorraine, du 18, de Ségédin, que l'armée avoit beaucoup souffert dans la marche ; que les Turcs étoient toujours à Peters-Varadin ; qu'ils avoient fortifié la teste du pont en-deça ; que leurs troupes diminuoient considérablement par la désertion ; Duneval s'étoit rendu maître d'un château nommé Ponchin, sur les frontières de Croatie, où le général Souches avoit été dangereusement blessé et son lieutenant-colonel aussy. Voilà, Monseigneur, tout ce que l'on sait de l'armée. C'est une chose terrible que la quantité de cadavres et de morts dont sont couverts les chemins.

M. de Souvré, qui avoit voulu s'embarquer à Baya, a esté arresté sur le Danube par les vents contraires ; les provisions lui ont manqué et tous ses gens ont pensé crever ; plusieurs sont morts. Luy est enfin arrivé à Comorre ; beaucoup de gens qui se sont bien portés toute la campagne tombent malades icy. C'est un vrai poison que l'air et tout ce que l'on boit en Hongrie. Il y a mesme de certaines rivières, comme le Tibisc, dont le poisson fait mourir presque tout ce qui en mange. J'attends toujours vos ordres avec impatience et suis, etc.

20. *Villars au marquis de Croissy.*

A Vienne, le 6 octobre 1687.

.... J'ai l'honneur de vous remercier, Monseigneur, de la gratification dont le Roy m'honore[1]. Je sais ce que je vous en dois

1. Par lettre du 11 septembre, le roi avait accordé à Villars une gratification de 6,000 livres.

de reconnoissance, je vous assure, Monseigneur, que je suis bien incapable de l'oublier. Je regarde comme un des plus grands bonheurs de ma vie de pouvoir rendre quelques services à Sa Majesté. Mais je ne puis m'empescher de vous dire, Monseigneur, que l'exemple de la pernicieuse fortune de mon père m'étonne et me trouble à un point, que si je ne me vois point assuré de quelque grace du roi présentement, j'avoue, Monseigneur, que je ne saurois avoir l'esprit assés libre pour bien servir; car estre toujours agité de la crainte de me trouver plus gueux en revenant, après trois ou quatre ans peut-estre, en France, que quand j'en suis parti, je ne saurois m'aprivoiser à cette imagination. J'ay trente-cinq ans; j'ay bien servy dans les armées, et de tout ce qui sert de mesme tems que moi, il n'y a quasi personne qui n'ait des pensions, et je vois de mes cadets avec de gros gouvernemens. Il est juste et il est tems que je voye quelque commencement à ma fortune ou que j'y renonce pour n'en estre pas la dupe toute ma vie. J'espère, Monseigneur, que vous trouverés quelque raison dans ce que j'ay l'honneur de vous dire. Vous trouverés toujours dans ma conduite toute la reconnoissance et tout le respect que je vous dois.

21. *Villars au marquis de Croissy.*

A Vienne, le 12 octobre 1687.

Jusques icy je vous ai toujours parlé de l'apparence que je voyois à une paix prochaine, je vous ai mandé toutes les raisons qui me la faisoient croire, mais depuis l'abandonnement d'Essek, qui étoit le poste du monde le plus important pour les Turcs et pour la défense duquel il falloit tout sacrifier, leur terreur extrême dont on peut attendre de plus grandes fautes, redonne de nouvelles espérances aux ministres de l'Empereur, et quoyque l'armée soit ruinée, que l'on trouve des difficultéz presque insurmontables en Transylvanie et qu'on commence à être persuadé que le seul fruit qu'on puisse retirer de la marche qu'on a faite dans ces pays-là est d'en tirer un peu plus d'argent que l'année passée, quoique tout le monde soit fort las d'une guerre aussy ruineuse, cependant, l'espérance de pouvoir prendre Bellegrade au commencement de la campagne et de se faire ensuite une frontière de la Sawe et d'une chaine de montagne qui va de cette rivière jusqu'au golfe de Venise, de donner la main par là aux conquêtes de la république et ensuite d'en demeurer là; ce dessein, qui assurément est grand, l'emportera sur toutes les oppositions de plusieurs du conseil à la continuation de la guerre, et il me semble que pour l'exécuter et le faire seurement, ce qui sera facile en entrant en campagne avant que les trouppes d'Asie puissent être arrivées, l'on songe déjà à traitter pour avoir des troupes de Brandebourg, de Zell et de Saxe; celles des cercles de Suabe et de Franconie qui sont venus fort tard cette année et qui, par conséquent, ont peu souffert, demeurent en Hongrie. La cavalerie de Bavière, qui est en assez bon état aussy, y doit hyverner, et il se trouvera encore quelques régiments de l'Empereur en état de servir. Enfin je vois de très grandes apparences de réussir dans ce projet-là, qui rend l'Empereur maître d'un très vaste pays; cependant il y a quelques villes, celles des Turcs, qui tomberont infailliblement par ne pouvoir plus tirer de secours, et seront non moins ruinées que celles qu'on a prises par les sièges; tous ces malheurs arrivent aux ennemys par la faute d'abandonner Essek qu'on songeoit en [aucune] façon du monde à attaquer. Le même corps qui l'a abandonné a été renvoyé pour s'en saisir trois heures après que les trouppes de l'Empereur y étoient entrées. Enfin ce sont des gens à qui la teste tourne et qui ne peuvent plus se sauver que par le manque d'argent et d'hommes pour soutenir les armées imperiales, et par achever de faire des déserts de tous les pays qu'on leur prend.

L'Électeur a enfin obtenu qu'on fît le comte de Kaunits conseiller d'État; ça été un excès de faveur pour lui, son aage ni ses derniers services ne pouvoient pas le mettre dans ce poste-là. Mais ceux de la comtesse l'ont bien mérité. Les dames qui raisonnent icy sont persuadées que présentement cet homme qui, à trente ans, se voit conseiller d'Estat et assuré de la Toison d'or, ne peut plus rien attendre ni mesme souhaiter de l'Empereur et de l'Électeur, ayant 40,000 écus de rente en Bohême, n'aura plus la mesme complaisance pour sa femme, et, pour moi, j'en crois quelque chose, et par les discours qu'il m'a tenus, je vois bien qu'il ne songe plus à aller en Bavière. La comtesse n'est point touchée de l'excez d'honneur que vient de recevoir son mary, et depuis quelques jours elle est dans une tristesse mortelle; l'Électeur m'a voulu persuader qu'il n'en est pas si amoureux qu'on suppose et il veut absolument que je croye qu'elle ne le gouverne pas. Il y a quelques jours qu'un homme, lui parlant du voyage de Venise, lui demanda : « La comtesse ne vient-elle pas à Munick et à Venise? — Non, dit-il, je ne sçaurois accommoder Villars et tout cela. » Ce discours-là m'est revenu; je ne suis point assez sot pour croire qu'il me préférast à sa maîtresse, mais c'est pourtant quelque chose qu'il ait parlé ainsy. Il veut toujours compter que je demeureray à sa cour....... C'est le séjour du monde que je craindrois le plus, si elle continuoit à être autrichienne.....

Le départ de l'Électeur est arrêté pour le 17 et celui de la cour de Vienne pour Presbourg au 22ᵉ...

II.

MARIAGE DE LA PRINCESSE YOLANDE [1]-BÉATRIX DE BAVIÈRE AVEC LE PRINCE FERDINAND DE TOSCANE.

Voyez ci-dessus page 92. Les originaux des lettres dont sont tirés les extraits suivants sont tous conservés aux archives du ministère des Affaires étrangères dans le volume coté *Bavière* 40, à l'exception de la lettre du 29 avril qui n'existe qu'en copie dans le registre des minutes de Villars, en ma possession, des années 1687-1688.

1. *Villars au roi.*

Extrait. A Munich, 18 février 1688.

..... J'ai appris par le sieur Scarlati qu'on lui mandoit de Florence que l'Électeur palatin faisoit tous ses efforts pour détourner le Grand Duc du dessein de marier le prince son fils à la princesse de Bavière, songeant à lui donner une de ses filles dont il vantoit l'éducation, l'esprit de ménage et de retraite dans lequel elle estoit élevée, et lui faisoit enfin une dot considérable de toutes les dépenses qu'elle ne feroit pas, et persuadant que la princesse de Bavière a des inclinations toutes diférentes. J'ay parlé sur-le-champ à l'Électeur pour sçavoir s'il estoit informé de ce que l'on m'avoit appris sur cela; et ce prince m'a dit qu'il attendoit les envoyés de Florence au premier jour, et qu'on lui mandoit de Venise qu'on attendoit seulement de sçavoir si son voyage étoit certain pour que lesdits envoyés le vinssent trouver là ou icy.

2. *Villars au roi.*

Extrait. A Munich, le 6 mars 1688.

..... Ce prince (l'Électeur) receut, il y a quelques jours, une lettre du comte de Kaunitz, jointe à une du chancelier de la cour

---

1. Les auteurs allemands écrivent *Violante*.

à Vienne, lesquels, pour rompre le mariage de Florence, écrivent de la part de l'Empereur que, si l'Électeur n'estoit si pressé de marier la princesse sa sœur, il lui promet le Roi de Hongrie dès que ce prince sera en estat d'estre marié.

J'ai fait veoir à l'Électeur la fausseté d'une telle proposition, puisque l'on ne s'avise de la faire que pour rompre un mariage avantageux à sa sœur, dans le temps qu'il est prest à se conclure ; qu'il lui étoit aisé de voir qu'à l'exemple de l'Électrice, qui a esté traittée longtemps comme Reyne d'Espagne, combien il est aisé de se dédire de ces sortes d'engagemens, et qu'enfin, quand le roi de Hongrie seroit en aage de se marier, il se trouveroit quelque princesse palatine, sœur de l'Impératrice, qui seroit préférée à sa sœur. Enfin, il a fait réponse au comte de Kaunitz et lui a mandé que les affaires étoient trop avancées avec Florence pour qu'il pût présentement s'en dédire ; qu'il recevoit avec respect une telle proposition, mais qu'il luy sembloit qu'elle étoit faitte un peu tard et que, si l'on avoit eu des intentions sincères, on s'en seroit expliqué plus tost.

3. *Villars au roi.*

Extrait.   A Münich, le 17 mars 1688.

..... J'ai si bien fait que l'on a envoyé un courrier au comte de Kaunits pour le prier de ne point partir de Vienne dans l'assurance que son voyage seroit inutile. Cependant l'Empereur a toujours mandé au grand-duc de Florence comme ne doutant pas que l'Électeur n'acceptât toutes les propositions qu'il fait pour le mariage de sa sœur, qu'il prie ce prince de vouloir bien ne pas troubler cette alliance, et accepter à la place de la princesse de Bavière une princesse de Neubourg. L'Électeur a dépesché dans le même temps aux envoyés de Florence qui doivent estre déjà partis de Venise pour les prier de continuer leur voyage et les asseurer qu'il est toujours dans les mêmes desseins de conclure avec le Grand Duc. Le comte de Kaunitz mande à l'Électeur qu'il vient aussy pour luy faire des propositions qui lui marqueront bien l'amour paternel de l'Empereur, et qu'il espère que, moyennant l'asseurance de faire couronner sa sœur sur-le-champ reyne d'Hongrie, il voudra bien qu'elle puisse aussy estre couronnée Reyne des Romains.

L'Électeur a mandé au comte de Kaunits qu'il estoit fort étonné d'une telle proposition..., à laquelle il ne donneroit jamais son consentement, et que, comme il l'aimoit toujours assez pour ne pas l'obliger à des peines infructueuses, il le prioit de ne prendre celle de venir à Münich présentement. Cependant je crois qu'il ne laissera pas de passer outre, d'autant plus que l'Empereur n'a plus de ministre icy, le comte de Toun ne voulant plus y revenir de quelque manière que ce soit.

4. *Villars au roi.*

Extrait.   A Munich, le 24 mars 1688.

Comme j'avois lieu de croire que l'Empereur fairoit mander aux envoyés de Florence que l'Électeur avoit des desseins pour le Roi de Hongrie et pourroit même leur envoyer la première réponse dudit Électeur à la première proposition, laquelle il avoit faite sans ma participation et qui estoit même toute propre à obliger lesdits envoyés à attendre de nouveaux ordres de leur maistre avant que de passer outre, j'ay obligé l'Électeur à leur dépescher aussy, et enfin ils sont arrivés icy d'hier..... La princesse de Bavière, qui a assez bon esprit pour connoitre que le plus grand malheur qui luy pourroit arriver estoit d'estre destinée pendant huit ou neuf ans à un mariage qui se seroit infailliblement rompu, m'a fait de grands remerciements sur les services que je luy ay rendus dans celuy-cy et je crois, Sire, pouvoir me flatter d'y avoir beaucoup contribué.

5. *Villars au roi.*

Munich, 28 avril 1688.

J'ay eu l'honneur de mander à Votre Majesté par le dernier ordinaire, que j'espérois de lui aprendre aujourd'hui la conclusion du mariage de Madame la Princesse de Bavière. Les ministres de Florence ont mandé la mesme chose au Grand Duc, mais ceux de Baviere, qui sont chargéz de travailler à terminer cette affaire, n'ont pas envie et ne sont pas accoustumés à les finir si promptement.

Les uns donc avec de mauvaises intentions, c'est-à-dire de différer ce qu'ils ne peuvent rompre, les autres par un faux zèle pour leur maistre ont tous dit à l'Électeur qu'il n'y a qu'à ne se point presser et que les envoyés de Florence accorderoient tout. Ainsy l'Électeur a persisté jusques à aujourd'hui à demander quarante mille écus de douaire en cas de mort du prince, et la rente de la dot et contre dot de la princesse sur le pied de cinq pour cens. Votre Majesté est persuadée, par ce qu'il me paroît dans la lettre dont elle m'honore du 15 de ce mois, qu'il n'est pas possible que dans les ordres et instructions des envoyés de Florence, on ait oublié de leur donner des pouvoirs sur le douaire; cela est surprenant, mais cela avoit pourtant été oublié, et mesme le courrier qui est arrivé a porté ordre positif aux envoyés de convenir de tous les articles, mais que, si l'Électeur persistoit à vouloir ces quarante mille écus, de n'en convenir point ny disconvenir, mais renvoyer le courrier pour recevoir de nouveaux ordres du Grand Duc. Ces longueurs-là m'ont étonné et j'ay imaginé tout ce qui pouvoit les empescher; après avoir donc conféré toute la journée d'hier avec le sieur Finetty et le père Benfaty, je viens de parler à l'Électeur et je lui ay représenté tout ce que j'ai cru plus propre à le porter à conclure, sans attendre de nouveaux éclaircissemens de Florence, et je suis tombé d'accord avec les envoyés de cet expédient, qui est de convenir de tous les autres articles qui sont déjà réglés, et pour celui du douaire, de laisser en blanc, que sous le bon plaisir du Grand Duc (qui aura liberté d'accepter ou refuser ladicte proposition), on est convenu d'accorder vingt mille écus de rente de douaire. L'Électeur m'a dit qu'il verroit d'accorder cela ainsy, et qu'il alloit donner ses ordres à ses ministres. . . . . . .

Les envoyés de Florence rendront bon témoignage de la manière dont je mène cette affaire icy, que j'ay toujours regardée comme très capitale pour les intérêts de Votre Majesté. J'ay affaire à gens mal intentionnéz ou si grossièrement soupçonneux, qu'on ne finit point avec eux. Monsieur le marquis de Croissy, dont ils ont épuisé la patience avec le mariage de Madame la Dauphine, voudra bien me faire quelque mérite auprez de Vostre Majesté, si, comme je l'espère, nous finissons promptement. Il y a ici des fripons qui me font beaucoup de peine. Je traitte directement de l'Électeur à moi; tout ce qui s'en mesle, d'ailleurs, ne cherche qu'à prolonger... Une autre chose me fait encore quelque peine, ce sont les deux ministres de Florence, qui sont, s'il me semble, un peu plus occupés de ce qu'il reviendra à l'un ou à l'autre de blâme ou de reconnoissance du bon ou mauvais succès de l'affaire, qu'il ne faudroit. Enfin, Sire, pour un novice en négociation, celle-cy est assez difficile, et je ne puis compter uniquement du commencement à la fin de pouvoir m'en bien tirer que par la privance et la familiarité, et, si je l'ose dire, par une espèce de faveur du Prince, lequel, me confiant présentement plus qu'à personne ses secrets les plus sensibles, me donne toutes facilitéz que je puis désirer de l'entretenir de tout...

Je viens encore d'entretenir l'Électeur sur le mariage. Il a fait appeller tous les commissaires que j'avois entretenus auparavant. Ces mesmes commissaires m'ont tous dit : « Soyez en repos, nous ajusterons demain les affaires comme vous le désirez. » Tout cela ne vas qu'à éviter les longueurs que beaucoup de gens y veulent aporter.

J'espère donc, Sire, que nous les finirons demain. J'ay fait tout ce que j'ay pu pour pouvoir mander l'affaire faite à Vostre Majesté aujourd'hui. Je la crois comme faite, mais je n'assure rien, quand il y a la moindre peur. Je puis dire à Votre Majesté que les envoyés de Florence sont arrivés icy ayant pour toutes instructions : le sieur Finetty de se tenir à Inspruck secrètement et envoyer icy le Religieux, de voir la disposition de l'Électeur et de la mander à Florence. Ils se sont rendus ici par les lettres que l'Électeur leur a fait écrire. Ils ont pris caractère par l'ordre mesme de ce prince, et, à l'heure qu'il est, leurs instructions sur le douaire ne sont pas positives. J'ay pris sur moy de les faire engager, comme j'ay eu l'honneur de le mander à Votre Majesté, malgré toutes leurs prudentes réflexions.

6. *Villars au grand duc de Toscane.*

A Munich, le 29 avril 1688.

Monseigneur, la satisfaction que V. A. S. a la bonté de montrer de ma conduite m'est si sensible et si glorieuse, que je ne puis assez lui en tesmoigner ma très humble et très respectueuse reconnoissance. J'étois déjà trop récompensé par l'honneur de la servir dans les propositions du mariage de Mgr le prince Ferdinand, et j'y trouve de nouveaux engagements par l'approbation qu'elle veut bien donner de mon zèle pour son auguste maison. Elle apprendra par ses ministres l'heureux acheminement de toute cette affaire malgré d'assez grandes difficultés, les manières pesantes et soubçonneuses des ministres bavarois, les mauvaises intentions de quelques-uns, les grandes propositions en faveur du Roy de Hongrie; tous ces obstacles ne pouvoient estre surmontés en si peu de temps que par la prudence, vivacité, fermeté et pénétration de MM. Finetty et du R. P. Maëstro, ses ministres. Tout nous a été contraire, et quoique les choses soient en cet état à ne pouvoir rien craindre, je prendray pourtant la liberté de représenter à V. A. S. qu'il est très à propos d'éviter tous les retardements. Je suis assez persuadé que M^r l'Électeur ne sçauroit estre ébranlé dans ses résolutions, que sa parole est solide et qu'il est enfin incapable de pouvoir manquer à de si grands engagements. Cependant, Monseigneur, le séjour de Vienne au milieu des dames, les plaisirs d'une jeunesse qui l'environne, [l'influence] de ministres qui ne luy fourniroient que trop d'expédients de se dégager, me fait croire que non-seulement il est très à propos de terminer tout ce qui regarde les formalités, mais même de faire partir Madame la Princesse sans attendre le retour de l'Électeur de la campagne.

J'espère que V. A. S. pardonnera la liberté que je prends et [l'attribuera] au zèle et à la forte envie que j'ay de voir réussir immanquablement un mariage qu'elle souhaitte, et je supplie V. A. S. de croire, etc., etc.

(Copie. Arch. Vogüé.)

7. *Villars au roi.*

A Munich, le 1er mai 1688.

Nous sommes enfin convenus de tous les articles, et, grâces à Dieu, l'expédient que j'ay approuvé a fait cesser touttes les longueurs que l'on vouloit apporter, et a obligé l'Électeur d'ordonner à ses ministres de conclure. Voicy donc les principaux points : Deux cens mille écus de dot que le Grand Duc prend sur ses vieilles dettes à la maison de Bavière, cent mille écus de contre dot et trente mille écus de rente de douaire.

Ce dernier article, les envoyés n'ont pas eu pouvoir de l'accorder entièrement; mais comme ils sont persuadés que le Grand Duc y consentira, et qu'ils doivent estre informez des intentions de leur maistre, je ne vois plus aucune difficulté. Nous avons depesché un courrier à Florence pour avoir le consentement du Grand Duc sur ce dernier point et les ratifications sur tout le reste. C'est un miracle qu'en si peu de temps on ait pu finir avec des ministres presque tous contraires.

Les envoyés de Florence ont mandé à leur maistre que, sans moy, non-seulement l'affaire ne se seroit peut-estre pas agitée, et moins encore terminée. J'ay cru aussy devoir écrire à M^r le Grand Duc, premièrement pour le remercier des honnestetés qu'il a chargé ses ministres de me faire, mais ce qui m'y a obligé, c'est que, dans les dernières lettres qu'ils ont reçu de lui, ce prince paroît désirer que la princesse ne sorte de Munich qu'après le retour de la campagne, et je luy ay fait voir combien il est à propos qu'elle n'attende pas ce tems-là, et qu'au moins l'Électeur laisse ses ordres icy en allant à Vienne, pour que la princesse sa sœur puisse partir quand Monsieur le Grand Duc le jugera à propos. Voilà, Dieu mercy, sire, une grande affaire terminée et bien capitale pour la suite puisque le mariage du Roy de Hongrie attachoit pour jamais l'Électeur à la maison d'Austriche, et que ce refus fait quasi tout le contraire.

8. *Villars au roi.*

A Munich, le 12 mai 1688.

Le courrier de Florence vient d'arriver et n'a point apporté tous les consentemens que les ministres de Monsieur le Grand Duc avoient fait espérer. Cependant, Sire, j'espère que nous passerons par-dessus ces difficultés.

J'en aurois pu mesme mander des nouvelles plustost à Vostre Majesté sans que l'Électeur donne aujourd'hui une grande feste dans ses tentes, et qu'il a prié les envoyés de Florence de remettre à demain. La difficulté est que les ministres de l'Électeur prétendent que les trente mille écus de rente du douaire se payent hors de Florence, en cas que la princesse étant veve voulût en sortir. Et le Grand Duc veut bien payer quarante mille écus au lieu de trente dans ses États; et en cas que la princesse en voulût sortir, que le Pape qui occupera pour lors le Saint Siège décidera de ce qu'on lui devra donner. L'Électeur a dessein de finir et vient de me dire en passant qu'il verra à accomoder tout cela et consent mesme à faire partir la princesse sa sœur quand le Grand Duc le désirera.

9. *Villars au roi.*

Extrait. A Munich, 19 may 1688.

.... J'ay parlé si fortement à l'Électeur et à ses premiers ministres, qu'enfin ce prince leur a ordonné de finir et d'accorder que cela se remette au jugement du Pape; que, si pourtant le Saint Père n'en vouloit prendre aucune connoissance, la Princesse auroit toujours les trente mille écus, ou que, si l'on vouloit régler dès à présent quelque chose, en ce cas-là l'on se contenteroit de vingt-quatre mille écus. Outre cela, Monsieur l'Électeur, pour ne pas perdre de temps, a ordonné de dresser incessamment les articles, et présentement on les doit signer; on laisse seulement en blanc ce dernier article. Mais il n'i a pas d'aparence que M. le Grand Duc, à moins qu'il ne voulût se servir du plus léger prétexte du monde, ne ratifie sur-le-champ. Enfin, Sire, ce qui fait la difficulté est un cas douteux en quatre ou cinq manières différentes. La princesse peut n'estre point veuve, elle peut l'estre ayant des enfants, auquel cas elle aimeroit mieux estre régente à Florence que d'estre inutile icy. Elle peut encore, étant veuve sans enfans, préférer le séjour de la Toscane à celui de la Bavière, et il n'y a pas mesme lieu d'en douter; elle-mesme en assûre dès à cette heure; et au cas qu'elle veuille revenir, on s'en remet au jugement du Saint Siège, comme le Grand Duc l'a désiré. L'on met seulement cet article en blanc, qu'au cas que le Pape ne voulût point s'en mêler, la princesse auroit trente milles écus ou qu'on en règle vingt-quatre milles dès à cette heure. Le Grand Duc, consentant d'en payer quarente dans ses États, ne se doit jamais plaindre si, au lieu de quarente chés lui, il en paye vingt-quatre ailleurs.

J'explique tout cela à Votre Majesté pour lui faire voir manifestement qu'il n'y a plus la moindre dificulté de ces côtés, et que s'il en arrivoit, ce que je ne crois pas, ce ne seroit que du côté de Florence, dont les envoyés ne paraissent avoir aucune crainte. Le premier envoyé a beaucoup de flegme, mais le moine est un bon homme et fort expéditif. Les ministres de l'Électeur se sont plains à lui de mon impétuosité sur cette affaire. Je réponds à Votre Majesté qu'elle étoit très nécessaire. Monsieur l'Électeur a toujours eu bonne intention, mais je sçavois qu'on le pressoit du costé de Vienne de ne rien conclure encore, or je jugeois du péril dans le retardement après des lettres très fortes de ce prince au prétendu mary de Mademoiselle de Welem..... Je finis la lettre que j'ay l'honneur d'écrire à Votre Majesté pour lui dire que je ne puis pas douter que le mariage ne se fasse; mais assurément les ministres de Bavière et ceux de Florence aussy me feront perdre le peu d'esprit que Dieu m'a donné. Ce matin je les ay laissé convenus de signer présentement sur une dificulté que fait l'envoyé de Florence à l'égard de quelques termes qu'il veut faire changer dans les articles: il faut rassembler le conseil; il est certain que les ministres de Bavière font tout ce qu'ils peuvent pour éloigner, et ceux de Florence ne font pas tout ce qu'ils peuvent pour avancer; ainsy celuy qui veut empescher la perte du temps n'a pas peu d'affaires. Je crois pourtant, Sire, en venir à bout...

10. *Villars au roi.*

Extrait.   A Munich, le 9 juin 1688.

.... Le courrier de Florence est arrivé et a apporté les ratifications du Grand Duc et du Prince sur l'article qui avoit été laissé en blanc. Le Grand Duc consent qu'au cas que le Pape ne voulût point décider de la dot de la princesse, on lui donnera trente miles écus hors des États.

La ratification du Prince est dans les formes, mais dans celle du Grand Duc on ne s'est point conformé au projet dont on étoit convenu icy, qui étoit de métre pour éviter les disputes de la préférence : « Inter serenissimos contraentes; » au lieu de cela, le Grand Duc s'est nommé le premier. Les envoyés assurent qu'on remédiera à cela et que c'est une faute d'inadvertance. Ils ont même voulu en faire une promesse par écrit, mais comme messieurs les ministres de Bavière ne sont pas bien faciles, il a falu renvoyer le courrier, lequel est reparty sur-le-champ et sera icy dans six jours. Du reste les envoyés ont donné part du consentement de leur maistre à tous les articles qui ont été signés, par des audiances qu'ils ont prise de toute cette cour. Le Grand Duc m'a honoré encore d'une lettre par laquelle il reconnoît devoir la conclusion d'un mariage dont il paraissoit très satisfait au seul désir que Vostre Majesté a eu de voir terminer cette affaire.

Au bas d'une lettre, adressée le 19 juin par Villars à Mr de Croissy, on lit ces mots de la main de Villars :

« L'on ratifie dans ce moment le contrat de mariage de la princesse. »

III.

NÉGOCIATIONS DE L'ÉLECTEUR DE BAVIÈRE AVEC LE ROI ET L'EMPEREUR. 1687-1689.

Le texte des *Mémoires* (voy. ci-dessus pp. 88-91, 93-108) nous décrit les efforts de Villars pour amener l'Électeur de Bavière, selon les instructions de Louis XIV, à abandonner l'alliance autrichienne pour l'alliance française; il nous montre les espérances de succès que l'envoyé du roi a conçues pendant quelques mois et l'échec qui a terminé cette longue négociation. Les correspondances nous font assister de plus près à cette lutte de chaque jour où les influences de cour et les intrigues féminines sont tour à tour mises en œuvre par les deux partis : elles permettent surtout d'apprécier le personnage de Max-Emmanuel, singulier mélange de hautes qualités militaires et de faiblesse de caractère, esprit inquiet et vaniteux qui rêvait de grandes destinées sans calculer les véritables moyens de les réaliser, et qui, placé entre la France et l'Autriche, cherchant à exploiter à son profit leur rivalité, n'a réussi qu'à s'associer successivement à la mauvaise fortune de l'une et de l'autre.

Les correspondances relatives à cette négociation se trouvent à Paris, aux archives du ministère des Affaires étrangères; à Vienne, aux archives imp. roy. de la Cour et de l'État; à Munich, aux archives secrètes de la Cour et de l'État. Je possède en outre la copie des minutes de la plupart des dépêches écrites par Villars, la copie des dépêches que Villars recevait de Versailles et de quelques autres lettres dont les originaux se sont perdus. Cet ensemble de documents ne saurait être reproduit; mais on lira, je pense, avec intérêt des extraits et des analyses des pièces principales, de celles qui, complétant ou rectifiant les *Mémoires de Villars*, permettent de se rendre un compte définitif des événements auxquels notre auteur a été mêlé.

1. *Villars au roi.*

Extrait.   A Munich, 2 novembre 1687.

..... Je l'ay (l'Électeur) un peu plus ébranlé que dans les premières conversations et il m'a dit : premièrement qu'il avoit une extrême reconnoissance de toutes les bontés de Votre Majesté et qu'il ne feroit jamais rien qui pût l'empescher de l'honorer de son amitié; ensuite, parlant de ses intérêts, il m'a avoué qu'il étoit persuadé qu'il pouvoit en trouver de fort grands à s'attachèr à Votre Majesté; mais qu'il ne falloit pas que je crusse aussi qu'on lui en promît de médiocres de l'autre côté, et que, si l'Électrice avoit des enfans et que le Roi d'Espagne n'en eût point, il contoit d'avoir de bons morceaux en Italie.

J'ay répondu à cela qu'il y avoit beaucoup d'aparence que l'Électrice n'auroit point d'enfans et que, si l'on ne lui faisoit espérer des avantages qu'en ce cas-là, il pouvoit bien juger qu'on ne vouloit que l'amuser; que lui-mesme m'avoit fait l'honneur de me dire les raisons qui l'empeschoient de s'attendre à avoir des enfans, que je croyois bien que le Roi d'Espagne n'en auroit pas, mais aussi qu'il devoit savoir que l'on avoit résolu à la cour de Vienne d'envoyer à Madrid un des enfants de l'Empereur; que, d'ailleurs, Votre Majesté, par la justice, avoit plus de prétentions que personne à cette succession, et que ce seroit avec elle qu'il faudroit conter. Je lui ay demandé quelle seûreté on lui donnoit de partager avec lui les États d'Italie. Il m'a dit : « quelle seûreté me donnés-vous de mon avancement? » Je lui ay représenté que l'on ne pouvoit pas traiter avec un prince qui servoit actuellement la maison d'Autriche et qui se préparoit encore à faire la campagne prochaine; mais que je lui donnois ma parole que, quand il se métroit en état que Votre Majesté peut traiter avec lui, il y trouveroit son conte. Voicy ce qu'il m'a répondu sur la campagne prochaine : que ses troupes étoient toutes au milieu de la Hongrie; que, quand il le voudroit, il ne pouroit pas les retirer; que du reste Votre Majesté devoit croire que ces campagnes ne l'engageoient point avec l'Empereur; qu'il n'avoit plus de traité avec lui; qu'il n'en feroit point de nouveau et que, la guerre finie, il répondoit à Votre Majesté que ce seroit chose nouvelle.

Je lui ay dit que je ne pouvois pas me flatter d'un grand changement; qu'il étoit toujours amoureux de Madame de Kaunits (et cela est vray quoique l'autre[1] soit grosse, il vient de me l'avoüer), que tous ses ministres étoient autrichiens. Il m'a dit qu'ils ne le gouvernoient pas. « Non, lui ay-je dit, mais vous faites ce qu'ils souhaitent..... »

(Minute aux Arch. des Affaires étrangères.)

1. Mlle de Welen.

2. *Mémoire du roi pour servir d'instruction au sieur de Villars.*

Analyse. Fontainebleau, le 3 novembre 1687.

L'intention de la cour de Vienne est de faire élire l'archiduc Joseph roi des Romains et d'obtenir de tous les États de l'Empire un armement général, dans le but d'arriver à rendre la couronne impériale héréditaire dans la maison d'Autriche.

Le prince allemand qui a le plus d'intérêt à empêcher l'exécution de ce projet est l'Électeur de Bavière. S'il était résolu à faire tout ce qui dépend de lui pour l'entraver et décidé à s'appuyer sur l'affection du Roi, il pourrait arriver à être élu roi des Romains. Les voix dont le Roi dispose dans la Diète assureraient son élection.

Le sieur de Villars devra saisir toutes les occasions d'éclairer l'Électeur sur ses véritables intérêts, lui montrer que l'archiduc ne poursuit que la destruction de sa maison et que la France seule peut en favoriser l'agrandissement. Il devra en outre pousser au mariage de la princesse de Bavière avec le prince de Toscane et du prince Clément avec une princesse qui ne soit pas d'une maison attachée aux intérêts de l'Autriche.

Le Roi, par lettre du 11 novembre, confirme et développe ces instructions.

(Min. Arch. des Aff. étr.)

3. *Villars au roi.*

Extrait. Keysenfelt, 16 novembre 1687.

..... Comme je l'ay (l'Électeur) trouvé plus disposé à parler d'affaires qu'il n'est ordinairement, j'ay entamé toutes les autres matières contenuës dans l'instruction de Votre Majesté et je lui ay parlé ainsy : « Si je disois à V. A. É. que l'estime que le Roi a pour elle, que la gloire qu'elle a acquise, que sa réputation répanduë partout, que d'estre frère de Madame la Dauphine sont les seules raisons qui portent Sa Majesté à vouloir travailler à ses avantages, vous pouriés prendre cela pour des complimens, mais si je vous fais voir qu'entre toutes les raisons qui portent le Roi à vous croire capable de grands desseins, son intérêt est de travailler à votre agrandissement, alors, ajoutés foy à mes paroles et songés-y sérieusement. N'est-il pas vray que nous devons nous opposer à une trop grande puissance de la maison d'Autriche, et souhaiter qu'il y ait un prince dans l'Allemagne assez puissant pour luy disputer l'empire; que vous êtes le seul prince sur qui nous pouvons jetter les yeux ; et n'est-il donc pas certain que nous devons travailler à vos intérests comme aux nôtres et la maison d'Autriche craindre autant votre élévation que nostre puissance? »

Il m'a dit : « Mais comment travailler à cette élévation ? Faisons un projet. — Oüy, luy ay-je dit, pour l'aller dire à Madame de Kaunitz. » Il m'a dit que, pour ces sortes de choses, il en connoissoit assez l'importance pour n'en pas parler légèrement, qu'il donnoit sa parole de n'en ouvrir la bouche à personne, mais, enfin, que comme il étoit en une assés bonne intelligence avec l'Empereur, avant que de songer à s'en détacher et prendre des mesures si différentes, il voudroit bien savoir à peu près quelles espérances on luy donneroit, qu'il demandoit un entier secret sur cela. Je luy ay fait voir que le secret étoit seur du costé de V. M., et que, si je ne le découvrois moy-mesme, il ne pouvoit estre sceu de personne, que V. M. ne parloit de ses affaires qu'à deux ou trois ministres, et que le secret enfin étoit aussi seûr dans le conseil de V. M. qu'il l'est peu dans celui de l'Empereur. Ainsy Votre Majesté peut me faire sçavoir ce que je puis luy découvrir, et je prendray encore la liberté de dire à Votre Majesté, sur cela, qu'il y a deux partis à prendre : ou l'embarquer par l'espérance des grandes utilitez qu'il peut retirer en s'unissant d'intérests avec V. M., au hazard qu'il en découvre peut estre quelque chose en passant et repassant à Vienne; ou de n'entrer en aucune sorte de traitté avec ce prince, avant la fin de la campagne prochaine.

J'ay eu l'honneur de dire à Votre Majesté les raisons que je voyois pour prendre ce dernier parti; mais peut-estre que présentement qu'il a témoigné vouloir sçavoir quelque chose des espérances qu'on luy peut donner, qu'il est plus à propos de luy faire quelques propositions. J'attendray sur cela les ordres de Votre Majesté.

(Orig. Arch. des Aff. étr.)

4. *Le roi à Villars.*

Analyse. Marly, 3 décembre 1687.

Envoi d'un mémoire pour servir d'instructions à Villars.

Il pourra faire connaitre à l'Électeur tout ce que le Roi est disposé à faire pour son élévation s'il veut se détacher de la maison d'Autriche et s'engager avec lui.

Les succès de l'Autriche en Orient, les facilités que lui ont données les États de l'Empire permettent de prévoir le moment où l'Empereur voudra acquérir un pouvoir absolu. Le seul moyen pour les princes et États de l'Empire de sauver leurs droits et prérogatives menacés est d'empêcher l'élection de l'archiduc comme roi des Romains et de préparer l'élection d'un des électeurs qui puisse gouverner l'Empire selon ses lois et constitutions, tandis que la maison d'Autriche s'étendra en Orient aux dépens de la Turquie.

Le roi offre donc à l'Électeur de Bavière, en échange d'une alliance offensive et défensive, ses bons offices pour obtenir la dignité de roi des Romains, sa coopération effective pour l'aider à rentrer dans les droits que la Bavière a eus sur Ratisbonne, Nuremberg, Augsbourg, et sur des territoires situés entre l'Inn et le Danube, et enfin des subsides, s'ils sont nécessaires.

Dans le cas où le roi d'Espagne mourrait sans enfants, si l'Électeur veut s'engager dès à présent à combattre par les armes ceux qui voudraient disputer au Dauphin la succession qui doit lui appartenir à l'exclusion de tout autre, le Roi et le Dauphin renonceront en sa faveur aux royaumes de Naples et de Sicile et le mettront en possession desdits royaumes.

(Min. Arch. des Aff. étr.)

5. *Villars au roi.*

Extrait.   A Munich, 5 novembre 1687.

..... L'Électeur receut il y a deux jours un courrier de Vienne, par lequel il apprist des nouvelles qui luy font beaucoup de plaisir. C'est la grossesse de cette fille. Il n'a pu me la cacher et m'a mesme montré ses lettres. Nous avons parlé des fureurs de l'Impératrice qui le hait et la demoiselle parfaitement. Il m'a dit : « Si elle ne craignoit point de me fascher, elle la feroit jetter par les fenestres, mais comme ils vous sçavent icy, ils ont peur. » Je luy ay dit : « Je vois bien que vous ne m'honorez de vos bonnes grâces que pour qu'on traitte un peu mieux vostre maistresse, vos généraux et vos trouppes; je n'en suis point la dupe et je le manderay au Roy. »

Je n'ay pas voulu dire : « Je l'ay mandé, » pour n'engager V. M. à rien, mais je prendray la liberté de lui dire qu'autant que mes médiocres lumières se peuvent étendre, je suis persuadé que l'on doit garder jusqu'à la fin de la campagne prochaine tout ce que l'on peut croire de plus propre à engager l'Électeur, car ces voyages de Vienne effacent les obligations. Il m'a assuré qu'il feroit venir, au retour de la campagne, Mademoiselle de Welen à Munich, et je luy ay dit qu'alors j'y reviendrois, mais que jusquelà il n'y avoit rien à faire. Il est constant que jusqu'à présent la Kaunitz et cette autre sont les seules choses qui l'occupent. Les difficultés qu'il a trouvées à voir la première, pendant tout le séjour qu'il a fait à Vienne, ont réveillé sa passion. Il n'a pû la voir que deux heures. Monsieur de Kaunitz a pensé nous faire tourner l'esprit, promettant toujours de petits voyages à la campagne et ne les faisant jamais, et peut-estre qu'on a moins d'attention aux négociations dont on le charge à l'heure qu'il est qu'à son absence.....

(Orig. Arch. des Aff. étr.)

6. *Villars au roi.*

Extrait. A Munich, 26 novembre 1687.

..... Ma grande affaire présentement est de rompre le voyage qu'on devoit faire à Vienne pendant le carnaval. Je crois que j'en viendray à bout et qu'on préférera celui de Venise, ce qui seroit très désirable, premièrement pour avoir le temps de donner d'assés fortes impressions à l'Électeur pour que les voyages de Vienne ne puissent pas les détruire; et, d'ailleurs, c'est que je n'auray là que gens qui, de concert avec moy, travailleront à donner à Son Altesse Électorale les sentimens que je dois luy inspirer.

L'Électeur me parlant il y a quelques jours de tous les plaisirs de Venise, je luy demanday pourquoy il n'y alloit donc pas. La première raison qu'il m'allégua fut la dépense, et je lui fis voir qu'une chasse de sangliers à vingt lieües de Munich, où il faut mener toute sa cour, lui coûte plus qu'un voyage à Venise, et j'ay rompu celui de Landsut, où l'on devoit encore faire une chasse de sangliers, dans la veuë d'épargner cet argent pour aller à Venise. Il n'i a donc qu'une inclination que l'Électeur commence à avoir icy, et que j'ay assurément fait naistre avec plus d'art peut-estre que V. M. ne m'en croit, qui puisse l'empescher. Mais toujours suis-je presque assuré qu'il n'ira point à Vienne. J'ay rompu une affaire qui auroit rengagé peut-estre l'Électeur avec l'Empereur, quand Madame de Kaunitz mesme ne le retiendroit pas. C'est qu'il étoit résolu à marier Mademoiselle de Welem à un Autrichien. Il donne cens mille écus à cette fille, et, quand il me dist qu'il la marioit, je luy fis voir que puisqu'il l'aymoit assés pour la payer si bien, il falloit au moins ne la pas donner à un Austrichien, et luy montray tant de bonnes raisons qu'il a envoyé un courrier pour qu'on n'allât pas plus avant sur le mariage, et il est résolu de la faire venir icy; il n'est plus question que des moyens de la faire sortir du palais et la tirer des mains de l'Impératrice.......

(Orig. Arch. des Aff. étr.)

7. *Villars au roi.*

Extrait. A Munich, 27 décembre 1687.

J'ay mandé à Votre Majesté par le dernier ordinaire l'arrivée de la comtesse de Paar dans cette cour. C'est la principale confidente de l'Électeur. Elle vient régler tout ce qui regarde le prétendu mariage de Mademoiselle de Welem; c'est toujours avec cet Autrichien; mais l'Électeur a envoyé un homme de confiance et, avant le mariage, les deux parties feront une déclaration dans toutes les formes que, par des raisons qui importent de leur bien et de leur vie, ils paroissent se marier publiquement, mais comme le seul consentement fait le mariage, ils déclarent secrètement qu'il n'y en a aucun entre eux.

Moyennant cela, l'Électeur donne cinquante mille écus au prétendu mary et achepte une terre auprez d'Augsbourg à la demoiselle, qui y viendra dans peu de tems..... L'Empereur donne au prétendu mary de Mademoiselle de Welem huit mille francs de pension. L'Impératrice, qui jusques icy n'avoit point voulu recevoir cette fille pour Dame de la Cour, quoy qu'elle fut depuis deux ans dans le palais, luy donne les manches, et on paroît lui vouloir faire touttes sortes de bons traitemens. V. M. voit que la dévotion de l'Impératrice ne l'empêche pas d'avoir d'assés grandes complaisances pour cette personne contre qui elle étoit, dans les commencements, outrée de fureur.......

(Orig. Arch. des Aff. étr.)

8. *Villars au roi.*

A Munich, 15 janvier 1688.

Post-scriptum. — Je crois, Sire, devoir encore informer Votre Majesté de l'état présent des inclinations de l'Électeur. Cette maistresse, à laquelle il s'est attaché depuis deux mois, qui est une dame de la cour nommée Mademoiselle de Sinzendorf, l'occupe très vivement. C'est pour elle que se font touttes ces festes et il n'est remply présentement que du désir de lui plaire. Les dificultés qu'il trouve dans la demoiselle, qui se conduit assés bien, l'animent encore d'avantage, et je vois à tout cela les commencemens d'une grande passion. La demoiselle sçait bien qu'elle m'en a les premières obligations. Elle se sert quelquefois de mes conseils, et, si elle l'emporte sur les autres, je crois que, quoy qu'elle soit parente du comte de Kaunitz qui l'a fait dame de l'Électrice, j'auray assez de crédit sur son esprit pour qu'elle ne me soit point contraire. Cependant l'Électeur écrit très régulièrement à Mademoiselle de Welem. Elle doit venir accoucher icy dans un appartement qu'il luy fait préparer au-dessous du sien. Il n'y a que moy et les....... qui soient de ce secret-là. Les Piedmontois n'y entrent point. Ainsi, quand elle sera icy, je tascheray de gouverner celle des deux qui prendra le plus de crédit.

Pour Madame de Kaunitz, je crois que cela tombe beaucoup. Mais, comme j'y ay déjà été trompé une fois, je n'oserois en répondre. Cependant, comme tout s'use, je crois que l'on se passera fort bien d'elle, et d'autant plus que l'Électeur m'a assuré que, quoy que l'Empereur désirât fort présentement de renvoyer le comte de Kaunitz icy en qualité de grand maistre, il ne lui donneroit assurément point cette charge, et que mesme il avoit écrit à la comtesse de Kaunits d'une manière à lui faire comprendre que cela ne se pouvoit pas........

(Orig. Arch. des Aff. étr.)

9. *Villars au Roi.*

Extrait.   A Munich, 15 janvier 1688.

.... Voyant... qu'on commençoit à faire de grandes propositions à ce prince, dont quelques-unes ressemblent à celles de Vostre Majesté, j'ay creu devoir mettre tout en usage et luy descouvrir tout ce que Vostre Majesté veut faire en sa faveur si, se destachant quelque jour des intérêts de la maison d'Austriche, il veut s'engager dans ceux de Vostre Majesté.

Les dernières propositions de renoncer en faveur dudit prince aux royaumes de Naples et de Sicile l'ont porté à faire une réflection sérieuse sur les premières, à délibérer nouvellement avec ses deux ministres dont il a pris les avis par écrit, l'un et l'autre croyant être le seul consulté ; je l'ay empesché de communiquer ces affaires-là aux autres, en remonstrant audit Électeur que, comme le secret est de la dernière importance, s'il veut s'attacher aux intérêts de Vostre Majesté, il n'y en auroit plus dès que les ministres, que luy-mesme m'a avoué estre Austrichiens, en auroit quelque connoissance.

Voicy les responces du dit Électeur sur tous les poincts, que luy-mesme m'a dictées :

Sur l'élection du Roy des Romains, ce prince m'a chargé d'en faire connoistre sa très humble reconnoissance à Vostre Majesté, que quoy qu'il comprenne bien que l'intérest de Vostre Majesté est de balancer la puissance de la maison d'Autriche, luy, Électeur, doit toujours se tenir pour très obligé et honoré que Vostre Majesté veuille plus tost jetter les yeus sur luy que sur d'autres princes en Allemagne ausquels elle pourroit esgallement donner son appuy pour ladite élection, et qu'enfin, puisque Vostre Majesté a de telles veues pour luy, cette bonté luy doit faire voir qu'il doit toujours s'attacher aux intérests de Vostre Majesté plus tost qu'aux autres, mais que luy, Électeur, supplie Vostre Majesté de faire réflection qu'en se déclarant compétiteur du Roy de Hongrie à l'élection de Roy des Romains, il se déclare en mesme temps ennemy irréconciliable de toute la maison d'Austriche, et avant que de s'engager à aucun traitté, comme Vostre Majesté voudra le mettre à couvert des périls que courent ses États environnéz de tous costéz de ceux de la maison d'Austriche et le garentir de tous les risques qu'il court en cas de rupture, Son Altesse ne doute pas de tous les moyens que Vostre Majesté en peut avoir, mais elle estime juste d'en estre informée avant toute autre chose.

J'ay répondu sur cela qu'il falloit beaucoup de conduite, de secret et de temps pour laisser désarmer l'Empereur et s'armer soy-mesme.

Secondement, pour estre en estat de soustenir la dignité impériale, ledit Électeur demande des esclaircissemens jusques où pourroient aller les subsides de Vostre Majesté et les moyens qu'on luy donneroit, en favorisant des quartiers dans l'Empire, d'entretenir une armée de trente mille hommes absolument nécessaire pour se déffendre des puissances qui luy seroient apparemment opposées.

A l'esgard du second point touchant les villes de Ratisbonne, Nuremberg et Augsbourg, et ce qui peut et doit appartenir audit Électeur entre l'Inn et le Danube, luy, Électeur, m'a dit que les terres qui sont du costé de Passaw appartiennent toutes audit évesché qui est une fondation de sa maison, ou à celuy de Freysing à quoy il ne veut pas toucher non plus, qu'ainsi il n'a aucune prétension considérable de ces costés-là. Pour les trois villes cydevant nommées, il est certain qu'elle en a de légitimes et mesme sur plusieurs en Suabe, mais Son Altesse demande comment elle pourroit s'en rendre maistre sans commancer une grande guerre dans l'Allemagne. Sa dite Altesse m'a encore dit qu'elle en avoit de très justes sur le royaume de Bohême, mais qu'elle sçavoit bien que ce n'estoit pas des matières à mettre sur le tapis, ny ausquelles on peut songer présentement.

Finalement, sur les dernières propositions de renoncer en faveur dudit Électeur aux royaumes de Naples et de Sicile, luy, Électeur, comprend non seulement l'importance des dites offres, mais que Vostre Majesté, par ses forces maritimes, sa puissance redoutable en Italie, les places qu'elle a en Piedmont et Montferrat, son alliance avec les Suisses qui peuvent favoriser le passage des trouppes dudit Électeur en Italie, est plus en estat de mettre luy, Électeur, en possession desdits royaumes que ceux qui pourroient luy faire de pareilles offres, en cas que le Roy d'Espagne n'ayt point d'enfans. Je dois dire à Vostre Majesté que j'ay lieu de croire qu'elles avoient desjà esté faittes à ce prince par la maison d'Austriche, d'autant qu'il me dit à la première ouverture que je luy en fis : « Ne voudra-t-on point mettre aussi que c'est en cas que j'aye des enfans de l'Électrice? »

Ledit Électeur comprent l'avantage de ces dernières propositions, et c'est ce qui l'a le plus esbranlé, mais les esclaircissemens qu'il désire à l'heure qu'il est, regardent principalement la seureté de ses Estats présens. Je n'en suis pas demeuré là et j'ay en espérance de porter les choses plus loing, mais le comte de Kaunits a envoyé un courrier audit Électeur et luy mande qu'il avoit receu des ordres de l'Empereur de luy faire encore de nouvelles propositions plus considérables que les premières. Je ne puis parler positivement ny des unes ny des autres, mais je rendray conte à Vostre Majesté de plusieurs discours interrompus que l'Électeur m'a tenu sur ce sujet, que les lumières de Vostre Majesté pourront pénétrer :

Premièrement il m'a dit, en m'assurant pourtant qu'il s'opposeroit à l'élection du Roy de Hongrie pour Roy des Romains, pour laquelle le comte de Kaunits le doit presser encore, que c'estoit des veues esloynées pour luy que celles de l'Empire, puisque l'Empereur n'est pas dans un aage fort avancé, aussy bien que celles des royaumes de Naples et de Sicile, le Roy d'Espagne estant plus jeune que luy. « Mais, si dès à présent l'Empereur me mettoit en possession de quelque Estat considérable, je voudrois bien, sans me brouiller avec le Roy, estre plus grand seigneur que je ne suis, et je pourrois un jour, si le roy d'Espagne mouroit sans enfans, redonner ces pays-là au Roy, moyennant qu'il me mist en possession des royaumes de Naples et de Sicile. » Ce discours-là me fit d'abord juger que peut-estre on luy offroit la Flandre; je lui dis que je ne pouvois m'imaginer que la maison d'Austriche voulut luy donner des Estats, à moins que ce ne fut quelqu'un qui le ruineroit et qu'elle ne pouvoit soutenir elle-mesme, et je luy donnay à entendre que je croyois qu'il vouloit parler de la Flandre; il me dit sur cela : « Si c'estoit le Tirol? » Je luy dis : « Nous ne voudrions pas eschanger celuy-là, de quoy nous serviroit-il ? » Cela rompit la conversation.

Une autre fois, il m'a dit : « Si la maison d'Austriche me mettoit dès à présent de certains Estats entre les mains et qu'on voulut par là m'engager seulement à ne pas traverser personnellement l'élection du Roy des Romains, le Roy n'auroit-il point assés de voix parmy les électeurs pour la faire tomber sur moy, sans que je parusse agir. Alors, sans manquer aux paroles que les Austrichiens m'obligeroient sans doute de donner, s'ils me mettoient en possession desdits Estats, de ne point travailler à estre Roy des Romains, je pourrois l'estre et me trouverois en mesme temps en possession de leurs pais. » Je luy ay répondu que, selon toutes les apparences, la maison d'Austriche ne feroit aucun traitté avec luy qu'il ne s'engageast contre les interest de Votre Majesté, et qu'alors il ne seroit plus question ny de Roy des Romains, ny de subsides de Vostre Majesté, ny des villes cy-devant nommées et autres terres voisines de ses Estats, ni des royaumes de Naples et de Sicile, qu'il ne seroit question que de le regarder comme Austrichien, et que, quand lesdits Austrichiens ne craindroient plus que Vostre Majesté songeast à le tirer de l'esclavage où je l'ay désjà averty qu'il se mettoit insensiblement, ils le laisseroient tomber dans tous les désordres où tous ceux qui avoient commandé pour les Espagnols en Flandre s'estoient trouvés dans tous les temps.

J'ay eu l'honneur, par le dernier ordinaire, de mander à Votre Majesté qu'il estoit arrivé ici un Mr de Pimentel, général de bataille dans les Pays-Bas et envoyé du marquis de Castanaga... Il attend ici un courrier qui luy doit venir en droiture d'Espagne. Tout cela augmente l'opinion que j'ay qu'on veut offrir la Flandre en souveraineté à l'Électeur de Bavière. C'est à quoy les sieurs Schmit et Leydel s'opposeront certainement. Je dois dire à Votre Majesté que l'Électeur m'a rendu compte de l'avis de ces ministres. Le premier a parlé en habil homme, donnant de grandes vuës à l'Électeur, et très conformes à celles de V. M. Le dernier a esté d'avis de se renfermer dans l'unique dessein de jouir tranquillement de la Bavière. L'Électeur m'a dit qu'il l'avoit traitté de misérable, et que, s'il montroit à Votre Majesté des sentimens aussi bas que ceux que ce ministre lui conseilloit, elle ne songeroit pas à l'élever, et que si luy, l'Électeur, n'avoit pas eu de plus grandes veuës que de se renfermer dans l'unique possession des États que lui avoient laissés ses pères, il n'auroit pas fait cinq campagnes en Hongrie. Du reste, l'Électeur m'a dit qu'il faisoit des propositions assés dures à l'Empereur pour cette campagne et qu'on lui accorderoit si l'on vouloit qu'il la fit. Premièrement, il veut commander en chef, avoir la grosse armée, et si Monsieur de Lorraine ne s'accorde pas de cette condition, qu'il ne vienne pas à l'armée, hors pour le siège de Belgrade, parce qu'il en avoit donné sa parole à Vienne ; qu'au cas dudit siège, il vouloit bien que le commandement fût séparé, pourvu qu'il eût le choix des quartiers, des attaques et des officiers généraux et ingénieurs qui devroient servir audit siège. D'ailleurs l'Électeur prétend qu'outre les subsides de ses troupes, on lui donne encore de certaines sommes pour des dépenses qu'il n'explique point.

(Orig. Arch. des Aff. étr.)

10. *Villars au Roi.*

Extrait. A Munich, 21 janvier 1688.

.... Notre voyage de Venise est toujours incertain et ne sera décidé que par les faveurs ou les rigueurs de Mademoiselle de Sinzendorf. L'Électeur m'a dit encore hier qu'il iroit assurément.....

Le Comte de Toun a encore fait de grandes plaintes depuis peu de ce qu'il ne voyoit point l'Électeur et que j'estois dans sa chambre à toute heure, mesme quand il est dans son lit. On lui a répondu que je n'estois point envoyé de France et que cela ne tiroit à nulle conséquence, assurément il n'obligera pas le Comte de Thoune à changer de conduite avec moy.....

..... Il est arrivé une avanture assés propre à faire finir le commerce de l'Électeur avec la Comtesse de Kaunits. Celui qui reçoit, à Vienne, les lettres qu'il luy écrit, luy en a donné une écrite à Mademoiselle de Welem; si bien que voicy deux ordinaires qu'elle n'écrit point. L'Électeur m'a conté tout cela et en paroit médiocrement fâché.....

(Orig. Arch. des Aff. étr.)

11. *Villars au Roi.*

Extrait. A Munich, 7 février 1688.

.... Le prince (l'Électeur) m'a répondu qu'il étoit très satisfait de toutes les offres de V. M., qu'il luy falloit quelque temps pour travailler à un projet, qu'il pouvoit le faire à Venise comme icy, qu'il menoit avec luy le seul secrétaire auquel il se confioit et qui étoit informé de la confiance qu'il prenoit au sieur Schmit, et qui par conséquent pourroit aller et venir de Venise icy, si tant est qu'on y aille; car, quoique le départ soit déterminé pour demain à quatre heures du matin, je sçais bien que, si ce soir la demoiselle veut estre favorable, elle le retardera et le rompra.

(Orig. Arch. des Aff. étr.)

12. *Le Roi à Villars.*

Analyse. Versailles, le 23 janvier 1688.

Le roi répond aux objections que l'Électeur de Bavière a opposées à ses offres.

Il est inutile que l'Électeur se pose comme le compétiteur du roi de Hongrie pour l'élection de roi des Romains avant que le Roi n'ait formé des alliances avec les princes bien intentionnés pour le maintien des lois et constitutions de l'Empire; il suffit, pour le moment, que l'Électeur décline les instances de l'Empereur, en se basant sur l'âge de l'archiduc et le tort qu'il se ferait dans l'Empire en appuyant une proposition si contraire aux droits et libertés des électeurs.

Le roi est en mesure d'assurer aux troupes de Bavière les quartiers que l'Électeur voudra leur faire prendre, soit en Souabe, soit en Franconie, soit dans les villes de Nuremberg, Augsbourg, etc.

Les avantages que la cour de Vienne offre à l'Électeur sont illusoires. Si on lui propose le gouvernement souverain de ce qui reste à l'Espagne dans les Pays-Bas, c'est qu'on sait que la perte de cet État est infaillible à la première guerre et qu'on veut ainsi créer un conflit entre l'Électeur et le Roi : on veut lui faire abandonner les solides avantages qu'il peut se promettre d'une alliance avec le Roi, et lui faire risquer ses propres États pour courir après l'ombre d'une souveraineté qu'on ne peut plus défendre et que toute l'Europe liguée contre le Roi n'aurait pu sauver si le Roi n'eût voulu lui-même mettre des bornes à ses conquêtes par la paix de Nimègue. Toutes les forces de l'Autriche et de ses alliés ne suffiront pas pour le rendre paisible possesseur de ce qui reste à l'Espagne dans les Pays-Bas. De même elles ne sauraient lui assurer Naples et la Sicile : les armées navales du Roi seront toujours en état de maintenir les droits du Dauphin sur ces royaumes et de donner la loi dans toute la Méditerranée.

La seule sûreté de l'Électeur, ainsi que le pensait feu son père, est dans une alliance avec le Roi.

(Min. Arch. des Aff. étr.)

13. Le Roi à Villars.

Analyse. Marly, 21 février 1688.

La proposition faite à Villars d'obtenir du Roi le payement de subsides arriérés dus au père de l'Électeur ne peut provenir que d'un ministre malintentionné. Une semblable demande pourrait être examinée dans la conclusion d'un traité : aujourd'hui elle est prématurée et de nature à entraver toute négociation. Villars devra employer toute son habileté pour la faire ajourner.

(Min. Arch. des Aff. étr.)

14. Instructions données par l'Électeur de Bavière à Marx v. Mayr, directeur de sa chancellerie de guerre, envoyé à Vienne en mission spéciale.

Analyse. Munich, 24 janvier 1688.

Il réclamera du gouvernement impérial une somme de quatre cent mille florins pour les arriérés qui lui sont dus, et réglera les conditions de la prochaine campagne, soit au point de vue des subsides, soit au point de vue du commandement à part qu'il désire obtenir.

(Min. en allemand. Arch. de Munich.)

15. Munich, 4 février 1688. L'Électeur envoie à Vienne, avec de nouvelles instructions, son vice-chancelier Bon J.-B. de Leidel.

(Min. en allemand. Arch. de Munich.)

16. *Le comte D.-A. de Kaunitz à l'Électeur de Bavière.*

Analyse. Vienne, 13 mars 1688.

Le comte de Kaunitz adresse à l'Électeur « un traité très avantageux » conclu par « M. Leidel à l'égard de la campagne prochaine; » il y joint des félicitations sous lesquelles on sent un secret dépit.

(Orig. en français. Arch. de Munich.)

17. *Villars au Roi.*

Extrait. A Munich, 17 mars 1688.

..... Leydel a envoyé son traitté à l'Électeur, que ce prince n'a pas voulu ratifier, parce que son ministre ne s'est pas tenu à ses ordres pour les quartiers d'hyver à la fin de la campagne : on les accorde, mais on ne vouloit point promettre le payement des portions aussi facilement que l'Électeur le demande. Cependant, comme cette différence n'est pas considérable, elle ne rompra assurément pas ce traitté.

Les stipulations du traité étaient le payement de 350,000 florins en trois termes jusqu'à fin juillet et le commandement donné à l'Électeur dans les conditions où il le réclamait.

(Orig. Arch. des Aff. étr.)

18. *L'Électeur de Bavière au comte de Kaunitz.*

Munich, 12 mai 1688.

Vous vous souviendrés, Monsieur, que je vous ay dis que je ne déterminairay pas de faire la campagne en personne, sans que je vois auparavant les projets et les résolutions de Sa Majesté Impériale pour les opérations de ceste campagne. En attendant j'ay fait mon équipage et suis prest pour estre à Viene alla fin de ce mois, mais comme le temps est fort court et que je ne partiray pas avant de sçavoir la résolution de Sa Majesté touchant les opérations de ladiste campagne, j'envois Mayer pour m'an aporter les éclercissements et certitudes que j'en désire, vous priant, Monsieur, de contribuer de vostre mieux d'une pronte expédition, et que l'on me fasse sçavoir fidèlement et sincerement les véritables intentions de Sa Majesté, auxquelles je me conformeray et en garderay le secret inviolable, je crois que jusques asteure[1] l'on ne s'estoit determiné de rien positivement, puisque ni vous ni personne ne m'an as rien mandé, mais à presant, appres les conferences que l'on a desja tenu avec M^r le duc de Loraine, il faut nécessairement que le desein de la campagne soit fait et que Sa Majesté ayt prit sa résolution pour cella.

Monsieur, comme vous sçavés que j'ay tosjours toute ma confience en vous, je vous dis que je ne souhaite autre chose à sçavoir que si l'on est résolu de passer la Sawe pour ataquer Belgrad, ou en cas que cela ne se puisse pas si l'on est en estat d'ataquer deux places à la fois, ou de tenir tosjours les deux corps séparés, en ce cas-là, je viendray en personne avec plaisir, mais, si cella n'est pas, je ne suis ni utile à l'Empereur, ni l'ne peut faire avec réputation. Ce n'est pas que j'ay aqun sujets d'estre mescontant de M. le duc de Loraine, lequel en a tosjours agit avec toutes les honestetés possibles, mais, pour vous dire la vérité, il faut tosjours qu'il y an est un qui mene le timon, et ay trop de modestie et trop grande vénération pour le mérite et la longue expérience de Monsieur le duc de Loraine pour luy vouloir disputer, et voisla la cause que j'ay fait par l'envie d'apprendre et par un' ambition de gloire le premier exemple qun électeur s'est trouvé dans la mesme armée avec le général-lieutenant de l'Empereur sans le comander; mais que cella arrive davantage, se seroit un trop grand préjudice et point convenable à moi de faire ainsi la sisieme campagne. Si vous estes donc véritablement de mes amis, Monsieur, vous me le fairés connoistre en faisant en sorte qu'on me fasse sçavoir la vérité de ce que l'on a résolu ; je ne demande pas que l'Empereur sépare les armées pour me faire plaisir, mais que l'on fasse ce que la raison de guerre veut, car je ne voudrois pas que cella m'arrive comme les autres fois, particulièrement l'ané passé, que l'on a fait deux armées, que j'ay comandé à part seulement pour faire une marche, l'Empereur ayant desjà résolu *in pectore* de faire joindre les armées; je vous asseure que si l'on me dit asteure ce qui en est et qui doit estre constant (car les circonstances avant la campagne ne se peuvent plus changer) : que j'en auray beaucoup d'obligation à Votre Majesté, mais auscy au contraire si l'on me faissoit aller sou un'apparence d'un siege de Belgrad ou d'un commandement à part et quand je sairay en

---

1. *A cette heure.* J'ai cru devoir conserver l'orthographe de Max-Emmanuel, comme curiosité : il écrivait presque toujours en français : son orthographe s'améliora avec le temps.

dence on me fit entendre que le service de l'Empereur et la raison de guerre veulent la conjonction des armées, de quoy l'on est sûr que lors je n'y contredirai point par le zelle et promptitude que j'ay tosjours fait connoistre quand il s'agit du bien de la crestienté ; mais, de cette maniere, je vous asseure que cela me touscheroit au vif, de quoy je vous avertis auparavant, et vous dis encore que je ne demande austre chose que de voir clair pour pouvoir prendre mes mesures pour ma personne que je ne cometeray plus auxdits accidents, et finis et vous suis........

(Copie. Arch. des Aff. étr.)

19. *Le comte Kaunitz au comte Strattman* [1].

Analyse. Munich, 22 mai 1688.

Parti de Vienne le 16, il rencontre trois estafettes envoyées de Munich à Vienne qui se cachent de lui, et est devancé par un courrier expédié de Vienne par Mayr, l'envoyé bavarois : il arrive à Munich le 19, à cinq heures et demie du soir. La cour était à Schleissheim pour fêter le jour de naissance de la princesse Violante. Il s'y rend immédiatement et arrive avant le souper; il remet aux Altesses Électorales les lettres de l'Empereur. L'Électeur l'embrasse et lui dit en français : « *Quelles nouvelles?* » — « *D'aussi bonnes que V. A. É. pourroit souhaiter,* » répond Kaunitz. L'Électeur s'informe aussitôt des dispositions prises pour la campagne de Hongrie, de la part qui lui est réservée dans le commandement, de la possibilité de créer deux armées avec les effectifs dont on dispose. Kaunitz assure que l'Empereur a le désir de contenter l'Électeur, que les effectifs seraient suffisants et que l'Électeur choisirait celle des deux armées qu'il voudrait commander. On se met à table : il y a 60 convives. Kaunitz est assis à la droite de la comtesse Paar, qui a le prince Egon de Fürstenberg à sa gauche. Elle dit à Kaunitz qu'il devrait empêcher l'Électeur de faire la campagne, que l'horoscope tiré à sa naissance lui prédit de grands malheurs, et qu'à la cour de Vienne même on n'a pas toujours désiré voir l'Électeur aller à la guerre. Kaunitz répond qu'il est venu pour exécuter les ordres de l'Empereur et non pour les

1. Le texte est en allemand mêlé de mots latins, français et italiens. Les mots en italiques sont dans l'original. — Les lettres de créances originales du comte Kaunitz, datées de Vienne 15 mai 1688, sont conservées aux Archives de Munich.

enfreindre, que l'Électeur était trop brave pour s'inquiéter de prédictions superstitieuses, que Dieu l'avait protégé dans six campagnes et qu'il fallait se confier à sa providence. Après le souper, Kaunitz raconte la conversation à l'Électeur qui sourit, mais reste soucieux. On danse jusqu'à quatre heures du matin.

Le lendemain 20, Kaunitz se rend à Munich, au Palais; mais il ne peut voir l'Électeur qu'à cinq heures du soir : celui-ci se montre indécis, hésitant à affirmer s'il va ou ne va pas en Hongrie. Kaunitz le presse autant qu'il peut, excite son amour-propre, lui dit que, s'il renonce à la guerre, on l'accusera d'une *faiblesse* inspirée par l'horoscope; il ne peut amener l'Électeur à lui donner une réponse catégorique. Il se plaint amèrement de la comtesse Paar qui négocie séparément sous l'inspiration d'un ministre de l'Empereur et sans doute avec l'autorisation de la cour; elle est ruinée, elle a dévoré un capital de 300,000 florins; il faut qu'elle se crée des ressources *per fas et nefas*. Fürstenberg ne la quitte pas; Villars a de longs entretiens avec elle et lui dit des secrets; le P. Benfati a recours à elle et tous les *Savoyards* lui *font la cour*. Le grand chambellan (Berkheim) et Leidel ne doutent pas que la France n'y ait la main. Villars verrait avec déplaisir le départ de l'Électeur pour la Hongrie : cela est tout naturel; mais qu'un ministre de l'Empereur s'entende avec une comtesse Paar pour agir contre les intentions de l'Empereur, cela ne peut se comprendre. Kaunitz décrit ses souffrances d'esprit et demande la permission, dans le cas où la situation s'aggraverait, d'aller dire à l'Empereur ce qu'il ne saurait lui écrire. Il est évident pour lui qu'avant de lui répondre l'Électeur attend le retour d'un courrier qu'il a envoyé à Vienne auprès du ministre avec lequel il correspond secrètement. Si l'Empereur n'agit pas vigoureusement sur ce ministre, le voyage de l'Électeur n'aura pas lieu; dans ce cas, Kaunitz demande à être promptement relevé d'une mission qu'il ne pourrait conserver utilement ni pour le service de l'Empereur ni pour ses propres convenances.

(Orig. Arch. I. R. de Vienne.)

20. *Villars au Roi.*

Extrait.   A Munich, 25 may 1688.

.... En ce qui regarde le mariage (de la princesse de Bavière), l'arrivée du comte de Kaunitz, qui a relevé le courage de nos ennemis, n'a pourtant pu en rompre la conclusion. Votre Majesté verra par la suite de ma lettre que son quatriesme voyage icy depuis cinq mois sera aussi infructueux que les autres. Il est donc venu comme je l'avois bien prévu, sur l'envoi du secrétaire Mayer à Vienne et pour aplanir toutes les difficultés qui sembloient empescher l'Électeur de se déterminer entièrement à faire la campagne, quoique tout fût prest à partir; ce ministre a apporté des létres pressantes de l'Empereur : on promet tout à l'Électeur, mesme de commander la grosse armée; que M. de Lorraine se retirera plus tôt que si l'Électeur pouvoit avoir le moindre mécontentement. Ces grandes instances ont donné des inquiétudes à l'Électeur; elles ont été augmentées par Mademoiselle de Welem et fortifiées par la comtesse de Paar... Enfin tout l'a obligé à faire des réflexions et il a bien voulu, par les bontés dont il me donne des marques en toutes occasions, me consulter sur toute cette affaire et me dire toutes les craintes qu'il avoit, qui consistent en trois points principaux : Premièrement, il sçait que l'Empereur veut encore le presser de ne point achever le mariage de Florence, et on luy représente que, puisqu'on luy a accordé tout ce qu'il a désiré sur celui du Roy de Hongrie, il est injuste de ne pas consentir à une chose apparemment si avantageuse. En second lieu, on veut l'engager à promettre sa voix au Roy de Hongrie pour l'élection du Roy des Romains, et en troisième lieu il a quelques sujets de craindre que l'Empereur ne soupçonne quelque chose de ce dessein que j'ay communiqué à Votre Majesté par une feuille séparée[1].

Il m'a donc demandé mon conseil sur tout cela et si sa gloire n'étoit point engagée à manquer l'occasion de faire une campagne. Je luy ay représenté que la première [gloire] des souverains étoit le bon gouvernement de leurs États et que j'osois luy dire que c'étoit celle qu'il avoit le plus négligée, et dont il se ressentiroit toute sa vie, si dès ce moment il ne prenoit la résolution de donner plus d'attention qu'il n'a fait à rétablir ses finances, empescher que son argent ne sorte toujours de son païs, et enfin corriger milles désordres que son absence et le manque d'application ou le peu de fidélité de ses ministres cause journellement; que cinq campagnes, dont la dernière couronnoit si glorieusement toutes ses peines et tous les périls qu'il a courus, ne lui laissoit rien à désirer sur sa gloire militaire, et qu'enfin le siège de Témiswar qu'on lui proposoit n'étoit point une si grande occasion que, pour l'avoir, il dût passer sur toutes les considérations qu'il m'avoit lui-mesme

1. Cette feuille ne s'est pas retrouvée.

APPENDICE. 417

alléguées et sur toutes celles que je prenois la liberté de le supplier de faire. Schmit a été consulté aussy et conclusion : sur touttes ces délibérations, l'Électeur a déclaré au comte de Kaunits qu'il n'iroit point à Vienne et ne feroit point la campagne, lequel est au désespoir.

(Orig. Arch. des Aff. étr.)

21. Le comte de Kaunitz au comte de Strattmann.

Analyse. Munich, 31 mai 1688.

Le bruit s'est répandu de la maladie du Duc de Lorraine. L'Électeur de Bavière s'offre pour prendre à sa place le commandement en chef de toute l'armée impériale en Hongrie.

(Orig. allem. Arch. I. R. de Vienne.)

22. Le Roi à Villars.

Extrait. Versailles, le 2 juin 1688.

..... Votre lettre du 25 may m'informe de la résolution que l'Électeur de Bavière a prise de demeurer dans ses Estats pendant cette campagne.

Il me paroist mesme que les raisons qu'il vous en a confié sont assez fortes pour l'avoir dû obliger à prendre ce party, mais comme il ne doit pas douter que la cour de Vienne n'en conserve un vif ressentiment et qu'elle ne luy en donne des marques aussi tost qu'elle le pourra faire, il est aussy de sa prudence de se précautionner contre tout le mal qu'il en pouroit recevoir, et il peut bien juger qu'il n'en peut trouver de plus assuré moyen qu'en entrant avec moy dans les liaisons que vous lui avez desjà proposé de ma part.

Si vous croyez mesme qu'il puisse estre tenté du désir d'estre éleu Roy de Pologne préférablement au Duc de Lorraine et à tout autre candidat, vous pouvez l'assurer que j'y concoureray avec plaisir par tous les moyens qui peuvent être pratiquables en semblable occasion, et enfin il doit attendre de mon amitié et mesme de l'interest de ma couronne, que je contribueray tousjours à son agrandissement et à celuy de sa maison, comme à un moyen propre à empescher que la maison d'Austriche ne s'empare de tous les Estats voisins et n'exerce dans tout l'Empire un pouvoir aussy absolu qu'elle se l'est déjà rendu héréditaire.

C'est aussy ce qui doit faire espérer audit Électeur qu'il réussira d'autant plus facilement dans les desseins qu'il formera de concert avec moy, qu'outre l'appuy que je seray tousjours en estat de luy donner, il ne faut pas douter que les Princes d'Allemagne les plus censéz ne soient bien aises de favoriser ses desseins, pour empescher la maison d'Austriche d'exécuter les siens à leur préjudice.

Enfin il est bon de l'encourager à porter ses pensées et à la dignité de Roy des Romains et à la couronne de Pologne, et luy faire veoir qu'il n'y a rien à espérer pour luy que dans un entier détaschement des intérêts de la cour de Vienne.

(Min. Arch. des Aff. étr.)

23. *Le comte Kaunitz à l'Empereur Léopold.*

Analyse[1].   Vienne, 16 juin 1688.

Mauvaise situation des choses à la cour électorale de Bavière. L'Électeur n'est plus reconnaissable : il manque à ses engagements, traite les affaires *cavalièrement,* est entouré de mauvaises gens *utriusque sexus*. Leidel est en lutte avec Berkheim qui cherche à le remplacer par Wampl. Berkheim a rempli le Conseil de ses créatures ; il conseille à l'Électeur de ne pas faire la campagne ; il jure qu'il n'y a aucun arrangement conclu avec la France ; l'Électeur donne les mêmes assurances, et pourtant il a de longues conférences avec Schmidt dont les sentiments sont bien connus et qui lui a communiqué le traité de son père avec la France. Villars a une liste des banquiers d'Augsbourg ; et comme son crédit personnel n'est pas si élevé qu'un seul banquier n'y suffise, il est évident qu'il s'agit du payement des arriérés dus par la France au père de l'Électeur ; or, le roi de France a déclaré qu'il ne paierait rien sans la conclusion d'un nouveau traité. On parle de traités qui *éclateraient* dans deux ou trois mois. Si l'Électeur ne fait pas la campagne, il faudra attribuer cette résolution à l'influence de la comtesse Paar et à celle de Schmidt qui ne cesse de répéter à l'Électeur qu'il se charge de rétablir ses affaires, à condition qu'il ne sorte pas du pays. Or, l'intérêt de l'Empereur est que l'Électeur fasse la campagne : c'est le meilleur, si ce n'est le seul moyen de le soustraire à l'influence française. Cette influence et celle des gens suspects qui l'entourent pourraient l'entraîner à faire le voyage de Paris. A la nouvelle de la maladie du Duc de

---

1. Les mots en italiques sont dans l'original. Cette indication s'applique à tous les textes suivants.

APPENDICE.   419

Lorraine, l'Électeur avait fait dire à Kaunitz qu'il était prêt à partir; quelques instants après, il avait complètement changé d'avis; il est vrai que, dans l'intervalle, des lettres avaient été échangées avec la comtesse Paar. Kaunitz est assez découragé, de plus, il est mal portant; il s'excuse longuement auprès de l'Empereur de son insuffisance.

(Origin. allem. Arch. I. R. de Vienne.)

24. *L'Électeur de Bavière à Louis XIV.*

Munique, ce 5 Juillet 1688.

Vaustre Majesté aura cens doutte apris par M^r le Marquis de Villars que j'avois pris la résaulution de passer cette esté dans mes Estats pour le soing de mes affaires, et les diverses sollicitations de l'Empereur ne m'auroit point destourné d'un dessein que je croiez m'estre nécessaire, si le Comte de Strattman ne m'estoit encore venu prier d'aller prendre le comendement general des armées de l'Empereur en Hongrie, où le mauvais estat de la santé de M. de Lauraine l'empéchoit absaulument d'aller; je me suis d'autant plus laissé aller à l'espérance de trouver encore des occasions plus favorables d'aquérir l'estime de V. M., qu'elle n'a point paru désapprouver entierement que j'allasse encore cette année en Hongrie, ce que j'auray trouver moyen d'éviter si j'avois pansé que cela eut peu ne lui estre pas aggréable; j'ay doncque accordé au Comte de Strattman que j'yray commēder les armées de l'Empereur, lequell ensuitte me fait une autre demende en me representant que l'Empereur mettant sous ma conduitte ces dittes armées, qui est son trésor et le seul soutien de ces roiaumes, demandoit en mesme temp une complésance de ma part, qui esteit de voulloir bien que le Marquis de Villars n'y feut point, ce que j'ay refusé en asseurant qu'il me seroit désaggréable de me priver d'un homme dont j'estimois la conduitte et lequell je pouvois répondre ne point porté dans les armées impériales des dessins qui puissent nuire à l'Empereur. Ledit conte de Strattman m'a fort insisté disant qu'il estoit ministre. J'ay répondu que je ne désavoue point qu'il ne m'eut parlé quelque fois de la part de V. M. et que je supliés l'Empereur d'estre persuadé que je tenés à honneur les marques d'estime de V. M. et de son souvenir, que mon intention estoit de les ménager tousjours autant qu'il me seroit possible et que je seréz honnorré quand elle voudroit bien tenir icy quelqu'un de ses ministres; que du reste le Marquis de Villars n'avoit point de caractere, et avoit cherché la campagne derniere tout ce qu'il avoit creu du servisse de l'Empereur. Le conte de Strattman m'a repliqué encore qu'il me prioit de faire reflexion, que l'Empereur me confiant ce qu'il avoit de plus précieux au monde, il estoit juste au moins que pendant la campagne il ne peut rient croire de suspect dans ces armées et que la personne du Marquis de Villars l'estoit entierement. Ainsi je vois des obstacles à le guarder auprès de moy, ce que je désire fortement par l'onneur qu'il a de la confience de V. M. et par l'estime que je feis de sa personne; j'y feray encore tout mon possible, mais je crains que dans les Estats de l'Empereur je ne reçoive quelque ordre, ce que j'empescheray autant que V. M. pourra juger elle-méme que cela peut deppendre de moy. Mais si je suis obligé de m'en séparer pour ce peu de temps que deurera la campagne, avant qu'il s'esloigne de moy je le chargeray de plus fortes asseurances de la reconnoissance que j'ay des offres considérables que V. Majesté l'a ordonné de me faire, et je respondray particullierement à toutes lesdittes offres, en prient Vaustre Majesté d'estre fortement persuadée du désir véritable que j'ay de m'attacher à ses intéres et de seconder par mes servisses les marques d'estime qu'elle me donne et les bonnes intentions qu'elle a pour moy, voulant estre aveque beaucoup de respect tousjours,

 Sire,

De Vaustre Majesté très humble et vray serviteur et cousin,

         EMANUEL, Électeur.

(Orig. autogr. Arch. des Aff. étr.)

25. *Villars au Roi.*

Extrait.   A Munich, 14 juillet 1688.

.... L'Électeur m'a prié de vouloir bien ne point le suivre, comme je l'ay vu dans cette intention, je luy ay dit que je devois attendre les ordres de Votre Majesté, que le courrier que j'avois dépesché, chargé d'une lettre de l'Électeur, me rapporteroit incessamment; qu'il me paroissoit un peu dur pour son Altesse Électorale que l'Empereur exigeât d'elle que, pour prendre la qualité de son général d'armée, elle perdît quasi celle de souverain qui consiste à estre toujours un peu le maistre et à pouvoir au moins tenir auprès de lui ceux que bon luy semble; et enfin, l'ayant assez pressé, il m'a dit qu'il étoit d'une extreme conséquence pour luy de ne pas donner une entiere défiance à l'Empereur.

Je luy ay répondu d'abord qu'une conséquence pour le moins aussi grande estoit de n'en point donner à Vostre Majesté, et qu'il étoit de son intérêt que Vostre Majesté, qui avoit de si bonnes intentions pour son Altesse Électorale, pust les conserver.

J'ay si bien fait que j'en ay tiré beaucoup plus que je n'aurois pu prétendre si l'Empereur ne s'estoit opposé à l'envie qu'avoit ce prince de me mener avec luy. Car il vient de me donner une lettre[1], écrite comme la première de sa main, qui, hors un traitté avec Vostre Majesté, est, ce me semble, ce qu'on peut désirer de plus fort. Je ne l'envoye point à Vostre Majesté, parce que ce Prince m'a prié de ne la point exposer au hazard des voies ordinaires, et de la rendre moy-mesme si Votre Majesté me permet de m'en aller faire un tour en France, mais en substance il s'engage à Vostre Majesté de ne faire aucun traité avec l'Empereur, et proteste que celuy qu'il a présentement n'est que pour cette année. Il prie Votre Majesté de me renvoyer icy dèz qu'il y sera de retour sous prétexte des complimens sur le mariage de la princesse sa sœur, engage sa parole de traiter pour lors solidement avec Vostre Majesté. L'Électeur a consulté cette lettre avec le chancelier Schmit, avec lequel il a voulu que j'eusse aussy plusieurs conférences, et ledit chancelier qui, par l'intérêt de son maistre et par le sien, désire fort qu'il se rapproche de Vostre Majesté ne croyoit pas que nous peussions tant tirer, et conseille à l'Électeur d'oster autant qu'il luy sera possible toutes sortes d'ombrages à la cour de Vienne, jusques à ce que sa personne et ses troupes soient de retour en Bavière.

(Orig. Arch. des Aff. étr.)

26. *Mémoire du Roi pour servir d'instruction au Marquis de Villars s'en allant présentement à Munich en qualité d'Envoyé extraordinaire de Sa Majesté auprès de l'Électeur de Bavière.*

Analyse.   Versailles, 21 septembre 1688.

Villars complimentera l'Électeur de sa belle conduite et de ses succès en Hongrie. Dans l'affaire de Cologne, il s'efforcera de démontrer à l'Électeur que c'est le Roi et non l'Empereur qui agit dans les véritables intérêts de sa maison. Les bons casuistes et gens de probité reconnaissent que les Brefs et dispenses du Pape ne peuvent rendre un Prince de dix-sept ans capable d'être

---

1. Cette lettre ne se trouve pas aux Archives des Affaires étrangères.

évêque au mépris du Concile de Trente : l'élection du prince Clément, faite en vertu d'un bref irrégulier, est nulle; l'autorité du Pape ne peut suppléer à ce qui lui manque ni renverser l'ordre de l'Église contre tout droit et équité. La maison d'Autriche et celle de Neubourg ont intérêt à ce que le prince Clément, engagé dans les liens de l'Église, n'ait pas de postérité, afin que, si l'Électeur continue à ne pas avoir d'enfants, sa branche s'éteigne à leur profit.

Si l'Électeur veut entrer en alliance avec le Roi, celui-ci autorise Villars non seulement à confirmer ses anciennes propositions, mais à lui dire qu'il aidera le prince Clément à être coadjuteur de Cologne, et qu'il espère bientôt être en mesure de faire une paix définitive entre la France, l'Empereur et l'Empire. Elle seule permettra aux Princes catholiques de s'opposer au dessein que le prince d'Orange a formé avec quelques Princes protestants pour opprimer la religion en Allemagne et en Angleterre et l'empêchera de réussir dans l'horrible attentat qu'il projette contre la personne et l'autorité du roi son beau-père.

En joignant ses efforts à ceux du Roi pour obtenir cette paix définitive, l'Électeur aura bien mérité de la Chrétienté et de l'Empire et satisfait à ce que demande de lui la qualité d'Électeur.

(Min. Arch. des Aff. étr.)

27. *Mémoire remis à Madame la Dauphine et transmis par elle à son frère l'Électeur de Bavière.*

Analyse. 7 octobre 1688.

Ce mémoire résume toutes les raisons tirées soit du passé, soit des prévisions pour l'avenir, et qui doivent porter l'Électeur de Bavière à préférer l'alliance française à l'alliance autrichienne. Il fait luire à ses yeux l'espérance de la couronne impériale.

Louis XIV renouvelle toutes les offres précédentes, consentant à ce que l'Électeur soit le médiateur de la paix, lui promettant des subsides s'il veut joindre ses armes aux siennes pour procurer cette paix, et ajoutant même « que, si l'Électeur veut demeurer dans une *exacte neutralité* dans l'espérance de procurer plus facilement, par ce moyen, une bonne paix, il y consentira et ne lui refusera pas même une assistance raisonnable pour les dépenses extraordinaires qu'il seroit obligé de soutenir. »

(Min. Arch. des Aff. étr.)

APPENDICE. 423

28. *Villars au Roi.*

Extrait.   Munich, 30 octobre 1688.

..... J'ay connu et j'ay été informé par ceux qui connoissent le plus l'Électeur, de quelle manière l'Empereur, ses ministres, les maîtresses et les ministres de l'Électeur qui sont dévoués à la cour de Vienne s'y étoient pris pour changer ce Prince et l'éloigner du penchant qu'on luy a veu en dernier lieu à s'attacher à V. M.; l'Empereur, par de grandes espérances, les maîtresses par toutes sortes d'artifices, les ministres de l'Électeur par l'animer sur les affaires de Cologne. Mais ce qui a fait le plus d'effet, c'est la terreur que les ministres luy ont donné que, quand il ne seroit pas dans les interests de l'Empereur, il seroit la première victime de la guerre..... On l'a donc intimidé, et ce Prince, qui ne craint pas les périls personnels, n'a point du tout cette force d'esprit qu'il faut pour les affaires, et pour n'estre point étonné de celles dont il faut se charger pour la conduite d'un État. Enfin, Sire, tous ceux qui le connoissent m'ont asseuré que les affaires de Cologne, les espérances que l'Empereur luy donne, la dignité de généralissime qu'on luy fait espérer, tout cela enfin l'a moins ébranlé que la crainte de toutes les affaires dont il auroit à se charger personnellement en se broüillant avec l'Empereur. Les mesmes gens sont persuadés que si on luy fait peur de notre côté aussy, qu'il ne sera pas impossible de le ramener. Enfin tous m'y ont exhorté, et j'ay bien connu par les divers discours qu'il m'a tenus depuis que je suis icy, d'abord fort décidez en arrivant de Vienne, ensuitte incertains sur la fausse nouvelle de la prise de Philisbourg et penchants à s'attacher aux interests de V. M., depuis, plus réservés par la lenteur du siège, j'ay assez connu qu'il est absolument nécessaire de l'étonner comme les autres Estats de l'Empire, et c'est ce qui m'a obligé, dans mes précédentes dépesches, à représenter tousjours à V. M. que je ne voyois rien de si important que d'augmenter tousjours cette terreur qui estoit répandue dans tous ces côtez-là de l'Empire.
                              (Orig. Arch. des Aff. étr.)

29. *Le comte Kaunitz à l'Empereur Léopold.*

Analyse.   Munich, 12 novembre 1688.

Kaunitz arrivé à Munich rend compte de son premier entretien avec l'Électeur. Il lui demande d'entrer en alliance avec l'Empereur et de l'aider à défendre l'Empire menacé par la prise de Philipsbourg et les violences de Louis XIV. L'Électeur commet Schmidt, Leidel et Wampel pour en conférer avec lui. Kaunitz récuse Schmidt comme acquis à la France.

(Orig. allem. Arch. I. R. de Vienne.)

30. Le comte Kaunitz à l'empereur Léopold.

Analyse.   Munich, 16 novembre 1688.

L'Électeur conclura une alliance et fournira un contingent de 17,000 hommes aux conditions suivantes :

1° Le projet relatif aux Pays-Bas et que l'Empereur connaît sera poursuivi ;

2° L'Empereur garantira à l'Électeur la possession de la Bavière ;

3° L'Empereur fera connaître quels sont les moyens, les forces et les alliances à l'aide desquels il se propose de se défendre et de protéger la Bavière contre une attaque de la France.

Kaunitz trouve ces conditions *captieuses* : en en recevant communication, il a répondu que la loyauté de l'Empereur, son patriotisme, sa puissance étaient des garanties suffisantes et de l'exécution de ses engagements et des moyens dont il disposait pour défendre l'Empire : que neuf régiments seraient envoyés en Bavière, et, qu'aussitôt la paix avec le Turc conclue, toutes les forces disponibles de l'Empire seraient dirigées vers le Rhin.

Kaunitz a blâmé l'Électeur d'avoir transmis la proposition de médiation faite par Villars.

(Orig. allem. Arch. I. R. de Vienne.)

31. L'Électeur avait chargé deux de ses ministres, Schmidt et Mœrmann (Villars écrit *Mer*), de conférer avec Villars : après plusieurs entretiens secrets, ils remirent à Villars un mémoire écrit que celui-ci transmit au roi : cette pièce est perdue, mais voici l'analyse que Villars en donne au Roi :

Munich, 27 décembre 1688.

..... Ils prétendent que c'est demeurer dans une espèce de neutralité que l'état où ils sont, que, l'Électeur voulant être médiateur, il ne peut montrer des sentimens favorables pour aucun des partis, et qu'enfin, quand l'Empire est attaqué, il n'y a point de Prince qui puisse avoir une conduite plus respectueuse que de promettre de n'avoir aucun engagement tant qu'il y aura quelque apparence à la paix et qu'il pourra y contribuer.

Du reste, pour se rendre chef du party catholique, ils disent qu'il faudroit que les Princes Ecclésiastiques de l'Empire fussent attaqués par les Protestants pour pouvoir former un party sur cela. Voilà, Sire, en quel état cela est.....

Je les ay assurés par avance que cette réponse n'estoit pas assez considérable pour empescher V. M. d'étendre ses contributions et de porter ses armes partout où on estimeroit du bien de son service de le faire.....

Je crois devoir encore dire à V. M. qu'il est certain que les bons ou les mauvois succez du prince d'Orange décideront de la paix ou de la guerre dans l'Empire : je l'ay veu dans l'esprit de tout ce qui est icy attaché aux Autrichiens, et la même chose est à Ratisbonne.

Le Roi répondit de Versailles le 16 décembre :

..... La Cour où vous estes auroit bien pu s'espargner la peine de dresser cet escrit, et il semble qu'elle ayt plustost voulu vous donner par là vostre congé que d'entrer dans aucune négociation avec vous.....

(Arch. des Aff. étr.)

32. Vienne, 12 décembre 1688. Rescrit de l'empereur à Kaunitz, lui ordonnant de demander à l'électeur de Bavière d'éloigner Villars de sa cour.
(Minute allem. Arch. I. R. de Vienne.)

33. *L'empereur Léopold à l'électeur de Bavière.*

Analyse.   Vienne, 17 décembre 1688.

Léopold remercie Max-Emmanuel de sa lettre du 12 et constate avec satisfaction qu'il apprécie, comme elle doit l'être et en fidèle Électeur, la conduite perfide et cruelle de la France envers la « patrie commune de la nation allemande » (*gemeines Vaterland Teutscher Nation*), le remercie d'avoir sauvé Ulm et lui promet un commandement dans son armée.

(Origin. allem. Arch. de Munich.)

34. *Villars au Roi.*

Analyse et extraits.   Munich, 18 décembre 1688.

Villars envoie au Roi un mémoire qu'il a lu à l'Électeur et

dans lequel il a essayé une dernière fois de lui démontrer les avantages qu'il trouverait dans l'alliance française ou tout au moins dans la neutralité. Il ne se fait aucune illusion sur le résultat de cet effort. Il considère que l'Électeur est décidé à faire la guerre et engage le Roi à prendre ses mesures en conséquence. Tout ce qu'il espère, c'est de retarder la déclaration de guerre. A cet effet, il essaye d'agir sur l'opinion, tout en pesant sur l'esprit indécis de l'Électeur :

« ... Le peuple et la noblesse détestent le dessein de faire la guerre à la France ; tout crie la neutralité et fort publiquement ; les États même, rassemblés, étonnés de la demande qu'on leur a faite de trois millions de florins, se déclarent assez hautement contre les ministres de l'Empereur et avec plus de courage que la crainte du Comte de Kaunitz n'en laisse jusqu'icy en Bavière ; j'ay remis le désordre dans le Conseil, c'est peut-estre le seul avantage que j'en retireray et celuy de mettre l'Électeur au désespoir et de gagner quelques jours. »

(Orig. Arch. des Aff. étr.)

35. *Le Comte Kaunitz à l'Empereur Léopold.*

Analyse et extraits.   Munich, 18 décembre 1688.

Le Baron Leidel a communiqué au Comte Kaunitz la réponse de l'Électeur aux propositions de l'Autriche telle qu'elle a été délibérée en Conseil.

1° L'Électeur demande que l'Empereur obtienne effectivement de la couronne d'Espagne l'abandon des Pays-Bas espagnols, et, qu'à cet effet, il envoie un négociateur spécial. La paix ne sera pas conclue avec la France avant que les Pays-Bas ne soient conquis et que le traité de paix ne stipule le maintien des Pays-Bas dans les mains de l'Électeur, avec l'assentiment et même le concours de l'Électeur de Brandebourg, des États Généraux et de toutes les puissances voisines.

2° Dans le cas où il faudrait renoncer aux Pays-Bas, l'Électeur demande que : 1° pour tenir lieu de cette juste *prétention*; 2° *pro voto*; 3° *gratitudinis causa propter auxilia lata contra Turcas*; 4° *pro subsidiis in futurum*; l'Empereur lui cède un territoire en *proportion* avec ses *prétentions*.

3° Si cette condition aussi ne peut être remplie, l'Électeur demande *pro voto et gratitudine*, à la place du million qui lui a été offert, les marquisats de Burgau et de Neuburg.

4° Il demande enfin un subside annuel de 300,000 fl. pour un contingent de 8,000 hommes, ou de 450,000 fl. pour 12,000 hommes, le tout *usque ad casum successionis Hispanicæ*.

Kaunitz a déclaré à Leidel qu'il trouvait ces demandes *exorbitantes*. Il a formellement rejeté toute cession de territoires appartenant aux possessions allemandes de la maison d'Autriche (*die Teutsche monarchia dess Erzhauss*), il a laissé entendre que *ad casum mortis sine prole (quod Deus avertat) suæ catholicæ majestatis*, on pourrait peut-être trouver un *æquivalens* dans les États de la succession, qu'on serait disposé à agir à Madrid pour obtenir l'introduction, dans le futur instrument de paix, de la cession des Pays-Bas, mais qu'aujourd'hui cette question ne pourrait être soulevée, ni surtout communiquée aux autres puissances, sans amener des retards très préjudiciables à la cause commune.

Au reproche qui pourrait être fait à la maison d'Autriche de se montrer ingrate pour les services rendus par l'Électeur en Hongrie, Kaunitz a répondu par l'expression des sentiments les plus affectueux et les plus sincères, par l'exposé des *avantages* que l'Électeur a retirés de la guerre. « Il a assuré sa sécurité et
« celle de l'Empire du côté de l'Orient, il n'a plus à craindre
« qu'un siège de Vienne mette de nouveau ses États en danger, il
« s'est donné un grand *meritum* vis-à-vis de Dieu, de Sa Sainteté
« le Pape, de Sa Majesté l'Empereur, de l'Empire romain et de
« toute la Chrétienté; il a gagné une gloire immortelle et mis
« l'Empereur en situation de pouvoir librement défendre les fron-
« tières occidentales de l'Empire. » Kaunitz a fait ressortir ensuite le désintéressement avec lequel l'Empereur a subvenu à l'entretien des troupes électorales et a terminé l'entretien par les offres suivantes qu'il a déclaré devoir être les dernières :

Un subside annuel de 200,000 fl. *durante bello* et de 100,000 fl. *tempore pacis*, jusqu'à ce que le *casus successionis Hispanicæ* se présente et que l'Empereur ou ses héritiers parviennent *servato successionis ordine ad quietam possessionem illius monarchiæ*. Le paiement d'un million en cinq annuités de 200,000 fl. non *pro voto*, mais *titulo gratitudinis* pour les dépenses faites en Hongrie par l'Électeur; quant au *votum*, l'Électeur le maintiendrait au chiffre de 8,000 hommes.

Ces propositions ont été examinées en conseil des trois ministres et il a été répondu que l'Électeur consentait à ne pas retarder la conclusion du traité jusqu'à ce qu'il ait été mis en possession des Pays-Bas; il demandait qu'un *envoyé* impérial fût dépêché à Madrid pour régler la question, après avoir passé à Munich pour y recevoir ses instructions; il indiquait pour cette mission le Comte de Lobkowitz; il persistait à demander le marquisat de Burgau et Neuburg sur l'Inn *pro voto et gratitudine* et un subside de 300,000 fl. pour un contingent de 8,000 hommes.

En transmettant cette réponse à Kaunitz, le grand Chambellan lui a donné le conseil de hâter la conclusion du traité et de céder au moins Neuburg afin de faire cesser les *murmurationes malevolorum* et d'empêcher qu'on ne puisse dire que l'Électeur, après avoir dépensé onze millions pour secourir l'Empereur, n'en avait pas reçu un pied de terre.

Kaunitz demande des instructions définitives.

(Origin. allem. Arch. I. R. de Vienne.)

36. *Le Comte Kaunitz au Comte Strattmann.*

Munich, 23 décembre 1688.

Lettre en français dans laquelle Kaunitz presse le ministre de lui faire envoyer sans délai ses dernières instructions et finissant par ces mots : « J'insiste pour que l'on congédie Mr Villars; je craigne pourtant de ne rien obtenir que l'alliance ne soit faite. »

(Origin. autogr. Arch. I. R. de Vienne.)

37. *L'Électeur de Bavière à l'Empereur.*

Analyse. Munich, 27 décembre 1688.

L'Électeur remercie l'Empereur de l'accueil fait à ses déclarations, de l'appui qui lui est promis, des secours qui lui sont annoncés de la Franconie et de la Souabe; il proteste de son patriotisme et de l'impatience avec laquelle il attend le moment de pouvoir repousser les injustifiables violences des Français et concourir à la protection des pays de l'Empire attaqués sans aucune raison. Il insiste pour une prompte action, pour l'envoi des régiments promis et le règlement des questions relatives à son commandement séparé, promettant de se déclarer à Ratisbonne contre la France, et, pour effacer toute *impression*, de *licentier Monsieur Villars* de sa cour.

(Orig. allem. Arch. I. R. de Vienne. — Min. Arch. de Munich.)

38. *Le Comte Kaunitz au Comte Strattmann.*

Analyse. Munich, 4 janvier 1689.

L'Électeur est impatient de recevoir une réponse et s'étonne des

APPENDICE. 429

délais de la cour de Vienne; il a pourtant promis de congédier Villars : « Demain ou après demain, Villars recevra son *compliment*. »

(Orig. allem. Arch. I. R. de Vienne.)

39. *Villars au Roi.*

Extrait. A Munich, 5 janvier 1689.

..... Toutes les troupes de Saxe, de l'Empereur et de la Bavière seront à hauteur de Donavert, le dixiesme de ce mois, les régiments de l'Électeur de Bavière ont déjà receu leurs ordres pour cela, et de là tout marchera vers la Necre et pourra y arriver vers le 20e.

L'Électeur m'a dit qu'il attendoit un courrier de l'Empereur incessamment et qu'apres cela il me diroit sincerement ses intentions, et je luy ay dit qu'il pourroit bien me les dire dez à cette heure, et que je prendrois mon party; et sans les ordres de Vostre Majesté qui me prescrivent d'attendre qu'il se soit déclaré conjointement avec l'Empereur ou séparément, j'aurois déjà pris congé de ce Prince..... Les ménagemens que j'ay eü ont empesché la marche de ses troupes, dont l'Électeur de Saxe vouloit être assûré avant que de s'ébranler; le Comte de Kaunitz a fait tous ses efforts pour que l'Électeur de Saxe commençât à marcher, l'assurant que l'Électeur de Baviere suivroit dans le moment son exemple; l'on a fait des difficultés et j'ay gagné six sepmaines de temps; présentement tout est concerté, et j'avoüe, Sire, qu'apres avoir fait tous mes efforts pour persüader, je souhaitterois bien ardemment que Vostre Majesté m'employât pour faire repentir ceux qui n'ont pas voulu me croire.

Le général Sereni fait parler à tous les officiers françois; il parla hier à Noblesse, qui est un ingénieur françois, et luy dit que l'Électeur avoit ordonné qu'on luy expédiât une patente de colonel, il a déjà une pension de quatre mil francs; après cela il luy demanda s'il ne serviroit pas l'Électeur envers et contre tous. Noblesse luy répondit que si l'on vouloit le faire servir contre son Roy, au lieu d'une commission de colonel il falloit luy faire expédier un congé. Ils sont fort piqués de voir qu'aucun des François ne balance à montrer son zele pour Vôtre Majesté, et j'avoüe, Sire, que je seray ravy de partir avec un assez grand nombre d'officiers honnêtes gens et qui parlent comme tels.

Les timides Bavarois reprennent un peu courage sur le bruit

de l'éloignement des troupes de Vôtre Majesté et de la déclaration de leur Prince......

Si les troupes de Vostre Majesté sont encore à Studgard, j'iray tout droit, sinon mon chemin le plus court et le plus seur est par la Suisse......

Vostre Majesté sera bien surprise de la fin de cette lettre.

Le sieur de Leydel, vice-chancelier, est venu chez moy : après m'avoir demandé audience de la part de Son Altesse Électorale, et après un fort mauvais compliment sur l'estime et l'amitié que l'Électeur avoit pour moy personnellement, m'a dit que son maître ne pouvoit se détacher des interests de l'Empereur et de l'Empire attaqué de tous les côtés, luy avoit ordonné de me venir trouver pour me dire qu'il désiroit que je sortisse de Munich dans trois jours, et de ses Estats le plutost qu'il me seroit possible. Je luy ay dit que je ne pouvois croire que cet ordre fut véritable, qu'il estoit indigne de l'Électeur de Bavière, et enfin j'ay traité le sieur Leydel, en parlant toujours avec respect de son maître, comme il le méritoit. J'ay été sur-le-champ chez l'Électeur et je luy ay fait demander audience : il ne vouloit point me la donner, mais enfin je l'ay demandée d'un ton à la vouloir avoir, et je suis entré dans son cabinet, et je lui ay parlé avec toute la véhémence que méritoit le compliment de son chancelier ; il a désavoué le terme de trois jours et de sortir de ses Estats le plustôt que je pourrois. Je luy ay parlé avec toute la fierté que je devois sur le reste. J'ay demandé à l'Électeur s'il avoit quelque sujet de se plaindre de moy et que j'aimerois mieux que la manière indigne dont il en uzoit pût me regarder personnellement que comme envoyé de Vostre Majesté ; il m'a fait beaucoup d'honnestetés pour moy, que du reste l'Empire étoit déclaré ; je luy ay dit qu'il ne l'étoit point et que l'Électeur de Brandebourg même avoit mandé à Monsieur le Cardinal de Furstemberg qu'il ne se déclareroit pas, et que je ne pouvois imaginer qu'il eût fait réflexion sur la conduite qu'il tenoit ; que, pour moy, j'en estois touché comme la chose le méritoit, que je le suppliois de faire une réprimande à Leydel et que j'espérois qu'il le désavoüeroit d'une conduite aussy extraordinaire que celle qu'il a eüe avec moy. Enfin, Sire, après m'avoir bien écouté, ne me répondant rien, il est sorti de son cabinet, est monté sur le siège d'un cocher et est allé courre les rües, avec ses courtisans derrière le carrosse. Le grand chambellan vient de m'envoyer dire qu'il avoit quelque chose à me dire et si je voulois bien aller faire un tour à la cour ; je luy ay mandé que j'avois affaire, et que s'il vouloit venir chez moy, je l'attendrois.

Enfin, Sire, je partiray demain, et si l'Électeur de Bavière ne me fait pas faire quelques honnestetés, je suis bien tenté de ne pas prendre congé de luy.

Je luy ay reproché son ingratitude pour toutes les grâces qu'il a receües de Vostre Majesté; l'honneur qu'il a d'estre frère de Madame la Dauphine m'a empesché de m'emporter, mais, Sire, j'auray l'honneur d'entretenir Vostre Majesté de sa personne et de ses forces, et je la supplie de croire que le plus grand service qu'il pouvoit rendre à Vostre Majesté estoit de ne pas faire marcher ses trouppes, il y a six sepmaines, car, du reste, ses Estats gouvernés comme ils le sont, ny toutes ses forces ne valent assurément pas les subsides que Vostre Majesté auroit peû luy donner. Pour moy, Sire, je ne saurois à quoy attribuer cette boutade de ce Prince, si ce n'est que dans la journée d'hier il arriva icy le Prince Loüis de Bade, l'Envoyé de Saxe, Scarlati avec des lettres du Pape, et un courrier de Hollande avec des nouvelles d'Angleterre : tout cela ensemble a troublé la teste du Prince, d'ailleurs tres capable de telles saillies.

Le Grand Chambellan vient de m'écrire un mot et me mande que Son Altesse Électorale a été étonnée de l'emportement avec lequel je luy ay parlé, que, du reste, c'est l'usage de leur cour de ne donner que trois jours en de pareils occasions, mais que, si j'avois besoin de quelques jours de plus, je pouvois les prandre. J'ay répondu qu'en parlant à Son Altesse je n'étois jamais sorty du respect que je luy devois, et que dans mon discours le terme respect avoit été plus emploïé qu'aucun autre; que, du reste, je contois de partir dès demain, et que je n'attendois que les passe-ports et les escortes pour me retirer.

Je ne sçay, Sire, si je feray une faute, mais si l'Électeur de Bavière ne me fait pas faire quelque honnetecé sur le procédé du sieur Leydel et sur toute cette conduite si surprenante qu'on a tenüe à mon égard, je crois devoir partir sans prendre congé de ce Prince et sans recevoir aucun de ses présens.

L'on vient de proposer à Monsieur le Marquis de Spinchal un régiment dans le service de Monsieur le Duc de Savoye, lequel il a refusé. Comme cette proposition marqueroit une intelligence avec Monsieur de Savoye dont je n'ay jamais eu lieu de m'appercevoir, à moins que ce ne soit une proposition en l'air pour ne pas perdre un homme qu'ils craignent assurément; il a abandonné cinq mil francs qu'on lui devoit de ses appointements pour trois cens escus, et un des ministres de l'Électeur de Bavière, en le faisant payer, luy a dit que, pour le reste, l'Électeur de Bavière esperoit qu'il viendroit le retirer un jour en reprenant son service ; Spinchal a répondu fort haut qu'il estoit bien aise qu'on luy donnât des prétentions légitimes sur la Bavière ; il est homme de mérite assurément.

(Orig. Arch. des Aff. étr.)

40. *Villars au Roi.*

A Ingen, près Munich, 7 janvier 1689.

J'ay eu l'honneur d'informer Vôtre Majesté, par ma dernière dépêche, de la conduitte très surprenante de l'Électeur de Bavière et à laquelle je n'avois assûrément aucun lieu de m'attendre, quoyque par une connoissance assez particulière de l'humeur de ce Prince on puisse en craindre de ces sortes de saillies.

Il en fit une pareille au comte de Caunitz il y a six mois, et, après l'avoir prié de venir à Munich, quatre jours après il luy envoïa un courrier et luy écrivit très sèchement qu'il n'avoit que faire de venir auprès de luy et qu'il ne le verroit point, et, au pied de la lettre, il s'en fallut peu qu'il ne vit point un Envoyé de l'Empereur, et le Comte de Caunitz ne fût que six heures à Munick et ne voulut pas y coucher.

La conduite qu'il vient d'avoir avec moy est toute pareille, et je croy avoir oublié dans ma dernière dépêche de mander à Vôtre Majesté que la veïlle du beau compliment qu'il m'a fait faire par son chancelier, il me demanda si Vôtre Majesté ne seroit pas offensée qu'il fit marcher ses trouppes en Suabe, et moy, instruit par les lettres que Vostre Majesté m'a fait l'honneur de m'écrire par mon courrier, je luy dis que Vostre Majesté ne trouveroit pas mauvais qu'il cherchât à soulager ses Estats en donnant des quartiers à ses trouppes dans d'autres pays. Enfin le Prince me dit ces mesmes paroles qu'il n'attaqueroit pas les trouppes de Vostre Majesté si elles ne venoient pas attaquer les siennes ; ainsy j'avois tout lieu de croire qu'il marcheroit sans se déclarer.

Mais, pour instruire plus amplement Vostre Majesté que je n'ay eu le tems de le faire par le dernier ordinaire, j'auray l'honneur de lui dire que outre l'arrivée du Prince Loüis de Bavière, j'ay appris depuis que le Comte de Caunitz avoit aussy receu un courrier de Vienne qui luy apportoit tous les ordres de l'Empereur pour donner le commandement de ses trouppes à l'Électeur de Bavière, mais à cette condition de ne pas les délivrer que l'Électeur de Bavière ne m'eut fait retirer de ses Estats. Il se tint un conseil le soir, et les ministres de l'Électeur, sachant que leur maître alloit se déclarer, ont crû qu'il ne pouvoient pas mieux faire que de le porter à le faire avec éclat, pour mériter au moins les bonnes grâces du Comte de Caunitz, outre que le Conseil de ce Prince est si misérable et si dépourveu de gens attachés aux véritables intérests de leur maistre, lequel est d'ailleurs si peu aimé et considéré de tout ce qui l'approche, qu'il n'y en a pas un qui ne soit bien aise de luy voir faire une sottise pour peu qu'ils en espèrent d'utilité. Ainsy donc, l'on a pris la résolution ridicule de me faire dire de sortir dans trois jours de Munich et de la Bavière le plus tost qu'il me seroit possible. Le sieur Leydel me vint faire ce compliment et je le traittay comme il le méritoit. J'ay eu l'honneur de mander à Vôtre Majesté que j'allay sur-le-champ pour parler à l'Électeur ; il eut beaucoup de peine à se résoudre à m'entendre, mais enfin, n'ayant pù s'en dispenser, il me donna audience et je luy représentay, sans sortir du respect que je dois au frère de Madame la Dauphine, marquant bien que c'estoit ce qui me contenoit le plus, je luy représentay, dis-je, très vivement son ingratitude pour Vôtre Majesté, que je le priois de se souvenir que je n'étois dans sa cour que parce que luy-même avoit supplié Vôtre Majesté par deux lettres écrites de sa propre main de m'y envoyer, dans l'assurance qu'il donnoit positivement de s'atacher à nos intérests, qu'outre qu'il manquoit au respect qu'il devoit à Vostre Majesté, par une conduite si extraordinaire, il manquoit aussy à ce qu'il devoit à un homme de condition, aux bons témoignages duquel il étoit peut-être obligé des propositions avantageuses que Vostre Majesté lui avoit faites, et que je regarderois toûjours comme un des plus grands malheurs de ma vie d'en avoir esté chargé. Il me parut estoné de ce que je luy disois, ne répondit rien qui put me satisfaire, sinon qu'on avoit fait les mesmes choses à Monsieur de Crécy, enfin, ne sachant plus que me dire, et je n'ay veu depuis que cette lettre du Grand Chambellan dont j'ay rendu conte à Vôtre Majesté. J'ay cru devoir partir sans voir davantage ce Prince, bien résolu même de ne pas recevoir ses présens, mais il faut avoüer la vérité, il ne m'en a point offert.

Je supplie Votre Majesté d'être persuadée que, si j'avois pu imaginer que par toutes sortes de ménagements il m'eust esté possible de gagner quelque chose de solide pour ses intérêts, je les aurois eu assurément, mais n'y voyant aucune apparence, j'ay creu que je devois avoir une conduite convenable à celle qu'on avoit pour moy.

Tous les ministres de l'Électeur, chacun en particulier et bien secrètement, m'ont envoyé faire des excuses, rejetant chacun sur leur compagnon ce qui s'étoit passé, et je les ay traitté comme ils le méritoient, et je suis parti le 7ᵉ pour me retirer.

(Orig. Arch. des Aff. étr.)

41. *Villars au marquis de Croissy.*

Extrait.   A Ingen, ce 8ᵉ janvier 1689.

Je ne sçay si vous approuverez ma conduite dans une avanture aussy peu attendue que celle-cy, mais j'ay cru, Monseigneur, que, n'ayant plus rien de solide à ménager pour les intérests du Roy, je devois montrer quelque fierté dans le peu qu'on m'a fait voir d'honneteté. Je vous assure, Monseigneur, que, quoique je n'aye pas à me reprocher d'avoir été trop patient, j'aurois poussé l'emportement plus loin si je n'avois considéré que l'Électeur de Bavière est frère de Madame la Dauphine.

Je me retire par la Suisse et ramène beaucoup d'officiers françois avec moy.

(Orig. Arch. des Aff. étr.)

42. *L'Électeur de Bavière à l'Empereur Léopold.*

Analyse.   Munich, 8 janvier 1689.

Max-Emmanuel annonce à l'empereur qu'en témoignage de son dévouement, il a chargé son envoyé à Ratisbonne de déclarer la guerre à la France et a effectivement chassé Villars de sa cour et de son pays *(Ich habe den Villars von meinem Hoff und Land würklich abgeschafft)*. Il demande que sa situation soit réglée vis-à-vis du Duc de Lorraine, lorsque leurs corps d'armée seront réunis; il rappelle qu'en Hongrie, en sa qualité d'Électeur, il a eu le pas sur le Duc.

(Min. allem. Arch. de Munich.)

IV.

PORTRAIT DES GÉNÉRAUX D'ARMÉE DE L'EMPEREUR EN 1689 PAR M^r LE MARQUIS DE VILLARS [1].

Monsieur de Lorraine est homme de grande valeur, et de ces valeurs naturelles qui comptent pour rien les plus grands périls, sans croire qu'on doive lui être obligé de s'y exposer, sans ostentation, et enfin également incapable de craindre et de chercher à montrer qu'il ne craint pas. Il a beaucoup de sangfroid dans une occasion, écoutant fort tranquillement tout ce qu'on veut lui dire, et étant bien aise que des gens à qui il croit quelques lumières lui disent ce qu'ils pensent. Il a de l'ordre et il fera mieux la disposition d'un combat que le projet d'une campagne ; fort désintéressé, simple dans ses manières et fort éloigné de toute sorte de faste, plein de probité et de piété, de beaucoup de zèle et d'attachement au service de l'Empereur.

Mais, comme il n'y a point d'hommes parfaits, ces bonnes et grandes qualités sont mêlées aussi de quelques défauts. Il est d'une extrême lenteur. Ce n'est point un tempérament de feu ; et, dans une grande guerre, s'il n'a sous lui des généraux actifs, il manquera par cette lenteur beaucoup d'occasions de nuire à un ennemi, et il sera exposé à plusieurs inconvénients par le peu d'ordre qu'il fait observer dans les marches, les fourrages, les convois, les gardes du camp et mille autres détails qui, étant négligés, contribuent beaucoup à la ruine d'une armée et la jettent enfin dans de grands désordres.

---

1. Il existe sous ce titre deux copies du même travail ; l'une conservée aux Archives nationales (K. 1305, n° 68), l'autre à la Bibliothèque nationale (*Clairambault*, 288, f° 141 et suiv.). La première est la plus ancienne : elle paraît contemporaine de l'auteur ; elles sont identiques quant au texte. L'orthographe des deux copies est différente, étant de deux copistes différents ; aussi ai-je adopté l'orthographe actuelle, sauf pour les noms propres où j'ai suivi le manuscrit des Archives nationales.

Monsieur de Lorraine a un défaut, auquel les dévots sont quelquefois sujets, c'est d'être haineux. Il a toujours persécuté la maison de Bade et a enfin perdu le Prince Hermann. Quand on est instruit de ces affaires-là, l'on trouve en Monsieur de Lorraine plus de haine que de raison de haïr. Il est dur et sévère dans le commandement; et, comme il ne fatigue pas les officiers ni le soldat par beaucoup d'ordres différents, il ne faut pas manquer aussi à ceux qu'il a une fois donnés.

Il n'est point dévoré d'ambition et de désir de gloire, et ne sera pas toujours attentif à tout ce qui peut servir à ses intérêts, à des ligues puissantes contre la France, à former de grands projets de guerre, à travailler dès à présent en lui-même à aplanir les difficultés et à chercher les moyens de rentrer dans ses États; mais, si d'autres font cela pour lui, il est très redoutable à la tête de l'armée de l'Empereur qui a une grande confiance en lui. En un mot, Monsieur de Lorraine est si fort à craindre le jour d'une bataille, mais il n'est pas impossible de le détruire avant qu'il ait trouvé moyen de la donner.

Monsieur l'Électeur de Bavière a naturellement beaucoup de valeur; il ne s'ennuieroit jamais à la guerre si l'on pouvoit se battre tous les jours. Les escarmouches le divertissent et, quoique ce ne soit pas le poste d'un général, il ne les quittera pas volontiers pour aller donner des ordres nécessaires où l'on ne tirera point. Il entendroit la guerre s'il vouloit s'y appliquer, mais, jusqu'ici il a paru qu'il n'en aimoit que ce qui lui a plu d'abord, les combats, les escarmouches, voir fuir des troupes, se rendre maître d'un champ, la victoire et les fruits de la victoire; il laisse tout le reste à ses officiers et il n'entre quasi jamais dans aucun détail de l'armée.

Il a peu d'attention au soin de ses troupes, laissant sans punition et sans récompense ceux qui le servent bien ou mal, et peu ou point d'application sur les projets, la conduite et la fin d'une guerre, aimant ses plaisirs préférablement à toutes choses, craignant les affaires et toutes les peines qui n'ont point pour objet de voir une maîtresse ou de prendre un cerf, comptant pour rien tout l'argent que distribuent ceux qui gouvernent ses finances et pour beaucoup tout celui qui est entré dans sa poche. Enfin, il a du courage et de l'esprit, et il pourroit être un grand homme s'il vouloit, mais l'on doute de sa volonté.

Le Prince Louis de Bade est un vrai homme de guerre, il en

aime le métier et y met toute son application : il a beaucoup de courage, voit assez clair dans un combat; il est assez actif, vigilant, il a de l'ordre dans la disposition des troupes, il est laborieux, toujours à cheval, et le plus capable de devenir un grand général, si la présomption ne le gâte, écoutant peu les conseils, et, quand il est forcé de les suivre, ce n'est que longtemps après, et jamais sans y avoir changé quelque chose qui puisse persuader qu'ils ne viennent que de lui ; voulant paroître aisé à vivre, mais difficile à tout ce qui n'est pas d'une aveugle complaisance, peu juste sur le blâme et la louange et n'en donnant qu'autant que l'on est attaché ou éloigné de ses intérêts : peu capable de se conduire dans une cour, parlant librement à charge aux ministres. Enfin il a toutes les qualités les plus propres pour commander un jour dignement une armée et pour ôter l'envie de la lui confier.

LE COMTE CAPRARA a été avancé dans les armées par la protection de Montecuculli, son oncle, et ne pouvant faire de fortune que par la guerre, il a montré dans diverses occasions le courage dont a besoin un homme de fortune. Du reste, ses conseils sont toujours de ne rien hasarder, et ils sont remplis de cette prudence que donne la crainte à ceux qui n'ont de courage que par intérêt, et qui, sans s'apercevoir eux-mêmes que c'est la peur qui les inspire, sont toujours persuadés que les partis les plus timides sont les meilleurs ; il a l'esprit qu'il faut pour se bien conduire auprès des ministres, ne leur être point redoutable et ne faire jamais d'ombrage à un général. Il s'amuse volontiers à voir piller un camp et il prend sa part du divertissement.

LE COMTE DE STAREMBERG, maréchal de camp de l'Empereur, est un homme de beaucoup de courage. De toutes les qualités nécessaires pour la guerre, on ne lui donne que la valeur, qualité plus dangereuse qu'utile à un général quand elle est seule. Il est emporté, violent. Il n'est guère plus loué sur la défense de Vienne par ceux qui l'ont vue, que sur sa mauvaise conduite au siège de Bude qui se fit l'année d'après et que l'on fut obligé de lever. On n'a pas trouvé que Vienne, défendue par quatorze mille hommes des meilleures troupes de l'Empereur, dût être aux abois au bout de deux mois de siège. Il est certain que le Comte de Staremberg avoit pu ménager la garnison, l'exposant dans des sorties assez inutiles, et parmi les Allemands, soit que l'envie ou une connoissance plus parfaite les fasse parler, il est moins loué que chez les autres nations sur la défense de cette place.

Le Prince de Salm, maréchal de camp, est attaché à l'éducation du Roi de Hongrie; je ne sais s'il entend la guerre : il a assez servi, mais c'est un digne choix pour rendre ce jeune prince un grand homme; il a de la valeur, de l'esprit, de la noblesse, de la vertu, et, s'il inspire toutes ces qualités à son pupille, il peut en faire un galant homme. Il est fort ennemi de la France, et, si jamais le Roi de Hongrie est à la tête des armées, ou le Prince de Salm n'aura pas le crédit, ou elles seront tournées contre nous.

Le Comte de Rabata, maréchal de camp et commissaire général des armées de l'Empereur, passe pour plus capable de cette dernière charge que de la première. On lui attribue une grande intelligence pour la subsistance d'une armée, la distribution des quartiers, la discipline, la prévoyance à se bien servir d'un pays et le faire durer longtemps, qualités bien nécessaires dans les armées allemandes qui, par leurs prodigieux équipages et par l'esprit de pillage qui y est naturellement, ruineront toujours en deux mois les provinces qui pourroient les faire subsister des années entières.

Dunevald, général de la cavalerie de l'Empereur, est fort capable de cette charge et passe avec justice pour un de ses meilleurs officiers. Il a du courage, de l'esprit et plus d'expérience et de service que tous les autres.

Le Comte Palfy, général de la cavalerie de l'Empereur, est un homme de beaucoup d'esprit; il n'a vu d'autres guerres que celles de Hongrie. On n'est pas persuadé que ce soit un fort brave homme, mais comme il est des premières et plus anciennes familles de Hongrie, il a trouvé moyen de persuader à la cour de Vienne que l'on devoit en sa personne donner un exemple de bon traitement aux seigneurs hongrois, et il a fait plus de chemin dans les dignités de la guerre que ses services et ses actions ne lui permettoient de l'espérer.

Caraffa, général de la cavalerie, s'est fait un mérite des cruautés qu'il a exercées en Hongrie, de l'argent qu'il a tiré de ces malheureux, de la découverte de plusieurs conspirations que

APPENDICE.   439

l'on dit n'avoir jamais été, et qui ont tourné au profit de l'Empereur et au sien. Il passe pour un homme très capable de bien établir les contributions.

Tout le monde convient qu'il a beaucoup d'esprit et qu'il est très propre à rendre de grands services, les affaires de Transylvanie en font foi.

Le Comte de Bielke, général de la cavalerie de l'Empereur et de l'Électeur de Bavière, est homme de beaucoup de courage, qui s'est fort appliqué, capable d'être un fort bon officier et que l'on verra un jour à la tête des armées de Suède.

Le Comte de Schereny, général de l'artillerie de l'Empereur et des troupes de Bavière, n'a pour toutes qualités que beaucoup d'esprit et de ménage, et toutes les souplesses d'un courtisan, se servant habilement de tout ce qui peut contribuer à sa fortune, trouvant moyen de commander l'armée de l'Électeur de Bavière qui ne l'estime point, d'en tirer 5,000 écus de rente malgré lui, de persuader à l'Empereur que sans lui l'Électeur ne seroit pas dans les intérêts de la maison d'Autriche; lié d'un commerce assez étroit avec la comtesse de Kaunitz; n'allant à la guerre que parce que le général d'une armée ne peut pas s'empêcher de s'y trouver, quand son Prince y est toujours malade, et se servant à la guerre de tout son esprit pour éviter les occasions sans qu'on s'en aperçoive.

Le Prince de Croy, général de l'artillerie, est homme de beaucoup de valeur.

Gondola, premier lieutenant général de la cavalerie, est un fort ancien officier, qui, par l'âge et par sa persévérance à ne pas se rebuter de quelques injustices, se trouve dans ce poste-là. C'est un homme que l'on aime assez. Enfin il est de ces gens sans vue, sans vivacité et sans ambition, dont tout le monde peut s'accommoder, hors le maître qui s'en sert et le général qui l'emploie.

Le Comte Taaf, lieutenant général de la cavalerie, est un très galant homme. Il a montré du courage dans toutes les actions où il s'est trouvé. Mais il est sans contredit moins louable sur les vertus militaires que sur toutes les autres qui font un honnête homme. Il a beaucoup d'esprit. Il est d'un très bon commerce, honnête, poli. Il a beaucoup de savoir et d'étude; plaçant parfaitement bien ce qu'il sait; et qui enfin, pouvant être propre à tout, a préféré les qualités qui rendent un homme agréable à celles qui le rendent utile.

Souches, premier lieutenant général de l'infanterie, s'est trouvé avancé dans la guerre par les emplois que son père lui a laissés, et il paroit médiocre en tout.

Le Comte de Scherffenberg, lieutenant général de l'infanterie, est homme de beaucoup de courage et qui cherche fort à voir et à s'instruire.

Le Prince de Neubourg, grand ministre de l'Ordre Teutonique, est un bon homme, fort pesant, n'ayant dans les occasions ni crainte, ni ardeur, rien aussi au-dessus de cela; il s'attachera peu à servir.

Le Prince de Savoye a beaucoup de courage, plus de bon sens que d'esprit, assez d'étude, cherchant fort à se rendre bon officier et très capable de le devenir un jour.
Il a de la gloire et de l'ambition et tous les sentimens d'un homme de dévotion.

Veterani est un très brave homme, distingué par une des plus belles actions de la dernière guerre; peu de politesse, beaucoup de franchise, en un mot, rien d'un Italien que la naissance.

Heusler, soldat de fortune, est un homme de beaucoup de courage, d'esprit, actif, qui s'est avancé par beaucoup de bonnes actions.
Il a l'air et les manières d'un homme de qualité. On dit qu'il paroit embarrassé d'un gros commandement, mais il y a dans ce discours-là moins de vérité que d'envie.

Picolomini est un brave homme, il m'a paru savoir assez bien son métier. Il étoit attaqué injustement sur sa capacité et un peu sur le courage. Il se comporta fort bien dans la dernière bataille.

Il a beaucoup d'ennemis, il paroît trop occupé des petites choses pour être un jour bien capable des grandes.

Le Prince de Commercy a beaucoup de valeur et fort agissant, trouvant moyen de ne perdre ni grandes ni petites occasions, ayant beaucoup d'envie de s'instruire.
Il est à craindre que trop d'ardeur ne l'empêche d'être bon officier.

Rabutin est un fort brave homme, fort honnête, a de la probité, il est plus louable par ces endroits-là que par sa capacité sur la guerre.

Nigrelli, Esterhasi, Aspremont, Wallis, généraux de bataille d'infanterie, sont aussi gens de réputation.

V.

CAMPAGNES DE 1689 A 1697.

Villars fit les campagnes de 1689 à 1697 d'abord comme brigadier de cavalerie, puis comme maréchal de camp (1690), enfin comme lieutenant général (1693). Il était en outre pourvu de la charge de commissaire général de la cavalerie, charge en vertu de laquelle il passait l'inspection des régiments de cette arme. A ces divers titres, il eut beaucoup à écrire : outre ses rapports d'inspection il adressait au ministère de la guerre de nombreuses dépêches sur les opérations dont il était chargé. Louvois aimait à recevoir directement des lettres des officiers généraux pourvus de commandements subordonnés ; elles lui servaient à contrôler les rapports des généraux en chef, à augmenter la somme de ses informations, à juger les hommes destinés à commander les armées ; dans une lettre adressée à Villars, le 6 juillet 1691, il lui recommande, tout en obéissant aux ordres de Luxembourg, de le tenir exactement renseigné sur tous ses mouvements. Villars, qui aimait à écrire et à ne pas se laisser oublier, n'eut garde de manquer aux instructions ministérielles ; il les dépassait même parfois en ce qu'il ne ménageait pas les critiques à ses supérieurs et ne leur témoignait pas toujours une déférence suffisante. Barbézieux, tout en insistant comme son père pour être renseigné directement, s'efforçait d'empêcher les conflits : « Je vous
« prie d'être persuadé, écrivait-il à Villars le 31 août 1691, que j'évite-
« ray de vous compromettre avec personne, mais aussy il ne faut pas
« que la jalouzie des officiers généraux vous dispense de me mettre en
« estat de rendre compte au Roy de tout ce qui vient à votre connois-
« sance. Cependant je vous diray qu'il est bon que vous vous ménagiez
« les bonnes grâces de M. de Luxembourg et que, quoyqu'il ne vous
« fasse pas de réponse, vous devez exécuter les ordres de S. M. parceque
« je vous rendrois un mauvais service auprès d'Elle si je l'informois que
« vous en eussiez différé l'exécution. » Ainsi excité et contenu, Villars envoyait de nombreux rapports. Les originaux existent presque tous au Dépôt de la Guerre dans les volumes cotés 887, 891, 958, 977-8, 1054-55, 1057-60, 1119, 1148, 1155, 1213-16, 1265-67, 1322-24, 1373-75, 1408-12. Je possède en outre dans le volume des *Papiers de Villars* coté 1689-1691 des copies de beaucoup des mêmes pièces et de quelques autres qui ne se trouvent pas au Dépôt de la Guerre. Il est impossible de reproduire tous ces documents et je le regrette ; ils témoignent de la prodigieuse activité de Villars, de l'attention qu'il portait à tous les détails du ser-

APPENDICE. 443

vice, de son entente de la guerre et de son aptitude à conduire les hommes, ils révèlent maint détail piquant de sa vie. Je me borne à extraire de cet ensemble quelques récits de combats et quelques traits de mœurs d'un intérêt plus général. Quelques-unes des correspondances relatives à ces campagnes ont été publiées par M. de Boislisle aux appendices des quatre premiers volumes de son édition de Saint-Simon.

1. *Villars à Louvois.*

25 juin et 4 juillet 1689.

... Il vient d'arriver sept François de l'armée de Hollande qui disent que tout ce qu'il y a de François dans ces trouppes reviendront, dès que l'armée sera plus proche, cela ne console pas de tous les fantassins que nous perdons, mais la désertion est un vieux mal, je crois, très incurable, puisque les punitions ne l'arrêtent point..... le plus grand nombre de déserteurs sont les François..... Ceux de la Compagnie de Valgrand étoient tous de nouveaux convertis et une partie de ceux du Chevalier de Nesle l'étoient aussi... J'espère que cela n'aura point de suitte et je fais tout de mon mieux pour les animer, leur donner des espérances, de bons traittements, et enfin dissiper les impressions qu'un peu de sévérité avoit données à quelques-uns.

(Copie. Arch. Vogüé.)

2. *Villars à*[1].....

[Camp de Boussut], 27 août 1689.

Je ne pus, Monsieur, vous mander hier l'affaire de Valcourt, n'ayant pas eu le temps de mettre pied à terre, et je crois qu'il

---

1. Le manuscrit porte *à Louvois*, mais c'est une erreur du copiste, la lettre écrite au ministre, le 25 août, par Villars existe au Dépôt de la Guerre (891, 44), elle est beaucoup plus réservée et ne s'occupe que du rôle de la cavalerie : « Les commencements de l'affaire ont été fort heureux, et, si l'on avoit bien voulu se contenter de l'honneur que la cavallerie y avoit acquis, tout étoit à souhait ; je ne vous parleray, Monseigneur, que de ce qui l'a regardé... Si le hasard n'avoit fait que les dragons n'ont pas suivi la route que M. le chevalier de Tilladet leur avoit ordonnée, on auroit deffait cinq ou six cents hommes de pied... (la cavallerie) a fait des merveilles et pleust à Dieu qu'on n'eût pas voulu partager à d'autres troupes l'honneur de cette journée. » Villars s'arrête là et passe sous silence la malheureuse affaire d'infanterie qui suivit.

n'est plus temps de vous en parler aujourd'huy, cependant je vous diray que le hazard nous fit arriver dans un temps très favorable, ayant trouvé l'armée au fourrage : je fis attaquer d'abord ceux de leurs fourrageurs, qui se trouvèrent plus avancés, par les volontaires et deux gardes ordinaires : on en prit un assez grand nombre; mais nos troupes s'étant arrêtées derrière, et les dragons n'ayant pas suivi la route qui leur avoit été ordonnée, les ennemis eurent le temps de poster leur infanterie et de retirer leurs fourrageurs, après cela, on envoya les premiers escadrons de garde et les brigades de Lumbre et de Bezons par le chemin de Silenrieux qui est un peu plus long et l'on garda celui des Forges, qui étoit le plus court, pour les Gardes du Corps : les derniers escadrons de la brigade de Bezons l'ayant trouvé libre, parceque les Gardes du Corps n'étoient pas arrivées, s'y jetèrent et joignirent cinq escadrons des ennemis qu'ils renversèrent l'épée à la main avec beaucoup de vigueur. Villepion, Desville et Bondy y firent fort bien leur devoir à la tête de ces escadrons et, si l'on s'en étoit tenu là, tout étoit à souhait; mais, quand il n'y a que la cavalerie qui acquière quelque honneur, l'on compte cela pour rien; l'on voulut donc faire marcher la brigade des Gardes et celle de Champagne pour attaquer Valcourt que l'on croyoit à demi rasé et gardé seulement par deux ou trois cents hommes; ainsy, sans avoir fait brèche, l'on fit marcher tous ces bataillons à la muraille qui se trouva bonne, on enfonça les portes et on y mit le feu, mais elles se trouvèrent bouchées de fumier et, pendant que notre canon tiroit quelques mauvois coups qui ne faisoient aucun effet, parceque c'étoient de fort petites pièces, ces pauvres bataillons demeurèrent trois heures exposés à un assés grand feu des ennemis dont l'armée, étant en bataille, envoya des bataillons rafraîchir ceux qui étoient déjà dans Valcourt; ils firent même avancer du canon en plusieurs endroits et même trois pièces sur une hauteur, vis-à-vis de nous, qu'il me parut très facile d'enlever, tous les officiers qui étoient auprès de moi l'ayant jugé à propos. Ainsy nous n'eûmes plus qu'à demeurer en bataille pendant qu'on retiroit nos pauvres fantassins qui ont marqué toute l'ardeur imaginable. Vous saurez déjà les morts et les blessés : les gardes Françoises ont perdu plus à proportion que les autres troupes, les volontaires ont parfaitement bien fait, M. le Maréchal a toujours été fort exposé, M. le prince Philippe, le milord de Richemont, Tonnerre, le chevalier de Cauvisson, qui a été blessé en deux ou trois endroits, mais pas dangereusement, le chevalier de Tilladet, Lieutenant général de jour, a fort bien fait et chargé avec la cavalerie. Je vous ay déjà dit que Villepion, Bondy et Desville et en vérité tous les officiers et cavaliers de ces quatre escadrons ont fait merveille et ce qui me fait un sensible plaisir, c'est que le régiment de Villepion est un de ceux que j'ai toujours marqué pour un des moindres de l'armée; je vous assure, Monsieur, qu'il y a une ardeur dans la cavalerie qui ne se peut exprimer et, si nous trouvons d'autres occasions, l'on aura encore plus de lieu de s'en louer.

(Copie. Arch. Vogüé.)

3. *Villars au marquis de Louvois.*

27 août 1689.

Je dois vous rendre compte, Monseigneur, d'une plainte que m'a fait M. de Bezons: vous savez que, le hasard ayant donné au premier escadron de son régiment et aux trois de Villepion la tête de tout dans la dernière affaire où ils firent si bien leur devoir, la maison du Roi étant arrivée voulut se mettre en bataille devant eux, je leur ordonnai de garder leur poste et M. de Lignery trouva qu'ils avoient raison de le prendre. Quand il fut question de se retirer, Mr de Montrevel, maréchal de camp de jour, ordonna à Mr de Bezons de laisser l'arrière-garde aux Gardes du Corps, Mr de Bezons dit qu'il n'y avoit qu'un ordre de M^r le Maréchal d'Humières qui pût l'obliger à céder un poste que ces troupes là avoient bien gagnées. Mr de Montrevel l'alla dire à M^r le Maréchal, lequel fit marcher Mr de Bezons. Je sçais, Monseigneur, que MM. les Gardes du Corps doivent avoir les premiers postes partout, mais, quand l'affaire est commencée et que des troupes y ont bien fait leur devoir, il me semble qu'il est juste de leur laisser le poste qu'elles ont acquis. Je sais bien qu'au combat de Coquesberg ils ne disputèrent pas l'arrière-garde à mon régiment. Ayez la bonté de donner vos ordres sur cela, car nous ne voulons que bien faire et chercher ce qui sera le plus agréable au Roi.

(Copie. Arch. Vogüé.)

4. *Villars au marquis de Louvois.*

1er septembre 1689.

L'ennemi ayant décampé le matin et commencé à passer la Sambre, Villars avait demandé à l'attaquer avec la cavalerie, le maréchal d'Humières a refusé; Villars le regrette et, après avoir décrit les avantages que l'attaque pouvoit procurer sur une troupe en retraite passant des ponts, il ajoute :

Malgré notre peu de diligence, j'ai joint dans la plaine, qui est au-delà de Gerpines, neuf escadrons à étendards, lesquels ne m'ont paru soutenus d'aucune infanterie... j'ai cru qu'il n'y avoit qu'à marcher à eux pour les mettre en désordre, j'ai demandé des troupes, et en petit nombre, je n'en ai pu obtenir... quoique nous ne soyions partis qu'à 7 heures, nous trouvions ces neuf escadrons à battre et, si nous étions partis à 3, nous aurions, selon toute apparence, trouvé sept ou huit mille hommes fort en désordre, surtout l'avant-garde des ennemis ayant déjà passé la Sambre ; à l'affaire de Valcourt, je n'eus encore que deux gardes ordinaires à ma disposition, avec lesquelles on prit presque tout ce qui s'est fait de prisonniers et, dès que Mʳ le maréchal d'Humières fut arrivé, il me fit marcher à la tête de la brigade de Bezons. J'avoue, Monseigneur, que je vois avec une sensible et vive douleur qu'il ne m'est pas permis de faire de la cavalerie tout ce que je pourrois, cependant je me soumets, comme je le dois... Enfin, Monseigneur, la cavalerie sert bien et j'y vois toute l'ardeur que vous y pouvez souhaiter.

(Copie. Arch. Vogüé.)

5. *Villars au marquis de Louvois.*

8 juillet 1690.

J'avois pris la liberté de vous représenter, Monseigneur, l'année passée, de quelle nécessité il me paroissoit de donner des cuirasses aux officiers de cavalerie, et la quantité que nous en avons perdu dans cette dernière bataille[1] m'oblige, Monseigneur, à vous représenter encore la même chose. Il me parut par ce que vous me fîtes l'honneur de me dire que le Roi étoit rebuté de l'avoir ordonné si souvent dans les dernières guerres, sans avoir pu obliger les officiers d'en porter, les fréquentes occasions peuvent plus sur cela que toute autre chose, et j'ose vous assurer, Monseigneur, que, quand une fois vous l'aurez ordonné, dans les armées où je serai, j'empêcherai fort bien qu'aucun officier ne se trouve en garde ou détaché sans ses armes.

Par tout ce que nous apprenons de cette grande et heureuse journée, il me paroît, Monseigneur, que l'étoile du Roi n'y a pas

1. Bataille de Fleurus gagnée par Luxembourg le 1ᵉʳ juillet 1690.

APPENDICE. 447

eu moins de part que la capacité du général et la valeur de nos troupes, et vous aurez bien vu, Monseigneur, que, pendant que notre aile droite faisoit un si grand tour pour chercher le flanc de la gauche des ennemis, notre aile gauche eût été en quelque péril, si Mr de Valdec n'eût pas montré en cette occasion son imbécillité ordinaire[1]. J'ai toujours pris la liberté de vous dire, Monseigneur, que parmi les impériaux M. de Valdec étoit assurément l'homme du monde le plus méprisé, et l'année passée l'armée du Roi pouvoit, sans être exposée à recevoir aucune sorte d'échec, défaire la moitié de celle de Valdec au camp de Gerpine sans que l'autre pût lui donner aucun secours, en étant séparée par la Sambre et par des pays impraticables. J'eus le malheur de voir mes conseils méprisés dans cette occasion, et ma mauvaise fortune m'a empêché de me trouver dans celle-ci, car enfin, Monseigneur, depuis que j'ose compter sur vos bontés, je dois chercher plus que jamais à les mériter. Je suis souvent tenté, Monseigneur, de vous mander ma pensée sur les projets que l'on peut former, mais ma timidité me retient, et elle me paroit bien fondée à moins que vous ne la désapprouviez, cependant je ne puis m'empêcher de vous dire que les entreprises qu'on peut faire sur Liège me paroissent présentement immanquables...

(Copie. Arch. Vogüé.)

6. *Boufflers*[2] *à Villars.*

20 novembre 1690.

Je viens de recevoir dans ce moment, Monsieur mon très cher Marquis, les deux lettres que vous m'avez fait l'honneur de m'écrire de Valenciennes, le 19 de ce mois, et je vous dépêche dans ce même instant ce courrier pour vous marquer l'extrême et sensible joie que j'ai de vous savoir revenu de la périlleuse

---

1. Le 12 août suivant, Villars écrivait à Louvois : « ... le plus jeune des généraux est aveugle et a plus de quatre-vingts ans... il n'est pas possible que quatre radoteurs comme ceux-là n'y mettent la confusion. » (Dépôt de la Guerre, vol. 978, f° 368.)

2. Boufflers avait pour Villars une amitié sincère et à laquelle il resta fidèle toute sa vie avec le dévouement et le désintéressement qui le caractérisaient ; il écrivait à son sujet à Louvois, le 2 mai 1690 : « Le « marquis de Villars est un des plus dignes sujets qu'il y ait dans les « troupes du Roy et qui mérite autant d'être traité avec distinction. » (Dépôt de la Guerre, vol. 977, n° 22.)

448 APPENDICE.

maladie[1] que vous avez eue, et de vous savoir dans un lieu où j'espère avoir le plaisir de vous embrasser après-demain. Rien ne peut je vous assure vous exprimer la douleur que j'ai ressentie de l'état où je vous ai vu, et le transport de joie où je suis de vous savoir présentement guéri. Il faut être capable d'autant d'amitié et de tendresse que j'en ai pour vous, pour bien s'imaginer ces sortes de choses. Mais enfin vous voilà guéri et avec nous, ne songez donc au nom de Dieu uniquement qu'à votre santé. Je serai après-demain mercredi à Tournai où nous nous entretiendrons de toutes choses ; je ne doute pas que la cour, sachant le rétablissement de votre santé et que vous êtes en état de servir cet hiver, ne vous laisse dans l'emploi qu'elle vous avoit destiné ; et suis persuadé que M. le marquis de La Valette par tout ce qu'il m'a dit et m'a écrit sur votre sujet sera le premier à y donner les mains et à solliciter la cour s'il étoit nécessaire. Pour moi, j'ai déjà fait à l'avance ce qui dépendoit de moi pour cela, dès que j'ai su que votre santé se rétablissoit, et je continuerai avec tout l'empressement que vous pouvez vous imaginer quoique je sois extrêmement serviteur et des amis de M. le marquis de la Valette, et qu'à votre défaut j'aime beaucoup mieux être avec lui qu'avec un autre. Mais il sait lui-même tout ce que je lui ai dit sur votre sujet. Ainsi ne vous inquiétez de rien, je vous en conjure, songez uniquement à votre santé, c'est tout ce que vous avez à désirer.

En attendant que votre santé soit venue, je vous supplie de loger chez moi et de vous servir de tout ce que j'ai. Vous savez que je n'ai rien qui ne soit à vous plus qu'à moi-même. Adieu, mon très cher marquis, croyez qu'on ne peut vous aimer et chérir avec plus d'estime ni plus de tendresse que je fais, ni avoir une plus grande impatience que celle que j'ai de vous le dire moi-même et de vous embrasser.

(Copie. Arch. Vogüé.)

7. *Boufflers à Villars.*

8 mai 1691.

J'ai reçu hier, Monsieur mon très cher marquis, la lettre que

1. Voir ci-dessus page 124. Boufflers écrivait en même temps à Louvois qu'il faisait des vœux ardents pour le rétablissement de Villars, « le croyant un des généraux les plus capables de servir utilement le « Roy partout où il sera. » (Dép. G. Vol. 947, n° 148.)

vous m'avez fait l'honneur de m'écrire, par mon neveu dont je vous rends mille très humbles grâces, et de toutes les bontés et honnêtetés que vous avez eu pour lui. Je vous supplie d'être bien persuadé que je ressens avec toute la vivacité imaginable les marques que vous me donnez en toute occasion de l'honneur de votre amitié dont je relève les moindres circonstances pour augmenter le plaisir d'être assuré d'un bien qui m'est aussi cher, et pour augmenter en même temps ma reconnoissance et ma tendresse pour vous s'il étoit possible d'y ajouter quelque chose.

Je ne doute pas que vous n'ayez reçu la lettre que je vous ai écrite hier par un de mes gardes, par laquelle je vous ai supplié de prendre la peine de vous rendre ici aujourd'hui ou demain au plus tard. C'est dont je vous conjure encore et comme c'est pour prendre ensemble des mesures pour l'assemblée de l'armée de la Moselle et que vous ne retournerez pas à Tournai, vous pourrez donner ordre à votre équipage d'aller droit à Valenciennes où il attendra vos ordres pour la route que vous jugerez à propos de lui faire prendre. Je vous attendrai ici avec beaucoup d'impatience de vous embrasser et de vous dire à vous même à quel point je suis, Monsieur mon cher marquis, votre très humble et très obéissant serviteur.

(Copie. Arch. Vogüé.)

8. *Combat de Leuze.*

Les *Papiers de Villars* renferment à la date du 21 septembre 1691 un récit du combat de Leuze, adressé à Barbézieux. Villars a textuellement transcrit ce récit dans ses *Mémoires* (ci-dessus, pp. 134-139) en se contentant de mettre la troisième personne à la place de la première; seulement il a passé une phrase (p. 137, ligne 4), que je crois devoir donner ci-dessous :

Je lui ai dit : « Pendant que notre première ligne se forme, j'irai reconnoître la gauche des ennemis; M. Dauger, lieutenant général, fut envoyé pour examiner leur droite; M. de Luxembourg attendit dans le centre, et, nous voyant tous deux revenir, il s'est éloigné de ceux qui l'environnoient et nous a demandé ce que nous pensions des mouvements des ennemis. M. Dauger parla le premier, etc...

Cette lettre ne paraît pas avoir été envoyée, car le Dépôt de la Guerre (1054, 97-99) contient deux dépêches, l'une du 20, l'autre du 21 septembre, qui donnent un récit sommaire et différent de la bataille. Elles sont autographes, les deux secrétaires de Villars ayant été blessés. Cette circonstance explique aussi peut-être pourquoi le récit plus étendu n'a pas été expédié à Versailles. Quelques jours après, Villars écrivait à Barbézieux pour lui demander le gouvernement de Pecquay (6 octobre 1691) et il revenait sur le combat de Leuze en ces termes :

« J'aurois pris la liberté de vous supplier, Monseigneur, d'avoir un peu d'attention au conte que Monsieur le duc de Luxembourg aura bien voulu rendre de moi sur la dernière action. Je puis être content du public ici, qui, sans vanité, m'y donne la première part. La vérité est que, sans moi, on n'auroit plus trouvé d'arrière-garde à combattre, que Marsilli ne fît le mouvement que par mes ordres, que les gardes du Roi débordoit la gauche des ennemis, que leur droite me débordoit de 4 ou 5 escadrons, que j'ai renversé tout ce qui étoit devant moi : voilà le fait en deux mots, après cela on donnera le mérite de cette action à qui l'on voudra... »

(Orig. autogr. Dép. G. Vol. 1054, n° 106.)

9. *Villars à Boufflers*[1].

A Furnes, le 9 mars 1692.

Le parti que j'ai pris, Monsieur, de renvoyer deux magistrats de Furnes à Nieuport a réussi ; je leur dis que ma première intention avoit été d'envoyer un trompette en arrivant ici au Gouverneur de cette place, pour lui déclarer que, s'il ne retiroit incessamment les eaux, j'allois faire brûler tout le Franc de Bruges, je leur montrai même un endroit de la lettre que vous me faisiez l'honneur de m'écrire sur cela que cependant, comme il n'étoit question que de leurs intérêts, je croyois qu'ils réussiroient mieux en allant trouver ledit gouverneur et disant qu'ils m'avoient prié de ne point écrire et de ne point envoyer de trompette de peur de le mettre en colère, mais qu'ils le prioient de considérer dans quel désordre il alloit jeter tous les Pays-Bas espagnols, et qu'il en répondroit peut-être à ses supérieurs ; enfin le bon Espagnol après avoir fait plusieurs rodomontades sur les menaces de M. d'Avejean, disant même : « Pourquoi votre gouverneur menace-t-il le pays et ma garnison, s'il vouloit bien ne s'en prendre qu'à moi, je prendrois volontiers un petit rendez-vous. » Enfin le bon vieillard veut faire un duel ; mais conclusion, pour

---

1. Villars commandait alors en Flandre en l'absence de Boufflers. (Voy. ci-dessus, p. 142.)

racourcir le récit de la négociation, de ma conduite et des petites propositions de duel du bon Castillan, il a retiré les eaux, lesquelles même ont fait très peu de dommage, de manière que les dits magistrats, qui ont été l'examiner, m'ont assuré devant M. D'Avejean qu'elles n'avoient apporté aucune sorte de préjudice au pays.

(Orig. Dép. G. Vol. 1148, n° 126.)

10. *Villars à Barbézieux.*

Au camp de Root, 26 juin 1694.

Je crois devoir avoir l'honneur de vous rendre compte de ce que fit hier notre cavalerie dans l'action qui se passa [1], où elle a montré sa valeur ordinaire. M. le maréchal de Lorges, ayant marché une partie de la nuit, vint camper à Sainte-Leen et Root. Comme l'on entroit dans le camp, M. de Saint-Frémont, qui avoit eu ordre de le marquer, manda par un dragon que les ennemis paroissoient à nos gardes. Comme j'étois de jour de lieutenant général, je m'y avançay et nous trouvâmes beaucoup de houssars, soutenus de trois ou quatre troupes de cavalerie; on les fit éloigner, et une troupe de 50 maîtres les poussa jusque hors d'un bois, mais, s'étant débandée après, en sortant dans la plaine, les houssars revinrent et obligèrent ladite troupe à rentrer dans le défilé, à la teste duquel les marquis du Chastellet et du Bordage la reformèrent. On fit avancer deux autres troupes pour appuyer celle-là, et l'on demeura maîtres de l'entrée de la plaine, dans laquelle les ennemis estoient répandus; quelque temps après, M. le maréchal de Lorges y estant venu, voulut que l'on poussât les ennemis et m'ordonna de me servir de quatre ou cinq gardes ordinaires et des trois premiers escadrons de Mérinville, Chastelet et Montperoux, qui avoient été détachés dès le matin pour soutenir les gardes. On disposa ces troupes de manière que lesdites gardes sortissent les premières du défilé pour pousser les ennemis, et que les trois escadrons ensuite les soutinssent. Les marquis du Chastelet et du Bordage se mirent à la tête des premières troupes, et Mrs de Saint-Frémont et de Barbesières à la tête des escadrons cy-devant nommés. Les ennemis repassèrent promptement le ruisseau de Visloc, derrière lequel leurs officiers les arrêtèrent et se mirent en posture de deffendre un passage assez aisé à garder. Nos escadrons estant sur le bord du

---

1. Combat de Wiesloch. (Voy. ci-dessus, p. 169.)

ruisseau, l'épée à la main, et essuyant un assez grand feu, on leur ordonna de remettre leurs épées et de tirer, ce qui auroit commencé à mettre quelque désordre dans les ennemis s'ils n'avoient été animés par la présence de M. le Prince de Bade qui s'estoit venu promener dans ces endroits-là, qui estoient fort près de son camp. Pour lors, M. de Saint-Frémont ayant proposé de faire marcher un escadron qui estoit vis-à-vis du pont pour tascher de forcer ce passage, cet escadron, qui se trouva le premier de Mérinville, y marcha et fut arrêté par le feu des ennemis, animés, comme je l'ay dit, *par leurs officiers, dont on vit quelques-uns frapper des cavaliers pour les retenir*. Cependant ils soutenoient toujours ce pont, où l'on ne pouvoit passer que deux ou trois de front; on cherchoit encore à passer le ruisseau, dont les bords estoient fort élevés et le fonds mauvais; enfin sept ou huit dragons et quelques gendarmes que M. le maréchal de Lorges qui estoit là avoit envoyés, ayant paru de l'autre côté du ruisseau, et les ennemis montré quelque inquiétude, l'on fit un effort et l'on emporta les ennemis, dont après cela l'on tua un assés grand nombre; toute notre cavalerie suivit une partie des ennemis et s'éloigna fort sur la droite. Les dragons du M^c de camp Général et de La Lande, qui ne faisoient que d'arriver, suivirent le bord du ruisseau, où les ennemis, qui estoient fortifiés par des troupes qui arrivoient de leur camp, s'arrestèrent et firent un très grand feu que les dragons, qui n'estoient pas plus de 60 de chaque régiment, soutinrent avec beaucoup de fermeté. Une troupe de 60 gendarmes, commandée par Mrs de Simiane et de Mony, et à la tête de laquelle fut longtemps M. de Beaujeu, Mrs de Vertilly, major de la gendarmerie, et le chevalier de Janson, soutint les dragons avec assés de péril et leur valeur ordinaire. L'on envoya après notre cavalerie, laquelle s'estoit éloignée pour suivre les fuyards, et pendant ce temps-là on soutint toujours ces dragons. M. le maréchal, ayant envoyé un détachement de la brigade de Picardie, on crut pouvoir retirer les étendars des dragons, ce qui se fit avec tout l'ordre convenable; dans ce même temps, la cavalerie revint et l'on retira toutes les troupes. Voilà, Monseigneur, tout ce qui s'est passé dans cette petite action, qui a été vive et plus opiniastrée par la présence des généraux, et où les ennemis n'ont pas laissé de perdre assez de gens, l'on dit plus de 200 tués, fort peu de prisonniers, le baron de Mercy en est, et un lieutenant-colonel. Mrs de Barbesières et de Saint-Frémont ont parfaitement bien fait, ce dernier proposant et exécutant toujours ce qu'il y avoit de plus hardy à entreprendre. Le pauvre comte

APPENDICE. 453

d'Avernes, commandant les dragons, a fait des merveilles et a esté tué, il passa la rivière des premiers. M. d'Haslus, brigadier de jour, M. du Chastelet, avec sa valeur ordinaire, M⁰ˢ du Bordage, Montperoux et Saint-Victor, commandant le premier escadron de Mérinville, et M⁰ˢ de Barrans et Bansonval commandant les dragons, parfaitement bien. M. de Magnac, brigadier de cavalerie, M. de la Ferandière, capitaine dans Chastellet, le major du régiment de Larrard, et plusieurs autres, que leur ardeur mène là volontaires, malgré toutes les défenses, mais dont la valeur fait aussi réussir les choses les plus difficiles. J'estois de jour de lieutenant général, M. le maréchal de Lorges m'ayant chargé de l'exécution de ses ordres dans cette affaire-là, j'ai tâché d'y remplir mon devoir.

(Orig. Dép. G. Vol. 1265, n° 73.)

11. *Villars à Barbézieux.*

Au camp, sous Strasbourg, ce 27 aoust [1697].

L'armée quitta hier le camp d'Offembourg pour repasser le Rhein, je demeuray quelque temps à l'arrière-garde de la droite où il parut quelques ennemis qui ne s'en approchèrent point. Nos dernières troupes ayant repassé la Kinche sur le pont d'Offembourg, j'allai voir retirer celles de la gauche, qui repassoient sur le pont de Bihel, d'où M. le maréchal étoit party il y avoit une heure. En y arrivant, l'on me dit que Vaubonne avec mille ou douze cents chevaux serroit fort notre arrière garde; j'y poussai et, ayant vu la disposition des ennemis qui faisoient un demi cercle autour du village de Bihel, à la portée du pistolet, dans lequel village il y avoit sept cents grenadiers, et derrière eux huit ou dix troupes de cavalerie, j'envoyai ordre à vingt-cinq compagnies de grenadiers, qui avoient fait l'arrière-garde du pont d'Offembourg, de passer incessamment sur le pont de Bihel, et je les plaçay dans les hayes du village, en éloignant les ennemis à coups de mousquet. Les dragons de Lestrade repassèrent aussi le pont de Bihel, derrière lequel nous avions encore trois régiments de dragons et quatre brigades de cavalerie; dans cette situation, je ne voyois rien qui pût sauver les ennemis; M. le comte de Mongon, qui étoit là avec les troupes de son aile; M⁰ˢ de Saint-Pater et de Quercado, qui commandoient les grenadiers, M⁰ˢ de Chamarande et de Vaudray, qui y étoient volontaires, les jugèrent perdus comme moi, d'autant plus qu'ils avoient un ruisseau fâcheux à repasser derrière eux; ils rendront témoignage que ce n'est pas ma faute: celui qui commandoit cette arrière-garde étant plus ancien que moi, très brave et très honnête homme, ne se rendit pas à mes raisons; et, ne pouvant rien gagner, je m'approchai des ennemis et leur dis : « Messieurs, si vous n'êtes pas bien battus, ce n'est pas ma faute. » Ils me saluèrent fort honnêtement et je m'en allay. Voilà, Monseigneur, tout ce que j'ai pu faire; il est très mortifiant pour ceux qui, pour mériter l'estime de Sa Majesté, l'honneur de votre protection et quelque élévation, content uniquement sur leurs actions, d'en manquer qui ne peuvent qu'être heureuses.

Pourveu, Monseigneur, que vous soyez bien persuadé de ma bonne volonté et qu'elle n'est ny téméraire ny indiscrette, je me croiray toujours trop heureux si je puis d'ailleurs me flatter que vous me faites l'honneur de me regarder comme l'homme du monde qui, avec le plus d'attachement et de respect, etc.

(Orig. Dép. G. Vol. 1408, n° 183.)

Le lieutenant général de jour qui refusa de charger était M. de la Bretesche; il se retrancha derrière les instructions prudentes du maréchal de Choiseul, objet des critiques de Villars (ci-dessus, p. 190). M. de Boislisle a publié (*Saint-Simon*, IV, 477) une lettre de M. de la Grange, intendant d'Alsace, racontant à Barbézieux le même fait qu'il avait recueilli le lendemain à Strasbourg : elle se termine ainsi :

Ensuite il (Villars) se retira et vint à la Ruperschau où M. le maréchal (de Choiseul) a logé la nuit dernière; et, l'abordant, il lui dit : « Je crois, Monsieur, que vous savez ce qui est arrivé à « l'arrière-garde. » Il ne délaissa pas de lui en faire un détail, et dit : « Je ne parle point contre M. de la Bretesche, parce que je « sçais que c'est un galant homme; cependant je vous diray qu'il « n'en a pas agi comme il l'auroit dû en cette occasion; » et lui répéta que c'étoit une chose sûre que la défaite de M. de Vaubonne, et que M. de la Bretesche avoit eu tort de ne le pas laisser charger. M. le maréchal répondit : « Il est vrai que je lui ai dit de ne point « combattre et de se retirer avec précaution. » Sur quoi, mondit seigneur le marquis de Villars répliqua qu'il y avoit des occasions où l'on devoit prendre quelque chose sur soi, particulièrement dans les affaires sûres; et l'on finit dans le moment d'en parler. Je vous diray à ce sujet, Monseigneur, que j'ai toujours reconnu beaucoup de valeur à M. le marquis de Villars : il n'y a point d'affaires où il ne se trouve, et il y paroit avec beaucoup de courage; il sait la guerre de campagne, il a de l'esprit et du dessein; il mérite que le Roy s'en serve par distinction, et il est très certain qu'il y a de la matière pour en faire un bon général.

VI.

INCIDENT LIECHTENSTEIN.

Nous avons trouvé aux Archives impériales et royales de Vienne tout un dossier relatif à cette affaire; en comparant les pièces qu'il contient à la correspondance de Villars conservée aux Archives du ministère des Affaires étrangères à Paris, on peut arriver à faire la lumière complète sur tous les détails de la scène et de la satisfaction qui la suivit. Le récit véritable ne diffère pas sensiblement de celui que Villars a donné dans ses *Mémoires*, mais il le complète sur plusieurs points ignorés de Villars ou laissés de côté par lui. Nous allons rapidement l'exposer en citant le plus possible les pièces originales.

Le premier document est un long rapport du prince Liechtenstein qui dit s'être approché de Villars et de Hop et leur avoir fait observer que, n'ayant pas été présentés à l'archiduc, ils ne pouvaient pas assister à une fête chez lui. Villars aurait répondu qu'il se croyait chez l'empereur et non chez l'archiduc et se serait emporté jusqu'à lui dire : « *Mort Dieu, Monsieur, je demeureray icy... où est l'empereur je peux demeurer et où sont MM. les ambassadeurs je peux aussy demeurer.* » Liechtenstein aurait insisté en affirmant que la liste d'invitation avait été dressée par l'empereur lui-même, et que ni Villars ni Hop n'y figuraient. Villars se serait subitement radouci et se serait excusé en disant que sa « *curiosité* » l'avait seule entraîné, qu'il priait qu'on le laissât « *caché* » voir la fête, qu'il « *ne bougerait* pas » et « *n'abuserait aucunement des grâces* » du prince. Devant une nouvelle insistance du prince, Villars se serait retiré.

Ce rapport, quant aux faits matériels, concorde avec celui de Villars sauf sur deux points : le premier que le prince se serait adressé à la fois à l'envoyé de Hollande et à celui de France; le second que Villars, après s'être emporté sans mesure, se serait humilié sans dignité. Sur ces deux points le rapport doit être infidèle, et il est facile de le démontrer en remarquant d'une part que Hop n'est pas sorti de la salle, et d'autre part que, si l'attitude de Villars avait été telle que Liechtenstein la décrit, elle aurait fourni à la cour de Vienne de trop bons arguments pour qu'elle ne les ait pas fait valoir. Or, on ne trouve aucune allusion ni à l'emportement ni aux excuses de Villars dans la longue négociation qui suivit.

Il serait trop long de reproduire tous les détails de cette négociation qui dura du 30 janvier, jour de l'incident, au 30 avril, jour de la satisfaction.

Tout fut mis en œuvre pour agir sur Villars et l'amener à se départir des instructions très précises du roi. Le roi exigeait la visite du *Hajo* à la légation de France, l'étiquette de la cour s'y opposait. Tous les équivalents offerts ou suggérés furent écartés par Villars qui montra beaucoup de fermeté, de prudence et de désintéressement, s'effaçant entièrement, écrivant au roi de faire servir l'incident à sa politique générale, soit qu'il désirât une rupture, soit qu'il poursuivît un accommodement sur la question d'Espagne. (Dépêche du 18 mars.) Les instructions du roi sont très modérées : il ne cherche aucune occasion de rupture, il ne veut que la légitime satisfaction due au caractère d'un de ses envoyés.

Harrach s'adresse à Londres et à La Haye et prie les deux puissances maritimes d'agir officieusement à Versailles pour expliquer à Louis XIV les usages de la cour de Vienne ; il n'en reçoit que de bons conseils ; M. de Hemskerke, envoyé des États-Généraux en France, a, avec Torcy, des entretiens à ce sujet. Il existe aux Archives impériales royales de Vienne une lettre de Torcy à Hemskerke, du 20 avril, très sage, très modérée ; il y donne la substance de la formule très adoucie dont le roi se contentera et ajoute que, si Villars a déjà quitté Vienne, sans avoir encore touché le sol français, il consent à lui ordonner, non de s'arrêter, mais de voyager à petites journées de sorte que, « si l'empereur promet de lui donner une juste satisfaction, M. Hop ait le temps de le lui faire savoir avant qu'il soit rentré dans le royaume, et, sur l'avis qu'il lui en donnera, Sa Majesté consent qu'il retourne à Vienne pour y continuer ses fonctions. » Hemskerke adresse copie de cette lettre au comte Gœss, envoyé de Léopold à La Haye, avec une dépêche très pressante dans laquelle il adjure la cour de Vienne d'accorder la *visite du Hajo*, seul point en litige.

Enfin, le 30 avril, Villars ayant annoncé son départ, l'ambassadeur de Savoie, qui s'était activement entremis dans cette affaire, vient le trouver et lui annonce que la visite de Liechtenstein aurait lieu s'il acceptait que le prince n'entrât pas dans ses appartements : il aurait passé devant sa porte, et là, s'arrêtant un instant, lui aurait adressé les paroles convenues.

Villars, sachant que la sœur du prince, la princesse Trautmannsdorf, demeurait dans une maison communiquant par la cour avec la légation de France, craignit que la visite à la légation ne fût transformée en une visite à la sœur et refusa. Mais il ne se dissimulait pas la responsabilité qu'il encourait en risquant une rupture pour ne pas accepter une aussi légère modification aux instructions du roi : « J'ose dire, écrivait-il au roi, que j'ai donné, en cette occasion, une preuve certaine que ma fortune m'est indifférente quand il est question de satisfaire la gloire et la délicatesse de Votre Majesté. » (Dép. du 1er mai.)

A la suite de ce refus, l'empereur réunit une dernière conférence à laquelle il n'appelle que Kaunitz et Harrach. La satisfaction est décidée

APPENDICE. 457

avec le *tempérament* que Léopold décrit et explique dans un rescrit adressé au comte Gœss le surlendemain, et dont voici la traduction :

Vienne, le 2 mai 1699.

Léopold, etc..... au comte Gœss, etc.

Nous avons appris par ta très humble relation que tu as non-seulement entretenu le *Pensionarius* de Hollande de l'incident survenu entre le prince Antoine de Liechtenstein et l'envoyé de France auprès de notre cour, le *Marchese de Villars,* mais que, de plus, tu as écrit à ce sujet à *von Heemskerken.* Nous daignons approuver ces démarches et nous en eussions volontiers attendu l'effet si, d'une part, ledit Villars n'avoit reçu l'ordre formel de partir dans un délai déterminé, et si, d'autre part, la sœur du prince de Liechtenstein n'eût été souffrante et ne se fût trouvée dans un de ces cas où le *Ajo,* malgré l'usage qui lui interdit de sortir ou de rendre aucune *visite* sans l'archiduc, peut être autorisé à aller voir un de ses plus proches parents. On a donc imaginé le *tempérament* suivant : le prince de Liechtenstein se rendroit chez sa sœur, et si, au moment de son retour, Villars consentoit à se trouver sur sa porte, porte devant laquelle le prince devoit nécessairement passer, celui-ci l'aborderoit, entreroit dans son appartement et lui déclareroit en quelques mots qu'il seroit désolé de penser que, dans ce qui s'est récemment passé entre eux, il eût fait quelque chose de contraire au respect qu'il doit au roi Louis, pour lequel il a toujours professé et professera toujours la vénération qui lui est due. Il nous a paru préférable d'agir ainsi que de risquer l'entière rupture de la *correspondance,* ou, en cas d'une rupture fondée sur ce prétexte, de laisser peser sur nous le reproche de n'avoir pas su éviter cette extrémité en acceptant l'*expédient* précédent. Les choses se sont ainsi passées avant-hier ; nous t'en faisons donner la nouvelle, afin que tu la communiques au *Pensionarius* et que tu lui exprimes en même temps les sentiments reconnoissants que nous daignons éprouver pour la bonne volonté qu'il a témoignée en faveur de l'arrangement définitif de cette affaire.

A la suite de cette conférence, Léopold écrit de sa main un billet au prince Liechtenstein, lui ordonnant de se conformer à tout ce que Kaunitz lui diroit de sa part. Voici le récit officiel que Villars donne de la scène qui suivit :

« L'ordre a été porté par le comte de Kaunitz au prince de Liechtenstein de venir chez moy et de me parler, en présence de M. l'ambassadeur de Savoye, dans les termes dont on est convenu, et que j'aurai l'honneur d'expliquer à Votre Majesté. Le prince répondit qu'il auroit reçu plus volontiers l'ordre de se jeter par les fenêtres, mais qu'il obéiroit. Il a désiré que ce fut la nuit, que je ne le fisse recevoir ni reconduire par mes gentilshommes; j'ai évité même de lui faire traverser plusieurs chambres, et par une terrasse il est venu droit à celle où est le portrait de Votre Majesté. Je me suis tenu à la porte et l'ay fait entrer devant moy; après quoi, il m'a parlé en ces termes, étant un peu troublé : « Je serois « au désespoir, monsieur, d'avoir pu manquer au profond respect « qui est dû à Sa Majesté très chrétienne, et aux égards qui se « doivent à votre caractère. J'ai toujours eu, pour le plus grand « roy du monde, la parfaite vénération qui lui est dûe, et je me « regarde comme très malheureux d'avoir pu lui déplaire : je vou- « drois pouvoir le réparer par mes respects et par ma soumission, « et je vous prie, Monsieur, de me rendre auprès de Sa Majesté « la justice qui est due à mes sentiments très respectueux. » Je l'ay assuré que j'aurois l'honneur d'informer Votre Majesté de ses respectueuses soumissions, et que je ne doutois pas qu'elle ne vît avec plaisir les témoignages qu'il m'en donnoit. On vouloit qu'il me fit un compliment particulier, ce que j'ay refusé, ne voulant précisément que ce qui regarde la gloire de Votre Majesté. » (*Villars au roi.* Dép. des 1 et 6 mai 1699.)

Cependant un récit aux allures officielles circula en Allemagne et donna à la visite du prince Liechtenstein une signification différente; il était dit que le prince, étant venu chez sa sœur, avait rencontré par hasard l'envoyé de France et lui avait exprimé ses regrets sur ce qui s'était passé; ce n'était que le commentaire un peu forcé du rescrit reproduit ci-dessus. Villars crut alors devoir envoyer au roi des détails complémentaires :

« Je dois encore expliquer à Votre Majesté que, dès que le secrétaire de l'ambassadeur de Savoye vint avertir son maître et moy que le prince Liechtenstein arrivoit, je me trouvai à la porte de ma chambre, où il me fit une profonde révérence et puis entra. Dans le même temps, mes gentilshommes et quelques autres gentilshommes françois, qui ne sont pas à moy, et tous mes domestiques, hors la livrée, le suivirent. Son compliment fut tel que je l'ay expliqué à Votre Majesté, étant si troublé qu'il se servit même de quelques expressions un peu plus fortes qu'on n'étoit convenu. En sortant, il me fit encore une profonde révérence, et de ma part je dis seulement ces deux paroles : « Vous me défendez « d'aller plus loin. » Il me répondit : « Je vous en supplie, » avec

APPENDICE. 459

une profonde révérence, et s'en alla. L'ordre que j'avois donné que ma livrée s'éloignât fut mal exécuté, car tout se trouva, autour de son carrosse, mêlé avec plus de trois cents personnes, qui remplissoient non seulement la cour, mais toute la rue. Ainsi, le fait fut si public et si authentique que j'ai cru, depuis cela, n'avoir d'autre parti à prendre que le silence et la modestie. » (*Villars au roi*. Dép. du 13 mai 1699.)

Villars ignorait alors que le prince Liechtenstein avait effectivement traversé l'appartement de sa sœur avant de monter chez lui, et que c'était pour lui cacher ce détour qu'on l'avait prié d'éloigner ses gentilshommes et sa livrée à l'arrivée du *hajo;* il ignorait également que c'était pour motiver la rédaction destinée à sauvegarder les principes de l'étiquette qu'on l'avait prié de se trouver sur sa porte à l'arrivée ou, selon la cour, au *passage* du prince.

Le récit colporté en Allemagne, bien qu'inexact, reposait donc sur un fait vrai. L'ambassadeur de Savoie, qui avait imaginé cet expédient, s'en vanta auprès de son souverain : sa lettre fut communiquée à M. de Briord, envoyé de France à Turin, qui en transmit copie à Louis XIV; le roi, assez piqué de cette révélation, demanda des explications à Villars. On se figure la surprise et le mécontentement de Villars. Il courut chez l'ambassadeur de Savoie, qui nia tout et attesta, devant témoins, que le récit officiel fait par Villars était exactement conforme aux faits. Mais son attitude embarrassée et son refus de donner une attestation écrite prouvaient à Villars qu'il avait joué un double rôle. Sa déclaration publique suffisait d'ailleurs à donner à la visite de Liechtenstein son véritable caractère; quel que fût le chemin suivi par le prince pour venir à la légation de France, il fut officiellement constaté qu'il y était venu apporter l'expression de ses regrets : la satisfaction était suffisante et le roi la déclara telle, en ordonnant à Villars de garder désormais le silence sur cet incident. Villars n'en a pas, dans ses *Mémoires*, complètement raconté la dernière phase; il laisse même croire (p. 233) que l'attestation écrite de l'ambassadeur de Savoie lui fut donnée; mais dans ses dépêches il n'a rien atténué et c'est d'elles que nous avons tiré les détails qui précèdent. (*Le roi à Villars*, 31 mai, 30 juin; *Villars au roi*, 18 juin; *Villars à Torcy*, 18 et 24 juin.)

Pour terminer ce qui concerne cet incident, nous donnerons le texte de la lettre citée en note, p. 220.

Villars à Torcy.

A Vienne, le 15 mars 1699.
Monsieur,

Vous verrés par le compte que j'ay l'honneur de rendre à Sa Majesté qu'on ne se prépare pas à une satisfaction telle qu'Elle m'ordonne de la demander; ils en font assés pour avoüer le tort, et trop peu pour le réparer. Si sur une telle conduite S. M. m'ordonne de partir, vous me pardonnerés bien, Monsieur, en quittant Vienne, quelque petit discours sur la beauté de la charge de M. le prince de Lichtenstein qui, le mettant à portée d'offenser, le garentit des satisfactions. Je puis donner à cela un petit tour galant qui sera du gout des militaires, avec lesquels je ne suis pas mal icy, et me donnera quelque petite consolation personnelle, car ce gouverneur, que l'on estime icy trop peu digne de l'estre, est beaucoup plus jeune et asseurément moins chaud que Don Diègue. Jusqu'au départ

Je tiendray ma langue captive, et si ce long silence.....

La démangeaison de dire quelques vers, comme vous voyez, Monsieur, est grande, mais le respect ne me permet pas de prendre cette liberté plus d'une fois par an[1].....

(Orig. Arch. des Aff. étr.)

1. Saint-Simon (III, 322) reproche à Villars sa manie de faire des citations.

VII.

NÉGOCIATIONS RELATIVES A LA SUCCESSION D'ESPAGNE.

1. *Le roi à Villars*[1].

Versailles, 30 août 1700.

..... J'étois préparé à la réponse que le comte d'Harrach vous a rendue de la part de l'empereur : les propositions qu'il avoit faites d'entrer en négociation sur quelques articles du traité, ses offres pour l'échange du Milanois ont assez fait voir qu'il n'auroit pas cru manquer aux égards qu'il veut avoir pour le roi d'Espagne en acceptant le traité, s'il avoit trouvé dans ces conditions les avantages particuliers qu'il avoit espérés. Il est incertain si, dans la suite, l'empereur fera sur ce sujet les réflexions dont le comte d'Harrach vous a parlé, et même s'il sera temps de les faire encore. Mais, la réponse décisive que je demandois étant donnée, la seule chose dont il s'agit présentement est d'empêcher que ce prince ne fasse des démarches capables d'engager l'Europe dans une nouvelle guerre. Je vous ai fait savoir ce que j'ai appris du dessein qu'il a d'envoyer des troupes en Italie et des ordres donnés par le roi d'Espagne aux vice-rois et gouverneurs de les recevoir; cette résolution seroit si contraire au maintien du repos public que le roi d'Angleterre et les États Généraux sont convenus avec moi qu'il est nécessaire de s'y opposer fortement..... Ainsi, mon intention est que vous disiez aux ministres de l'empereur que j'ai reçu la réponse que vous m'avez envoyée de ce prince; que j'aurois souhaité que, regardant les mesures que j'ai prises avec le roi de la Grande-Bretagne et les États Généraux comme l'unique moyen de maintenir la paix dans l'Europe, il en eût souscrit les conditions ; que je suis persuadé, quoiqu'il refuse d'entrer dans ces liaisons, qu'il n'oubliera rien pour entretenir avec moi la parfaite intelli-

---

1. Voy. ci-dessus, p. 277.

gence si nécessaire au bien de la chrétienté ; que je reçois avec plaisir les assurances qu'il m'en donne ; qu'il doit s'attendre aussi que je n'oublierai rien pour le maintien de la paix ; que, dans cette vue, je vous ai ordonné d'avertir par avance que rien ne seroit plus capable de la troubler que l'exécution du dessein qu'on prétend que l'empereur a formé d'envoyer des troupes en Italie ; que cette démarche ne pourroit avoir d'autre objet que celui de s'emparer des États du roi d'Espagne de son vivant ; que le roi d'Angleterre et les États Généraux la regarderoient aussi comme une contravention manifeste à la paix, et qu'ils se croient obligés de s'y opposer, de concert avec moi, si l'empereur veut l'exécuter.

(Min. Arch. des Aff. étr.)

2. *Note remise le 6 octobre 1700 au marquis de Villars par les comtes d'Harrach et de Kaunitz*[1].

« L'empereur a appris avec une entière satisfaction, par la proposition que M. le marquis de Villars, envoyé de France, et les ministres d'Angleterre et de MM. les États Généraux des Provinces-Unies ont fait en cette cour que le roi Très Chrétien concourt parfaitement dans les mêmes sentiments d'équité de Sa Majesté impériale, dirigés uniquement au maintien du repos et de la tranquillité dans la chrétienté, voulant bien promettre de ne rien entreprendre pendant la vie du roi d'Espagne sur les États de ce prince, si Sa Majesté impériale se veut engager à ne point faire entrer de troupes en Italie, soit des siennes ou étrangères, sous quelque prétexte que ce soit. C'est pourquoi Sa Majesté impériale, laquelle n'a aucun dessein de faire entrer des troupes en ces pays-là qu'au cas que celles de France y entrassent, est réciproquement portée à déférer aux désirs de Sa Majesté Très Chrétienne (bien entendu que l'empereur prétend de ne porter pas le moindre préjudice à ses droits, ou d'approuver ou de consentir par cette convention au prétendu traité de la division de la monarchie d'Espagne), de n'envoyer ni corps d'armée ni régiments en Italie durant le susdit terme, excepté le nombre des troupes qui, de temps en temps, sera nécessaire pour recruter les régiments allemands qui sont dans les États de Sa Majesté Catholique. Si le roi Très Chrétien

---

1. Voy. ci-dessus, p. 281.

promet de son côté d'en user de même par mer comme par terre, s'abstenant pareillement, non seulement de toute voie de fait contre les États et sujets de Sa Majesté Catholique et des négociations jusqu'ici, même avec menaces, pratiquées pour obliger les autres puissances, princes ou républiques, à la garantie du susdit prétendu traité, mais aussi de la convention d'un troisième [prince] dont ledit traité fait mention, et ne rien innovant contre la paix de Ryswick, en quelque endroit que ce soit, le tout étant conforme aux susmentionnés sentiments d'équité réciproque. »

(Copie. Arch. Vogüé.)

3. *Le roi à Villars* [1].

Versailles, 6 octobre 1700.

..... Vous direz à l'empereur que, quoiqu'il ait déjà répondu positivement à la première proposition que vous lui avez faite par mes ordres de souscrire au traité de partage, le cas arrivant où son exécution paroît prochaine, j'ai voulu faire encore cette nouvelle démarche auprès de ce prince pour ne rien omettre de tout ce que je crois pouvoir contribuer au maintien d'une parfaite intelligence et à la conservation du repos de la chrétienté. Vous ajouterez que, dans cette même vue, j'ai suspendu jusqu'à présent, de concert avec le roi d'Angleterre et avec les États Généraux, l'exécution de l'article 7 du traité, et par conséquent le choix d'un troisième prince à substituer à l'archiduc, qu'il dépend de l'empereur de conserver dans sa maison, sans guerre et par la paix, des États aussi considérables que ceux qui sont offerts pour le partage de l'archiduc; que le repos public ne sera point troublé s'il veut encore accepter le traité, tel que je l'ai signé avec le roi d'Angleterre et les États Généraux, et que les véritables héritiers du roi d'Espagne posséderont sa succession sans s'exposer aux événements incertains d'une longue guerre où toute l'Europe se trouveroit engagée..... Enfin, si les ministres de l'empereur, pour conserver la bonne intelligence entre leur maître et le roi d'Espagne, vous proposoient de prendre des engagements, à condition que le secret en seroit observé pendant la vie du roi Catholique, vous pourriez y consentir... »

(Orig. Arch. des Aff. étr.)

1. Voy. ci-dessus, p. 282 (note).

APPENDICE.

Dans la note de la page 303, j'ai annoncé la publication d'une série de pièces tendant à prouver que l'Autriche, contrairement à l'avis de Villars, n'a jamais voulu sérieusement traiter avec Louis XIV avant la mort du roi d'Espagne Charles II. Le manque de place m'oblige à rejeter ces documents au volume suivant; on les trouvera en tête de l'appendice du tome II du présent ouvrage.

TABLE

DU PREMIER VOLUME.

Notice bibliographique . . . . j
Notice biographique . . . . xj

MÉMOIRES DE VILLARS.

Sommaires.

Famille de Villars, p. 1, 2; son père, 3, 4; son enfance, 5, 6.

1670 et 1671.

Disgrâce du Maréchal de Bellefonds, 7. Villars fait la campagne de Flandre, 8.

1672.

Sa bravoure aux sièges d'Orsoy, de Duisbourg, de Zutphen, au passage du Rhin, 9. Cornette aux chevau-légers de Bourgogne, envoyé en Espagne pour complimenter le roi sur sa guérison, 10.

1673.

Brillante conduite à Maëstricht, félicitations du Roi, 11, 12, 13. Guerre de partisans, 14. Turenne le remarque, 15. Prise de Bonn par les Impériaux, 16.

1674.

Conquête de la Franche-Comté, 17. Combat de Senef, 18 à 23. Villars est blessé, 21 ; nommé colonel du régiment de Courcelles, 23. Campagne et mort de Turenne, 24.

1675.

Villars dirige habilement l'escarmouche de Genap, 25. Échec de Créquy à Consarbrück, 28. Trèves livré aux ennemis, 29. Démêlés de Turenne avec Louvois, 29.

1676.

Sièges de Condé, de Bouchain, 31 ; d'Aire, 32. Diversion de Luxembourg pour délivrer Maëstricht, 34. Retraite du prince d'Orange, 35. Villars attaque l'arrière-garde, 36 ; tombe malade, 37.

1677.

Sièges de Valenciennes, 38 ; de Saint-Omer, 39. Défaite du prince d'Orange, 41. Marche de Créquy contre le duc de Lorraine, 42. Villars reste dans la brigade de La Valette, 43 ; dirige une brillante manœuvre de cavalerie à Kochersberg, 44 ; attaque le prince de Saxe-Eisenach, 48 ; bat les ennemis à Waldkirch, 51 ; repousse l'attaque dirigée contre Günthersthal, pendant le siège de Fribourg, 52. Villars est mal récompensé de ses services, 53.

1678.

Villars repousse à l'avant-garde l'attaque de L. de Bade, 54 ; félicité par Créquy, 55, qui attaque Offembourg, 56, et prend Kehl, 57. Villars sauve des fourrageurs surpris par l'ennemi, 58.

1679.

Traité de Nimègue ; retour de Villars à Versailles, 59.

1683.

Villars manque d'être tué à Charleroy, 60.

1687.

Envoyé à Vienne à l'occasion de la mort de l'Impératrice-mère, Villars y est reçu avec faveur, 61 ; sa liaison avec l'Électeur de Bavière, 63 ; il tente de l'arracher à l'influence autrichienne de la comtesse de Kaunitz, 64 ; le suit à Munich, 64, et en Hongrie, 65. Passage de la Drave, marche sur Esseck, 66, qu'on renonce à attaquer, 68. L'Empire est disposé à faire la paix avec les Turcs, 70. Escarmouches, 71. Défaite des Turcs à Mohacz, 72-77. Tentes du grand Vizir, 78. Dissentiments entre l'Électeur et le duc de Lorraine, 80, qui va conquérir la Transylvanie, tandis que l'Électeur retourne à Vienne, 81. Villars y est félicité par l'Empereur et Stratmann, 82 ; reçoit l'ordre de suivre l'Électeur en Bavière, plaisirs de Munich, 83, 84 ; lutte contre Kaunitz, 84, 85 ; essaie en vain d'empêcher la nomination de Clément de Bavière à l'Électorat de Cologne, 86, 87 ; ses relations avec Schmitt, 88 ; lutte contre la comtesse de Paar, 88.

1688.

Invitation faite à l'Électeur par l'Empereur de retourner en Hongrie, 89. Offre de la Flandre par l'Empereur, 90 ; du royaume de Naples par Louis XIV, 91. Villars fait réussir le mariage de la princesse de Bavière avec le prince de Toscane, 92. Réconciliation avec Louvois, 94. L'Électeur consent à aller en Hongrie à la condition de commander seul, 95; mais il doit se séparer de Villars, 97. Villars retourne à Versailles où le Roi le félicite de ses négociations ; bienveillance de Mme de Maintenon, 98. Il achète la charge de commissaire général de la cavalerie, 99. Desseins du prince d'Orange sur l'Angleterre, 99. Villars retourne à Munich, 102 ; trouve l'Électeur hésitant, 103. Derniers efforts pour l'arracher à l'Empire, 104, 106. Renvoyé de Munich, 107 ; il est sur le point d'être fait prisonnier à Beryens, 109 ; traverse la Suisse, 111 ; manque de se tuer en entrant à Bâle, 113 ; rentre en France, 114. Luxembourg impliqué dans l'affaire de la Voisin, 115. Villars commande la cavalerie en Flandre sous d'Humières, 114, 115. Portraits de Luxembourg, 117 ; de Schomberg, de Bellefonds, 118 ; de Lorges, 119.

1689.

Dévastation du Palatinat, 120. Combat de Valcourt, 121. Inspection de la cavalerie ; Villars maréchal de camp, 123. Grave maladie, 124.

1690.

Campagne de Flandre sous Boufflers, 124, 126.

1691.

Villars devant Mons, 127 ; que prend le Roi, 128. Bombardement de Liège ; Villars empêche l'incendie des faubourgs, 129 ; reçoit le commandement de la seconde armée de Flandre, 131. Luxembourg est obligé de lever son camp, selon les prévisions de Villars, 133. Combat de Leuze, 134 à 139. Échec de Jacques II à Limerick. Voyage de Villars à la cour, 141 ; faveur de Barbézieux ; commande la frontière de Flandre, en l'absence de Boufflers, 142. Malveillance de Luxembourg envers Boufflers, 142 ; il envoie Villars commander la cavalerie en Allemagne, 144. Mort de Louvois, 145.

1692.

Portrait de Mélac, 146 ; un faux renseignement qu'il donne ne permet pas d'arrêter le mouvement des ennemis sur Worms,

148. Villars bat le comte de Lippe ; inaction de Lorges, 148. Villars montre comment on doit repousser les hussards, 150. Défaite du duc de Wurtemberg, 151 ; que Villars fait prisonnier, 152. Lorges fait lever le siège d'Ebersbourg, 153.

1693.

Prise de Furnes, 154. Villars est nommé lieutenant général, 155. Promotion de maréchaux, 156. Villars fait la campagne d'Allemagne : prise d'Heidelberg, 158. Marche infructueuse contre Heilbronn, 159. Le Dauphin renonce à poursuivre l'ennemi, 160. Indiscipline de l'armée, 161. Barbézieux cherche à perdre Villars, dont le commandement en Flandre est donné à Montrevel, 162. Louis XIV détrompé lui donne le gouvernement de Fribourg et du Brisgau, 163, et en attendant l'envoie en Italie et lui donne l'inspection de la cavalerie pendant l'hiver; Barbézieux néglige de lui communiquer les ordres, 164 ; le Roi prend le parti de Villars, 165. Villars trouve la campagne d'Italie finie, 166 ; perd la succession de son oncle, 167. Nouvelles intrigues de Barbézieux, 168.

1694.

Défaite du prince de Bade à Wiesloch, 168. Inaction de l'armée, 171. Passage du Rhin par le prince de Bade, 172. Louis XIV consulte Villars sur des projets de campagnes, 173.

1695.

Projets de mariage, 174. Villars assure la retraite d'un corps d'infanterie surpris par le prince de Bade, 174 à 176 ; dirige une escarmouche contre Palfy, 177.

1696.

Campagne d'Italie, 177. Armistice avec le duc de Savoie, 178. Efforts de l'Empereur pour retarder la paix, 178. Attaque du Milanais, 179. Passage de la Doria, 180. Siège de Valence, 181. Villars sauve des fourrageurs surpris par l'ennemi, 183. Conclusion de la paix, évacuation du Milanais, 185. Voyage de Villars à Milan, 186.

1697.

Villars consulté par Choiseul sur le moyen d'engager une action, 187 ; le pousse à attaquer l'ennemi au passage du ruisseau d'Etlingen, 188 ; l'indécision de Choiseul fait échouer ce projet, 189. Paix de Ryswick, 191. Nouveaux efforts pour marier Villars; mort de son père, 192. Modique héritage, 193. Élection du roi de Pologne, 194.

1698.

Villars nommé envoyé extraordinaire à Vienne, 194 ; description de son cortège, 195. Résumé de la question de la succession d'Espagne, 197. Villars rend visite au prince de Bade, 199. Arrivée à Vienne, fête chez l'Empereur, 200. Description de la cour de l'Empereur, 201 ; de l'Impératrice, du Roi des Romains, de l'archiduc Charles, 202 ; du prince Dietrichstein, de Kinsky, 203 ; de Stahrenberg, de Kaunitz, 204. Le Roi offre sa médiation entre l'Empire et la Turquie, 205. Les ministres autrichiens ne peuvent décider le prince Eugène à attaquer les Turcs ; négociations à Carlowitz, 206. Tentatives d'entente avec l'Autriche pour la succession d'Espagne, 207. Projets de mariage pour le Roi des Romains, 208. Restitution de Brisach aux Impériaux, 210.

1699.

La reine de Pologne tâche d'intéresser Villars à la cause de son fils, 211, 212. Paix avec les Turcs, 213. Le comte d'Harrach supplante Kinsky, 213. Kinsky paraît rechercher un rapprochement entre l'Autriche et la France, 215. Querelle d'étiquette suscitée à Villars par Liechtenstein, gouverneur de l'Archiduc, 218. Mort du prince royal électoral de Bavière, 220. Installation de d'Harrach comme grand-maître, 221. Kinsky en meurt de chagrin, 222 ; le comte de Sinzendorf avait péri de même, 223. Entrée de la Reine des Romains, 224. La Pologne fait des ouvertures au Roi, 225. Le Roi demande des réparations à la suite de l'incident de Liechtenstein ; doute de la sincérité des démarches de l'Autriche, 225, 226. Efforts de l'Angleterre et de la Hollande pour empêcher l'union entre le Roi et l'Empereur, 227. Le Roi exige que le prince de Liechtenstein vienne faire des excuses à Villars, 228, sinon Villars devait partir, 229 ; au moment où il allait quitter Vienne, 230, la satisfaction est donnée, 231. Le Roi félicite Villars, cherche à s'entendre avec l'Autriche, 232. L'Empereur accueille favorablement ces ouvertures, 233. Indignation soulevée en Espagne par le bruit d'un traité de partage, 235. Inclination des Espagnols pour un prince français, 236. Découragement de l'ambassadeur d'Espagne à Vienne, 237. Guerre de la Pologne contre la Suède, 240. Harrach fait des propositions d'union à Villars, qui les appuie près du Roi, 241.

1700.

Villars est informé par le Roi des raisons qui l'ont porté à traiter avec l'Angleterre et la Hollande, 244. Discours à l'Empereur pour lui demander de souscrire au traité, 246, 247. Kaunitz chargé d'examiner le traité, 248. Marche que doit suivre Villars dans les offres qu'on lui fera, 249. Dépêche de Villars informant le Roi de ses premières conversations avec Harrach et Kaunitz, 251. Interruption de la négociation par une maladie de Kaunitz, 256. Réponse des ministres impériaux qui trouvent le traité injurieux pour l'Empereur, 257, et proposent de traiter avec Louis XIV seul, 258. Lenteurs des négociateurs autrichiens, 259. Ébranlement dans toute l'Europe, 262. Louis XIV ne croit pas à la bonne foi de l'Empereur, 263. Irritation de l'Autriche contre l'Angleterre et la Hollande, 264. L'Électeur de Brandebourg promet de seconder l'Empereur; indignation de Charles II, 265. On craint que l'Archiduc ne soit appelé à Madrid, 266. L'Autriche refuse de renoncer au Milanais, 267. Hop insiste pour savoir la réponse de l'Autriche; le Roi consent à faire modifier l'art. IX du traité, 269. Les conseillers d'État de Madrid tiennent pour un fils du Dauphin, 270. L'ambassadeur d'Espagne fait espérer un testament en faveur de l'Archiduc, 271. Alliances de l'Autriche, 273. Refus de l'Empereur de prendre part au traité, 274. Villars engage le Roi à ne pas rompre avec l'Autriche, 276; celle-ci se prépare à la guerre, 277. Le Roi s'oppose à ce que l'Empereur fasse passer des troupes en Italie, 278. L'Empereur demande quel tiers choisiront les puissances alliées, 280; s'engage à ne pas mener de troupes en Italie, 281. Mauvaises nouvelles du roi d'Espagne, 282. Préparatifs du Roi sur la frontière d'Espagne, 283. Sur le bruit de la mort du roi d'Espagne, Louis XIV ordonne de faire une dernière proposition à l'Empereur, 284. Promesses d'un royaume à l'Électeur de Brandebourg, 285. Instances de Villars près des ministres, 286. Ordre des délibérations de cette cour, 287. L'Empereur persiste à refuser le traité, 288; texte de ses réponses, 290 à 292. Le Roi prépare ses troupes, 293. Conversation entre Jerger et Villars, 293. Hésitations des ministres de l'Empire, 294. Cabale contre le prince de Bade, 295. Représentation d'un opéra où l'on blâme l'indolence de l'Empereur et des ministres, 296. Mort du roi d'Espagne, 297. Acceptation du testament par le Roi, 298. Armements de l'Autriche, 299. Silence des ministres, 300. Le Milanais, les Pays-Bas reconnaissent le duc d'Anjou, 301. Élection de Clément XI, 302. Villars se plaint de n'être pas récompensé de ses services, 303. L'Empereur se décide à la guerre, 304 ; cherche inutilement à soulever la résistance du Milanais et de Naples, 306 ; cherche des alliances, 307. Le ministre de Danemark à Vienne propose à Villars de vendre des troupes au Roi, 309.

1701.

Intervention du Pape et de Venise, 311. Dissentiments entre le prince de Bade et les ministres, 312. L'opinion du prince de Bade sur la guerre, 313. Première audience du Prince chez l'Empereur, 315 ; conditions qu'il pose, 316. Offres de service de l'envoyé de Danemark, 317. Conseils de Villars sur les opérations à faire en Hollande, 318. Efforts de l'Empereur pour s'attacher le prince de Bade, 320. L'Empereur n'accepte la médiation du Nonce que sous conditions, 321. Union de l'Angleterre et de la Hollande avec l'Autriche, 324. Hésitations des puissances d'Italie, 325. La Hollande feint de reconnaître le roi d'Espagne, 327. Traité du Roi avec les ducs de Savoie et de Mantoue, 328. Marche des Autrichiens en Italie, 329. Impossibilité de gagner le prince de Bade, 330. Villars est accusé d'avoir pris part à la conspiration Rakoczy, 332, et à la conspiration Deack, 334. Prétendus complots contre sa vie et celle de Philippe V, 335 à 342. Premières opérations en Italie, 344. Mort de Stahrenberg, 345. Jugement de Rakoczy, 346. Avantage remporté par le prince Eugène, 347. Villars quitte Vienne, 348.

APPENDICE.

I. Lettres écrites par Villars pendant la campagne de Hongrie. 353
Villars au marquis de Croissy, n°s 1-15, 18-21.
Villars au Roi, n°s 16, 17.

II. Mariage de la princesse Yolande-Béatrix de Bavière avec le prince Ferdinand de Toscane 387
Villars au Roi, n°s 1-5, 7-10.

TABLE.

Villars au grand duc de Toscane, n° 6.

III. Négociations de l'Électeur de Bavière avec le Roi et l'Empereur 398
Villars au Roi, n°s 1, 3, 5, 11, 17, 20, 25, 28, 31, 34, 39, 40; — à Croissy, 41.
Le Roi à Villars, n°s 2, 4, 12, 23, 22, 26 ; — à l'Électeur de Bavière, 27.
L'Électeur de Bavière à Mayr, n° 14 ; — à Leidel, n° 15 ; — à Kaunitz, n° 18 ; — au Roi, n° 24 ; — à l'Empereur, n°s 37, 42.
Le comte Kaunitz à l'Électeur de Bavière, n° 16 ; — à Strattmann, n°s 19, 21, 36, 38 ; — à l'Empereur, n°s 23, 29, 30, 35.
L'empereur Léopold à l'Électeur de Bavière, n° 33.

IV. Portrait des généraux d'armée de l'Empereur en 1689, par M. le marquis de Villars 435

V. Campagnes de 1689 a 1697 441
Villars à Louvois, n°s 1, 3-5 ; — à Boufflers, n° 9 ; — à Barbézieux, n°s 10, 11.
Boufflers à Villars, n°s 6, 7.
Combat de Leuze, n° 8.

VI. Incident Liechtenstein. 455

VII. Négociations relatives a la succession d'Espagne . 461
Le Roi à Villars, n°s 1, 3.
Note remise le 6 octobre 1700, à Villars par Harrach et Kaunitz, n° 2.

Nogent-le-Rotrou, imprimerie Daupeley-Gouverneur.

www.ingramcontent.com/pod-product-compliance
Lightning Source LLC
Chambersburg PA
CBHW050611230426
43670CB00009B/1360